2018 年教育部人文社会科学研究青年基金项目"公共话语中的幼儿园教师形象及其重塑路径研究"（项目编号:18YJC880124）的阶段性研究成果。

何以为师

张丽敏 著

学前教育改革背景下
幼儿园教师的身份构建研究

中国社会科学出版社

图书在版编目（CIP）数据

何以为师：学前教育改革背景下幼儿园教师的身份构建研究／张丽敏著.
—北京：中国社会科学出版社，2021.4
ISBN 978-7-5203-6872-8

Ⅰ.①何…　Ⅱ.①张…　Ⅲ.①幼教人员—研究—中国　Ⅳ.①G615

中国版本图书馆 CIP 数据核字（2020）第 132458 号

出 版 人	赵剑英
责任编辑	冯春凤
责任校对	张爱华
责任印制	张雪娇

出　　版	中国社会科学出版社
社　　址	北京鼓楼西大街甲 158 号
邮　　编	100720
网　　址	http://www.csspw.cn
发 行 部	010-84083685
门 市 部	010-84029450
经　　销	新华书店及其他书店

印　　刷	北京君升印刷有限公司
装　　订	廊坊市广阳区广增装订厂
版　　次	2021 年 4 月第 1 版
印　　次	2021 年 4 月第 1 次印刷

开　　本	710×1000　1/16
印　　张	20.25
插　　页	2
字　　数	330 千字
定　　价	128.00 元

前　　言

　　培养好教师已成为全球教育改革尤其是教师教育改革追寻的目标。2018 年，中共中央出台的第一个专门面向教师队伍建设的里程碑式政策文件《关于全面深化新时代教师队伍建设改革的实施意见》，将建设"高素质、专业化、创新型教师队伍"提升为一项重大政治任务和根本性民生工程。因此，我国新一轮的教师队伍建设重心也必将由关注以结构调整和数量提升为主的"外延扩张式的发展"转为以质量提升为核心的"内涵式发展"。教师队伍建设内涵式发展的关键则是从关注教师外在学历和教学技能的增长转变为关注教师内在的身份构建。对一名教师而言，其之所以成长为一名好教师，核心在于积极正面的教师身份的构建（李子建等，2016）。好教师不应是具备一套优秀教学技能的技术工人，而应是具有高度身份认同的专业工作者（Zeichner，2012）。教师身份是好教师素质的核心体现亦是教师专业性的重要衡量尺度，因此，关注教师素质提升、培养好教师，就必须关注教师身份及其构建。

　　教师身份是探讨作为"人"的个体教师是如何看待自身的教学工作与生活、个体身为教师的意义（meaning）何在，回答存在论的追问"教师是谁"和"我为什么是教师"。自 20 世纪 70 年代以来，伴随教师研究取向从"技术—控制"转向"人文主义"，教师身份研究已成为一个独立的研究领域（Beijaard, Meijer, &Verloop, 2004），并已逐渐占据了人文主义取向的教师教育研究的中心位置（Akkerman& Meijer, 2011）。裴丽和李琼等（2017）对国际教师身份研究的文献计量分析发现，教师身份研究发文量呈现稳定增长的趋势，最近十几年来的教师身份研究日益成为研究的热点议题。教师身份的研究方兴未艾，学者围绕诸多议题持续深入探讨，研究的理论视角日益多元，研究方法的使用也日臻成熟，研究者在教师身份的特征、形成与影响因素方面已达成一定的共识。已有教师身份研究成果主要以中小学教师为研究对象，较少关注幼儿园教师。戴伊（Day）等已经揭示出不同学段教师（中学教师与小学教师）身份建构上存在较大差异。而学前阶段教育对象的身心特征、教学课程设置、教学方式等与中小学大相径庭，加之世界范围内幼儿园教师均以女性为主，她们的专业性应有独特内涵，其身份建构必然也有其特殊性。目前鲜有研究者从质性视角来关注幼儿园教师自身的发声，探讨其身份及构建过程，尤其在我国情境中还未有相关研究。

　　近年来，我国学前教育事业取得了令人瞩目的成绩，然而，与学前教育事业快速发展不相称的是，幼儿园教师的专业性得不到社会认可，教师身份饱受争议和质疑。自 2010 年以来幼儿园教师虐童事件频频曝出，吸引大众眼球的同时也强烈地撞击着整个社会的神经（吴文涛 & 张旭，2017），造成全社会蔓延对幼儿园教师的标签化和信任危机，在媒体等强势力量的分化术与各种瓦解策略面前，个别幼儿园教师个体的弱者处境往往会加重其群体的弱者身份认同。加之，以女性为主体的幼儿园教师群体发出的舆论常常被认为是女性化的、局限的、微弱的，缺乏对社会的洞察力和警示力（王海英，2009）。社会公共舆论从没有耐心倾听她们的心声，以致她们慢慢地失语，成为沉默的大多数。而本研究基于对她们身份挣扎困境的关切，意在能够让这群失语者发声。幼儿园教师处在"国家""市场""专业""社会"多重要求与期待中，究竟如何看待教师职业？在身份困境中如何选择，是"混口饭"还是"良心饭"？获得认可在她们心中真正的意义为何？以教师身份作为透镜，可以窥察幼儿园教师真实的生存境遇，并深入探求她们身为幼儿园教师的生活意义。为此，本书聚焦我国学前教育改革背景幼儿园教师身份，重点分析身份类型及其建构过程与影响因素等。本书本书共有七章。

　　第一章　说明本研究选题的缘起，介绍研究所处的宏观社会情境脉络及理论脉络，以及由此引出的研究问题。

　　第二章　从"教师身份"的内涵入手，循着研究思路回顾和梳理近年来国内外教师身份、幼儿园教师身份及情绪与教师身份等相关实证研究文献，以期归纳出该领域研究的一些共识，为后续研究开展提供基础和启示，同时也从对文献的评析中，探讨未来研究的可能空间。

第三章　将结合已有研究文献的回顾，进一步提出细化的研究问题，并论述互动论及在本研究中运用的适切性，并提出理论框架和分析框架。同时，阐述所运用的研究范式、具体研究方法与在北京作实地研究的实施；最后，探讨研究的可靠性并反思研究过程中涉及的伦理问题。

第四章　透过诠释性互动论的视角，站在幼儿园教师的价值立场，对影响幼儿园教师身份构建的情境进行批判式分析，旨在将幼儿园教师个人困扰扣连到公共政策议题，为那群沉默的大多数发声。通过数据分析与批判，本章勾勒出影响幼儿园教师身份的三种结构性力量：国家权力、市场话语和性别文化。

第五章　主要关注人际层面，即幼儿园教师如何在与他人及自我的互动中获取意义建构身份。本章分别呈现幼儿园教师如何在外部互动、内部互动和内外部互动相结合的过程中构建不同类型的幼儿园教师身份，展示幼儿园教师在互动中寻求工作意义的全过程。

第六章　聚焦幼儿园教师社会互动中产生的情绪与身份的关系。首先分析情绪对幼儿园教师身份过程的作用，然后呈现幼儿园教师在身份建构过程中与各类利益相关者互动的情绪地理，并探究幼儿园教师的情绪表达规则，及规则规限下付出的情绪劳动及应对策略。

第七章　总结了本研究的主要发现及对相关学术讨论予以回应，阐述本研究的政策和实践意义；最后将反思本研究的局限性，并对未来研究的发展方向提出建议。

最后，由衷感谢谢均才教授、尹弘飙教授、黄丽锷教授、何彩华教授、曾荣光教授、钟宇平教授及参与研究的各位教师、园长、教研员。同时，要特别感谢中国社会科学出版社对本书出版工作的大力帮助。

张丽敏
2020 年 3 月

目　　录

第一章　绪　论

随着教师研究的关注点从传统的规范论问题"教师应该知道什么"
（what）和"教师应当如何做"（how）的探寻转向存在论问题"教师是
谁"（who）和"我为什么是教师"（why）的追问，教师身份（teacher i-
dentity）① 研究近年来成为全球学者关注和探讨的热点②③，甚至已经成为
一个独立的研究领域。④ 该领域研究的理论视角日益多元，研究方法的使
用也日臻成熟，虽然研究者在教师身份的特征、形成与影响因素方面已达
成一定的共识，但也远未完满，尚有继续探索和研究的空间。基于此，本
研究从教师身份切入，探讨我国学前教育改革背景下幼儿园教师的身份及
其构建问题。本章将说明本研究选题的缘起，介绍研究所处的宏观社会情
境脉络及理论脉络以及由此引出的研究问题。

---

① 教师身份（teacher identity），在中文语境中有两种译法，一是"身份"（尹弘飙、操太
圣，2008）；二是"认同"（李茂森，2012）。"认同"的译法常用于心理学领域，主要是"职
业/专业认同"并运用相关量表进行测量。在社会学和教育学领域，大多数学者一般译作"身
份"。本书将统一译作"身份"，关注的是"我是谁""我眼中的他人""他人眼中的我"及"他
人眼中的自己"，并将动词 identify 和名词 identification 译作认同。需要指出的是，本书的身份、
社会成员在社会中的位置和地位，与社会阶级形成中的"身份（status）"无关。

② Sanne F. Akkerman and Paulien C. Meijer, "A Dialogical Approach to Conceptualizing Teacher
Identity", *Teaching and Teacher Education: An International Journal of Research and Studies*, Vol. 27,
No. 2, 2011, pp. 308 – 319.

③ Catherine Beauchamp and Lynn Thomas, "Understanding teacher identity: An overview of issues
in the literature and implications for teacher education", *Cambridge Journal of Education*, Vol. 39, No.
2, 2009, pp. 175 – 189.

④ Douwe Beijaard, Paulien C. Meijer and Nico Verloop, "Reconsidering Research on Teachers'
Professional Identity", *Teaching and Teacher Education: An International Journal of Research and Studies*,
Vol. 20, No. 2, 2004, pp. 107 – 128.

第一节　研究缘起：震撼心灵的拷问

我选择教育专业尤其是学前教育专业，源自于从小埋在心底对教育的爱：对教师这份传递文明之美、智慧之光的神圣职业的敬仰以及对儿童和儿童世界的天然喜欢和向往。本科期间，我沉浸在各种教育理论和儿童理论的学习之中，经历了一段来不及好好体验就匆匆结束的教育实习——一所示范园、两名年长的优秀骨干教师为指导老师①。但是，这一切都是美好的。硕士期间，我关注和研究学前教师的政策制度，努力以"宏观视野"探讨"顶层"和"艰深"的政策议题。在数据和文字上，我可以娴熟地计算和表达出研究成果具有的深远政策价值，而在心灵上却真的无法触摸、感知，更不用说体验和共鸣。于是，这一切有些空洞了。这些算得上"精致"的过往，让我徒具一份苍白的梦想和一份脆弱的情怀；最终，被残酷的现实击得粉碎。

2012 年是我踏上博士旅程的第一年。而从这一年，各大网络、纸质传媒的话语中最高频词汇是"幼儿园教师虐童"。虐童事件的报道层出不穷：上海托班女童下体被放芸豆（东方网，2012 – 05 – 22）；山西 5 岁女童因不会 10 + 1 被老师 10 分钟扇 70 记耳光（燕赵都市报，2012 – 10 – 23）；浙江温岭幼儿园幼童被老师揪耳朵离地扔进垃圾桶（新华网，2012 – 10 – 30）；等等。当大众还未有时间喘息，2013 年的虐童事件已接踵而至：吉林幼童被老师从背后抽凳子反复摔倒（中国新闻网，2013 – 01 – 17）；河南孩子被老师头朝下提着到教室外受冻（新浪新闻网，2013 – 01 – 18）；等等。短短一年多，这些见诸报端的幼儿园教师虐童事件新闻数量（平均每月 2—3 件）已是触目惊心，而且胶带封嘴、针刺、划伤等虐待的花样也不断翻新、方式令人发指。

虐童事件频频曝出，吸引大众眼球的同时也强烈地撞击着整个社会的神经，引发了集体的震惊和愤怒。面对如此幼教之殇，舆论一片哗然，大众愤怒地指责、声讨或痛骂，当事教师检查、停职或开除；园所机构道

---

① 他们是经验丰富的老师，在他们眼里，教育实习只是师范大学教育的一种"形式课程"，因此，他们并不看重实习生的指导，不愿放手给实习生，怕实习生的到来破坏了幼儿园业已建立的"常规"。

歉、赔偿或取缔；各路专家评论、批判或倡议……也是此时，教育部与中央编办、财政部、人力资源社会保障部共同印发了《关于加强幼儿园教师队伍建设的意见》（教师〔2012〕11号），规定幼儿园教师须取得相应教师资格证才可上岗等。哗然之后，事件也便告一段落。然而，这些被揭露而为人可知的事件是否只是冰山一角？究竟还有多少未曝光的罪恶？还有多少隐性的虐童，如言语伤害、冷暴力呢？这些偶然中却包含必然的现象对我来说，意味着不仅是因现实残酷带来的悲伤和泪水，更是震撼心灵的拷问：为什么幼儿园教师从"慈爱的妈妈"变成"凶狠的狼外婆"、从"天使"堕落成"魔鬼"？教师资格证政策的条文规定，是否能真正彻底地根除虐童问题？理所应有的教育之爱消逝何方？又该从何处寻回？

2013年7月，我在上海参加第65届世界学前教育大会。广西师范大学侯莉敏教授分享了她在做的项目调查，其中有一个问题："身为幼儿园老师，您的理想是什么？"研究结果令她意外并且感到悲哀："买彩票中大奖""嫁个有钱人，有车有房""有N多钱"……近300份的答案中不超过10份提及教师职业的理想。"……想不到竟沦落至此！那么，幼儿园教师到底应该怀有什么职业理想和情怀？"侯教授的痛心感慨和忧心追问引发会场一片唏嘘。幼儿园教师中虐童频发、理想贫瘠的怪现象，是群体还是个案？问题的根源到底在哪里？面对这一切，我们究竟该如何反思？

是的，我曾美好的梦想就这样被现实狠狠击中，脆弱的外衣碎裂无遗，散落一地。所幸，师者们的思想和智慧滋养过的我，依然保存不曾荒芜且依旧坚定的心灵，携带一份关注现实的教育情怀和一股本真而执着的力量，去观察、去感悟、去反思。所以，在研究前进的路上，这一切才变得真实可触！

我想带着一颗怀有"教育爱"的初心，走进幼儿园教师的日常生活和工作，去关注和倾听教师们的心声，去触摸这群弱势的教育者的灵魂，探知在实践工作情境中如何看待自己，是否体验着有意义的生活，能否体验到自我实现的价值、认同感和使命感，进而去解释幼儿园教师虐童的变态和理想的苍白背后究竟隐藏着什么，理解为什么有些人把教师职业只看作是谋生手段，而有些人则非然？而在这一切之后，才能最终思考如何找寻孕育教师教育理想的土壤。这是我将幼儿园教师身份的探讨作为研究议题的初衷。

第二节　研究背景

　　随着教师研究范式向个人的转变，教师身份成为研究焦点而备受瞩目。本节将呈现此研究的实践背景和理论脉络。政策层面主要关注我国学前教育普及政策背景下的教育质量要求，进而开展和落实幼儿园教师专业化的政策工程，然后聚焦实践一线幼儿园教师的生存境遇和身份困境。理论脉络部分，首先，呈现教师研究中从"技术—控制"到"人文主义"的理论转向，进而着重梳理教师身份的相关研究并突出重点。最后，在回溯实践背景和理论脉络的基础上，引出本研究关注的主要问题。

一　实践背景

　　（一）提升学前教育的机会与质量成为世界趋势，也是近年来我国学前教育的政策关注和市场话语的重点

　　国内外大量的研究证明科学、适宜的学前教育具有重大价值，有助于儿童大脑结构与功能的发展及良好行为、习惯、性格、情感态度、社会性适应等方面的培养[①]，为个体的终身学习和发展奠定基础[②]，同时，它还具有强大的公益性，这表现在其所具有很高的经济回报[③]和社会效益。诺贝尔经济学奖获得者赫克曼（Heckman）教授指出"学前教育成为国家人力资本投资获益最多的教育阶段"[④][⑤]。20 世纪以来，为了提升综合国力和国际竞争力，世界各国从国家战略价值着眼，纷纷增加财政投入，重视和

---

　　①　庞丽娟、胡娟、洪秀敏：《论学前教育的价值》，《学前教育研究》2003 年第 7 期，第 7—10 页。

　　②　世界许多学前教育的追踪研究显示接受过学前教育的儿童，在数学、阅读等方面比没有接受过学前教育的儿童具有明显的优势，学业完成率较高，而辍学率和学业失败率较低（Department of Education and Skills，2005；OECD，2006）。

　　③　2009 年，美国经济发展委员会资助的研究预测持续普及幼儿教育到 2080 年可提高将近 2% 的国家就业率和 GDP，为国家创造出 300 多万个就业机会等（UNESCO，2009）。

　　④　James J. Heckman, *Invest in the Very Young*. Chicago：Ounce of Prevention Fund and the University of Chicago, Harris School of Public Policy Studies, 2000.

　　⑤　James J. Heckman, *Giving Kids A Fair Chance：A Strategy That Works*, Cambridge, MA and London：MIT Press, 2013.

发展本国的学前教育。尤其在 80 年代以后，全世界的学前教育进入快速发展时期[1]，其教育质量的提升也日益成为人们高度而持续关注的热点[2]。

然而在这一阶段，政府对学前教育的态度则与世界趋势背道而驰。1995 年开始，市场化改革运动[3]中，学前教育被政府强行切断财政支持，部分或完全地推向市场，事业发展遭受重创[4]，入园率严重下跌[5]，而且市场导向下的民办园大量涌现，2010 年民办园比例达 68%，占据学前教育市场半壁江山。[6] 最终由于政府责任的缺失导致 2007 年开始全国范围内出现了"入园难，入园贵"的现象[7][8]。此现象包裹着另一本质即"入好园难"和"入好园贵"，反映出现时民众对优质学前教育的需求十分强烈。2009 年，媒体、群众、专家学者、人大代表等社会各界[9]对入园的呼声愈来愈烈。随

---

    ① 单文鼎、袁爱玲：《国际视野下的学前教育质量评价研究——兼谈对我国学前教育质量评价的思考》，《福建教育》2014 年第 12 期，第 28—32 页。

    ② 李克建、胡碧颖：《国际视野中的托幼机构教育质量评价——兼论我国托幼机构教育质量评价观的重构》，《比较教育研究》2012 年第 7 期，第 15—20 页。

    ③ 1995 年，原国家教委与中央多个部委下发了《关于企业办幼儿园的规定》，提出了幼儿教育社会化的方针，在具体的实践运作中实为市场化。国内大部分研究学前教育的学者都采用"幼儿园社会化"政策，甚至反驳"市场化"的用法。仅有少数学者指出这一政策的本质就是市场化（王海英，2010）。接着，2003 年中央出台了 13 号文件《关于幼儿教育改革与发展指导意见》用以规范各地的学前教育市场化改革，但这一政策不仅没能起到中央政府所期望的规范作用，反而成为地方政府将学前教育进一步市场化的借口。

    ④ 赵微：《我国学前教育质量现状的原因分析》，《学前教育研究》2012 年 第 1 期，第 11—14 页。

    ⑤ 全国学前一年入园率由 90 年代中后期的 76.6% 降低到 2003 年的 64.3%，虽 2004 年开始逐渐回升，至 2007 年达到 76.2%，却依然仍未恢复到 1999 年的水平（夏婧、张丽敏，2012）。

    ⑥ 随着学前教育市场化实践的愈演愈烈，大陆学前教育领域由单一的国家权力控制变为国家和市场两大机制并行的格局。

    ⑦ 研究者者通过 Google 新闻搜索引擎搜集"入园难，入园贵"的新闻媒体报道，据不完全统计，中国内地 31 个省、自治区、直辖市中至少有 26 个报道"入园难，入园贵"现象与问题，其中北京、上海、广东、山东等省市尤为严重。

    ⑧ 邓丽：《我国学前教育办学体制政策回顾》，《教育导刊》2010 年第 3 期，第 11—14 页。

    ⑨ 2007—2009 年，中国各大主流纸媒和网络媒体（如新浪、搜狐等）纷纷将关注焦点集中在"入园难，入园贵"问题上，除了新闻事件报道之外，其中《人民日报》《中国教育报》《新京报》新浪等纸媒分别开辟专栏，专家学者纷纷就此问题展开研究或发表评论，其中既包括学前教育的研究者，也包括教育政策、基础教育等领域专家。另据报道，在 2009 年的全国"两会"期间，人大代表委员针对学前教育的政策建议和议案提案达到 30 件。

着政策机会之窗的打开，解决"入园难，入园贵"问题，发展学前教育正式进入政府政策议程。2010 年，我国发布了《国家中长期教育改革和发展规划纲要（2010—2020 年）》（简称《规划纲要》），国务院出台《关于当前发展学前教育的若干意见》（国发〔2010〕41 号）（简称"国十条"），随后全国各省市落实"学前教育三年行动计划（2011—2013）"，旨在以国家行动计划补足短板，提升学前教育入学机会和质量。[①]

高质量至少是有质量保证的学前教育才能有效促进幼儿的可持续发展[②]，这一点已成为世界各国的共识。因而，学前教育的质量及其评价与监控问题日益受到关注[③]，各国和地区政府不遗余力地制定"学前教育质量标准"以便问责，如美国[④]、芬兰[⑤]、中国香港[⑥]、澳大利亚[⑦]、德国[⑧]。这一时期我国政府前所未有地重视学前教育发展，各地方政府在追求园所规模扩大和入园率达标的同时，也逐渐意识到"普及科学的、有质量的学前教育是提高入园率的意义前提"[⑨][⑩]。这也预示着政府力量全面而强力

---

① 庞丽娟、孙美红、张芬、夏靖：《世界主要国家学前教育普及行动计划及其特点》，《教育发展研究》2012 年第 20 期，第 1—5 页。

② 早期多项实证研究表明：托幼机构的教育质量与儿童的发展水平以及后来的学业成长有正相关，高质量的托幼机构在儿童的社会性、语言和认知发展上会带来更好的结果（Phillipsen, Burchinal, Howes&Cryer, 1997；NICHD Early Child Care Research Network, 1999；Burchinal, Howes& Kontos, 2002）。

③ 潘月娟：《国外学前教育质量评价与监测进展及启示》，《中国教育学刊》2014 年第 3 期，第 13—17 页。

④ 刘昊、王芳、冯晓霞：《美国学前教育质量评级与促进系统评介》，《比较教育研究》2010 年第 4 期，第 72—75 页。

⑤ 吴凡：《芬兰幼儿园质量评价简介及启示》，《山东教育》2010 年第 18 期，第 11—13 页。

⑥ 彭泽平、姚琳：《香港学前教育质量保障体系的构架及其特征分析》，《学前教育研究》2010 年第 11 期，第 56—60 页。

⑦ 钱雨：《澳大利亚学前教育质量评估研究的发展与启示》，《外国教育研究》2012 年第 9 期，第 3—8 页。

⑧ 陈丽华、彭兵：《欧美学前教育质量评价研究述评》，《外国中小学教育》2013 年第 11 期，第 50—53 页。

⑨ 《规划纲要》、"国十条"一系列文件强调，"要把提高质量作为教育改革发展的核心任务"，"保障适龄儿童接受基本的、有质量的学前教育"。

⑩ 刘占兰：《幼儿园的保教质量是入园率的意义前提》，《学前教育研究》2010 年第 5 期，第 9—10 页。

干预的发端。在课程方面，国家全面禁止学前教育小学化现象①（《防止和纠正"小学化"现象的通知》教基二［2011］8 号）；继续推进"以游戏和活动为主"的新课程②理念，修订《幼儿园工作规程》（2013 年 3月）③。教育部进一步发布《3—6 岁儿童学习与发展指南》（2012 年 9月），强调珍视游戏和生活的独特价值，创设丰富的教育环境以支持和满足幼儿的感知、操作和体验，严禁揠苗助长式的超前教育和强化训练，并要求各地幼儿园贯彻落实。④

在"工具—技术理性"的质量评价观及新公共管理"质量话语"⑤的影响下，我国政府逐渐强化对学前教育质量的督导和监控，追求"客观化、标准化、普遍化"⑥，技术上寻求能够"保障标准、具有预见性与可控制性的技术方法"⑦，因此，这一取向下的质量观倾向于对可见的结构和结果的质量评估，容易忽略过程的质量，造成"眼中只有标准，没有儿童，没有教师"⑧。具体实施的技术路径为：进一步加强托幼机构分级分类的质量标准制定，并采用幼儿园自评和质量监管部门验收为主的评估方式。这种追求指针的质量观及其所用的评价技术，能够提供便于操作的评估和监管系统。在这种思路下，近年来国家显示出逐步建立学前教育

---

① 2000 年，我国政府实施幼儿园新课程改革，改革理念强调由识字和算术等小学化教学模式转向倡导"游戏为幼儿园活动基本形式""活动为幼儿园的课程"。

② 幼儿园新课程改革特指 90 年代后期，尤其是 2001 年颁布《幼儿园教育指导纲要（试行）》以后的幼儿园课程改革（王春燕，2009）。

③ 这是时隔 17 年后，对 1996 年的《幼儿园工作规程》的首次修订。

④ 中华人民共和国教育部：《3—6 岁儿童学习与发展指南》，中华人民共和国教育部 2012年。

⑤ "质量"一词源于商业领域，其概念主要涉及通过详细制定准则（criteria）来界定一种可归纳（generalizabel）的标准，并据之可以对一个产品作出确定无疑的判断："是否达到了标准？"（达尔伯格著，朱家雄等译，2006）。随着公共服务领域大规模的私有化以及寻求削减社会福利预算，竞争和效率成为重点。此时，公共服务领域也引入了质量话语，质量管理与控制由此成为公共服务领域的政策主流，以此决定资源分配。

⑥ 张利洪：《对当前我国学前教育质量观的反思》，《教育导刊：下半月》2014 年第 3 期，第 3—6 页。

⑦ 朱家雄：《对学前教育质量的重新思考》，《教育导刊：下半月》2006 年第 1 期，第 4—6 页。

⑧ 郭良菁：《超越"质量话语"应是我们的政策抉择吗——我们的质量评价可以从〈超越早期教育保育质量〉中吸取什么》，《学前教育研究》2009 年第 2 期，第 3—9 页。

质量的监测和督导体系的明显意图。2012 年，教育部印发《学前教育督导评估暂行办法》，依据更为详尽的督导指标，对学前教育政府投入、幼儿园教师队伍建设及幼儿园课程和教学的"去小学化"等条块进行了强力监管。①

与此同时，自我国 20 世纪 90 年代推行学前教育市场化改革以来，市场力量在学前教育领域不断滋长。消费导向为主的"市场话语"日渐盛行，"商品交换、商品生产""以顾客为导向"和"盈利为目的"等商业化的学前教育质量观日渐扩张和渗透。这种质量观将"教育即消费""教学即服务"和"教师即服务者"的理念发挥到了极致，它追求最大限度地满足以家长和社会为服务对象的需要②。实质上，这种质量观是市场中的学前教育举办机构为求生存和盈利而追求投资利润最大化的质量观，容易导致教育本质的丧失殆尽，沦为商品的自由买卖与消费，更有甚者则异化为以牺牲儿童身心发展为代价。例如，幼儿园在招生压力下，刻意迎合市场需要，设立名目繁多的幼儿园特色才艺教学课程类型，如蒙台梭利、珠心算、华德福、多元智能、奥尔夫音乐、剑桥双语课程，但大多是有名无实。另外，由于市场机制的参与，家长拥有消费性质的选择权，学前教育成为家长自由的教育消费，异化为商品化的服务，家长和儿童成为花钱买服务的消费者③。而有些幼儿园为了满足家长不要输在起跑线、进入重点小学的教育消费需求，甚至不顾及幼儿年龄发展特质展开超前的识字和算术教育，致使幼儿园小学化现象屡禁不止。

近年来，我国进入学前教育发展的新时期，在以提高质量为核心任务的背景下，坚持什么样的学前教育质量观有重要的价值指导和方向引领作用。然而，当前流行的各种学前教育质量观，如政府"工具—理性"的"效率问责"质量观、市场"服务取向"的"顾客至上"质量观，必然体现和触及不同利益相关者的核心利益，此间充满了各种冲突和层层矛盾。

---

① 中华人民共和国教育部：《学前教育督导评估暂行办法》，中华人民共和国教育部 2012 年。

② 张利洪：《对当前我国学前教育质量观的反思》，《教育导刊》2014 年第 3 期，第 3—6 页。

③ 王海英：《常识的颠覆——学前教育市场化改革的社会学研究》，广西师范大学出版社 2010 年版。

（二）学前教育质量要求下，"专业化"对幼儿园教师提出高绩效表现的素质要求

质量堪忧的学前教育不仅不能为儿童带来益处，甚至会造成长期的负面影响①。提高学前教育质量愈来愈成为民众的热切要求。而究竟何为学前教育质量一直是研究者争论的热点。当前学者较为认可的学前教育质量主要包括结构和过程两面②③④⑤。其中，对儿童发展有更为显著影响的是过程质量⑥⑦，而过程质量中发挥最为关键作用的要素是教师。大量研究支持师幼互动中教师的适宜性行为，如佩斯纳·范伯格（Peisner - Feinberg）和怀特（White）认为教师倾听幼儿的频度、教师与幼儿情绪情感的交流、教师参与幼儿活动的频度，均与儿童发展及未来学业水平呈正相关⑧⑨。

鉴于教师对于促进儿童身心健康发展的决定性作用⑩，世界各国普

---

① OECD, *Starting Strong III - A Quality Toolbox for Early Childhood Education and Care*. Paris：OECD, 2012.

② Michael E. Lamb, "Nonparental Child Care：Context, Quality, Correlates, and Consequences", in William Damon, Irving E. Sigel and Anne K. Renninger, eds. *Handbook of Child Psychology：Child Psychology in Practice*, New York：John Wiley & Sons, 1998, pp. 73 - 133.

③ 周欣：《托幼机构教育质量的内涵及其对儿童发展的影响》，《学前教育研究》2003 年第 12 期，第 34—38 页。

④ OECD, *Starting Strong III - A Quality Toolbox for Early Childhood Education and Care*. Paris：OECD, 2012.

⑤ 黄晓婷、宋映泉：《学前教育的质量与表现性评价——以幼儿园过程性质量评价为例》，《北京大学教育评论》2013 年第 1 期，第 2—10 页。

⑥ OECD, *Starting Strong III - A Quality Toolbox for Early Childhood Education and Care*. Paris：OECD, 2012.

⑦ 单文鼎、袁爱玲：《国际视野下的学前教育质量评价研究——兼谈对我国学前教育质量评价的思考》，《福建教育》2014 年第 12 期，第 28—32 页。

⑧ Ellen S. Peisner - Feinberg, Margaret R. Burchinal, Richard M. Clifford, Mary L. Culkin, Carollee Howes, Sharon Lynn Kagan and Noreen Yazejian, "The Relation of Preschool Child - Care Quality to Children's Cognitive and Social Developmental Trajectories Through Second Grade", *Child Development*, Vol. 72, No. 5, 2001, pp. 1534 - 1553.

⑨ Kelley White, "Associations Between Teacher - Child Relationships and Children's Writing in Kindergarten and First Grade", *Early Childhood Research Quarterly*, Vol. 28, No. 1, 2013, pp. 166 - 176.

⑩ 庞丽娟、张丽敏、肖英娥：《促进我国城乡幼儿园教师均衡配置的政策建议》，《教师教育研究》2013 年第 3 期，第 31—36 页。

遍关注幼儿园教师队伍的培养和素质提升，纷纷仿效中小学教师改革成果，以提高教师专业化水平作为改善学前教育质量的一条重要途径。以英国为例，自 20 世纪 80 年代以来，英国政府加大了幼儿园教师教育改革力度，将教师专业化定为推行改革的主要目标[1]，订立"合格教师资格标准"、建立全国性的幼儿教师资格认定机构等。基于《每个儿童都重要》（Every Child Matters），2004 年英国政府出台《儿童十年保育战略》（Ten Year Strategy for Childcare），正式规划培养幼儿园专业教师（Early Years Professional，EYP），并经由次年的《儿童工作者计划》（Children's Workforce Strategy）全面肯定和落实幼儿园专业教师身份的建议，明确提出通过改革设立幼儿园专业教师标准、制定专项教师培训项目，以提升专业化素养。同时，政府组织幼儿园教师发展委员会（Children Workforce Development Council，CWDC），负责对全国幼儿园教师改革的管理、评价和监督[2]（Department of Education and Skills，2005）。奥斯古德（Osgood）指出，英国新公共管理主义理念在政治、经济、教育等领域盛行，基于标准的（standard‑based）教师专业化改革，也必然重视对幼儿园教师的表现性的绩效评估，以保证其专业水平。[3]

我国曾在以美国为代表的西方国家学前教育先进理论的指导下，从课程开发入手，推动了一场历时 20 年的"与现实严重脱节"的理想化改革[4]，成效甚微，引致反思与大讨论。最后政府与专家将众多原因归结为一点：教师无法适应课改的教、学、研的角色要求[5]，无法将先进的教育

---

① 胡恒波、陈时见：《英国学前教师专业化改革的策略与基本经验》，《外国中小学教育》2013 年第 7 期，第 26—31 页。

② Department of Education and Skills（DFES），*Early Years Foundation Stage*（*Direction of Travel Paper*），London：The Stationery Office，2005.

③ Jayne Osgood，"Professionalism and Performativity：the Feminist Challenge Facing Early Years Practitioners"，*Early Years*，Vol. 26，No. 2，2006，pp. 187‑199.

④ Yen Liu and Xiaoxia Feng，"Kindergarten Educational Reform During the Past Two Decades in Mainland China：Achievements and Problems"，*International Journal of Early Years Education*，Vol. 13，No. 2，2005，pp. 93‑99.

⑤ 教师不仅是儿童的"支持者、合作者、引导者"，还应成为"学习者"和"研究者"并"在研究中学习"（教育部，2001）。

理念转化为教育教学行为①，这成为幼教改革的主要障碍②。为了解除问题的瓶颈，幼儿园教师需要实现"专业化"。于是，我国由国家自上而下开始了一系列以促进教师专业成长为名的举措；并且伴随着"基本普及学前教育"的战略规划，国家不断扩大专业化工程的规模。国家的规定突出强调幼儿园教师的资格、标准，并且开展各式各样的专业发展培训项目。2000 年，我国正式实施幼儿园教师资格与考试制度；2011 年，国家重新制定幼儿园教师资格考试标准，并由教育部颁布《幼儿园教师专业标准》（2011 年，下称《标准》）。《标准》对幼儿园教师的专业素质也提出明确要求，这标志着我国幼儿园教师队伍建设进入专业化阶段③。此后，政府首次正式将幼儿园教师纳入国家级培训计划（即国培计划，2011 年），中央投入大量经费④，规定各省申请中央培训专项经费并配套实行"省培"计划，加大配备教研员力度、继续推行园本教研等专业化活动。由政府发起的这些专业化工程，针对教师知识过时或低效予以改进，强调专业知识和技能的提升⑤，明显受技术—工具理性⑥所主导，遵循一种"补缺"和"补短"的取向，多以"点状课程规划""单向授课模式""短期补偿式"和"补足模式"的集中培训为主。一些试点省份为提高培训效率，甚至建立各类教师继续教育课程的"超市"，引入多种竞争机制实现教师按需选课⑦。

---

① 朱家雄：《从幼儿园评估的角度谈理论与实践的脱节》，《幼儿教育：教育教学》2009 年第 5 期，第 4—6 页。
② 李季湄、夏如波：《幼儿园教师专业标准》，《学前教育研究》2012 年第 8 期，第 3—6 页。
③ 栾学东：《教师评价理应有个实际的支点——〈教师评价〉一书简评》，《中国教师》2013 年第 23 卷，第 79—80 页。
④ 教育部、中央编办、财政部、人力资源社会保障部《关于加强幼儿园教师队伍建设的实施意见》（教师〔2012〕11 号）文件首次明确"幼儿园培训经费纳入同级财政预算。幼儿园按照年度公用经费总额的 5% 安排教师培训经费"。
⑤ 王夫艳：《中国大陆素质教育改革中的教师专业身份及其建构》，香港中文大学博士学位论文，2010 年。
⑥ 技术—工具理性意味着集中考虑"如何做好它"（how）的问题，而不是"为什么要做"（why）的问题，或是"我们要走向哪里"的问题；因为它倾向于考虑途径和方法而不是终点和旨归，考虑效率而不是目的（Gibson，石伟平等译，1995）。
⑦ 秦金亮：《幼儿园教师专业标准》，《学前教育研究》2012 年第 8 期，第 7—10 页。

在倡导专业化的政策技术①和文本之下，专家学者热情洋溢地宣称"学前教育是专门职业"和"幼儿园教师是专业人员"，"专业认同/身份"也在学者的培训讲座中频频出现，而以"专业化"和"专业发展"为名的各种教师进修和园本的学习、交流活动频繁开展。同时，幼儿园教师在评课和教研活动中也开始采纳专业术语。然而，政策层面的提倡、学术层面的推动并不等于幼教实践现场的反映。身为实践者（practitioners）的幼儿园教师并非处于简单环境，而是置身在国家与市场力量交错的复杂场域中。

"以服务为导向"的市场话语对幼儿园教师"成为和如何成为"专业人员有着迥然不同的理解与影响。市场化脉络下，商业化运作的幼儿园变成了以营利为目的、以顾客为导向的企业或者公司。在经济效益最大化的驱动下，幼儿园从"市场逻辑"理解"专业人员"与"专业"，置身于"供求关系"中的幼儿园教师是以流通的劳动力而存在的，因此她们提供的专业服务则成为用来交换的商品。"市场专业"的精髓在于"好的服务"而非"好的教育"；为实现价值交换，商品可以"外在包装"并"技术营销"而非内里（inner）的质量追求；对"功利性价值获得"的热衷胜过"对本真的幸福感的体验"。这一股强大的市场话语洪流之下，充斥着"劳工化"②"商品化""去教育化"，幼儿园教师愈加被套进"标准"和"专业"的论述。为迎合家长期待的服务规格，她们放弃专业自主权③和专业权威④；为追逐更高物质利益，她们在市场中自由流通和频繁跳槽。而因为"专业"的表面化包装的可能性，精于成本核算的幼儿园管理者往往以次充好，导致出现"劣币驱逐良币"的现象。更有甚者，家长对于幼儿艺术特长的热衷，加上盈利园所的积极附和，使得幼儿园教师的培养跟着良莠混杂的就业市场跑，订单式培养以致学前教育的专业特

---

① Stephen J. Ball, *Class Strategies and the Education Market: The Middle Classes and Social Advantage*, London: Routledge, 2003.

② 戴文青：《从深层结构论台湾幼儿园教师专业认同转化的可能性》，《"国立"台南大学学报》2005年第2期，第19—42页。

③ 刘焱、潘月娟：《〈幼儿园教育环境质量评价量表〉的特点，结构和信效度检验》，《学前教育研究》2008年第6期，第60—64页。

④ 王海英：《常识的颠覆——学前教育市场化改革的社会学研究》，广西师范大学出版社2010年版。

征扭曲成了高中知识和音乐美术舞蹈的糅合①，这亦加剧了其专业形象的扭曲②。

面对表现主义文化盛行之下的"专业化"政策论述和市场话语，许多幼儿园教师是迷失自我抑或如鱼得水？又是如何"被"重塑身份？将怎样寻求突破？

（三）幼儿园教师生存境遇令人担忧，深陷身份困境

在我国情境下，工具—技术理性的政府和顾客至上的市场，秉持着不兼容的教育价值观和对"专业"的不同解读，彼此较劲。而身为这场博弈之下的主体，幼儿园教师的生存境遇究竟如何？

首先，从教师身份制度层面来看，幼儿园教师的身份并未"制度化"。与中小学教师相比，幼儿园教师就是"教育制度中遭到轻视的灰姑娘"。③我国相关法律政策并未明确幼儿园教师法律身份，致使幼儿园教师徘徊在法律的边缘地带，并且在编制配备、专业技术职称评定方面都处于弱势地位，④造成制度身份的不公平。各地方政府在核编过程中，压缩基础教育阶段教师编制时，不是择优录用，而是择"幼"削减⑤⑥。此外，我国幼儿园教师职称评定没有独立性和合法性，⑦也是依附于中小学教师系列，不具备独立的专业技术职称晋升机制，⑧使得大量幼儿园教师未有职称。这些制度资源的缺失必然导致幼儿园教师专业地位的降低。

其次，幼儿园教师的社会地位低下。在职业声望方面，中国人民大

①　郭良菁：《上海市幼儿园教师专业发展自我评价体系研制简介——构建幼儿园教师专业标准的尝试》，《学前教育研究》2007年第7期，第32—35页。

②　秦金亮：《幼儿园教师专业标准》，《学前教育研究》2012年第8期，第7—10页。

③　孔美琪：《幼儿教育新文化——浅析香港的幼儿教育政策》，《基础教育学报》2001年第2期，第117—127页。

④　王声平、杨晓萍：《幼儿教师专业身份认同的困惑及其重塑》，《教育与教学研究》2011年第1期，第1—4页。

⑤　蔡迎旗、冯晓霞：《论我国幼儿教育政策的公平取向及其实现》，《教育与经济》2004年第2期，第33—36页。

⑥　庞丽娟、张丽敏、肖英娥：《促进我国城乡幼儿园教师均衡配置的政策建议》，《教师教育研究》2013年第3期，第31—36页。

⑦　秦金亮：《幼儿园教师专业标准》，《学前教育研究》2012年第8期，第7—10页。

⑧　吴毛孜、袁爱玲：《幼儿园教师专业标准（试行）（征求意见稿）下的幼儿教师》，《教育导刊：下半月》2012年第5期，第59—62页。

学的学者李强①②分别于 1998 年和 2009 年根据对常见的 100 种职业的社会地位展开调查，结果发现中小学教师排名 29，幼儿园教师排名 36，并且处于下降趋势；2009 年，幼儿园教师的排名下降到了 43 位。经济地位是职业在社会地位最重要的表现形式，据《中国劳动统计年鉴 2010》显示，我国幼儿园教师年平均工资为 18532.7 元，而高等教育、中等教育、初等教育教师年平均工资依次是 47693 元、34169 元、31036 元。

再次，社会公众及媒体对幼儿园教师的角色认知与期待是多元甚至冲突的。"学高为师"和"体脑分工"的历史传统定势，使得公众没有充分认识到幼儿园教师身为教师的专业性，将她们等同于高级保姆、阿姨、孩子王等，甚至公共媒体也惯用这些称呼，以致与教师自身认知产生冲突，陷入身份的困境。③④⑤ 当然也不乏幼儿园教师应该是"孩子心灵的培育者""孩子第二位母亲"等角色期待。这些期待隐喻着幼儿教师的社会地位、职业担负的责任和权利，将幼儿园教师这一复杂的生命存在简单化为角色的功能性规定，有着浓重的功利色彩。⑥ 另外，幼儿园教师的一举一动均在社会的监控之中，公众媒体有意无意地放大一些不利报导，甚至故意妖魔化她们，给她们带来极大的社会压力。如前文所述，2012 年虐童事件曝光之后，媒体的极力渲染、铺天盖地的指责，甚至不顾事实的夸大，使得幼儿园教师群体都置身于舆论的旋涡之中，也使家长与教师本就脆弱的信任关系不堪一击，不让孩子上幼儿园或者要求园方安装摄像头。在强势力量的分化术与各种瓦解策略面前，个别幼儿教师个体的弱者处境往往会加重其群体的弱者身份。

---

① 李强：《转型时期冲突性的职业声望评价》，《中国社会科学》2000 年第 4 期，第 100—111 页。

② 李强、刘海洋：《变迁中的职业声望——2009 年北京职业声望调查浅析》，《学术研究》2009 年第 12 期，第 34—42 页。

③ 洪秀敏：《确保专业性：国家幼儿教师专业标准应强调的核心》，《中国教师》2011 年第 11 期，第 27—29 页。

④ 虞永平：《幼儿园教师专业标准》，《学前教育研究》2012 年第 7 期，第 7—11 页。

⑤ 秦金亮：《幼儿园教师专业标准》，《学前教育研究》2012 年第 8 期，第 7—10 页。

⑥ 王声平、杨晓萍：《幼儿教师专业身份认同的困惑及其重塑》，《教育与教学研究》2011 年第 1 期，第 1—4 页。

　　加之，以女性为主体①的幼儿园教师群体发出的舆论常常被认为是女性化的、局限的、微弱的，缺乏对社会的洞察力和警示力。② 社会公共舆论从没有耐心倾听她们的心声，以致她们慢慢失语，成为沉默的大多数。承受重重压力之下，当前我国幼儿园教师普遍存在职业幸福感低、心理压力大、情绪耗竭、职业倦怠感明显等问题。③ 有研究表明幼儿园教师的情绪劳动和情绪耗竭水平较高，尤其是 5 年教龄以下的幼儿园教师。④ 另有研究发现"不时有离职的念头"的幼儿园教师占 48.4%，⑤ 有离职倾向的比例高达 56.8%。⑥ 虐童事件引发了对幼儿园教师心理健康、情绪状态与生存境遇的关注。有专家分析这一切与幼儿园教师的情绪有密切关系⑦。

　　　　我严格要求孩子，但也喜欢孩子，会自愿加班……家长认可我，我就有成就感。

　　　　这点钱还卖什么力、教孩子只是为了混口饭吃、教师不需要学习……

　　　　幼儿园教师是一个吃"良心饭"的职业，你能不能对得起自己的良心，面对家长、孩子……有人说好，有人说不好，到最后你也不知道自己到底是谁。

---

　　① 世界范围内，幼儿园教师均以女性为主体，许多国家女性比例都在 98% 以上，学前教育被视为女性的工作（林佩蓉，1999；王海英，2009）。

　　② 王海英：《解读幼儿园中的教师社会——基于社会学的分析视角》，《学前教育研究》2009 年第 3 期，第 6—10 页。

　　③ 张丽敏：《幼儿园教师的组织支持感与离职倾向及其关系研究》，《幼儿教育：教育科学》2012 年第 11 期，第 22—27 页。

　　④ 孙阳：《幼儿教师情绪劳动发展特点及与情绪耗竭的关系》，东北师范大学博士学位论文，2013 年。

　　⑤ 梁慧娟、冯晓霞：《北京市幼儿教师职业倦怠的状况及成因研究》，《学前教育研究》2004 年第 5 期，第 81—84 页。

　　⑥ 卢长娥、王勇：《幼儿教师离职倾向及成因探析》，《早期教育（教师版）》2006 年第 7 期，第 12—13 页。

　　⑦ 张永英：《从管理角度反思教师虐童问题》，《幼儿教育：教育教学》2013 年第 1 期，第 27—29 页。

　　以上幼儿园教师鲜活的话语触发进一步追问：幼儿园教师在实践情境中，为何会有如此看似相悖的体验和感受？这是普遍现象还是个别现象？她们究竟如何看待教师职业？是"混口饭"还是"良心饭"，身份困境中如何选择？获得认可在她们心中真正的意义为何？

　　综上所述，在当前我国的情境下，幼儿园教师群体从长期的弱势地位走进学前教育专业化的发展机遇。① 她们集体沉寂的专业意识也期待被唤醒。② 然而，这个群体同时面对着来自市场和国家的双重要求，既面对"商品化"和"消费主义"的市场对"服务好顾客"要求，也面临着国家自上而下改革中的"专业人员"和"符合专业标准"的期待；同时，还伴有先天的制度资源弱势以及公众媒体的偏见定势和舆论压力。在这样的背景下，刻意地将她们视为弱势受害者并寄予同情并非本书主张，单纯地关注这一弱势群体的压力与挑战亦远远不够。因此，本研究希望回归到幼儿园教师日常真实的酸甜苦辣之中，去倾听她们的声音，关注她们身为人的能动性、意向性和情绪情感，她们如何协商、寻找和建构教职对自己的意义？

二　理论脉络

（一）教师研究的理论转向：从"技术—控制"到"人文主义"

　　20 世纪 50 年代，教育研究整体受到行为主义心理学理论的影响，教师研究也不例外。这一时期"科学主义"盛行，教师被当作客体来被认识和研究，这种认识论正是哈贝马斯（Habermas）所说的技术的（控制）认知旨趣。③ 在这一取向下，教师研究主要通过大规模的统计资料的形式来抽取教师职业的实践，并将之划分为一系列具体的、可观察和可操作的能力，通过标准化培训让所有教师掌握这些能力，并据此

---

① 党的十七大作出"重视学前教育"的指示，2010 年《国家教育改革与发展中长期规划纲要》颁发，学前教育界同仁亲切欢呼"迎来了学前教育发展的春天"。

② 秦金亮：《幼儿园教师专业标准》，《学前教育研究》2012 年第 8 期，第 7—10 页。

③ 人类有三种认知旨趣：1. 技术的（控制）旨趣，即"经验—分析"方法，就是一种对"客观化过程加以技术控制"的旨趣。2. 实践的（理解）的旨趣，即"历史—诠释"方法，是人类社会的交往活动中，寻求和达成彼此理解以至实现彼此的共识，就是一种实践理解旨趣。3. 解放的（自由）的旨趣，即"批判取向"方法，是人类对存在境况一种解放的要求，对自由的要求（Habermas, 1978）。

评估教师。[1] 在这种"表现为本"（performance – based）或"能力为本"（competence – base）[2] 的模式下，教师教学实践的核心概念是角色，其责任就是机械地响应角色的期望。[3]

20 世纪六七十年代后，认识论的一个重要转向即"社会建构论"，学者愈多强调人的能动性及与情境的互动对社会结构的影响。理论来源主要有现象学、诠释学、互动论、民俗方法学、女性主义等。同期，心理学也有很大的进展。认知心理学扩展到对个体情感性因素（affective factors）的关注；心理学第三势力"人本主义"兴起。同时，这是社会运动频发的时代，一系列平权运动、反战运动、女权运动兴起，关注个体的权利，尤其是关注弱势群体日常生活和情绪体验，关注他们如何看待自己，又是如何阐释外部的结构，获得自己存在的意义[4]（张华军、叶菊艳，2014）。在教育领域，学者开始持"社会建构观"来看待学校和教师，认识到教师工作的复杂性，将教师的生活视为一个整体，将教师视为人，其幸福感、情绪、信念和身份都逐渐被关注，教师的生活史、案例研究兴起。这可以说是由原来的"技术—控制"取向转变为关注教师身为人的本体转向（ontological turn），[5] 从外在的职业技能关注转向对教师内在自我的探查。[6]

伴随认识论的转向，教师及教师专业发展模式应重新概念化（recon-ceptuali zation），从"作为实践的教师"（teacher – as – practice）转变为"作为人的教师"（teacher – as – person）。[7] 教师不再是不带情感的专业知

① 张华军、叶菊艳：《论西方教师教育研究的人文主义取向——第 16 届 ISATT 年会会议评述》，《教师教育研究》2014 年第 1 期，第 103—108 页。

② Donald A. Schön, *The Reflective Practitioner*：*How Professionals Think in Action*，London：Temple Smith, 1983.

③ Stephen J. Ball and Ivor F. Goodson, "Understanding Teachers：Concepts and Contexts", in Stephen J. Ball and Ivor F. Goodson, eds. *Teachers' Lives and Careers*, London：Routledge, 1985, pp. 1 – 26.

④ 张华军、叶菊艳：《论西方教师教育研究的人文主义取向——第 16 届 ISATT 年会会议评述》，《教师教育研究》2014 年第 1 期，第 103—108 页。

⑤ Ronald Barnett, *A Will Tolearn*：*Being A Student in an Age of Uncertainty*. Maidenhead：Open U-niversity Press, 2007.

⑥ 张丽敏：《教师使命的内涵及特征探讨》，《教师教育研究》2012 年 第 6 期，第 7—12 页。

⑦ Ivor F. Goodson and Rob Walker, *Biography*，*Identity*，*and Schooling*：*Episodes in Educational Research*, London：Falmer Press, 1991.

识技能的储存容器，而是一个独特的个体，有自己的生命经验，有对教育、教学的认知、情感与价值。① 教师在教育实践中的主体性日益凸显，身为人的教师全身心甚至"自我"投入到教学之中。② 在以罗杰斯（Rogers）为首的人本主义心理学的影响下，形成了人文主义取向的教师教育研究（humanistic teacher education）。人文主义取向的学者否认教学技能可以不考虑教师自身的个性特质、精神气质、情绪质量等特点而在不同的情境中传递下去。他们认为教学是一项复杂的人类活动，并不能像科学实验一样完全在可控的环境中通过一套规范的教学范式开展；教学作为一项社会活动嵌入在社会、历史、文化与政治脉络中，并借由教师的演绎在师生互动中共同完成。③ 人文主义取向的教师研究的一个鲜明特点就是重视教师身为一个完整的人，身为一个能动的、具有创造性的主体，不是仅仅看中培养教师的教学能力（teaching competencies）。④ 教师教育学者萨奇（Sage）、阿德科克（Adcock）和狄克逊（Dixon）对西方教师研究中表现出来的本质主义或科学主义的倾向表示担忧，认为这种倾向会把教师教学和教师教育变成一种只关注知识传递的技术性训练；而人文主义取向的教师教育研究要求教师以一种更加人性化的、更有意义和更加积极的方式和他们的学生一起开展学习，通过这种方式的师生互动，努力促进教师和学生内在的动力和潜质。而且人文主义取向的教师研究注重教师和学生自我实现的同时，致力于建立教师和学生、同事、家长及其他相关人员有意义的联系从而促进学生的学习和成长。⑤

　　受 20 世纪 80 年代后英美国家新右势力上升、市场化在教育中的引入及绩效主义盛行的刺激，教师专业发展中的能力本位模式重新占据上风。

---

① 周淑卿：《我是课程发展的专业人员？——教师专业身份认同的分析》，《教育资料与研究》2004 年第 57 卷，第 329—337 页。

② Bob Jeffrey and Peter Woods, "Feeling Professionalised: The Social Construction of Emotions During an OFSTED Inspection", *Cambridge Journal of Education*, Vol. 26, No. 3, 1996, pp. 325 – 343.

③ 张华军、叶菊艳：《论西方教师教育研究的人文主义取向——第 16 届 ISATT 年会会议评述》，《教师教育研究》2014 年第 1 期，第 103—108 页。

④ Sara M. Sage, Sondra Smith – Adcock and Andrea L. Dixon, "Why Humanistic Teacher Education Still Matters", *Action in Teacher Education*, Vol. 34, No. 3, 2012, pp. 204 – 220.

⑤ Anne C. Richards and Arthur W. Combs, "Education and the Humanistic Challenge", *The Humanistic Psychologist*, Vol. 20, No. 2 – 3, 1992, pp. 372 – 388.

有一批学者开始质疑人文取向的教师教育无法与当下教育改革的标准化运动和基于学生成绩的教师绩效考核配合，会鼓励老师成为学生的保姆，对学生过于爱护而无法激发学生潜能。例如，Hiebert（希伯特）和 Morris（莫里斯）旗帜鲜明地指出，不应把改进教学的重点放在招聘更加优秀的人进入到教师行业，也不应该把重点放在改进师范教育或教师晋升的标准上，而应该放在改进课堂中使用的教学方法上。① 由于教师优秀的教学质量具有不可传递性，因此，只有把改革重点放在对教学技能（teaching skills）的改进上，才能让教学技能不断传递下去并得到应用。该文的观点引发很大争议，有一些表示认可的支持者，当然也有激烈的反驳，如泽茨纳（Zeichner）认为这一观点可能会把教师训练成具备一套优秀的教学技能的技术工人，而不是具有更为深广的专业视野的专业工作者。②

（二）聚焦教师身份：教师素质的核心体现及专业性之衡量尺度

在技术—工具理性导引下，表现性问责及绩效文化将教师的实践变成机械满足和响应外部标准和量化指标、常规地传递预先设计的"教学包裹"。③④ 日益精细化的教学工作和逐渐加重的问责评价使得教师身心受到极大影响，教师成为 21 世纪压力最大的职业之一。⑤ 鉴于标准为纲和能力本位模式的抬头，人文主义取向的教师研究力量重新凸显。⑥ 20 世纪 80 年代末 90 年代初，部分学者如尼亚斯（Nias）和古德森（Goodson）认为外来的试图加强教师专业化的举措如果没有与教师自身的经验契合，忽略教师的生命经历和声音，必然是无效的，并将教师身份引入教师研究

① James Hiebert and Anne K. Morris, "Teaching, Rather Than Teachers, as A Path toward Improving Classroom Instruction", *Journal of Teacher Education*, Vol. 63, No. 2, 2012, pp. 92 – 102.

② Ken Zeichner, "The Turn Once Again toward Practice – based Teacher Education", *Journal of Teacher Education*, Vol. 63, No. 5, 2012, pp. 376 – 382.

③ Stephen J. Ball, "Labour, Learning and the Economy: A 'Policy Sociology' Perspective", *Cambridge Journal of Education*, Vol. 29, No. 2, 1999, pp. 195 – 206.

④ Ivor F. Goodson and Numan, Ulf, "Teacher's Life Worlds, Agency and Policy Contexts", *Teachers and Teaching: Theory and Practice*, Vol. 8, No. 3, 2002, pp. 269 – 277.

⑤ Denise Carlyle and Peter Woods, *Emotions of Teacher Stress*. London: Trentham Books Limited, 2002.

⑥ 张华军、叶菊艳：《论西方教师教育研究的人文主义取向——第 16 届 ISATT 年会会议评述》，《教师教育研究》2014 年第 1 期，第 103—108 页。

之中。①②

　　教师身份研究旨在探讨个体身为教师的意义何在，在这些研究中教师的专业发展过程往往被视为探寻"身为教师，我是谁？"和"我想要成为谁？"问题的过程。③④ 身为教师，对"我是谁"的认知与"我知道什么"一样重要，亦如帕尔默（Palmer）所说"We teach who we are"。⑤ 因此，要回答"什么样的教师才是好教师"这一问题，必然绕不开教师身份和教师对我是谁的探寻。教师身份是好教师素质的核心体现。教育是"人与人的主体间灵肉交流活动"，是"心心相印的活动"。⑥⑦ 教师的工作具有强烈的"人是目的"的色彩，更要求去工具化的手段。⑧ 帕尔默（Palmer）认为好的教学来源于对自身的身份认同及教师精神的自身完整（identity and integrity）。荷兰教师教育学者科瑟根（Korthagen）提出了好教师特质的洋葱模型（onion model），⑨ 由外而内依次为可直接被观察的环境、行为到专业能力、专业信念、专业身份、教师使命。⑩ 如果教师只是将工作看作谋生的手段，自己是知识传递者的身份，就可能不会去关心学生，也不会发展出关心学生的能力并体现出相应

---

① Ivor F. Goodson, *Studying Teachers' Lives*, London: Routledge, 1992.

② Jennifer Nias, *Primary Teachers Talking: A Study of Teaching as Work*, London: Routledge, 1989.

③ Geert Kelchtermans and Mary Lynn Hamilton, "The Dialectics of Passion and Theory: Exploring The Relation Between Self – Study and Emotion", in John J. Loughran, Mary Lynn Hamilton, Vicki Kubler LaBoskey and Tom Russell, eds. *International Handbook of Self – study of Teaching and Teacher Education Practices*, London: Kluwer Academic, 2004, pp. 785 – 810.

④ Fred A. J. Korthagen and Angelo Vasalos, "Levels in Reflection: Core Reflection as A Means to Enhance Professional Growth", *Teachers and Teaching*, Vol. 11, No. 1, 2005, pp. 47 – 71.

⑤ Parker J. Palmer, *The Courage to Teach: Exploring the Inner Landscape of A Teacher Life*, San Francisco: Jossey – Bass, 1998.

⑥ 雅斯贝尔斯：《什么是教育》，邹进译，生活·读书·新知三联出版社1991年版。

⑦ 陶行知、丁丁、王昌畴：《陶行知教育思想的理论和实践》，安徽教育出版社1986年版。

⑧ 张丽敏：《教师使命的内涵及特征探讨》，《教师教育研究》2012年第6期，第7—12页。

⑨ Fred A. J. Korthagen, "In Search of the Essence of A Good Teacher: Towards A More Holistic Approach in Teacher Education", *Teaching and Teacher Education*, Vol. 20, No. 1, 2004, pp. 77 – 97.

⑩ 张丽敏：《教师使命的内涵及特征探讨》，《教师教育研究》2012年第6期，第7—12页。

的行为。① 戴伊（Day）指出具有积极情绪体验的身份感是教师维持岗位热情的重要素质。② 因此，关注教师素质提升、培养好教师，就必须关注教师身份。

其次，从教师专业化与专业发展的角度来看，教师身份是教师专业性的重要衡量尺度。教师专业发展关注外在学历和教学技能的同时，更需要关注教师内在专业精神（包含专业身份）的成长，只有这样教师才是真正意义上的教师。③ 学者萨赫斯（Sachs）认为发展并维持教师身份是评判教师专业性和把他们与其他工作者区别开来的重要依据。④ 哈默内斯（Hammerness）、哈蒙德（Darling - Hammond）和布兰斯福德（Bransford）认为教师身份是教师"坚守专业规范的关键"；⑤ 能为教师理解"如何成为专业的教师，如何看待他们的工作和社会的地位"提供引导框架。⑥ 而且，研究者戴伊（Day）、金顿（Kington）和纳马吉（Namaghi）也发现其是影响教师职业动机、职业承诺、自我效能和工作效率的核心因素。⑦ 不仅如此，研究者洪（Hong）和泽尔尼亚夫斯基（Czerniawski）还发现教师身份在一定程度上降低了教师对工作条件的不满，决定了教师留职意

---

① Fred A. J. Korthagen, "In Search of the Essence of A Good Teacher: Towards A More Holistic Approach in Teacher Education", *Teaching and Teacher Education*, Vol. 20, No. 1, 2004, pp. 77 - 97.

② Christopher Day and Gu Qing, "Teacher Emotions: Well - being and Effectiveness", in Paul A Schutz and Michalinos Zembylas, eds. *Advances in Teacher Emotion Research*, New York: Springer, 2009, pp. 15 - 31.

③ 张丽敏：《教师使命的内涵及特征探讨》，《教师教育研究》2012 年第 6 期，第 7—12 页。

④ Judyth Sachs, "Teacher Professional Identity: Competing Discourses, Competing Outcomes", *Journal of Education Policy*, Vol. 16, No. 2, 2001, pp. 149 - 161.

⑤ Karen Moore Hammerness, Linda Darling - Hammond, John Bransford, David Charles Berliner, Marilyn Cochran - Smith, M. McDonald and Kenneth M. Zeichner, *Preparing Teachers for A Changing World: What Teachers Should Learn and Be Able to Do*, San Francisco: Jossey - Bass, 2005.

⑥ Judyth Sachs, Pam Denicolo and Michael Kompf, "Teacher Education and the Development of Professional Identity: Learning to Be A Teacher", in Pam Denicolo and Michael Kompf, eds. *Connecting Policy and Practice: Challenges for Teaching and Learning in Schools and Universities*, Oxford: Routledge, 2005, pp. 5 - 21.

⑦ Seyyed, Ali, Ostovar Namaghi, "A Data - Driven Conceptualization of Language Teacher Identity in the Context of Public High Schools in Iran", *Teacher Education Quarterly*, Vol. 36, No. 2, 2009, pp. 111 - 124.

向，以及他们是否或如何寻求专业发展机会。①②

在教师专业发展背景下，教师身份的研究方兴未艾，学者围绕诸多议题持续深入探讨。然而从学段上看，已有的教师身份研究主要以中小学教师为研究对象，较少数关注幼儿园教师。现有研究成果揭示出小学和中学教师在身份及建构上存在较大的差异，小学教师的个人身份和专业身份密不可分，并且是影响教师动机、承诺和工作满意度的重要因素；而中学教师的学科以及学科地位对其身份建构影响更大。③ 小学与中学教师身份及构建已有如此大的差异，而学前阶段教育对象的身心特征、教学课程设置、教学方式等与中小学更是大相径庭，加之世界范围内幼儿园教师均以女性为主，她们的专业性应有独特内涵及其身份建构也必然有其特殊性，值得探讨。况且，长期以来在义务教育阶段，政府通过强化问责、效率和表现主义来增强管理主义的专业性；④ 而近年来，学前教育机构也开始遭受"恐怖的表现主义"。⑤ 以英国为例，1998 年英国颁布《国家儿童保育战略》之后，学前教育也经历了国家日益增强的控制。幼儿园教师必须为了成为"专业人"，努力应付问责的要求、绩效的目标、强制的早期教育课程和她们实践的标准取向。⑥⑦ 因此，幼儿园教师专业身份有何特征，其身份构建的过程如何，均有待进一步研究。

---

① Ji Y. Hong, "Pre – service and Beginning Teachers' Professional Identity and Its Relation to Dropping out of the Profession", *Teaching and Teacher Education*, Vol. 26, No. 8, 2010, pp. 1530 – 1543.

② Gerry Czerniawski, "Emerging Teachers – Emerging Identities: Trust and Accountability in the Construction of Newly Qualified Teachers in Norway, Germany, and England", *European Journal of Teacher Education*, Vol. 34, No. 4, 2011, pp. 431 – 447.

③ Maria Assunção Flores and Christopher Day, "Contexts Which Shape and Reshape New Teachers' Identities: A Multi – Perspective Study", *Teaching & Teacher Education: An International Journal of Research and Studies*, Vol. 22, No. 2, 2006, pp. 219 – 232.

④ Judyth Sachs, "Teacher Professional Identity: Competing Discourses, Competing Outcomes", *Journal of Education Policy*, Vol. 16, No. 2, 2001, pp. 149 – 161.

⑤ Stephen J. Ball, *Class Strategies and the Education Market: The Middle Classes and Social Advantage*, London: Routledge, 2003.

⑥ Jayne Osgood, "Professionalism and Performativity: the Feminist Challenge Facing Early Years Practitioners", *Early Years*, Vol. 26, No. 2, 2006, pp. 187 – 199.

⑦ Jayne Osgood, "Reconstructing Professionalism in ECEC: the Case for the 'Critically Reflective Emotional Professional'", *Early Years*, Vol. 30, No. 2, 2010, pp. 119 – 133.

（三）关注教师情绪：教师及其身份研究中不可忽略的关键点

长久以来，西方形而上学的厚此薄彼，重视公共性，忽视个体性；重视理性，忽视情感性。在理性当道时期，教育亦走向科学理性的范式，然而教育理性的过度扩张，造成教育与生活的疏离，教师的教学激情受到拒绝和压抑。[①] 到 20 世纪 80 年代后，这一格局才有所转变，基于对人类情感性的重新认识，不同学科展开了对情绪的研究，[②] 教育领域的情绪研究也不断深入。由此，对教师专业的看法亦有较大转变：不再将教师视为专业知识、技能的"资产（assets）"拥有者[③]，而是逐渐重视教师专业发展中的情绪、激情、承诺、勇气等[④][⑤][⑥]。教师日常工作的人际互动中会经历大量的情绪，他们有时满怀希望、喜悦与荣耀，有时感到忧虑、挫折与怀疑，所有这些情绪不会独立于他们的生活，更无法从行动中或理性反省中抽离。[⑦]哈格里夫斯（Hargreaves）认为情绪和认知、感情和思考等在所有社会的实践中以复杂的方式结合在一起。[⑧] 以教师主要的教学工作为例，教学不只涉及知识、认知以及技巧，也是一种情绪的实践（emotional practice）。由此，教师情绪议题的研究不断出新，其中以哈格里夫斯（Hargreaves）的教师情

---

① 姜勇：《论教师的个人知识：教师专业发展的新转向》，《教育理论与实践》2004 年第 6 期，第 56—60 页。

② Michalinos Zembylas, "Constructing Genealogies of Teachers' Emotions in Science Teaching", *Journal of Research in Science Teaching*, Vol. 39, No. 1, 2002, pp. 79 – 103.

③ Sanne F. Akkerman and Paulien C. Meijer, "A Dialogical Approach to Conceptualizing Teacher Identity", *Teaching and Teacher Education: An International Journal of Research and Studies*, Vol. 27, No. 2, 2011, pp. 308 – 319.

④ Catherine Beauchamp and Lynn Thomas, "Understanding Teacher Identity: An Overview of Issues in the Literature and Implications for Teacher Education", *Cambridge Journal of Education*, Vol. 39, No. 2, 2009, pp. 175 – 189.

⑤ Geert Kelchtermans, "Teachers Emotions in Educational Reforms: Self – understanding, Vulnerable Commitment and Micropolitical Literacy", *Teaching and Teacher Education*, Vol. 21, No. 8, 2005, pp. 995 – 1006.

⑥ Parker J. Palmer, *The Courage to Teach: Exploring the Inner Landscape of A Teacher Life*, San Francisco: Jossey – Bass, 1998.

⑦ Geert Kelchtermans, "Teacher Vulnerability: Understanding Its Moral and Political Roots", *Cambridge Journal of Education*, Vol. 26, No. 3, 1996, pp. 307 – 323.

⑧ Andy Hargreaves, "The Emotional Practice of Teaching", *Teaching and Teacher Education*, Vol. 14, No. 8, 1998, pp. 835 – 854.

绪地理理论及赞姆比拉斯（Zembylas）的教师情绪系谱学最为称道。

在教师身份的具体研究中，教师情绪也占有一席之地①②③④⑤⑥⑦，甚至越来越成为研究中的关键点⑧⑨。学者对教师情绪与教师身份的相关研究，主要在教师的教学、教育变革和教师教育过程三个情境中探讨，都肯定了教师情绪对教师身份及其构建的重要作用，同时揭示了二者的复杂关系，如：（1）情绪是教师身份的重要组成部分。（2）情绪是教育改革因素作用于教师身份的产物。⑩（3）情绪是直接或者间接（通过中介因素）影响教师身份建构的关键因素，促使教师身份转变。⑪（4）教师情绪与教师身份不可分割，彼此紧密联系、相互交织、互相影响。⑫ 然而，研究结

① Christopher Day, Ruth Leitch, "Teachers' and Teacher Educators' Lives: The Role of Emotion", *Teaching and Teacher Education*, Vol. 17, No. 4, 2001, pp. 403 – 415.

② Andy Hargreaves, "The Emotional Politics of Teaching and Teacher Development: With Implications for Educational Leadership", *International Journal of Leadership in Education: Theory & Practice*, Vol. 1, No. 4, 1998, pp. 315 – 336.

③ Andy Hargreaves, "The Emotional Practice of Teaching", *Teaching and Teacher Education*, Vol. 14, No. 8, 1998, pp. 835 – 854.

④ Andy Hargreaves, "Mixed Emotions: Teachers Perceptions of Their Interactions with Students", *Teaching and Teacher Education*, Vol. 16, No. 8, 2000, pp. 811 – 826.

⑤ Geert Kelchtermans, "Teachers Emotions in Educational Reforms: Self – understanding, Vulnerable Commitment and Micropolitical Literacy", *Teaching and Teacher Education*, Vol. 21, No. 8, 2005, pp. 995 – 1006.

⑥ Kate Eliza O' Connor, " 'You Choose to Care': Teachers, Emotions and Professional Identity", *Teaching and Teacher Education*, Vol. 24, No. 1, 2008, pp. 117 – 126.

⑦ Rosemary E. Sutton and Karl F. Wheatley, "Teachers' Emotions and Teaching: A Review of the Literature and Directions for Future Research", *Educational Psychology Review*, Vol. 15, No. 4, 2003, pp. 327 – 358.

⑧ Christopher Day and Alison Kington, "Identity, Well – being and Effectiveness: The Emotional Contexts of Teaching", *Pedagogy, Culture & Society*, Vol. 16, No. 1, 2008, pp. 7 – 23.

⑨ Hongbiao Yin and John Chi – Kin Lee, "Be Passionate, but Be Rational as Well: Emotional Rules for Chinese Teachers' Work", *Teaching and Teacher Education*, Vol. 28, No. 1, 2012, pp. 56 – 65.

⑩ Ji Y. Hong, "Pre – service and Beginning Teachers' Professional Identity and Its Relation to Dropping out of the Profession", *Teaching and Teacher Education*, Vol. 26, No. 8, 2010, pp. 1530 – 1543.

⑪ Klaas van Veen and Sue Lasky, "How Does It Feel? Teachers' Emotions in A Context of Change", *Journal of Curriculum Studies*, Vol. 38, No. 1, 2006, pp. 85 – 111.

⑫ Michalinos Zembylas, Discursive Practices, Genealogies, and Emotional Rules: A Poststructuralist View on Emotion and Identity in Teaching. *Teaching and Teacher Education*, Vol. 21, No. 8, 2005, pp. 935 – 948.

论莫衷一是，有进一步探讨的空间和必要性。

由于幼儿园教师职业充满情绪劳动（emotion‐laden）的特质，霍克希尔德（Hochschild）、阿德尔曼（Adelmann）等人将其归属于高情绪劳动工作者（emotional labor）。①② 首先，教育对象幼儿的思维、语言、情绪情感发展阶段特点决定了身为儿童发展中的重要他人，幼儿园教师的情绪极大地影响着师生互动的质量，最终影响幼儿的身心健康发展，尤其是情绪状态和情绪情感发展等群性发展（social development）。这就对幼儿园教师的情绪状态、情绪情感表达方式和调节策略提出较高的要求。其次，教师的教育对象年龄越是幼小，其劳动过程的机械性、程序性程度越低，多变性特点越突出，③ 而且幼儿园教育的"无学科性"和"综合活动"课程为主，使得各项教学工作烦琐零碎。教学灵活性程度的要求越高，产生情绪倦怠和耗竭的风险就越较高。第三，幼儿教师的互动对象更为多元，包含幼儿、家长、协同教师、同事等，④⑤ 而且互动时间长，互动交流的频率高。⑥⑦ 第四，政府的强化问责和表现主义监管，高度竞争的"市场导向"环境下幼教工作异化为"商品化"服务，为了响应外部结构力量的多种要求，幼儿园教师必须刻意维系自我情绪展现与管理，情绪劳动强度大。此外，幼儿园教师职业长期的弱者身份使得她们在与家长等行业外人士的交往或冲突关系中处于劣势一方，往往承载更多歧视、不公平和怨言，情绪负荷严重，这可谓"劳心""劳力"又"劳情"。

现实生活中，幼儿园教师面对高负荷的工作，其情绪情感表达与情绪

① Arlie Russell Hochschild, *The Managed Heart: Commercialization of Human Feeling*, Berkley: University of California Press, 1983.

② Pamela K. Adelmann and Robert B. Zajonc, "Facial Efference and the Experience of Emotion", *Annual Review of Psychology*, Vol. 40, No. 1, 1989, pp. 249–280.

③ 步社民：《论幼儿园教师的专业技能》，《学前教育研究》2005 年第 5 期，第 45—47 页。

④ Jayne Osgood, "Professionalism and Performativity: the Feminist Challenge Facing Early Years Practitioners", *Early Years*, Vol. 26, No. 2, 2006, pp. 187–199.

⑤ Jayne Osgood, "Reconstructing Professionalism in ECEC: the Case for the 'Critically Reflective Emotional Professional'", *Early Years*, Vol. 30, No. 2, 2010, pp. 119–133.

⑥ Sheila B. Kamerman, "Parental Leave Policies: An Essential Ingredient in Early Childhood Education and Care Policies", *Social Policy Report*, Vol. 14, No. 2, 2000, pp. 3–15.

⑦ Pamela Oberhuemer and Michaela Ulich, *Working with Young Children in Europe: Provision and Staff Training*, London: Sage, 1997.

劳动往往不受关注。人们首先关心的是她们做得对不对，往往集中于对教师负向情绪爆发的批评与指责，以及发表"教师应该展现何种情绪给幼儿以积极的影响"的言论。这些容易导致幼儿园教师高强度的情绪劳动，情绪耗竭严重，[1][2][3] 并最终影响教学承诺，产生离职倾向。更有甚者，部分教师的情绪失调、情绪偏离[4]以致情绪崩溃，致使一些扭曲的极端行为产生，如虐待儿童。有专家认为虐童与幼儿园教师的情绪有密切关联，[5]幼儿园教师群体的情绪长期被漠视和误读，个别教师的情绪压抑可能导致情绪不协调，进而导致精神压力增加，教师在极端情绪下可能产生失控行为或情绪的变态表达方式。[6]

综上所述，世界范围内理论讨论的转向，亦使得教师话语转向教师个体的视角，教师研究的取向也由"技术—控制"转向"人文主义"，针对身为能动者（agent）的教师本体性研究呈剧增趋势。其中，教师身份对教师专业发展及教师专业化的重要意义得到学者一致认可。教师身份研究是近年来国外教师研究中的热点问题，这从不断增加的文献中可见一斑。研究的理论视角日益多元，研究方法的使用也更加成熟，为相关研究开展奠定了较好基础。教师身份研究中一些不可忽略的关键点仍有可探讨的空间：幼儿园教师身份构建过程如何？有何特殊性？教师情绪在教师身份构建中的作用如何？等等。基于以上问题，本研究期待在我国学前教育改革背景下对幼儿园教师身份建构做深入考察，进而回应国际学术界对教师身份及与情绪关系的讨论。

---

① 李新民、陈密桃：《实用智慧，缘分信念与心理健康，工作表现之相关：以幼儿教师为例》，《中华心理学刊》2006 年第 2 期，第 183—202 页。

② 肖丽君：《幼儿教师情绪劳动、情绪智力与工作绩效的关系研究》，湖南师范大学硕士学位论文，2012 年。

③ 孙阳：《幼儿教师情绪劳动发展特点及与情绪耗竭的关系》，东北师范大学博士学位论文，2013 年。

④ Arlie Russell Hochschild, *The Managed Heart: Commercialization of Human Feeling*, Berkley: University of California Press, 1983.

⑤ 张永英：《从管理角度反思教师虐童问题》，《幼儿教育：教育教学》2013 年第 1 期，第 27—29 页。

⑥ 陈丹、蔡樟清：《幼儿园教师情绪困境与求解》，《中国教育学刊》2013 年第 7 期，第 3—9 页。

第三节　研究问题的提出

承上文所述，20 世纪 70 年代，伴随认识论向"社会建构观"的转变与人本主义心理学的兴起，教师研究也从"技术—控制"转向"人文主义"取向，从注重教师能力转向彰显身为人的教师的主体性。教师身份是教师素质的核心体现亦是教师专业性的重要衡量尺度，因此，成为教师主体性研究的重要主题，相关研究文献可谓浩繁。然而已有研究中对幼儿园教师身份问题并未予以足够重视，对教师情绪在其身份构建中的作用尚可深入探究。

再者，缘于对幼儿园教师虐童事件和理想异化这一社会现象的强烈关切和深刻反思，期待将教师身份作为透视镜，以窥察幼儿园教师真实的生存境遇，并深入探求她们身为幼儿园教师的生活意义。随着我国政府及民众对学前教育价值的重视，为满足民众高质量学前教育的要求，政府在普及学前教育进程中逐渐关注并出台政策保障和监控教育质量的提升，尤其重视提高幼儿园教师队伍素质，颁布幼儿园教师专业标准，并投入了大量经费开展"国家级培训"等教师专业化工程。然而，实践一线的教师们面临着国家和市场的双重期待，背负着历史遗留的弱者之名，而且置身于弱者处境之实，在身份的囹圄之中挣扎。然而，少有研究关注到高情绪负荷的幼儿园教师的身份建构这一议题。

基于此，本研究的总问题可初步表述为我国学前教育改革背景下，幼儿园教师如何在互动之中建构身份？这一问题又可分解为以下三个子问题：

1. 宏观社会结构因素如何影响幼儿园教师身份建构？
2. 幼儿园教师如何在与他人及自我的互动中构建身份？
3. 幼儿园教师在社会互动中产生的情绪及其对身份过程的作用如何？

第四节　研究的意义

本研究立足于我国学前教育改革的背景，探讨幼儿园教师如何在互动之中建构身份并尝试揭示其情绪如何影响建构过程，具有重要的理论贡献、实践启示和政策意义。

首先，可以丰富教师身份理论研究。鉴于幼儿园教师职业属性、工作特质及工作环境中人际互动的多元性等特点，本研究对其身份建构过程的探讨，能够传递幼儿园教师的声音，呈现其身份及建构过程的特殊性，以弥补国内外已有教师身份研究中对幼儿园教师这一群体的忽略。

其次，它亦可拓展身份建构的理论研究。当前对幼儿园教师情绪与身份关系的研究付之阙如，且对身份建构鲜有探讨教育系统以外的复杂因素，如行政体制、市场化等，本研究选取在我国学前教育改革后呈现出来的政府与市场力量的格局下，高情绪劳动者幼儿园教师为研究对象，探索其身份建构中的情绪机制和揭示宏观政府与市场因素的作用过程，拓展和响应身份建构过程的国际学术讨论。

第三，丰富幼儿园教师专业性的讨论。学术界少有研究文献探讨幼儿园教师群体的专业性议题，鉴于其职业主体及职业本身特质，其专业性显现出独有的特征，不能照搬中小学教师专业性的相关论断。本研究亦期待能对幼儿园教师专业性有所思考和响应。

本研究探讨我国学前教育改革实施之后，政府与市场力量下的幼儿园教师身份，期望能在以下两方面对改善学前教育及教师政策有一定的参考和借鉴意义：一方面，提高政府对幼儿园教师"真正的质量"的政策关注，期待政府及行政管理人员能够抛弃急功近利的"数字指针"增长，而重视长期系统和有效的幼儿园教师职前培养和职后专业发展的体系和支持政策，唤起政府对"政策制度资源"先天弱势群体的关注和行动，真正为幼儿园教师的身份认同提供赖以依靠的制度资源。另一方面，希望借助本研究，能够引起对幼儿园教师情绪议题的关注，为幼儿园教师的培养和培训的课程、资源等政策设计与制定提供参考。

第二章　教师身份的理论研究

　　培养好教师成为全球教育改革尤其是教师教育改革追寻的目标。学者逐渐从外在的教师职业技能关注转向教师内在的专业精神的探查（张丽敏，2012a），① 尤其是对个体身为教师的意义（meaning）的探寻，即教师身份的研究，近年来成为独立的研究领域。②③④ 那么，究竟何为教师身份？已有研究对其内涵、影响因素和形成机制等方面的共识和争议有何？本章将在这些问题的引导下，从教师身份的内涵入手，循着研究思路回顾和梳理近 20 年来国内外教师身份、幼儿园教师身份及情绪与教师身份等相关实证研究文献，以期归纳出该领域研究的一些共识，为后续研究开展提供基础和启示，同时也从对文献的评析中，探讨未来研究之道，为进一步细化本研究的问题做铺垫。

---

① 张丽敏：《教师使命的内涵及特征探讨》，《教师教育研究》2012 年 第 6 期，第 7—12 页。

② Sanne F. Akkerman and Paulien C. Meijer, "A Dialogical Approach to Conceptualizing Teacher Identity", *Teaching and Teacher Education: An International Journal of Research and Studies*, Vol. 27, No. 2, 2011, pp. 308 – 319.

③ Catherine Beauchamp and Lynn Thomas, "Understanding Teacher Identity: An Overview of Issues in the Literature and Implications for Teacher Education", *Cambridge Journal of Education*, Vol. 39, No. 2, 2009, pp. 175 – 189.

④ Douwe Beijaard, Paulien C. Meijer and Nico Verloop, "Reconsidering Research on Teachers' Professional Identity", *Teaching and Teacher Education: An International Journal of Research and Studies*, Vol. 20, No. 2, 2004, pp. 107 – 128.

第一节　教师身份

本节检索和分析近 20 年来西方教师身份的实证研究①，围绕"教师身份"的构成、影响因素及形成机制等三大方面进行梳理并评析。

一　教师身份

（一）教师身份研究：理论视角与研究方法

1. 理论视角

教师身份研究的认识论基础，即研究者所持有的教师身份观。纵观研究文献，可将其划分为两大类②，一为身份的本质主义论（essentialism），即身份被视为个体的标签，是先天赋予个体的某种本质，如性别、种族；或和可观测的内在特质直接相关，能够通过个体的意志和理性达成，因此本质论者眼中的身份是单一而固定的。二为身份的社会建构主义观（social construction），即身份是流动的、社会的，与个体所处的社会情境有着动态的联系，是个体在社会情境中选择和内化经验而持续建构的过程。前者的身份概念是抽象的、可脱离时空背景的，是一种可类属化的特质，具有普遍特征。后者则是可叙述的、动态的经历，是历史时间与社会情境互动的意义建构。持这两种截然不同身份观的研究者，对教师身份自然会有不同的理解。相应地，他们也会选取不同的研究视角。持身份本质主义论的研究者，多见于早期的性别、种族、同性恋研究，或多以传统的心理学为研究理论基础，将身份简化为一套单一的、有限的、可识别的、既定

①　为了清晰地呈现教师身份研究领域的样貌，研究者在全球最大的教育学学术期刊数据库 ERIC 中以教师身份（teacher identity）为关键词检索了近 20 年来同行评议的学术论文，共检索到 460 篇。限于研究精力以及结合该领域已有的相关研究综述，本研究主要以 2009 年以后的 100 篇左右实证研究为分析对象，并结合 2009 年以前一些较为经典的研究文献进行回顾和评价。对实证研究的初步分析发现，这些文献涉及的国家和地区包括美国、英国、加拿大、澳大利亚、比利时、爱尔兰、荷兰、芬兰、挪威、爱沙尼亚、葡萄牙、希腊、南非、智利、巴西、伊朗、韩国、日本、新加坡、越南等地，主要以美（25 篇）、澳（12 篇）、加（11）、英为主，其所占比例超过一半。

②　对身份建构两条路径的理解受益于曾荣光教授"Foundation of Education Administration and Policy"的授课内容。

的选项，多以量表来评量个体与身份有关的概念的发展阶段和运作过程，
以确定教师身份的状态与结构。早期本质主义的教师身份研究主要探讨身
份认同的结构与特征。现时，本质主义取向的探讨也包括了个体以外的社
区、社会等因素。拉莫特（Lamote）& 恩格斯（Engels）（2010）运用普
鲁拉（Puurula）对企业员工身份研究发现了三种亚身份（sub - identities）
结构模式①（作为自我的活动个体、作为技能的专业人员和作为专业共同
体的成员）以研究职前教师的身份。② 有研究者基于理查德森（Richard-
son）的个人影响、学习经验和形式知识以及个体信念的理论框架探讨职
前教师的身份问题。③ 安斯帕尔（Anspal）、艾森施密特（Eisenschmidt）
和洛夫斯特罗姆（Lofstrom）等根据凯尔克特曼（Kelchtermans）提出的
身份结构的五维度模型对教师身份尤其是自我层面进行探讨。④ 此类研究
的共同特点在于找出身份的类属化结构和普遍特征。⑤⑥⑦

　　相对本质主义论者，持建构主义观的研究者认为教师身份是教师对自
我身为教师赋予意义，其核心本质是个体对意义的追寻与诠释，结构化的
数字显然不足以充分表达其内涵。他们认为身份不仅是个体的心理状态或
功能，而且离不开情境脉络，将其视为一种社会性的建构过程，具有可协
商性和动态性。目前，建构主义取向的教师身份研究主要有六个理论视
角：结构化理论、符号互动理论、自我理论、叙事身份理论、实践共同体

---

① Arja Puurula and Erika Lofstrom, "Development of Professional Identity in SMEs", paper deliv-
ered to the 84th Annual Meeting of the American Educational Research Association, Chicago, 2003.

② Carl Lamote and Nadine Engels, "The Development of Student Teachers' Professional Identity",
European Journal of Teacher Education, Vol. 33, No. 1, 2010, pp. 3 - 18.

③ Erika Löfström, Katrin Poom - Valickis, Markku S. Hannula and Samuel R. Mathews, "Sup-
porting Emerging Teacher Identities: Can We Identify Teacher Potential among Students?", *European Jour-
nal of Teacher Education*, Vol. 33, No. 2, 2010, pp. 167 - 184.

④ Tiina Anspal, Eve Eisenschmidt and Erika Löfström, "Finding Myself as a Teacher: Exploring
the Shaping of Teacher Identities through Student Teachers' Narratives", *Teachers and Teaching: Theory
and Practice*, Vol. 18, No. 2, 2012, pp. 197 - 216.

⑤ Ibid..

⑥ Erika Löfström, Katrin Poom - Valickis, Markku S. Hannula and Samuel R. Mathews, "Sup-
porting Emerging Teacher Identities: Can We Identify Teacher Potential among Students?", *European Jour-
nal of Teacher Education*, Vol. 33, No. 2, 2010, pp. 167 - 184.

⑦ Carl Lamote and Nadine Engels, "The Development of Student Teachers' Professional Identity",
European Journal of Teacher Education, Vol. 33, No. 1, 2010, pp. 3 - 18.

理论以及社会文化活动理论（Culture History Activity Theory，简称 CHAT）。以下简要阐述各理论及其在教师身份研究中的运用。

结构化理论是吉登斯（Giddens）探究社会结构与个人的社会行动及其能动性之间（结构—能动者）关系的理论。"结构"可理解为不断地卷入到社会系统的再生产过程之中的规则和资源：结构具有二重性，即社会结构不仅对人的行动具有制约作用，而且也是行动的前提和中介，它使行动成为可能；行动者的行动既可能维持着结构，又可能改变着结构。行动与结构之间这种相互依持，互为辩证的关系反映在处于时空之中的社会实践中。根据"结构—能动者"理论，社会结构既给身处其中的能动者身份提供了既定的角色框架，同时也为个体的建构提供资源。而个体在身份建构中具有能动作用，体现为其对结构的协商能力。运用该理论的研究者们将教师作为变革的有意义的行动者和积极的决策者，教师身份体现于教育教学脉络中，体现在结构与大环境的限制下的教师个体的能动性（a-gency），是教师个体的能动性与结构不断磋商的结果。①

符号互动理论研究关注个体和他人的关系（个体—他者），从微观的视角研究人际互动，认为个体的自我身份是个体和他人互动的产物。符号互动论学者库俐（Cooley）提出了"镜中我"（looking‐glass self）的概念，认为个体自我（Self）产生于与他人的互动过程中，自我是个体对他人对自己所做判断的反应，是通过交往辩证地呈现出来的。② 米德（Mead）认为人们并不是天生就具有自我概念，而是在与他人互动的过程中逐渐获得的。他则将自我区分为主我（I）和宾我（Me）两个方面，其中主我是自我的积极主动的部分。另有，戈夫曼（Goffman）提出的剧场理论（Theater Theory），"人们的社会行为就是社会表演，人们在互动过程中按一定的常规程序（即剧本）扮演自己的多种角色"；"人们表演的区域有前台和后台之分"等理论观点。③ 运用符号互动理论来解释教师身份构建，研究者认为教师身份是教师在与他者的互动中建构的，他者包括

① Catherine Beauchamp and Lynn Thomas, "Understanding Teacher Identity: An Overview of Issues in the Literature and Implications for Teacher Education", *Cambridge Journal of Education*, Vol. 39, No. 2, 2009, pp. 175 – 189.

② Charles Horton Cooley, *Human Nature and the Social Order*. New York: Scribner, 1902.

③ Goffman Erving, *The Presentation of Self in Everyday Life*, London: Allen Lane, 1969.

学生、导师、同事、学校领导以及家长等。但是，大部分的教师身份研究主要运用米德（Mead）或库俐（Cooley）的自我观点，将自我（self）等同于身份（identity）；另有一部分研究则多运用戈夫曼（Goffman）剧场理论中的拟剧、面具、扮演等观点。

自我理论自 James 和 Freud 起走过了百余年历史，有着十分丰富的理论资源。自我理论在身份研究中的运用较多，最近运用的有可能自我（Possible Selves）理论和对话自我（Dialogical Self）理论。马库斯（Markus）和努里乌斯（Nurius）正式提出可能自我的概念，是个体如何思考其潜力和未来形象的自我概念以及有关未来定位的自我描述，即我想要成为的自我、可以成为的自我和害怕成为的自我。与其概念相对应，可能自我的结构分为三个部分：希望自我、预期自我和恐惧自我。因为构成可能自我的成分是想象的潜在能力而非实际的经历，对自我的新异刺激和不协调信息都会影响可能自我。个体的智力、潜能开发、重要他人的期待、方法的有效性、机遇、环境、突发事件等都会影响可能自我的实现或转变。赫曼斯（Hermans）借鉴巴赫金（Bakhtin）的对话理论，发展出对话自我（dialogical self）理论。这个理论关于自我建构的理论框架超越了各种传统的理论。并且提出应该把自我融入文化背景中来研究。对话自我是由多个立场的自我（I-position）组成，每个"我"都与其他的"我"相互影响。"我"会根据情景和时间的改变而从一个立场移到另一个立场。"我"具有社会性，无论是真实的还是想象的"我"都能彼此交谈：不是个人的"我"创造关系，而是关系创造了"我"的意义，"我"只是在关系中扮演特定角色的身份。研究者哈曼（Hamman）、戈塞林（Gosselin）、罗曼诺（Romano）和布努安（Bunuan）运用可能自我理论（Possible-Selves Theory）来理解未来取向的教师身份建构；[1] 阿克曼（Akkerman）和梅杰（Meijer）（2011）则借助对话自我理论探讨教师身份的特征。[2]

---

[1] Doug David Hamman, Kevin Patrick Gosselin, Jacqueline Romano and Rommel Bunuan, "Using Possible-Selves Theory to Understand the Identity Development of New Teachers", *Teaching and Teacher Education: An International Journal of Research and Studies*, Vol. 26, No. 7, 2010, pp. 1349 -1361.

[2] Sanne F. Akkerman and Paulien C. Meijer, "A Dialogical Approach to Conceptualizing Teacher Identity", *Teaching and Teacher Education: An International Journal of Research and Studies*, Vol. 27, No. 2, 2011, pp. 308 -319.

利柯尔（Ricoeur）曾就身份问题深刻思考，指出身份蕴含的"同一性"（sameness）和"自我"（selfhood），并明确提出了叙事身份（narrative identity）的概念，认为同一性和自我体现在个体的叙述身份之中。叙事身份是指人类通过叙事的中介作用所获得的身份认同。① 叙述某个人或某个共同体的身份就是回答下面的问题："这（件事）是谁做的"和"谁是施动者"。要回答"谁"的问题，就得讲述某个生命的故事；"讲述一个故事就是述说谁做过什么和怎样做的"②，在所讲述的故事中呈现出且决定并实施行动的"谁"；由此所得出的"谁"的身份，则是一种叙事性的身份。叙事身份不仅体现在叙事话语或文本中也体现在身份认同的实践之中。叙事身份研究的兴起，也弥合了能动者与环境之间非此即彼的关系，在许多领域引起了强烈的反响。随后的索莫斯（Sommers）和卢斯科（Loseke）都对叙事身份有进一步的研究与发展。在教育和教师研究中运用叙事研究方法最为著名的是加拿大学者康纳利（Connelly）和克莱丁宁（Clandinin）。当前教师身份研究中的叙事身份和所用的叙事研究方法主要借鉴以上学者的相关理论。

温格（Wenger）提出实践共同体理论（Community of Practice），认为实践共同体是建构身份的重要场所，学习则是身份形成的重要途径，学习的过程是个体参与到共同体，形成社会身份的过程，而个体如何参与和如何行动（如何声称自己的身份）也即体现出对自己身份的认识。他根据实践的性质，描述身份，表现出身份固定与流动的两面性；身份的形成是认同与协商的双重过程。认同是指为获得共同体归属感提供经验与材料；协商是指不同经验相互作用，获取意义的过程。他认为参与是身份形成的来源，包括实践共同体内的相互投入、共同努力和共享技艺这些实践要素。③ 温格（Wenger）对身份的探讨强调个体对特定共同体的参与，个体所拥有的与共同体内相关知识和共同体中形成的归属感，强调共同体内意义的协商。因而身份体现在个体的实践之中。这是一种在实践和行动层面

① Paul Ricoeur, "Narrative identity", in David Wood, eds. *On Paul Ricoeur: Narrative and interpretation*, London: Routledge, 1991, pp. 188 – 199.

② Ibid. .

③ Etienne Wenger, *Communities of Practice: Learning, Meaning, and Identity*, Cambridge, U. K; New York: Cambridge University Press, 1998.

讨论身份构建的理论取向。目前教师研究中，温格（Wenger）的理论常被用于考察教师专业发展项目中的职前教师①②③以及新入职教师如何通过学习活动或在组织中成为一名教师（becoming a teacher），这意味着教师身份建构是通过实践参与，成为共同体成员来实现的。④

　　社会文化活动理论最早由文化历史学派心理学家维果斯基（Vygotsky）提出第一代活动理论，勒恩提叶（Leontiev）等人的研究逐步发展出第二代活动理论，之后 1987 年芬兰学者恩格斯托姆（Engestrom）提出第三代活动理论，也是至今最为完善的活动理论。维果斯基（Vygotsky）提出的第一代活动理论（主体、客体、中介三角活动模型）的核心是中介（Mediation）思想，中介即工具，包括物质工具和心理工具，其中心理工具为内在活动工具，包括语言、符号、文化等；强调对个体的理解不能脱离社会文化，社会同样不能脱离使用和生产工具的个体，但其还未关注到群体层面。恩格斯托姆（Engestrom）继而提出活动的三个层次即活动（activity）、行为（action）和操作（operation）；在他的理论中已经意识到个体与共同体之间的复杂关系。恩格斯托姆（Engestrom）在三角模型之上提出活动是一个系统，包含六个要素（主体、客体、共同体、工具、规则、分工）和四个子系统（生产、交换、分配和消费），即第三代活动理论；不仅强调了历史、文化对身份建构的影响，也强调了活动个体的能动作用以及与共同体的互动关系。六要素之间相互塑造、相互转换，四个子系统不仅是四类活动，而且还体现出四种互动关系。因此六要素本身、六要素之间、要素和子系统之间以及活动与其他活动系统之间是在不断变

---

　　①　John Trent, "'Four Years on, I'm Ready to Teach': Teacher Education and the Construction of Teacher Identities", *Teachers and Teaching: Theory and Practice*, Vol. 17, No. 5, 2011, pp. 529 – 543.

　　②　John Trent and Jenny Lim, "Teacher Identity Construction in School – University Partnerships: Discourse and Practice", *Teaching and Teacher Education: An International Journal of Research and Studies*, Vol. 26, No. 8, 2010, pp. 1609 – 1618.

　　③　John Trent and Xuesong Gao, "'At Least I'm the Type of Teacher I Want to Be': Second – Career English Language Teachers' Identity Formation in Hong Kong Secondary Schools", *Asia – Pacific Journal of Teacher Education*, Vol. 37, No. 3, 2009, pp. 253 – 270.

　　④　Etienne Wenger, *Communities of Practice: Learning, Meaning, and Identity*, Cambridge, U. K; New York: Cambridge University Press, 1998.

化和相互作用的。外在一些因素"侵入"活动系统，活动系统适应外部影响，并转化为内部因素，促进活动系统的发展。鉴于此，主体的身份的建构不仅与特定活动有关，还与活动中的其他要素产生互动，而且这种互动是不断生产的。在已有教师身份研究中三代社会文化活动理论都有运用，其中第三代活动理论的运用较新近，如维特勒（Waitoller）和柯泽雷斯基（Kozleski）。①

　　从学科来看，研究身份的理论资源涵盖哲学、心理学、社会学、人类学、政治学等，在教师身份研究中，最主要的理论视角是哲学、心理学和社会学。教师身份研究最终要回答的都是"我（教师）是谁"这一问题，然而不同学科视角对这一问题本身的理解就有不同，哲学视角主要回答的是"what is the person? （What constitutes a person qua person?）"，对人存在的意义探寻（meaning of personal existence），对教师是谁的主体性探询；心理学视角要回答的是"what is the human being（self）?"，更多地关注个体的人格方面，强调意义感、身份感与归属感等方面的主观体验，注重身份的确定性与测量性；社会学视角回答的是"what is the human in society?"。从理论发展的阶段这一纵向时间维度来看，身份可以划分为与启蒙、理性、本质主义相关联的"现代性身份"理论视角，和与差异、去中心化、建构主义相关联的"后现代性身份"理论视角。而当前无论是哲学、社会学甚至心理学的身份理论都受后现代主义思潮影响，学者们都注重差异的个体、自我叙事，注重个体的反思，注重话语作为身份建构在这些转向中研究教师身份。

　　2. 研究方法

　　纵观文献发现，目前在教师身份的研究中运用最多的是质性研究方法，此外还有少许量化方法（6%）以及质性与量化混合的方法（4%）。在研究理论视角部分阐述持不同身份观的研究者采用不同的理论视角，这也影响着其研究方法的选择。一般而言，持身份本质主义论的研究者，多秉持传统的心理学量化研究思路。他们通常采用自陈式问卷、量表来收集

　　① Federico R. Waitoller and Elizabeth B. Kozleski, " Working in boundary practices: Identity development and learning in partnerships for inclusive education", *Teaching and Teacher Education*, Vol. 31, No. 3, 2013, pp. 35 – 45.

较大样本的数据，以分析并确定教师的身份状态和结构，①② 并进一步通过量化统计来确定教师身份与其他变量之间的关系。③ 而建构主义身份观的研究者多采用个案研究、民族志、生命史、叙事研究、行动研究等质性研究方法，探讨身份的动态建构过程，聚焦于形塑身份建构的文化的、历史的、制度的和组织的情境。另外，由于教师专业发展项目的增多，针对具体的项目、课程及实习期的行动研究增多，并且从时间的纵向来看，项目的追踪研究也不在少数。另有一些研究，试图融合量化和质性两种研究取向，采用混合研究方法。

　　分析教师身份的质性研究中所采用的具体方法，发现运用最多的是访谈法，包括直接对调查对象的访谈和对调查对象学生的访谈；个体访谈和小组访谈、结构性访谈和半结构性访谈；面对面访谈和电邮交流、在线访谈。其次，运用较多的还有作品分析法。所分析的作品，除了像公文包、讲义夹、课内作业、家庭作业、年度报告、总结、杂志、书面反思、学生报告等传统的分析对象之外，还有对特殊作品的分析：（1）教师的故事线；④（2）照片。⑤ 研究者观察教师的班级，拍摄关于这些教师及其学生互动的照片。几个月后，访谈相关教师，询问他们哪些照片最清楚地表征了他们看待身为教师的自己，哪些照片没有表征出这些内容；（3）画。要求教师画一幅关于身为教师的自己的画，然后在半结构性访谈中解释其意义，或者要求准教师画一名"教师"，并围绕他们的画写作，反思他们是如何描绘"教师"的，然后与群体分享他们的画，讨论这些画对他们

---

① Sylvia Chong, Ee Ling Low and Kim Chuan Goh, "Emerging Professional Teacher Identity of Pre – Service Teachers", *Australian Journal of Teacher Education*, Vol. 36, No. 8, 2011, pp. 50 – 64.

② Annemie Schepens, Antonia Aelterman and Peter Vlerick, "Student Teachers' Professional Identity Formation: Between Being Born as a Teacher and Becoming One", *Educational Studies*, Vol. 35, No. 4, 2009, pp. 361 – 378.

③ Esther T. Canrinus, Michelle Helms – Lorenz, Douwe Beijaard, Jaap Buitink and Adriaan Hofman, "Profiling Teachers' Sense of Professional Identity", *Educational Studies*, No. 37, 5, 2011, pp. 593 – 608.

④ Douwe Beijaard, "Teachers' Prior Experiences and Actual Perceptions of Professional Identity", *Teachers and Teaching: Theory and Practice*, Vol. 1, No. 2, 1995, pp. 281 – 294.

⑤ Franziska Vogt, "A Caring Teacher: Explorations into Primary School Teachers' Professional Identity and Ethic of Care", *Gender and Education*, Vol. 14, No. 3, 2002, pp. 251 – 264.

意味着什么。① 研究发现画的运用可以帮助准教师发展他们的身份并对自身教学进行批判的反思，即作画不仅可以作为教师身份构建的研究方法，还可以作为促进教师身份的策略。②

（二）教师身份：定义与特征

1. 关于教师身份定义的探讨

DNA 决定了我们的样貌，"身份"则决定了我们是"谁"。③ 研究者认为教师身份是对教师是谁的基本回答。然而教师身份究竟为何，这一问题至今也没有一致的答案。贝贾德（Beijaard）等通过梳理已有教师身份的研究，发现许多文献中"教师身份"缺乏清晰的定义④，比彻姆（Beauchamp）和托马斯（Thomas）也指出教师身份的定义问题成为这一概念的主要挑战。⑤ 近年来虽不乏对教师身份定义的讨论，然而也还未达成一致的、普遍认可的认识。⑥

虽然不同的研究者对教师身份概念的理解存在诸多差异，但具体分析发现，这些定义中较为高频出现一些关键性概念，包括"教师角色""教师自我""过程"以及"情境"，下文分别论述身份与这些概念的关系及相关研究。

第一，教师身份与角色的关系及相关研究。对于教师身份与角色之间

---

① Weber, S. & Mitchell, C. (1996). "Using Drawings to Interrogate Professional Identity and the Popular Culture of Teaching", in Ivor Goodson and Andy Hargreaves, eds. *Teachers' Professional Lives*, London: Falmer Press, 1996, pp. 109 – 126.

② Phyllis Katz, Randy J. McGinnis, Emily Hestness, Kelly Riedinger, Gili Marbach – Ad, Amy Dai and Rebecca Pease, "Professional Identity Development of Teacher Candidates Participating in an Informal Science Education Internship: A Focus on Drawings as Evidence", *International Journal of Science Education*, Vol. 33, No. 9, 2011, pp. 1169 – 1197.

③ Brad Olsen, "How Reasons for Entry into the Profession Illuminate Teacher Identity Development", *Teacher Education Quarterly*, Vol. 35, No. 3, 2008, pp. 23 – 40.

④ Douwe Beijaard, Paulien C. Meijer and Nico Verloop, "Reconsidering Research on Teachers' Professional Identity", *Teaching and Teacher Education: An International Journal of Research and Studies*, Vol. 20, No. 2, 2004, pp. 107 – 128.

⑤ Catherine Beauchamp and Lynn Thomas, "Understanding Teacher Identity: An Overview of Issues in the Literature and Implications for Teacher Education", *Cambridge Journal of Education*, Vol. 39, No. 2, 2009, pp. 175 – 189.

⑥ Maria Ruohotie – Lyhty, "Struggling for a Professional Identity: Two Newly Qualified Language Teachers' Identity Narratives During the First Years at Work", *Teaching and Teacher Education*, Vol. 30, No. 1, 2013, pp. 120 – 129.

的关系，存在着一些不同的看法。有些学者指出，我们经常将"教师身份"当作"教师角色和功能"的同义词来使用。[1] 有些学者将"教师身份"视为一个与"教师角色"相对立的概念，例如，梅耶（Mayer）认为，教师角色与教师身份截然不同，教师角色要求教师履行身为一位教师所应具备的职责功能，它关注的是教师的"知"和"做"。而教师身份则更为个人化，它表明一个教师怎样确定和感知身为教师的自己，它关注的是教师的期望和价值观。Nias（1989）通过研究发现，很多教师是通过其在专业生活中所履行的角色来界定自己的。有研究者明确指出教师身份即教师以某种外部规定作为标准，从而评价自己主动投入的程度。[2] 他们强调教师将社会规定的角色作为标准模板，以此来考察自己职业发展的状况或存在的问题。此类角度下教师身份基本属于"社会规定"取向。然而，教师身份与角色绝不是对立的，教师角色不能等同于教师身份，并且教师身份不简单是外在角色的"社会的规定"，教师身份离不开身为能动者个体的自我，蒂克（Tickle）认为教师身份既包括基于教师自身的实践经验和个人背景的专业生活体认（即个体自我），也包括外在社会对教师的期望（即社会角色），二者是交织在一起的。[3]

第二，教师身份定义中的"自我"。大多数学者都认为自我概念在教师身份的定义中是最本质的部分，它在教师与既定情境或环境的互动中起决定性作用，[4] 强烈地影响或决定着教师的教学方式、专业发展方式以及对待教育变革的态度。甚至有学者则将"教师身份"与"教师自我"和"教师个性"等视为一组类似的概念。[5] 从横向来看，研究者认为在教师的工作情境中，至少同时存在三种自我：现实的自我、理想中的自我和转变中的自我。有研究者认为教师身份/自我包含两个方面：个人自我和专

[1]　Deborah P. Britzman, "The Terrible Problem of Knowing Thyself: Toward A Poststructural Account of Teacher Identity", *Journal of Curriculum Theorizing*, Vol. 9, No. 3, 1992, pp. 23 – 46.

[2]　Hanne Mawhinney and Fengying Xu, "Restructuring the Professional Identity of Foreign – Trained Teachers in Ontario Schools", *TESOL Quarterly*, Vol. 31, No. 3, 1997, pp. 632 – 639.

[3]　Les Tickle, *Teacher Induction: The Way Ahead*, Buckingham: Open University Press, 2000.

[4]　Ji Y. Hong, "Pre – service and Beginning Teachers' Professional Identity and Its Relation to Dropping Out of the Profession", *Teaching and Teacher Education*, Vol. 26, No. 8, 2010, pp. 1530 – 1543.

[5]　Michalinos Zembylas, "Interrogating 'Teacher Identity': Emotion, Resistance, and Self – Formation", *Educational Theory*, Vol. 53, No. 1, 2003, pp. 107 – 127.

业自我，前者受个人业已形成的对自己是谁的影响，后者受到制度和人际情境中对教师期待的影响。而两者的平衡是影响教师身份的关键因素。[①]奥康纳（O'Connor）区分了三种教师的关怀，实际上也是三种教师"自我"在对自己的行动赋予意义：出于绩效的考虑，即为实现教学目标而激励学生；出于专业的考虑，即为了维持其专业人员的角色而努力与学生保持一种适宜的关系；出于哲学的或者人本的考虑，即个人哲学或者伦理准则，教师决定关心学生。[②] 实际上，教师这种考虑也是自己获取自己实践意义的过程。从时间纵向发展的角度看，罗杰斯（Rodgers）和斯科特（Scott）借助凯根（Kegan）对自我发展的不同阶段的理论区分了三种不同的教师自我。[③] 第一种是工具性的知道者（instrumental knower），这类教师对自己的角色有具体的理解并根据角色需要来行动，却隐藏自己的价值和需求，自我与工作分得很清，根据所受的待遇来决定自己如何行动；第二种是社会化的知道者（the socializing knower），这类教师根据社会期望来行动，以获得他人的认可，但由于不同的人和政策对其有不同的期望，他们往往容易产生内心冲突；第三种是自我撰写的知道者（self-authoring knower），他们对自我有着清晰的认识，不易受他人影响，能够自觉坚定地根据自己坚持的价值、理想和目标行动，并且善于自我反思。从纵向角度，研究者认为教师身份不仅包含追溯的要素，还包括前瞻的要素。前者是描述性的，后者则是指教师对其工作和专业发展的未来展望。[④] 他将专业自我（教师将自己理解为教师的方式）置于自我理解的框架，将其分为五个部分：自我形象，是自我描述式的：教师如何将自己描

---

① Christopher Day, Alison Kington, Gordon Stobart and Pam Sammons, "The Personal and Professional Selves of Teachers: Stable and Unstable Identities", *British Educational Research Journal*, Vol. 32, No. 4, 2006, pp. 601–616.

② Kate Eliza O'Connor, "'You Choose to Care': Teachers, Emotions and Professional Identity", *Teaching and Teacher Education*, Vol. 24, No. 1, 2008, pp. 117–126.

③ Carol R. Rodgers and Katherine H. Scott, "The Development of the Personal Self and Professional Identity in Learning to Teach", in Marilyn Cochran-Smith, Sharon Feiman-Nemser, D. John McIntyre and Kelly E. Demers, eds. *Handbook of Research on Teacher Education*, New York: Routledge, 2008, pp. 732–755.

④ Geert Kelchtermans, "Getting the Story, Understanding the Lives: From Career Stories to Teachers' Professional Development", *Teaching and Teacher Education*, Vol. 9, No. 5, 1993, pp. 443–456.

述为教师的我是一个怎样的老师；自尊，是自我评价式的：我是不是一个好老师；工作动机，是意志方面的：个体选择教师职业、离职或者在职的动机；工作知觉，是规范方面的：教师如何界定其工作；未来的展望，是前瞻的：教师对工作未来发展的期待。另有学者指出以往研究大多数都关注于教师身份的过去和当前，但却较少关注将来，因此以可能自我理论（Possible – selves theory）为框架研究 221 名新教师身份，试图回答"我将成为谁"指向未来的身份，从不同脉络揭示出四种类型的可能自我，包括人际关系层面、教室管理层面、指导教学层面和专业化层面。[①]

第三，教师身份定义中的"情境"。越来越多的学者认为教师身份是教师在特定工作情境中自我理解的形成。康奈利（Connelly）和克兰丁宁（Clandini）指出，教师专业身份是教师正在经历的"生活故事"（stories to live by），是教师在专业情境下体验到"自我"的存在或意义感。[②] 古德森（Goodson）和科尔（Cole）并未明确定义"专业身份"，但是他们认为教师专业身份包括个人和专业情境因素之间的相互作用，教师作为个人的生活和专业人员的工作是互相影响的。[③] 他们在教室和学校因素影响下具有某种意义。戴伊（Day）也注意到，教师不仅通过被个人和社会历史、当前角色所决定的当前身份来界定自己，也通过其关于在变动的政治、社会、制度和个人情境中想成为某种教师的信念和价值观来界定自己。[④] 换言之，教师主要根据社会规定的角色、当下他人及制度性的实践来界定和表达自己的专业身份。[⑤] 通过情境中与其他人之间的关系建构，

① Doug David Hamman, Kevin Patrick Gosselin, Jacqueline Romano and Rommel Bunuan, "Using Possible – Selves Theory to Understand the Identity Development of New Teachers", *Teaching and Teacher Education*: *An International Journal of Research and Studies*, Vol. 26, No. 7, 2010, pp. 1349 – 1361.

② D Jean Clandinin F. Michael Connelly, *Narrative inquiry*: *Experience and Story in Qualitative Research*. San Francisco: Jossey – Bass Publishers, 2000.

③ Ivor F. Goodson and Ardra L. Cole, "Exploring the Teacher's Professional Knowledge: Constructing Identity and Community", *Teacher Education Quarterly*, Vol. 21, No. 1, 1994, pp. 85 – 105.

④ Christopher Day, Alison Kington, Gordon Stobart and Pam Sammons, "The Personal and Professional Selves of Teachers: Stable and Unstable Identities", *British Educational Research Journal*, Vol. 32, No. 4, 2006, pp. 601 – 616.

⑤ Jennifer L. Cohen, " 'That's Not Treating You as a Professional': Teachers Constructing Complex Professional Identities through Talk", *Teachers and Teaching*: *Theory and Practice*, Vol. 14, No. 2, 2008, pp. 79 – 93.

这些关系实际上就构成了教师建构其专业身份的不同认识系统。[①] 可以看出，教师身份离不开情境，而且是一种个体与角色、他人、制度等多重的"关系情境"。

第四，教师身份定义中的"过程"。几乎所有学者都认可教师身份不是固定不变的，而是处于历史与情境限制的、难以调和的矛盾之中，是一个持续不断的、动态的、社会协商的过程。[②] 古德森（Goodson）和科尔（Cole）从建构的角度阐述教师身份，他们认为身份类似于职业现实，这种现实的建构是一个正在进行的个体和情境的解释过程。[③] 有学者认为教师身份是作为能动者的教师和作为社会赋予的教育结构之间的相互影响过程，成为一名教师关系到自己或他人如何看自己，以及关系到教师社会身份的重新定义。[④] 另有学者指出这一过程主要是在学校工作情境中不断建构的。[⑤] 并且这一过程是动态变化的，教师在教学实践中会出现信念与行动的不一致，正是这种不一致不断地形塑着教师的身份，获得共同体归属感和教育价值感，[⑥] 不同教师的身份形塑过程有不同的轨道。[⑦] 研究者根据教师在课程中整合教学媒体的经验来看他们的教师身份建构过程，发现存在保守型、生存型和未来取向型三种不同类型的教师身份

① Elena Jurasaite – Harbison and Lesley A. Rex, "Taking on a Researcher's Identity: Teacher Learning in and through Research Participation", *Linguistics and Education: An International Research Journal*, Vol. 16, No. 4, 2005, pp. 425 –454.

② Seyyed, Ali, Ostovar Namaghi, "A Data – Driven Conceptualization of Language Teacher Identity in the Context of Public High Schools in Iran", *Teacher Education Quarterly*, Vol. 36, No. 2, 2009, pp. 111 – 124.

③ Ivor F. Goodson and Ardra L. Cole, "Exploring the Teacher's Professional Knowledge: Constructing Identity and Community", *Teacher Education Quarterly*, Vol. 21, No. 1, 1994, pp. 85 – 105.

④ John Coldron and Robin Smith, "Active Location in Teachers' Construction of Their Professional Identities", *Journal of Curriculum Studies* , Vol. 31, No. 6, 1999, pp. 711 –726.

⑤ Dawn Joseph and Marina Heading, "Putting Theory into Practice: Moving from Student Identity to Teacher Identity", *Australian Journal of Teacher Education*, Vol. 35, No. 3, 2010, pp. 75 – 87.

⑥ Lorna C. Hamilton, "Teachers, Narrative Identity and Ability Constructs: Exploring Dissonance and Consensus in Contrasting School Systems", *Research Papers in Education*, Vol. 25, No. 4, 2010, pp. 409 – 431.

⑦ John Trent and Xuesong Gao, " 'At Least I'm the Type of Teacher I Want to Be': Second – Career English Language Teachers' Identity Formation in Hong Kong Secondary Schools", *Asia – Pacific Journal of Teacher Education*, Vol. 37, No. 3, 2009, pp. 253 – 270.

（*McDougall*，2010）。①

综上，教师身份虽然至今还没有一个一致的定义，但从学者们关于教师身份的表述里，"角色""自我""情境"和"过程"等关键性概念揭示出教师身份的一些要素。教师身份是"角色"与"自我"在当下的"关系性情境"中横向联系互动形成的，是一种共时性理解，同时也是过去、现在与将来纵向发展的过程性建构，是基于回溯性经验与前瞻性期望的历时性理解。因此，教师身份是在教师在共时与历时中对"我是谁"这一意义追问（sense making）的不断回应。

2. 教师身份的特征

关于教师身份特征的分析主要见于质性研究文献中。赫尔姆斯（Helms）就指出教师身份具有社会建构的、复杂的、零散的、矛盾的和动态的、多层面而不是单一的特征。② 学者曾梳理过部分文献，总结出教师身份的一些特点。（1）专业身份是不断阐释自己经验的过程，因而是一个不断建构的过程；（2）个体能动性在教师身份中起着重要作用，并且卷入情绪和情感；（3）专业身份中隐含了个人和情境脉络两部分，情境脉络包括政治、经济、文化和历史因素；（4）教师专业身份中含有多个子身份，且这些子身份间可能和谐存在，也可能有冲突，越是核心的子身份越难改变。③④⑤。由此，基本可以归纳出目前文献中教师身份的一些

① Jenny McDougall, "A Crisis of Professional Identity: How Primary Teachers Are Coming to Terms with Changing Views of Literacy", *Teaching and Teacher Education: An International Journal of Research and Studies*, Vol. 26, No. 3, 2010, pp. 679 – 687.

② Jenifer V. Helms, "Science and Me: Subject Matter and Identity in Secondary School Science Teachers", *Journal of Research in Science Teaching*, Vol. 35, No. 7, 1998, pp. 811 – 834.

③ Catherine Beauchamp and Lynn Thomas, "Understanding Teacher Identity: An Overview of Issues in the lliterature and Implications for Teacher Education", *Cambridge Journal of Education*, Vol. 39, No. 2, 2009, pp. 175 – 189.

④ Douwe Beijaard, Paulien C. Meijer and Nico Verloop, "Reconsidering Research on Teachers' Professional Identity", *Teaching and Teacher Education: An International Journal of Research and Studies*, Vol. 20, No. 2, 2004, pp. 107 – 128.

⑤ Carol R. Rodgers and Katherine H. Scott, "The Development of the Personal Self and Professional Identity in Learning to Teach", in Marilyn Cochran – Smith, Sharon Feiman – Nemser, D. John McIntyre and Kelly E. Demers, eds. *Handbook of research on teacher education*, New York: Routledge, 2008, pp. 732 – 755.

共性特征，如部分学者指出教师专业身份的学科特征，确认自己为某个学科教师是教师专业身份一个重要方面；① 反之如果不教这门学科，他们就会把自己视为"局外人"。② 职前教师身份构建也体现出学科的特征，职前阶段学科知识的增长（包括学科内容知识、教学知识及学科方法论知识）是教师专业发展的重要组成部分，极大影响着教师专业身份的建构。③ 另外，教师身份的"建构性""情境性""多重性""动态性""不稳定性"和"关系性"基本上被大部分学者所接纳。虽然戴伊（Day）等实证研究发现教师身份并非本质上是稳定的或者破碎的，其稳定性取决于教师在多种情境中对其身份的处理能力。另外，教师身份在不同的时间，以不同的方式存在取决于生命、职业和情境性因素。④ 其实，结合职业情境因素的复杂性和变化性，他所指的教师身份还是具有不稳定性和流动性的。结合当前研究所处的时代背景和社会脉络来看，教师身份的这些特征是可以理解的。当前全球化、社会转型、教育改革等带来一系列的风险和不确定性，身份一致性和稳定性难以形成。加上当下研究者受后结构主义和后现代主义思潮的影响，教师身份特征更加呈现"支离破碎"的特点。正如有学者指出的，现有的教师身份研究基本上都持后现代观，将身份看作情境性的、不稳定的、不断变化的、流动的、破碎的等等。⑤ 阿克曼（Akkerman）和梅杰（Meijer）借助赫曼斯（Hermans）的对话自我理论（dialogical self）对身份重新概念化，认为身份是持续性与变化性并存、社会性与个体性兼具、统整性和多面性统一。

---

① Noel Enyedy, Jennifer Goldberg and Kate Muir Welsh, "Complex dilemmas of identity and practice", *Science Education*, Vol. 90, No. 1, 2006, pp. 68 – 93.

② Jenifer V. Helms, "Science and Me: Subject Matter and Identity in Secondary School Science Teachers", *Journal of Research in Science Teaching*, Vol. 35, No. 7, 1998, pp. 811 – 834.

③ Graham Rogers, "Learning – to – Learn and Learning – to – Teach: The Impact of Disciplinary Subject Study on Student – Teachers' Professional Identity", *Journal of Curriculum Studies*, Vol. 43, No. 2, 2011, pp. 249 – 268.

④ Christopher Day, Alison Kington, Gordon Stobart and Pam Sammons, "The personal and professional selves of teachers: stable and unstable identities", *British Educational Research Journal*, Vol. 32, No. 4, 2006, pp. 601 – 616.

⑤ Sanne F. Akkerman and Paulien C. Meijer, "A Dialogical Approach to Conceptualizing Teacher Identity", *Teaching and Teacher Education: An International Journal of Research and Studies*, Vol. 27, No. 2, 2011, pp. 308 – 319.

二　教师身份的影响因素

从社会建构的视角出发，已有研究揭示了影响教师身份的因素是多种多样的，并且非常复杂，不同学者的分类也不一而足。戴伊（Day）等人从积极和消极两方面区分了影响因素，积极因素主要有：（1）与同事共享，并给予同事支持；（2）从同事那里获得积极的反馈；（3）在组织内拥有共享的教育价值观。相反，削弱或降低教师身份与承诺的因素包括：（1）实行与时间相关的革新；（2）条块化的倡议，不断增加的体制性任务；（3）支持性资源的削减；（4）课堂教学自主性和能动感的减少。[①]随后戴伊（Day）等人开展的大型追踪项目VITAE，比较系统地讨论了影响教师专业身份的四个因素：（1）宏观层面的因素，如影响教育服务的各种社会、历史因素，如涉及教育公平的政策等；（2）中观层面的因素，如学校和教师教育中的社会、文化和组织的建构过程；（3）微观层面的因素，如当教师提及自己同事、家长及学生时的表现；（4）个人自传，如信念、意识形态和价值。[②]萨蒙斯（Sammons）和戴伊（Day）等人（2007）则将上述4项因素进一步归纳为三个因素：（1）情境的因素，如学生的特点、学校领导以及同僚合作关系；（2）专业性的因素，如教师的角色、责任、教育政策及政府的相关举措；（3）个人的因素，如教师的健康状况、家庭因素。[③]

虽然各种影响因素和分类纷繁复杂，但从整体来看，可以分为外部因素和内部因素。外部因素可以分为宏观、中观和微观三个层次，宏观和中观因素包括外在文化、制度及组织、群体或社群方面的因素，微观因素集

① Christopher Day, Bob Elliot and Alison Kington, "Standards and Teacher Identity: Challenges of Sustaining Commitment", *Teaching and Teacher Education: An International Journal of Research and Studies*, Vol. 21, No. 5, 2005, pp. 563 – 577.

② Christopher Day, Alison Kington, Gordon Stobart and Pam Sammons, "The Personal and Professional Selves of Teachers: Stable and Unstable Identities", *British Educational Research Journal*, Vol. 32, No. 4, 2006, pp. 601 – 616.

③ Pam Sammons, Christopher Day, Alison Kington, Qing Gu, Gordon Stobart and Rebecca Smees, "Exploring Variations in Teachers' Work, Lives and Their Effects on Pupils: Key Findings and Implications From A Longitudinal Mixed – method Study", *British Educational Research Journal*, Vol. 33, No. 5, 2007, pp. 681 – 701.

中在人际互动层面；而内部因素主要是教师个体性因素，如个体自身的背景特征、个人实践性知识、情绪、生活史等。

（一）外部因素

影响教师身份构建的宏观因素包括社会文化、国家教育政策、教育变革等；中观因素包括学校、教师教育项目、小区等以及学生、家长、导师、同事等微观因素。

1. 宏观因素

身份与宏观的社会结构是密切结合在一起的。[①] 影响教师身份的宏观社会结构因素主要有社会文化和历史传统与国家的教育政策。教师身份建构与历史、传统文化密切相关。[②][③] 这种历史文化构成独特的文化图式，形塑教师角色、规制教师的专业认识和实践[④]，从而勾勒出不同的教师专业身份。对教师的叙事研究都在一定程度上表明，社会、历史、制度等因素影响着教师生活叙事，[⑤] 为教师专业身份的构建提供了各种可能的叙事资源。[⑥] 但较为典型的历史文化影响因素的研究是古德森（Goodson）主持的为期 4 年对英国、芬兰、希腊、爱尔兰、葡萄牙、西班牙和瑞典等国教师的历史—比较研究。结果表明不同国家由于其宏大系统叙事的不同，教师会呈现出不同的叙事身份，包括：重构的专业者（reconstructed professional）、竞争的专业者（contested professional）、抵制的专业者（resistant professional）和去耦合的专业者（decoupled professional）。此外，对社会文化影响因素的分析集中于跨国、跨文化的语言教师身份研究中。研究者发现语言教师的社会文化因素显著地影响他们的教学实践进而影响

① John Coldron and Robin Smith, "Active Location in Teachers' Construction of Their Professional Identities", *Journal of Curriculum Studies*, Vol. 31, No. 6, 1999, pp. 711 –726.

② 陈美玉：《教师专业实践理论与应用》，师大书苑 1996 年版。

③ June Beynon, Roumiana Ilieva and Marela Dichupa, "Teachers of Chinese Ancestry: Interaction of Identities and Professional Roles", *Teaching Education*, Vol. 12, No. 2, 2001, pp. 133 –151.

④ 陈美玉：《教师专业实践理论与应用》，师大书苑 1996 年版。

⑤ Noel Enyedy, Jennifer Goldberg and Kate Muir Welsh, "Complex Dilemmas of Identity and Practice", *Science Education*, Vol. 90, No. 1, 2006, pp. 68 –93.

⑥ Gunn Elisabeth Søreide, "The Public Face of Teacher Identity – narrative Construction of Teacher Identity in Public Policy Documents", *Journal of Education Policy*, Vol. 22, No. 2, 2007, pp. 129 – 146.

教师角色身份。这些社会文化因素包括当地语言、社会认同、地方性知识和基于小区的身份;① 与学生和家长文化相关的能力在语言教师身份构建中起着积极的作用。②

　　无论是本文化教师抑或跨文化教师,其身份建构都无法回避所处的宏观社会文化、传统和制度规范等构成的宏大系统。而对教师身份建构影响更为显著的宏观因素是与教育、教学和教师直接相关的国家教育政策叙事,它直接或间接地对教育、教师进行规定与控制,在教师身份形成中起重要作用,③ 甚至可以预设教师的身份建构。瑟雷德(Søreide)的研究较为详尽地揭示了教育政策叙事反映政策制定者如何理解教育、学习和教学的,为身为政策对象的教师提供了各种叙事资源,从而影响到教师的专业身份建构。④ 这种政策叙事对教师身份的建构功能即为叙事控制。教育政策对教师身份构建的影响是不可否认的,不同理念的政策形塑出不同的教师身份。萨克斯(Sachs)发现,在教育政策和实践中管理主义和民主主义两种话语塑造了两种截然不同的教师身份,管理主义的话语引发了企业家式身份(entrepreneurial identity),具有个人主义、富于竞争性和受外部规制界定的特点;而民主主义的话语引发了行动主义者身份(activist identity),教师积极参与身份建构,强调民主、反思与合作。⑤ 外在教育制度环境变化也会导致教师身份发生相应转变。近年来,各国研究者关注当前自由主义引导下的教育改革,政府权力下放、市场理念渗透进教育领域引发的表现性问责文化对教师身份建构的影

① Lasisi Ajayi, "How ESL Teachers' Sociocultural Identities Mediate Their Teacher Role Identities in a Diverse Urban School Setting", *Urban Review: Issues and Ideas in Public Education*, Vol. 43, No. 5, 2011, pp. 654 – 680.

② Eduardo Henrique Diniz de Figueiredo, "Nonnative English – Speaking Teachers in the United States: Issues of Identity", *Language and Education*, Vol. 25, No. 5, 2011, pp. 419 – 432.

③ Douwe Beijaard, Paulien C. Meijer and Nico Verloop, "Reconsidering Research on Teachers' Professional Identity", *Teaching and Teacher Education: An International Journal of Research and Studies*, Vol. 20, No. 2, 2004, pp. 107 – 128.

④ Gunn Elisabeth Søreide, "The Public Face of Teacher Identity – narrative Construction of Teacher Identity in Public Policy Documents", *Journal of Education Policy*, Vol. 22, No. 2, 2007, pp. 129 – 146.

⑤ Judyth Sachs, "Teacher Professional Identity: Competing Discourses, Competing Outcomes", *Journal of Education Policy*, Vol. 16, No. 2, 2001, pp. 149 – 161.

响。权力下放和市场化方面的改革给教学专业、教师专业身份和教师专业
发展带来一系列的矛盾，① 也造成了教师身份的多重性及诸多困境。②

2. 中观因素

从对西方文献的分析中我们发现，影响教师身份构建的中观因素，涉
及学区③、小区情境④，例如，农村小区环境⑤以及教师教育项目中的大学
和学校合作情境；⑥ 学校的共享学习情境⑦等。本书主要从学校组织与教
师教育项目两个情境来分析影响教师身份的中观因素。学校组织是教师日
常实践所处的情境，对教师（包括职前教师）身份构建的重要影响已经
在学界达成共识。⑧ 学校的规范与守则会使教师日常实践常规化和制度
化，从而潜移默化影响到教师的身份。摩尔（Moore）研究显示，即使教
师对自己专业身份持积极态度，但也会因恶劣的工作条件而受到影响。⑨
对于职前教师来说，学校情境通过提供给职前教师知识、技能、理解和专

---

① Judyth Sachs, "Teacher Professional Identity: Competing Discourses, Competing Outcomes", *Journal of Education Policy*, Vol. 16, No. 2, 2001, pp. 149 - 161.

② Christopher Day, Alison Kington, Gordon Stobart and Pam Sammons, "The Personal and Professional Selves of Teachers: Stable and Unstable Identities", *British Educational Research Journal*, Vol. 32, No. 4, 2006, pp. 601 - 616.

③ Jay Paredes Scribner, "Professional Development: Untangling the Influence of Work Context on Teacher Learning", *Educational Administration Quarterly*, Vol. 35, No. 2, 1999, pp. 238 - 266.

④ Karen Goodnough and Dennis Mulcahy, "Developing Teacher Candidate Identity in the Context of a Rural Internship", *Teaching Education*, Vol. 22, No. 2, 2011, pp. 199 - 216.

⑤ Kerri J. Wenger, Jan Dinsmore and Amanda Villagomez, "Teacher Identity in a Multicultural Rural School: Lessons Learned at Vista Charter", *Journal of Research in Rural Education*, Vol. 27, No. 5, 2012, pp. 1 - 17.

⑥ John Trent and Jenny Lim, "Teacher Identity Construction in School - University Partnerships: Discourse and Practice", *Teaching and Teacher Education: An International Journal of Research and Studies*, Vol. 26, No. 8, 2010, pp. 1609 - 1618.

⑦ Yiasemina Karagiorgi, "Development of Greek - Cypriot Teachers' Professional Identities: Is There a 'Sense' of Growth?", *Professional Development in Education*, Vol. 38, No. 1, 2012, pp. 79 - 93.

⑧ Douwe Beijaard, "Teachers' Prior Experiences and Actual Perceptions of Professional Identity", *Teachers and Teaching: Theory and Practice*, Vol. 1, No. 2, 1995, pp. 281 - 294.

⑨ Rita A. Moore and Scott Ritter, "'Oh Yeah, I'm Mexican. What Type Are You?' Changing the Way Preservice Teachers Interpret and Respond to the Literate Identities of Children", *Early Childhood Education Journal*, Vol. 35, No. 6, 2008, pp. 505 - 514.

业学习的持续支持，让职前教师在学校环境中能够亲身将理论运用于实践，同时创造自己的教师身份。[1] 学校组织作为教师工作的场域通过规定教师怎么想和如何做的文化脚本影响教师身份。研究表明如果校长信奉外界的表现主义指标，学校中将充满竞争文化，教师会产生一种"工具—技术身份"；如果校长能够积极创造良好氛围保护教师合作，发挥教师的积极主动性，教师则更易产生"创造的专业身份"。弗洛雷斯（Flores）和戴伊（Day）也有同样的结论，他们认为表现主义文化会造成教师间的巴尔干化（balkanization）[2] 和竞争，对教师的众多规范化要求使得教师之间越来越少沟通，教师被动接受自己并不认可的规则和价值。[3] 有学者针对两种不同性质的学校管理文化（即"弱"控制与"强"控制的管理文化），运用开放式、叙事性访谈得出了这样的结论：如果学校组织文化强调教师有更多的自主能动性，教师则有更多的机会去实践自己的专业目标；如果大部分变革不是从外部硬性地强加于他们的工作实践，那么他们就可能更加积极地投入于学校组织情境之中，维持自己的专业身份。[4] 另外，国内的研究显示，学校的公私性质都会影响教师对自己的身份感知。[5]

　　近年来，越来越多的研究关注教师教育项目（包括职前教师培养项目和职后教师培训项目，以职前教师教育项目为主）对教师身份建构的影响。各国教师教育项目的设置与实施为研究开展提供了便利，这类研究主要采用追踪研究或者行动干预研究。除少数个案外，各国研究者对

---

[1]　Dawn Joseph and Marina Heading, "Putting Theory into Practice: Moving from Student Identity to Teacher Identity", *Australian Journal of Teacher Education*, Vol. 35, No. 3, 2010, pp. 75 – 87.

[2]　这是一个常带有贬义的地缘政治学术语，指一个国家或政区分裂成多个互相敌对的国家或政区的过程，即"碎片化"（Fragmentation）。这里意指教师群体中的分割、分裂与分化。

[3]　Maria Assunção Flores and Christopher Day, "Contexts Which Shape and Reshape New Teachers' Identities: A Multi – Perspective Study", *Teaching & Teacher Education: An International Journal of Research and Studies*, Vol. 22, No. 2, 2006, pp. 219 – 232.

[4]　Katja Vähäsantanen, Päivi Kristiina Hökkä, Anneli Eteläpelto, Helena Rasku – Puttonen and Karen Littleton, "Teachers' Professional Identity Negotiations in Two Different Work Organizations", *Vocations and Learning*, Vol. 1, No. 2, 2008, pp. 131 – 148.

[5]　Jocelyn L. N. Wong, "How Does the New Emphasis on Managerialism in Education Redefine Teacher Professionalism? A Case Study in Guangdong Province of China", *Educational Review*, Vol. 60, No. 3, 2008, pp. 267 – 282.

不同模式的教师教育项目研究基本有一致的结论：教师教育项目对教师身份建构发挥着积极的作用。①②③ 有部分研究探讨了一些特别的教师教育项目模式对教师身份形成的作用，如协作型的教师专业发展项目④、浸入式学科学习⑤、整合不同情境学习经历的项目⑥、CPPF 模式的教师教育。⑦ 有学者关注了基于研究参与的教师教育项目，结果表明教师与教师教育者的合作性行动研究对教师身份形成具有长期的效果，表现在两种自我知识的获得（包括身为教师的意义以及教学）以及教学自信和对学生看法的转变等方面。随着电子科技、网络的广泛应用，整合电子技术和网络平台开发的教师教育项目越来越多，其对教师身份建构的作用引起了研究者的关注。⑧

3. 微观因素

微观因素主要着眼于教师个体以外的对教师身份建构有重要影响的人际关系。教师人际关系如何直接影响到教师对自己身份的感知以

---

① Arman Abednia, "Teachers' Professional Identity: Contributions of a Critical EFL Teacher Education Course in Iran", *Teaching and Teacher Education: An International Journal of Research and Studies*, Vol. 28, No. 5, 2012, pp. 706 – 717.

② Tiina Anspal, Eve Eisenschmidt and Erika Löfström, "Finding Myself as a Teacher: Exploring the Shaping of Teacher Identities through Student Teachers' Narratives", *Teachers and Teaching: Theory and Practice*, Vol. 18, No. 2, 2012, pp. 197 – 216.

③ Julie Ballantyne and Peter Grootenboer, "Exploring Relationships Between Teacher Identities and Disciplinarity", *International Journal of Music Education*, Vol. 30, No. 4, 2012, pp. 368 – 381.

④ Sandra I. Musanti and Lucretia Pence, "Collaboration and Teacher Development: Unpacking Resistance, Constructing Knowledge, and Navigating Identities", *Teacher Education Quarterly*, Vol. 37, No. 1, 2010, pp. 73 – 89.

⑤ Graham Rogers, "Learning – to – Learn and Learning – to – Teach: The Impact of Disciplinary Subject Study on Student – Teachers' Professional Identity", *Journal of Curriculum Studies*, Vol. 43, No. 2, 2011, pp. 249 – 268.

⑥ Karen Goodnough and Dennis Mulcahy, "Developing Teacher Candidate Identity in the Context of a Rural Internship", *Teaching Education*, Vol. 22, No. 2, 2011, pp. 199 – 216.

⑦ Louise Sutherland and Lina Markauskaite, "Examining the Role of Authenticity in Supporting the Development of Professional Identity: An Example from Teacher Education", *Higher Education: The International Journal of Higher Education and Educational Planning*, Vol. 64, No. 6, 2012, pp. 747 – 766.

⑧ Thomas E. Hodges and Jo Ann Cady, "Negotiating Contexts to Construct an Identity as a Mathematics Teacher", *Journal of Educational Research*, Vol. 105, No. 2, 2012, pp. 112 – 122.

及情绪。① 从现有文献来看，教师工作情境遇到的相关群体，如学生、家长、同事、导师、校长等均会影响到教师身份的建构。（1）学生。学生是教师每天工作面对的最主要的群体，师生关系是教师工作中最主要的社会关系。学生被认为是影响教师身份发展和变化的最重要动因之一。② 教师往往根据与学生的关系来理解自己。③ 图辛（Tusin）的研究则发现从师范生转变到教师的身份，其中最主要的一环即是教师在与自己的班级学生形成一种"我们"之感。麦克纳利（McNally）等（2008）类似的研究也发现，实习教师与学生之间的关系成为坚定他们从教意愿的主要力量。④ 很多教师在感知自己身份时，首先将自己看作是"关心学生的教师"。⑤ 在表现主义文化下，因为工作过于精细化而造成没有时间关心学生而倍感无奈，出现碎片化的身份。⑥ 而师生之间如果产生"相遇"的高峰体验，可以给教师带来幸福感和积极情绪，并可使教师获得力量去抗衡表现主义文化，强化自己的教师身份。（2）家长。在市场化及消费主义的脉络下，家长对学校的参与越来越多，⑦ 教育中出现"家长管治（parentocracy）的意识形态"。⑧ 面对日益增大的家长问责压力，许多教师对自己的专业身

---

① Jim Mcnally, Allan Blake, Brian Corbin and Peter Gray, "Finding an Identity and Meeting A Standard: Connecting the Conflicting in Teacher Induction", *Journal of Education Policy*, Vol. 23, No. 3, 2008, pp. 287 – 298.

② Amira Proweller and Carole P. Mitchener, "Building Teacher Identity with Urban Youth: Voices of Beginning Middle School Science Teachers in an Alternative Certification Program", *Journal of Research in Science Teaching*, Vol. 41, No. 10, 2004, pp. 1044 – 1062.

③ Franziska Vogt, "A Caring Teacher: Explorations into Primary School Teachers' Professional Identity and Ethic of Care", *Gender and Education*, Vol. 14, No. 3, 2002, pp. 251 – 264.

④ Jim Mcnally, Allan Blake, Brian Corbin and Peter Gray, "Finding an Identity and Meeting A Standard: Connecting the Conflicting in Teacher Induction", *Journal of Education Policy*, Vol. 23, No. 3, 2008, pp. 287 – 298.

⑤ Gunn Elisabeth Søreide, "The Public Face of Teacher Identity – narrative Construction of Teacher Identity in Public Policy Documents", *Journal of Education Policy*, Vol. 22, No. 2, 2007, pp. 129 – 146.

⑥ Marilyn Osborn, "Teacher Professional Identity Under Conditions of Constraint", in David Johnson and Rupert Maclean, eds. *Teaching: Professionalization, Development and Leadership*, Dordrecht: Springer, 2008, pp. 67 – 81.

⑦ Rosa María Torres, "From Agents of Reform to Subjects of Change: The Teaching Crossroads in Latin America", *Prospects*, Vol. 30, No. 2, 2000, pp. 255 – 273.

⑧ Phillip Brown, "The 'Third Wave': Education and the Ideology of Parentocracy", *British Journal of Sociology of Education*, Vol. 11, No. 1, 1990, pp. 65 – 86.

份也产生怀疑，甚至将自己看作是服务者。①② 从我国的情况来看，随着家长消费意识的日益增强，对孩子的教育要求越来越高，家长的高期待和教师的表现之间的差距也导致公众对教师信任度的下降，③ 从而使教师对自己的工作意义产生怀疑。（3）同事。研究者通过定位理论（positioning theory），认为教师身份建构是关系型的，通过与其他教师（即同事）的关系，来强化自己的自我定位。④ 对新教师来说，他们很容易参照自己所在学科的同事来构建自己的教师专业身份。⑤ 而在教师培训过程中，新教师与他们年龄相若的同伴的互动有助于他们教师身份的形成。⑥ 利伯曼（Lieberman）研究发现在课例研究（lesson study）中，教师与同事之间有效互动，可以打破教师中的个人取向（individualism）、保守取向（conservatism）和当下取向（presentism），有助于教师身份的发展。同事之间的反思性谈话（reflective talk）对于强化教师身份有积极作用。⑦ （4）指导教师（教师教育者）。教师与指导教师（mentor）之间教学上的互动，⑧ 或共同参与行动

---

① June A. Gordon, "The Crumbling Pedestal Changing Images of Japanese Teachers", *Journal of Teacher Education*, Vol. 56, No. 5, 2005, pp. 459 – 470.

② Xuesong Gao, "Teachers' Professional Vulnerability and Cultural Tradition: A Chinese Paradox", *Teaching and Teacher Education*, Vol. 24, No. 1, 2008, pp. 154 – 165.

③ Jocelyn Wong Lai ngok, "School Autonomy in China: A Comparison Between Government and Private Schools within the Context of Decentralization", *International Studies in Educational Administration*, Vol. 32, No. 3, 2004, pp. 58 – 73.

④ Joanne Lieberman, "Reinventing Teacher Professional Norms and Identities: The Role of Lesson Study and Learning Communities", *Professional Development in Education*, Vol. 35, No. 1, 2009, pp. 83 – 99.

⑤ Stephen J. Ball and Ivor F. Goodson, "Understanding Teachers: Concepts and Contexts", in Stephen J. Ball and Ivor F. Goodson, eds. *Teachers' Lives and Careers*, London: Routledge, 1985, pp. 1 – 26.

⑥ Jeanne M. Grier and Carol C. Johnston, "An Inquiry into the Development of Teacher Identities in STEM Career Changers", *Journal of Science Teacher Education*, Vol. 20, No. 1, 2009, pp. 57 – 75.

⑦ Jennifer L. Cohen, "Getting Recognised: Teachers Negotiating Professional Identities as Learners through Talk", *Teaching and Teacher Education: An International Journal of Research and Studies*, Vol. 26, No. 3, 2010, pp. 473 – 481.

⑧ D. Jean Clandinin, C. Aiden Downey and Janice Huber, "Attending to Changing Landscapes: Shaping the Interwoven Identities of Teachers and Teacher Educators", *Asia – Pacific Journal of Teacher Education*, Vol. 37, No. 2, 2009, pp. 141 – 154.

研究,① 都对教师（尤其是新教师）身份构建有重要影响。② 甚至研究发现实习教师主要从指导教师对自己的角色表现的认同中确立其身份，建议指导教师应该运用能够反映教师任务与要求的真实性评价来促进实习生的教师身份建立。③ 在职前教育项目中，许多研究者强调了教师教育者对职前教师身份确立的影响。研究发现教师与教师教育者的合作性行动研究对教师身份的长期效果，表现为两种自我知识的获得（包括身为教师的意义以及教学）以及教学自信和对学生看法的转变。④

（二）内部因素

教师是人，是一个鲜活的、独特的生命个体，其身份建构受到个体自身的背景特征、个人实践性知识、情绪、生活史等个体内部因素的影响。研究者认为个体的性别、年龄、教龄、学历等因素均会对教师身份建构产生不同程度的影响。⑤ 贝贾德 1995 年和 2000 年的研究显示，教龄越长的教师较新教师对自己的专业身份有着更消极的认知，而男性教师比女性教师更倾向于将自己看作学科专家，拥有大学学历的教师也较学历更低的教师更倾向于将自己看作学科专家。此外，不同学科的教师其身份认同也有所不同，贝贾德等在 2000 年关于教师对学科专家、教育学专家和教导专家的身份研究中发现，语言、科学和数学、社会研究和人文科学、艺术四个学科领域中，相比于其他学科领域的教师，科学和数学教师在职业生涯中有一个从学科专家分别向教

---

① John Nimmo and Soyeon Park, "Engaging Early Childhood Teachers in the Thinking and Practice of Inquiry: Collaborative Research Mentorship as A Tool for Shifting Teacher Identity", *Journal of Early Childhood Teacher Education*, Vol. 30, No. 2, 2009, pp. 93 - 104.

② Anita Devos, "New Teachers, Mentoring and the Discursive Formation of Professional Identity", *Teaching and Teacher Education: An International Journal of Research and Studies*, Vol. 26, No. 5, 2010, pp. 1219 - 1223.

③ Brian Irwin and Alison Hramiak, "A Discourse Analysis of Trainee Teacher Identity in Online Discussion Forums", *Technology, Pedagogy and Education*, Vol. 19, No. 3, 2010, pp. 361 - 377.

④ Karen Goodnough, "Examining the Long - term Impact of Collaborative Action Research on Teacher Identity and Practice: the Perceptions of K - 12 Teachers", *Educational Action Research*, Vol. 19, No. 1, 2011, pp. 73 - 86.

⑤ Annemie Schepens, Antonia Aelterman and Peter Vlerick, "Student Teachers' Professional Identity Formation: Between Being Born as A Teacher and Becoming One", *Educational Studies*, Vol. 35, No. 4, 2009, pp. 361 - 378.

导专家和均衡组教师的转变过程，语言教师从一开始就以均衡组认同
为特征，社会研究和人文学科的教师在他们的职业生涯中都坚持自己
为学科专家。①

　　教学是一项情绪性的实践，② 情绪是教师工作和身份的重要组成部
分，许多研究开始关注情绪与教师身份建构的关系。③④ 在课堂教学和学
校情境中，教师会经历大量的乃至相对的情绪，这些情绪会影响教师对教
学和学习的态度，引导其身份形成。⑤ 教师是带着情绪建构身份的，⑥ 甚
至有学者认为带有强烈情绪的自我理解即为身份。⑦ 在面对改革的模糊性
和不确定性时，教师主要是通过接受、拒绝或转换情绪脚本来建构专业身
份，对情绪的分析有助于更好地理解变革影响身份的方式。⑧ 一些研究表
明：积极情绪体验有助于实现教师自我的身份构建，进而促进教育变革的
顺利实现；反之，消极情绪体验则易造成教师身份认同危机，并引起对变

　　① Douwe Beijaard, Nico Verloop and Jan D. Vermunt, "Teachers' Perceptions of Professional I-
dentity: An Exploratory Study from A Personal Knowledge Perspective", *Teaching and Teacher Education*,
Vol. 16, No. 7, 2000, pp. 749 - 764.

　　② Andy Hargreaves, "The Emotional Practice of Teaching", *Teaching and Teacher Education*,
Vol. 14, No. 8, 1998, pp. 835 - 854.

　　③ Andy Hargreaves, "The Emotion of Teaching and Educational Change", in Andy Hargreaves,
Ann Lieberman, Michael Fullan and David Hopkins, eds. *International Handbook of Educational Change*,
Dordrecht, Boston, London: Kluwer Academic Publishers, 1998, pp. 558 - 575.

　　④ Klaas van Veen, Peter Sleegers and Piet - Hein Van De Ven, "One Teacher's Identity, Emo-
tions, and Commitment to Change: A Case Study into the Cognitive - affective Processes of A Secondary
School Teacher in the Context of Reforms", *Teaching and Teacher Education*, Vol. 21, No. 8, 2005,
pp. 917 - 934.

　　⑤ Kate Eliza O' Connor, " 'You Choose to Care': Teachers, Emotions and Professional Identi-
ty", *Teaching and Teacher Education*, Vol. 24, No. 1, 2008, pp. 117 - 126.

　　⑥ Michalinos Zembylas, "Discursive Practices, Genealogies, and Emotional Rules: A Poststructur-
alist View on Emotion and Identity in Teaching", *Teaching and Teacher Education*, Vol. 21, No. 8,
2005, pp. 935 - 948.

　　⑦ Hoi Yan Cheung, "Measuring the Professional Identity of Hong Kong In - service Teachers",
Journal of In - service Education, Vol. 34, No. 3, 2008, pp. 375 - 390.

　　⑧ Klaas van Veen, Peter Sleegers and Piet - Hein van de Ven, "One Teacher's Identity, Emo-
tions, and Commitment to Change: A Case Study into the Cognitive - affective Processes of A Secondary
School Teacher in the Context of Reforms", *Teaching and Teacher Education*, Vol. 21, No. 8, 2005,
pp. 917 - 934.

革的抗拒行为。托马斯（Thomas）等研究者还探讨了教育变革中的教师情绪反应与其专业身份、个人认同的关系，他强调了变革、身份与情绪等之间的动态交互作用。[①] 关于情绪议题的相关研究我们将在第二节中进行更为全面、深入的展开。

对一线教师来说，即使面对同样的情境，具有不同生活经历的教师也会有着不同的意义理解，因而，教师个人的生活史因素/自传经历（personal biography）也是重塑教师身份的重要因素。[②] 个人作为学生时的经验、职前专业学习的经验、实习教师经验、新教师经验以及在教职中累积的教学经验，都是身份构建的重要来源。做学生的个人经验，不管是积极的还是消极的，似乎都对教师看待身为教师的自己的方式有影响。诺尔斯（Knowles）对准教师的传记进行研究指出，准教师和新教师认为他们的教学和教室实践，部分是由他们先前的经历塑造的。[③] 准教师以及新教师参加教师教育项目时已经不像空瓶子那样等待被装入教学技术、态度和经验。他们还是易接受新事物的小学生时，对所经历的特定教学模式的观察和内化过程已经发生。塞缪尔（Samuel）和斯蒂芬斯（Stephens）的研究也发现准教师儿童时在学校的经验影响了他们的教师身份的形成。[④] 上大学前在大班级当学生的经验是影响教师自我形成的主要因素。另外，不少研究者发现，实习经历对教师形成最初的专业自我意象是非常关键的，有研究表明即使是非正式实习经历也能让职前教师看见自己，也被他人所见。在此过程中，通过共同参与、探究和合作性工作，他们在态度、敏感性和多样性

---

① Thomas G. Reio, "Emotions as A Lens to Explore Teacher Identity and Change: A Commentary", *Teaching and Teacher Education: An International Journal of Research and Studies*, Vol. 21, No. 8, 2005, pp. 985–993.

② Maria Assunção Flores and Christopher Day, "Contexts Which Shape and Reshape New Teachers' Identities: A Multi-Perspective Study", *Teaching & Teacher Education: An International Journal of Research and Studies*, Vol. 22, No. 2, 2006, pp. 219–232.

③ Gary J. Knowles, "Models for Understanding Pre-service and Beginning Teachers' Biographies: Illustrations from Case Studies", in Ivor F. Goodson, ed. *Studying Teachers' Lives*, London: Routledge, 1992, pp. 99–152.

④ Michael Samuel and David Stephens, "Critical Dialogues with Self: Developing Teacher Identities and Roles – A Case Study of South African Student Teachers", *International Journal of Educational Research*, Vol. 33, No. 5, 2000, pp. 475–491.

以及自信心方面都有明显提升。[①] 实习经历有时甚至是他们决定是否入行的关键因素。[②③] 对新教师来说，观察过许多教学风格的"观察的学徒期"，在他们的身份建构中扮演了重要的角色，塑造了他们身为新教师对实践情境的反应方式。有研究者通过描述了两名新教师的经验叙事（一名"痛苦挣扎"和一名"轻松适应"）发现，这些经历反映了教师对身份的最初理解，对其专业身份形成有重要作用。[④] 对一些生涯转换的教师来说，他们之前的工作经验以及生活经历会对生涯转换后的身份有很大的影响。[⑤]

关于影响教师身份的生活史因素还包括重要他人和关键事件先前教师的影响。学生时代的教师是影响最大的重要他人。大部分准教师提到了他们所钦佩的教师，这些教师在一些案例中影响了他们的职业生涯选择。先前的教师（或他们的教学），对准教师明白教学的意义和对身为教师的自己的理解过程中被看作是"参考的框架"。[⑥] 除此之外，影响教师身份构建的重要他人还有当教师的父母、亲人、朋友以及职前学习期间的师资培育者、大学主管、实习辅导教师和研究者等，这些人形成的角色模范对教师身份都具有相当的意义。马尔姆（Malm）在对蒙台梭利教师的研究中指出，教师的身份受到了关键事件和情境（如新课程的出现、赏识一种对待儿童的方式、被新的工作方式所吸引）的影响。甚至还有一些更加

① Phyllis Katz, Randy J. McGinnis, Emily Hestness, Kelly Riedinger, Gili Marbach - Ad, Amy Dai and Rebecca Pease, "Professional Identity Development of Teacher Candidates Participating in an Informal Science Education Internship: A Focus on Drawings as Evidence", *International Journal of Science Education*, Vol. 33, No. 9, 2011, pp. 1169 – 1197.

② Nicole Mockler, "Beyond 'What Works': Understanding Teacher Identity as A Practical and Political Tool", *Teachers and Teaching: Theory and Practice*, Vol. 17, No. 5, 2011, pp. 517 – 528.

③ Annemie Schepens, Antonia Aelterman and Peter Vlerick, "Student Teachers' Professional Identity Formation: Between Being Born as A Teacher and Becoming One", *Educational Studies*, Vol. 35, No. 4, 2009, pp. 361 – 378.

④ Maria Ruohotie - Lyhty, "Struggling for A Professional Identity: Two Newly Qualified Language Teachers' Identity Narratives During the First Years at Eork", *Teaching and Teacher Education*, Vol. 30, No. 1, 2013, pp. *30* (0), pp. 120 – 129.

⑤ Jeanne M. Grier and Carol C. Johnston, "An Inquiry into the Development of Teacher Identities in STEM Career Changers", *Journal of Science Teacher Education*, Vol. 20, No. 1, 2009, pp. 57 – 75.

⑥ Gary J. Knowles, "Models for Understanding Pre - service and Beginning Teachers' Biographies: Illustrations from Case Studies", in Ivor F. Goodson, ed. *Studying Teachers' Lives*, London: Routledge, 1992, pp. 99 – 152.

具有个体本质的关键事件（如离婚），也能够导致新的和重大的改变。①

三　教师身份的构建机制

教师身份构建或发展研究是身份研究中的不可缺少的部分，是大部分研究者的兴趣所在。②③④　在已有教师身份研究文献中，不同学者使用不同的词来描述身份发展过程⑤，如发展（development）、构建（construction）、形塑（shaping）、形成（formation）、建立（making、building）等。⑥⑦⑧　不同的词蕴含着研究者不同的见解。"形塑"讨论的重点在于影响教师身份的因素，如自我及外部的因素。⑨　"建立"有一种明显的指向性，倾向于讨论教师如何获得群体归属感的过程，即获得"社会身份"；"构建"体现出个体教师身份获得是其努力寻找、与情境协商，最终获得归属感的过程；"发展"和"形成"的立场则较中性。经过近十多年的研

---

① Birgitte Malm, "Constructing Professional Identities: Montessori Teachers' Voices and Visions", *Scandinavian Journal of Educational Research*, Vol. 48, No. 4, 2004, pp. 397 – 412.

② Catherine Beauchamp and Lynn Thomas, "Understanding Teacher Identity: An Overview of Issues in the Literature and Implications for Teacher Education", *Cambridge Journal of Education*, Vol. 39, No. 2, 2009, pp. 175 – 189.

③ Sylvia Chong and Ee – Ling Low, "Why I Want to Teach and How I Feel about Teaching – Formation of Teacher Identity from Pre – Service to the Beginning Teacher Phase", *Educational Research for Policy and Practice*, Vol. 8, No. 1, 2009, pp. 59 – 72.

④ Martin Jephcote and Jane Salisbury, "Further Education Teachers' Accounts of Their Professional Identities", *Teaching and Teacher Education: An International Journal of Research and Studies*, Vol. 25, No. 7, 2009, pp. 966 – 972.

⑤ Catherine Beauchamp and Lynn Thomas, "Understanding Teacher Identity: An Overview of Issues in the Literature and Implications for Teacher Education", *Cambridge Journal of Education*, Vol. 39, No. 2, 2009, pp. 175 – 189.

⑥ Rita A. Moore and Scott Ritter, "'Oh Yeah, I'm Mexican. What Type Are You?' Changing the Way Preservice Teachers Interpret and Respond to the Literate Identities of Children", *Early Childhood Education Journal*, Vol. 35, No. 6, 2008, pp. 505 – 514.

⑦ Brad Olsen, "How Reasons for Entry into the Profession Illuminate Teacher Identity Development", *Teacher Education Quarterly*, Vol. 35, No. 3, 2008, pp. 23 – 40.

⑧ John Coldron and Robin Smith, "Active location in Teachers' Construction of Their Professional Identities", *Journal of Curriculum Studies*, Vol. 31, No. 6, 1999, pp. 711 – 726.

⑨ Catherine Beauchamp and Lynn Thomas, "Understanding Teacher Identity: An Overview of Issues in the Literature and Implications for Teacher Education", *Cambridge Journal of Education*, Vol. 39, No. 2, 2009, pp. 175 – 189.

究学界已达成了一般共识：教师身份形成是一种关系性的、动态的社会构建过程，①② 是教师在工作情境中，③ 持续不断地构建和协商的过程，④ 不同的教师个体体现出不同的构建轨迹。⑤

在教师身份构建过程的研究中，其构建或形成机制是学者关注的热点，不同学者各执一词。我认为所谓教师身份构建机制也就是内部与外部因素的作用机制。而在教师身份构建过程中出现最多的是强调社会结构（情境）与个体能动（个体）这一对矛盾。⑥ 教师身份的形成不是简单的外部赋予、规定，也不是自由的自我创造，而是在结构和能动性之间的张力中得以形成和构建的。其中，社会结构包括制度化的教师相关的社会规范（教师专业资格标准等）和社会期待，而教师的能动性强调身份确立和重建过程中管理各种威胁身份的外部事件和趋势，⑦ 其与教师和外部情境互动、相互影响的方式密切相关。⑧ 有学者进一步将社会结构与能动性之间的关系概括为三种情况："强结构弱主体""强主体弱结构""主体与

---

① Cate Watson, "'Teachers Are Meant to Be Orthodox': Narrative and Counter Narrative in the Discursive Construction of 'Identity' in Teaching", *International Journal of Qualitative Studies in Education* (*QSE*), Vol. 22, No. 4, 2009, pp. 469 –483.

② Sue Lasky, "A Sociocultural Approach to Understanding Teacher Identity, Agency and Professional Vulnerability in a Context of Secondary School Reform", *Teaching and Teacher Education*, Vol. 21, No. 8, 2005, pp. 899 –916.

③ Dawn Joseph and Marina Heading, "Putting Theory into Practice: Moving from Student Identity to Teacher Identity", *Australian Journal of Teacher Education*, Vol. 35, No. 3, 2010, pp. 75 –87.

④ Seyyed, Ali, Ostovar Namaghi, "A Data – Driven Conceptualization of Language Teacher Identity in the Context of Public High Schools in Iran", *Teacher Education Quarterly*, Vol. 36, No. 2, 2009, pp. 111 – 124.

⑤ John Trent and Xuesong Gao, "'At Least I'm the Type of Teacher I Want to Be': Second – Career English Language Teachers' Identity Formation in Hong Kong Secondary Schools", *Asia – Pacific Journal of Teacher Education*, Vol. 37, No. 3, 2009, pp. 253 –270.

⑥ Catherine Beauchamp and Lynn Thomas, "Understanding Teacher Identity: An Overview of Issues in the Literature and Implications for Teacher Education", *Cambridge Journal of Education*, Vol. 39, No. 2, 2009, pp. 175 –189.

⑦ Christopher Day, Alison Kington, Gordon Stobart and Pam Sammons, "The Personal and Professional Selves of Teachers: Stable and Unstable Identities", *British Educational Research Journal*, Vol. 32, No. 4, 2006, pp. 601 –616.

⑧ Catherine Beauchamp and Lynn Thomas, "Understanding Teacher Identity: An Overview of Issues in the Literature and Implications for Teacher Education", *Cambridge Journal of Education*, Vol. 39, No. 2, 2009, pp. 175 –189.

结构之间的动态性平衡",并将教师身份认同的研究置于社会结构与个体能动行为之间互动关系的分析框架之中。[①] 在探讨结构与能动动态关系的研究中,有些研究者将文化、制度、组织、个人等影响教师身份构建的因素部分或者全部地联系起来,但是,不同研究者从不同的理论视角出发,对教师身份构建机制的描述大不相同。本书将来自"社会结构——主体能动者"两方面的因素划分为外部的因素和内部的因素,因而当前研究教师身份的构建路径也就可以分为三条:由外而内的身份建构、由内而外的身份建构和叙事取向的身份建构。

(一) 由外而内的身份构建

关于由外而内的身份构建,相关研究者强调,外在的结构或情境在身份构建中起着决定的作用,并且这一对矛盾的起点在外部。其中以早期的本质主义以及维果斯基(Vygotsky)学派为代表。持本质主义身份的学者认为,"身份"被视为个体的"标签",是先天赋予个体的某种本质,如性别、种族;或者地域等社会结构因素决定了身份的构建。而维果斯基(Vygosky)学派持有的社会文化理论虽然不强调先天的赋予或者给定,但是其在社会文化与个体中,更加强调社会文化通过中介工具对个体的作用。因此,在具体的教师研究中,强调社会背景的影响,以政策制度因素为例,已有研究文献中的政策制度因素着眼于教育改革、课程变革等教育政策,以教育政策的变革作为研究教师身份的制度背景。[②] 因为教育的改革打破了教师原有的生活方式和教学方式,使得教师身份认同面临着新的挑战。正如戴伊(Day)指出的,在全世界大多数国家教师都遭受着以国家课程、国家考试评定学校质量的标准等形式的教育变革压力,这种持续的影响侵蚀了教师的自主,挑战了教师个体的/集体的、专业的/个人的身份。[③] 这类研究强调教师在教育政策变革中出现的抵制、顺应、突破等种种不同表现,

① 尹弘飙、操太圣:《课程改革中教师的身份认同——制度变迁与自我重构》,《教育发展研究》2008 年第 2 期,第 35—40 页。

② Brian D. Barrett, "No Child Left Behind and the Assault on Teachers' Professional Practices and Identities", *Teaching and Teacher Education*:*An International Journal of Research and Studies*, Vol. 25, No. 8, 2009, pp. 1018 – 1025.

③ Christopher Day, Alison Kington, Gordon Stobart and Pam Sammons, "The Personal and Professional Selves of Teachers:Stable and Unstable Identities", *British Educational Research Journal*, Vol. 32, No. 4, 2006, pp. 601 –616.

关注其身份随之发生的不同变化，是一种关注外部的身份研究取向。

（二）由内而外的身份构建

由内而外的身份构建，则强调个体是身份构建的主体。主要关注个体在面对各种社会位置、时空情境、角色要求、他者互动等多种要素以及多重身份的界定时，其内部世界的能动性（agency）、自我意识（awareness）、反思性（reflexivity）、情绪（emotion）等是如何能将各种要素资源很好地整合于自身，形成统整的、独特的身份而不产生分裂感。最为典型的是符号互动理论和自我理论，虽然这两大理论视角也强调社会情境的作用，但其更加关注能动者的作用，建构的起点在于个体内在。例如，对教师自我的研究，研究者运用米德（Mead）理论中"自我"的观点，将"自我"区分为主我（I）和宾我（Me）两个方面，其中主我是自我积极主动的部分，宾我就是自我所形成的身份。目前的研究者认为教师自我（self）是身份构建和转化的动力或调节器。教师自我是身份的创造者，决定了教师对于教师工作、教师角色、教师专业的理解图像。[1] 另外，对由内而外的建构机制的探讨，大部分学者认为反思（reflection）是职前教师、实习教师和新手教师身份形成的重要方式，[2] 透过反思的历程，教师逐渐形成未来教师工作的图像。近年，有学者借助赫曼斯（Hermans）的对话自我理论（dialogical self）探讨教师个体内部世界中各种不同的"我"的互动，揭示出教师身份得以产生与存在的建构机制。教师身份并非固定的点，而是教师在各种活动参与及投入工作时，在多个相对自主的我（I-position）空间中不断协商和构建一个相对整合和持续的自我感的过程，通过对教师叙述的对话性分析可以揭示出教师是如何在个性与社会性、多面性与统合性以及持续性和非持续性之间协商以构建自己的身份的。[3] 这类研究

---

① Douwe Beijaard, Paulien C. Meijer and Nico Verloop, "Reconsidering Research on Teachers' Professional Identity", *Teaching and Teacher Education: An International Journal of Research and Studies*, Vol. 20, No. 2, 2004, pp. 107 – 128.

② Catherine Beauchamp and Lynn Thomas, "Understanding Teacher Identity: An Overview of Issues in the Literature and Implications for Teacher Education", *Cambridge Journal of Education*, Vol. 39, No. 2, 2009, pp. 175 – 189.

③ Sanne F. Akkerman and Paulien C. Meijer, "A Dialogical Approach to Conceptualizing Teacher Identity", *Teaching and Teacher Education: An International Journal of Research and Studies*, Vol. 27, No. 2, 2011, pp. 308 – 319.

强调教师身份构建、变化和转换过程中的内心历程，是一种关注内部的身份研究取向。

（三）叙事取向的身份构建

由外而内的身份构建机制忽略了能动者的主体性，将外在的社会文化活动看作身份的主要来源；由内而外的身份理论虽有不同的流派，也在不同程度地强调情境脉络的作用，但缺乏对社会文化以及制度的探讨。我们通过梳理文献发现还存在第三种身份构建的机制。近年来，关于教师身份形成的理论有语言学转向的趋势，认为个体如何用语言将自己表达出来，是建构"我是谁"的过程，即是叙事身份（narrative identity），① 认为教师在叙事的过程（言谈、说故事的历程）中，能增进自我理解，产生身份认同、进而采取行动（doing identity work）。② 因此，借助论述分析（话语分析），有助于了解个体与外部环境磋商的历程。③ 学者运用话语分析的方法，通过分析教师与他人的对话，分析了教师在与不同的行动者对话中是如何面对与他人及制度的关系将自己投射到不同的立场上，怎样利用言语表述以协商自己的专业身份。④ 另有学者通过网络论坛的话语分析，发现职前教师在从学生向教师转换的过程中，通过反思不断地解释、再解释自己的经验从而创造自己的专业身份。⑤ 赞姆比拉斯（Zembylas）对教师身份和情绪的分析也是借助福柯的理论

① Paul Ricoeur, "Narrative Identity", in David Wood, eds. *On Paul Ricoeur: Narrative and Interpretation*, London: Routledge, 1991, pp. 188 - 199.

② Gail Richmond, Mary M. Juzwik and Michael D Steele, "Trajectories of Teacher Identity Development across Institutional Contexts: Constructing a Narrative Approach", *Teachers College Record*, Vol. 113, No. 9, 2011, pp. 1863 - 1905.

③ Catherine Beauchamp and Lynn Thomas, "Understanding Teacher Identity: An Overview of Issues in the Literature and Implications for Teacher Education", *Cambridge Journal of Education*, Vol. 39, No. 2, 2009, pp. 175 - 189.

④ Jennifer L. Cohen, "Getting Recognised: Teachers Negotiating Professional Identities as Learners through Talk", *Teaching and Teacher Education: An International Journal of Research and Studies*, Vol. 26, No. 3, 2010, pp. 473 - 481.

⑤ Louise Sutherland, Sarah K. Howard and Lina Markauskaite, "Professional Identity Creation: Examining the Development of Beginning Preservice Teachers' Understanding of Their Work as Teachers", *Teaching and Teacher Education: An International Journal of Research and Studies*, Vol. 26, No. 3, 2010, pp. 455 - 465.

分析，考察教师如何在言语中将自己投射到怎样的立场；① 还有的研究者从教师所用的"隐喻"（metaphor）来分析其是如何看待自己的身份的。② 在语言转向过程中，叙事身份研究兴起。由此可知，叙事身份是统整取向的，更为强调身份的历时性，模糊化处理外部与内部的二元化界限。

四　小结

教师身份研究成为近年来国外教师研究中的热点问题，对此从不断增加的文献中可见一斑。通过文献梳理与探讨，我们发现已有研究文献的理论视角日益多元、研究方法的使用也更加成熟，研究者在教师身份、特征、形成与影响因素方面已有一定的共识。基于已掌握的研究文献，本书认为未来研究可深入的空间有以下几点：

（1）教师身份与自我的关系需进一步厘清。目前许多研究文献中对身份的概念界定模糊或者并未有界定，③ 经常身份与自我混淆或者混同使用，④ 例如，哈曼（Hamman）、戈塞林（Gosselin）、罗曼诺（Romano）和布努安（Bunuan）在可能自我理论（Possible - selves Theory）的研究中，就将新教师的"自我"等同于"身份"，提出四种类型的可能自我试图回答"我将成为谁"的指向未来的身份。教师"身份"与"自我"概念虽有着密切关系；⑤ 但作为不同的概念却经常表达相同的事情，而且目

---

① Michalinos Zembylas, "Interrogating 'Teacher Identity': Emotion, Resistance, and Self - Formation", *Educational Theory*, Vol. 53, No. 1, 2003, pp. 107 - 127.

② Catherine Beauchamp and Lynn Thomas, "New Teachers' Identity Shifts at the Boundary of Teacher Education and Initial Practice", *International Journal of Educational Research*, Vol. 50, No. 1, 2011, pp. 6 - 13.

③ Douwe Beijaard, Paulien C. Meijer and Nico Verloop, "Reconsidering Research on Teachers' Professional Identity", *Teaching and Teacher Education: An International Journal of Research and Studies*, Vol. 20, No. 2, 2004, pp. 107 - 128.

④ Tiina Anspal, Eve Eisenschmidt and Erika Löfström, "Finding Myself as a Teacher: Exploring the Shaping of Teacher Identities through Student Teachers' Narratives", *Teachers and Teaching: Theory and Practice*, Vol. 18, No. 2, 2012, pp. 197 - 216.

⑤ Doug David Hamman, Kevin Patrick Gosselin, Jacqueline Romano and Rommel Bunuan, "Using Possible - Selves Theory to Understand the Identity Development of New Teachers", *Teaching and Teacher Education: An International Journal of Research and Studies*, Vol. 26, No. 7, 2010, pp. 1349 - 1361.

前还不清楚两者之间是如何联系的,① 例如，尼亚斯（Nias）认为身份构成"自我"的一个部分。② 目前有研究者认为教师自我（self）是身份构建和转化的动力或调节器。教师自我是身份的创造者，决定了教师对于教师工作、教师角色、教师专业的理解图像。又或教师身份的发展涉及自我与外在环境（学校、班级、学生、家长与小区）互动后的思想历程；同时，透过与他人互动于专业的时空下，教师对于专业身份亦不断重塑。③ 因此，为了更好地认清身份，我们必须确定以什么视角来认识"教师自我"，进而进一步思考和厘清"教师自我"和"身份"之间的联系。例如在现代主义视角下，自我与实现预定的个人自主性有密切联系；在后现代主义视角下，自我与人们如何在叙事中组织自己的生命经验有紧密关系。

（2）教师身份的建构机制研究。身份建构的机制也不断随着学者的认识而深化，"由外而内""由内而外"，直至试图达到"内外融合"。但是，内外融合的教师身份建构研究，多受后现代主义思潮的影响，过于强调身份建构（机制）的过程性和动态性，甚至是流动和支离破碎的。因此，这种融合走向了另外一个极端，模糊了社会结构与能动主体之间的界限。在某种程度上，所谓的建构机制已经不复存在，唯有某种飘忽不定、不可捉摸和难以把握的变化。因此，在"由内而外、由外而内以及内外融合"之外，是否还存有第四条道路——"内外兼具"的教师身份的建构机制，都是值得我们再进一步理论思考和实证研究的。

另外，现实生活中，个体在面对各种社会位置、时空情境、角色要求、他者互动等多种要素以及多重身份的界定时，其内部世界的能动性（agency）、自我意识（awareness）、反思性（reflexivity）、情绪（emotion）等是如何将各种资源要素很好地整合于自身，形成统整的、独特的身份而

① Douwe Beijaard, Paulien C. Meijer and Nico Verloop, "Reconsidering Research on Teachers' Professional Identity", *Teaching and Teacher Education: An International Journal of Research and Studies*, Vol. 20, No. 2, 2004, pp. 107 – 128.

② Nias Jennifer, "Thinking About Feeling: The Emotions in Teaching", *Cambridge Journal of Education*, Vol. 26, No. 3, 1996, pp. 293 – 306.

③ Catherine Beauchamp and Lynn Thomas, "Understanding Teacher Identity: An Overview of Issues in the Literature and Implications for Teacher Education", *Cambridge Journal of Education*, Vol. 39, No. 2, 2009, pp. 175 – 189.

不产生分裂感的。在已有关于教师身份形成的研究文献，更多的是呈现其形成过程与情境变化、结构因素的互动过程，而对于身份形成的内在机制，相关的探讨与分析不足。目前，大部分学者关于内在机制的探讨主要认为反思（reflection）是职前教师、实习教师和新手教师身份形成的重要方式，[①] 透过反思的历程，教师逐渐形成未来教师工作的图像。[②] 近年，有学者借助赫曼斯（Hermans）的对话自我理论（dialogical self）探讨教师个体内部世界中各种不同"我"的互动，揭示教师身份得以产生与存在的建构机制。但是相对于学者对教师身份研究的热情来说，对于教师身份形成的内在机制的探讨稍显不足，哲学、语言学、社会学等相关领域已有的内部语言（inner speech）、自我对话（self-talk）和内心对话（internal conversion）[③] 等理论资源可作为探讨教师身份形成与维持在在机制的尝试途径。

（3）教师身份建构的外部因素研究。通过回顾和梳理现有质性研究文献，我们可以发现探讨教师身份建构的影响因素，涉及社会文化、国家教育政策、教育变革等宏观因素，学校、教师教育项目、社区等中观因素，学生、家长、导师、同事、校长等微观人际因素，这些因素中除了"社会文化"外，其余都是与教育系统内部密切相关的，缺少对教育系统以外因素的探讨。以政策制度因素为例，已有研究文献中的政策制度因素主要着眼于教育改革、课程变革等教育政策，以教育政策的

---

① Catherine Beauchamp and Lynn Thomas, "Understanding Teacher Identity: An Overview of Issues in the Literature and Implications for Teacher Education", *Cambridge Journal of Education*, Vol. 39, No. 2, 2009, pp. 175-189.

② Graham Rogers, "Learning-to-Learn and Learning-to-Teach: The Impact of Disciplinary Subject Study on Student-Teachers' Professional Identity", *Journal of Curriculum Studies*, Vol. 43, No. 2, 2011, pp. 249-268.

③ 英国社会学教授 Margaret S. Archer（2007, 2012）的形态衍生理论（Realist Social Theory: the Morphogenetic Approach）。她认为内心对话（internal conversation）是能动者（agency）与结构（structure）之间互动的核心。她透过自我、社会及两者关系的反思性（reflexivity）探究，提出四种形态的反思性：1. 沟通的反思性（communicative reflexivity）指在导向行动的过程前，内心的对话有赖他人的成全与肯定；2. 自主的反思性（autonomous reflexivity）在于维持自我控制的内心对话，以直接导向行动；3. 元反思性（meta reflexivity）在于透过对自己内心对话的批判反思，以及对社会中有效行动的批判，以达成自我监控；4. 断裂的反思性（fractured reflexivity）无从或没有能力完成积极的内心对话，或甚至其内心对话加深其困惑与迷惘。

变革作为研究教师身份的制度背景。① 因为教育改革打破了教师原有的生活方式和教学方式，使得教师身份认同面临着新的挑战。正如戴伊指出在全世界大多数国家教师都遭受着以国家课程、国家考试评定学校质量的标准等形式的教育变革压力，这种持续的影响侵蚀了教师的自主，挑战了教师个体的/集体的、专业的/个人的身份。我们要关注教师在教育政策变革中出现的抵制、顺应、突破等种种不同表现，关注其身份随之发生的不同变化。而生活在制度中的个体，尤其在国家政策对教师个体干预较强的国家（如中国、日本），影响教师身份构建的政策制度因素不仅来自于教育系统内部，也包括教育的市场化变革以及人事制度改革等教育系统外部因素，以及教育系统内部、外部制度因素的相互作用和变革。

教师身份建构即与历史、传统文化密切相关。②③ 这种历史文化构成独特的文化图式，形塑教师角色、规制教师的专业认识和实践，④ 从而勾勒出不同的教师身份。学者汪丁丁指出，特有的历史文化下的人除了受到文化传统、角色期待等方面的影响外，亦会有潜在的独特的情绪情感表达方式⑤，此亦对研究文化如何影响教师身份构建有所启示。当前，学者关于"社会文化"因素对教师身份构建影响的探讨虽然有但比较单薄。一些叙事研究在一定程度上表明，社会、历史、文化等因素影响着教师身份，为教师身份构建提供叙事资源。不同国家研究者的研究可以丰富我们对社会文化因素影响教师身份构建的认识（如中国文化背景中的研究），对于这一研究主题最适宜采用历史—比较研究方法，但是极少

①　Brian D. Barrett, "No Child Left Behind and the Assault on Teachers' Professional Practices and Identities", *Teaching and Teacher Education: An International Journal of Research and Studies*, Vol. 25, No. 8, 2009, pp. 1018 – 1025.

②　陈美玉:《教师专业实践理论与应用》，师大书苑1996年版。

③　June Beynon, Roumiana Ilieva and Marela Dichupa, "Teachers of Chinese Ancestry: Interaction of identities and professional roles", *Teaching Education*, Vol. 12, No. 2, 2001, pp. 133 – 151.

④　陈美玉:《教师专业实践理论与应用》，师大书苑1996年版。

⑤　最近十几年的脑科学研究表明，从神经语言学和心理学的角度来看人的情感发展，情感脑是在大约一亿年前的哺乳动物演化阶段形成的，故也称为人类的哺乳动物脑，它在几百年里不会有显著变化，例如，它深受母语的影响。母语是中文还是英文在很大程度上影响或决定了你的情感方式（汪丁丁，2014）。

学者做这样的研究，古德森的教师历史—比较研究，呈现出不同国家、不同的文化叙事影响下的教师专业身份。[①] 因此，运用历史—比较法分析国家社会文化因素对教师身份建构的影响也可作为一个有趣的研究点，但此类研究对研究者本身的研究素养和研究条件两方面都有较高的要求。

（4）教师身份的研究对象和研究方法。现有研究在研究对象上也越来越多元，对一些特定教师群体都有研究，如语言教师、同性恋教师、弱势地区教师（农村、贫民窟）等。但从学段上来看，主要以中小学教师为研究对象，较少关注幼儿园教师。已有研究揭示了小学和中学教师在身份建构上存在较大的差异，例如，小学教师的个人身份和专业身份密不可分，并且是影响教师动机、承诺和工作满意度的重要因素。而与小学教师相比，中学教师的学科以及学科地位对其身份建构的影响更大。[②] 学前阶段教育对象的身心特征、教学课程设置、教学方式等与中小学差异明显，因此，幼儿园教师的身份建构必然也有其特殊性，值得探讨。在研究方法方面，质性研究方法是教师身份研究的主流方法，主要包括个案研究、民族志、生命史、叙事研究（narrative enquiry）、行动研究等。另外，近年来在叙事转向的影响下，越来越多研究者采用叙事研究，收集并呈现研究对象的一些片段故事，但这无法体现出其身份建构的完整过程，也较少阐述个体叙事与特定时空的关系。古德森曾提醒研究者，故事是嵌入特定社会脉络中，置于特定时空之下的，因而不能单纯对一个片段故事进行解读。用如此容易的方式解读故事，这是坏的研究风气。由于笔者对叙事研究的掌握还不够深入，因此不敢妄言如何操作。

（5）对中国大陆教师身份研究的启示。第一，采用更加多元化的理论视角如哲学、社会学和心理学等，丰富本土教师身份研究。第二，在实证研究方法上，定量研究运用不能局限于结构探索、现状调查与相关关系分析，对可能的影响变量及关系进行更加深入的探讨，例如潜变量模型等；另外，加强对质性研究方法的运用，如个案研究、民族志、生命史、

① Ivor F. Goodson, "Times of Educational Change: Towards an Understanding of Patterns of Historical and Cultural Refraction", *Journal of Education Policy*, Vol. 25, No. 6, 2010, pp. 767 - 775.

② Christopher Day, Alison Kington, Gordon Stobart and Pam Sammons, "The Personal and Professional Selves of Teachers: Stable and Unstable Identities", *British Educational Research Journal*, Vol. 32, No. 4, 2006, pp. 601 - 616.

叙事研究、行动研究等。质性研究在研究教师身份问题上具有较强的优势，也是国际上这一领域研究的主流方法。第三，研究对象更加多样，尤其观照弱势，让多种群体教师得以发声。从教师个体发展阶段上，多关注教师教育阶段师范生①；从学段上，多关注学前教育阶段的幼儿园教师；从地域上，多关注西部地区、农村地区教师；从民族上，多关注少数民族教师，尤其是少数民族地区的双语教师（普通话和本民族语言）。第四，研究者应具有"国际视野、本土情怀"，在研究中借鉴已有国际经验，突出中国本土的历史、文化、社会和教育制度的独特情境脉络。

第二节　教师身份与情绪

情绪是教师身份研究中的重要议题，本节针对教师身份及构建中的情绪议题，主要从"情绪的内涵与分类""情绪与教师职业"和"教师身份与情绪的关系"三大部分梳理与分析已有文献，以对相关研究进行理论回顾。

一　情绪的内涵与分类

人类是最具情绪的动物，然而在理性盛行的时代，情绪被视为理性的对立面而受到冷落甚至嘲笑和贬损；对理性的推崇和赞美始自古希腊的苏格拉底和柏拉图，可见，情绪在社会科学研究中长期处于"冷宫"。社会学自成为一门独立学科来，一直都很少关注和研究情绪，② 直到最近几十年，社会学对情绪的理论和实证研究都在加速发展，现已成为社会学的前沿研究领域。③ 本节首先从情绪的内涵入手解析，其后对其几大主要特征进行阐述并分类，最后阐述和比较研究情绪的理论视角。

---

① 国际上对于职前教师身份的研究多在教师教育项目中开展。针对具体的项目、课程及实习期的行动研究增多，并且从时间的纵向来看，项目的追踪研究也不在少数。这类研究思路值得借鉴，一方面既可以开展研究；另一方面研究的结果也有助于项目的改进。

② Jonathan H. Turner, *Human Emotions: A Sociological Theory*, London: Taylor & Francis, 2007.

③ Jonathan H. Turner and Jan E. Stets, *The Sociology of Emotions*, Cambridge: Cambridge University Press, 2005.

（一）内涵

关于"情绪①（emotion）"内涵参阅相关学者的定义，未有一致见解，大致可分为五种定义类型：有强调情绪的生物生理机能、强调引发情绪的刺激—机体—反应、强调情绪的主观体验感受、强调因情绪的范围而定、探讨情绪是毫无用处的（skeptical statements）②。其后，也有学者从不同学科视角进一步定义情绪。丹金（Denzin）指出，情绪是一种自我感受，情绪是暂时肉体化而以状态呈现自我。③ 拉扎勒斯（Lazarus）在《激情与情绪：人类情绪的意义》（*Passion and reason：making sense of our emotions*）一书中提出"认知—动机—关系的情绪理论"（cognitive – motivational – relational theory of emotion），指出情绪是复杂的心理历程，由特定的事件（events）引发，例如：悲伤是由于个人丧失与某人联系或丧失拥有物，生气是因为挫折或受伤。人们对所发生的事件之个人意义的评估是情绪产生的基础，只有认识到自己失去或得到了某物，并且该物与自己的目标和意义有关，人们才会产生情绪。他们强调个体认知过程中的"评估"（appraisal）及"个人"与"环境"的关系所产生的个人的意义的重要性。拉扎勒斯（Lazarus）对于"情绪"的定义以"认知取向"为主，但同时不仅关注"个人—环境"关系，其中"环境"包含社会环境及社会文化，而且也考虑了生物层面的观点。因此，本书以拉扎勒斯（Lazarus）对情绪的理解作为进一步探究的基石。

（二）情绪特征与分类

关于情绪的特征及分类，学者的主张不尽相同，可以主要归纳出以下几个主要特征与划分维度。

1. 情绪的性质：积极—消极

几乎所有学者对情绪的分类都绕不开情绪的性质/效价（volence），

---

① 鉴于"情绪"是人们在描述或研究心理过程的情感领域时更加常用的术语（尹弘飙，2006），本书如未特别指出，叙述中将"情绪情感"和"教师情绪情感"均统一使用"情绪""教师情绪"表达；如需要特别强调某种稳定性和持久性的 emotion，则会用"情感"来表达；若是带有模糊混合的 emotion，则亦用"情绪情感"来描述。

② Fantino（1973）一般来说，情绪行为很复杂，很难界定出一个一致性的特征。在心理学中保留情绪的概念几乎是没有什么用处的（引自 Kleinginna & Kleinginna，1981）。

③ Norman Denzin，*On Understanding Emotion*，San Francisco：Jossey – Bass Publishers，1984.

一般来说可以划分为积极情绪和消极情绪（或正性—负性效价）（positive -
negative volence）。① 拉扎勒斯（Lazarus）认为积极与消极情绪（正、负面
情绪）是一体两面，完全依照事件、情境及个人评估（appraisal）与处理
结果而定。② 在他的"认知—动机—关系情绪理论"中，将个体对外界事
物与自身关系的评估作为情绪产生的基础③，当个体行为与目标一致时，
即在个人—环境关系中评估为对自己积极有利，则产生令人愉悦的情绪，
如喜悦、自豪与爱，即"积极情绪"；反之，与目标不一致时，在个人—
环境关系中评估为对自己不利，产生令人不快的情绪，如恐惧、嫉妒、悲
伤，为"消极情绪"。④ 部分学者"积极—消极"情绪的二元划分模式亦
存在"简单化"之嫌。拉扎勒斯（Lazarus）指出，这一模式的局限性增
加了边界情绪（borderline emotions），即产生于个人—环境的不利关系情
境中，但却被评估为对自己有利，如希望、知足（contentment）、慈悲
（compassion）；非情绪（non - emotions），即在个人—环境的关系评估中
无法作出有利或不利的判断，是一种复杂的情绪状态，如迷惑不解、莫名
不安、模棱两可、兴趣表现（前情绪状态）等。

2. 情绪的复杂程度：初级—复杂

人们在各种情境中会经历大量的情绪情感，几乎所有学者都肯定情绪
的作用。从复杂程度上看，可以分为初级情绪（primary emotion）和复杂
情绪（secondaryemotion）。初级情绪也就是最基础的情绪，是其他情绪的
源泉，那些在人类神经解剖系统中有固定配置或"与生俱来"的，即有
直接的生物学机制唤醒状态的情绪就属于基本情绪。⑤ 特纳（Turner）通
过总结多个学科的研究提出，学者如坎贝尔（Kemper）较为赞同的愤怒、
恐惧、悲伤、高兴等四种情感。⑥ 复杂情绪更多是由后天习得的，它是基

① Rosemary E. Sutton and Karl F. Wheatley, "Teachers' Emotions and Teaching: A Review of the Literature and Directions for Future Research", *Educational Psychology Review*, Vol. 15, No. 4, 2003, pp. 327 - 358.

② Richard S. Lazarus, *Emotion and Adaptation*, Oxford: Oxford University Press, 1991.

③ Emotions were the result of cognitive appraisals of the personal meaning of events and experiences. (Lazarus, 1991)

④ Richard S. Lazarus, *Emotion and Adaptation*, Oxford: Oxford University Press, 1991.

⑤ Jonathan H. Turner, *Human Emotions: A Sociological Theory*, London: Taylor & Francis, 2007.

⑥ 值得注意的是，四种基本情绪"愤怒、恐惧、悲伤、高兴"里有三种都是消极的/负性的，即"愤怒、恐惧、悲伤"。

本情绪的综合，① 基本情绪就如颜色谱系中的三原色，可以混合（mixing）成很多种颜色，同理基本情绪的复合（elaborations）可以生成新水平、更复杂的情绪。② 例如，害怕和生气综合成讨厌、痛苦、羡慕和嫉妒，恐惧和快乐混合成为渴望、敬畏和希望，不同比例的两种基本情感混合衍生形成不同的新情绪。③ 较多的高兴与较少的恐惧复合成为希望、感激；较多的恐惧与较少的高兴复合成为敬畏、崇拜。基本情绪的复合过程也不止一次，存在二次复合或二次精致。④ 普拉奇克（Plutchik）在《情绪的本质》（Nature of Emotion）一书中认为不同情绪之间不是相互割裂的，而是在同一个光谱上递增或两极化。八个基本情绪是四个情绪光谱的两极：欢乐与悲伤、愤怒与恐惧、信任与不信任、期待与惊喜。例如。不信任发展到极致是厌恶、愤怒和厌恶混合是鄙视、不信任和恐惧混合是不安、欢乐和信任混合是爱。其中，由道德因素产生的情绪都是复杂情绪。

3. 情绪的调节：表层行为—深层行为

情绪劳动是"为实现组织目标""表达适当情绪的行为"。⑤ 在戏剧理论的启发下，霍赫希尔德（Hochschild）提出情绪劳动的调节有两种方式：表层扮演行为（surface acting）和深层扮演行为（deep acting）。表层扮演行为是指通过改变外在的情绪表达（如表情、声音、动作等）来达成组织所要求的情绪表现，但并不会改变自己的内心情绪感受，关注外在表现。深层扮演行为是指通过改变内在感受而使其与组织所要求的情绪表达一致，让自己的感觉与外在表现一致，更侧重于内部感受和体验。⑥ 从结果上说，表层行为是不容易引起积极结果的情绪劳动形式，员工只把工作当任务，只求"做到"，而深层行为更为积极一些，员工能够人认同这

① Peter J. Burke and Jan E. Stets, *Identity theory*, Oxford：Oxford University Press, 2009.

② "愤怒、恐惧、悲伤"三种消极情绪的复合形成羞愧、内疚、疏离，其中悲伤占主导地位（Turner，2007）。

③ Theodore D. Kemper, "Sociological Models in the Explanation of Emotions", in Michael Lewis and Jeannette M. Haviland, eds. *Handbook of Emotions*, New York, London：The Guilford Press, 1993, pp. 41 - 51.

④ Jonathan H. Turner, *Human Emotions：A Sociological Theory*, London：Taylor & Francis, 2007.

⑤ Arlie Russell Hochschild, *The Managed Heart：Commercialization of Human Feeling*, Berkley：University of California Press, 1983.

⑥ Ibid..

种情绪劳动的工作，因此耗费心力不会太大。[①]

4. 情绪的其他特征

情绪具有其他一些特征，因此也被有些学者用作分析和归类的维度。（1）情绪的强度：低强度—高强度。人类能够产生不同强度的情绪体验或表现的强烈程度，包括低强度、中等强度、高强度等多个强度水平。例如，四个基本情绪"满意—高兴""厌恶—恐惧""强硬—愤怒""失望—悲伤"也都包括多个强度水平，[②] 正如普拉奇克（Plutchik）所主张的两种相反的情绪是同一个光谱上的两极，中间是在逐渐递增，因此可以认为情绪，如从"失望"到"悲伤"，其实是一个变化的连续体。（2）情绪的频率：低频率—高频率。人类在特定情境下做出某种情绪表现的频繁性，从低频率到高频率具有多个不同水平的频率。（3）情绪的持续时间：短时间—长时间。情绪的持续时间也与情绪的稳定性相关，指做出某种情绪表现所需持续的时间。（4）情绪的多样性：简单—丰富。人类在生活中，尤其是工作角色中需要表现的情绪种类。（5）情绪的指向性：向外—向内。本书作者认为情绪还存在一个"指向性"的特征：向外—向内。人类产生的情绪作用方向是指向他人、外界事物或者是指向个体自己、内心，会极大地影响人类与他人和环境的互动关系，如愤怒，指向外界事物可能产生发泄等行为，向内是自责甚至自伤。而向外和向内的指向也绝非是二元对立的，可能是夹杂和混合的，并且在一定条件下也处于动态的转化之中。最后，不同种类和程度情绪的转化过程值得注意。如，羞愧的消极体验十分强力，以致通常激活防御机制，转变为愤怒，有时也会转变为深度的悲伤和高度焦虑。那么，情绪转化的条件有什么？为什么强度较高的情感常常被抑制（repressed）或转换（transformed）为新的情绪？[③] 其转化的动力机制为何？等问题都具有进一步研究的价值。

---

① Philipp 和 Schupbach（2010）在其对教师情绪劳动的研究中提到，为降低教师的情绪耗竭，对教师的情绪劳动方式进行必要的干预是必须的，并进一步指出可以通过长期培养教师的深层扮演能力来达到这一目标。吴宇驹（2011）也指出，教师应在采用表层行为的基础上结合一贯形成的深层行为模式来应对困境，并逐步摆脱对表层行为的依赖。但对于如何提高深层扮演能力，并未做出具体阐释。

② Jonathan H. Turner, *Human Emotions: A Sociological Theory*, London: Taylor & Francis, 2007.

③ Ibid..

那么，作为本研究的关键概念之一，对于"情绪"该如何分类与理解？诚如谢弗（Shaver）认为"pity, sympathy, longing"三个情绪词汇无法归类为积极或消极情绪，拉扎勒斯（Lazarus）等把希望、悲悯等归类为边界情绪。可见，积极与消极情绪的划分只是一个初步的分类方式。随着研究的推进，拉扎勒斯（Lazarus）将常见的 17 种情绪重新划分为五大类：1. 令人厌恶的情绪①：愤怒、羡慕和忌妒；2. 存在呈面的情绪②：焦虑/惊恐、罪恶感和羞愧感；3. 由不利生活状况激起的情绪③：宽心、希望、悲伤和忧郁；4. 由有利的生活状况激起的情绪④：快乐、骄傲和爱；5. 移情作用的情绪⑤：感激、悲悯和那些被美感经验唤起的情绪。特纳（Turner）指出，从积极—消极维度（positive – negative volence）划分情绪是必要的，但是每一种具体的情绪（specific emotions）对人类和社会的进化都具有特殊性，研究具体情绪的发生机制和动力机制对于从理论上理解和解释人类情绪也是非重要的。然而，情绪的种类如此纷繁复杂，即使最常见的主要情绪也多达 17 种，情绪的研究艰难推进。拉扎勒斯（Lazarus）夫妇在《压力与情绪》（*Stress and emotion：A new synthesis*）一书中尝试以"叙事"的方式来分析情绪，即情绪叙事（emotion narratives），因为叙事的研究方式可以在同一个研究设计中，综合"因素为中心"和"个人为中心"、主体性和客观性以及规范性和个人的观点，而不会失去每一个特别的价值。他们把情绪的发生过程视为一个故事和一出戏剧，而不是片断的。他们走进对象的情绪世界，倾听她们如何诠释潜藏在自己、亲人、朋友与同事情绪背后的东西，以及如何更有效地处理情绪。

最后，我们回归到本研究的主题——身份，通常身份理论家在讨论情

---

① 令人厌恶的情绪（nasty emotion），指的是这些情绪都有伤害别人或者是自己的欲望，而这可能对个人、社区和社会造成各种问题。

② 存在层面的情绪（existential emotion），这一类的情绪和"我们是谁、我们在世界上和社会中的位置、生与死以及我们村子的特性"的意义、信念、理念有关。

③ 由不利生活状况激起的情绪（emotion provoked by unfavourable），这一类情绪跟"重大疾病、痛苦，可能失去某个挚爱的人或个人地位"等不利的生活状况有关。

④ 由有利的生活状况激起的情绪（emotion provoked by favourable life condition），有利的生活状况所激起的情绪，指的是在有利于目标达成的情境产生的情绪。

⑤ 移情作用的情绪（empathic emotion），或同理的情绪，这种类别的情绪都需要依赖同情别人的能力，即同理心。

绪的时候并不会关注每一种具体情绪，而是关注到个体所经历的消极或者积极的情绪。[①]的确，即使我们把情绪看作是从消极到积极的连续体，那么个体在任何情境下，做出的反应是这一连续体上的某一点。身份理论家并不关注某一个情境下个体的哪一种情绪，也没有关注某个情境下个体的情绪状态，而更让他们感兴趣的是引发这些消极或积极情绪的条件是什么？如何产生影响？虽然"积极—消极""基本—复杂""向外—向内"的二分，只是一个初步的分类，但是已经能够看出情绪的大体方向。本研究将幼儿园教师所经历和体验的情绪事件加以如上所说的二分归类，有助于了解情绪的本质与评估结果的方向，特别是"积极—消极"情绪的分类，更是被广泛地运用于有关教师情绪的研究之中。

　　人类是最具情绪的动物。[②]人们于不同理论视角下对情绪的内涵有不同理解。在互动论视角下，情绪是在社会互动的过程中所建构的，它是人与人之间重要的互动沟通形式，个体与不同的人相处表达出不同的情绪。[③][④]关于情绪的分类，各位学者主张亦不尽相同，包括情绪的效价、复杂程度、持续性等。几乎所有学者对情绪的分类都绕不开情绪的性质/效价（valence），一般来说可以将其划分为积极情绪和消极情绪（或正性—负性效价）（positive - negative valence）。[⑤]拉扎勒斯（Lazarus）（1991）认为积极与消极情绪（正、负面情绪）是一体两面的，完全依照事件、情境及个人评估（appraisal）与处理结果而定。他在"认知—动机—关系情绪理论"中，将个体对外界事物与自身关系的评估作为情绪产生的基础，当个体行为与目标一致时，即在个人—环境关系中评估为对

　　① Jonathan H. Turner and Jan E. Stets, *The Sociology of Emotions*, Cambridge: Cambridge University Press, 2005.

　　② Jonathan H. Turner, *Human Emotions: A Sociological Theory*, London: Taylor & Francis, 2007.

　　③ Theodore D. Kemper, "Sociological Models in the Explanation of Emotions", in Michael Lewis and Jeannette M. Haviland, eds. *Handbook of Emotions*, New York, London: The Guilford Press, 1993, pp. 41 - 51.

　　④ Andy Hargreaves, "Emotional Geographies of Teaching", *Teachers College Record*, Vol. 103, No. 6, 2001, pp. 1056 - 1080.

　　⑤ Rosemary E. Sutton and Karl F. Wheatley, "Teachers' Emotions and Teaching: A Review of the Literature and Directions for Future Research", *Educational Psychology Review*, Vol. 15, No. 4, 2003, pp. 327 - 358.

自己积极有利，则产生令人愉悦的情绪，如喜悦、自豪与爱，即"积极情绪"；反之，与目标不一致时，在个人—环境关系中评估为对自己不利时产生令人不快的情绪，如恐惧、嫉妒、悲伤，为"消极情绪"。① 部分学者的"积极—消极"情绪的二元划分模式亦存在"简单化"之嫌。Lazarus 指出这一模式的局限性，增加了边界情绪（borderline emotions），即产生于个人—环境的不利关系情境中，但却被评估为对自己有利，如希望、知足（contentment）、慈悲（compassion）；非情绪（non‐emotions），即在个人—环境的关系评估中无法作出有利或不利的判断，即一种复杂的情绪状态，如迷惑不解、莫名不安、模棱两可、兴趣表现（前情绪状态）等。②

我们回归到本研究的主题——身份，身份理论家讨论情绪时并不会去关注每一种具体情绪，而是关注到个体所经历的消极或者积极情绪。③ 的确，即使我们把情绪看作是从消极到积极的连续体，那么个体在任何情境下，做出的反应是这一连续体上的某一点。身份理论家并不关注某一个情境下个体的哪一种情绪，也没有关注某个情境下个体的情绪状态，而更让他们感兴趣的是引发这些消极或积极情绪的条件是什么，如何产生影响。虽然"积极—消极"只是一个初步的分类，但是已经能够看出情绪的大体方向。其分类更是被广泛地运用于有关教师情绪的研究之中，本研究将幼儿园教师所经历和体验的情绪事件加以如上所说的二分归类。

二　教师职业与情绪：身为情绪劳动者的教师

（一）中小学教师与情绪

社会学家霍赫希尔德（Hochschild）比较了工厂工人、技术人员和空乘人员三类企业雇员的劳动性质，指出他们从事的分别是体力劳动、脑力劳动和情绪劳动（emotional labor），其中情绪劳动是伴随着服务业取代制造业成为后工业时代主要产业而出现的。④ 为吸引和迎合顾客，服务业工

---

① 　Richard S. Lazarus, *Emotion and Adaptation*, Oxford: Oxford University Press, 1991.

② 　Ibid. .

③ 　Jonathan H. Turner and Jan E. Stets, *The Sociology of Emotions*, Cambridge: Cambridge University Press, 2005.

④ 　Arlie Russell Hochschild, *The Managed Heart: Commercialization of Human Feeling*, Berkley: University of California Press, 1983.

人必须从事"情绪劳动"，即诱导或抑制自身的感受，以产生维持适合他人心理状态的公共可见的外部表情和肢体表达。在这种情况下，情绪不再是私人的事情，而是进入公共领域，接受盈利目的和商业逻辑的支配。于是原本属于个体私人领域的情绪在此出现了分裂，因为"当产品是微笑、心情、感受和关系时，它更多属于组织而较少属于个体自身"。依其情绪劳动的定义，霍赫希尔德（Hochschild）把情绪劳动工作者分为高情绪劳动者和低情绪劳动者，高情绪劳动工作者的工作绩效、工作满足比低情绪劳动工作者低，且不快乐、较无自尊、较沮丧、健康情形较差及情感不和谐。

霍赫希尔德指出，需要雇员从事较高情绪劳动的工作通常具有三个特征：（1）要求雇员和公众有面对面、声音对声音的接触；（2）要求雇员使他人产生某种情绪状态，如感谢或害怕等；（3）允许雇主通过培训或监督对雇员的情绪活动施加某种程度的控制。参照以标准，教师职业基本上符合上述特征。首先，教师主要的工作是负责教学以及与学生、家长沟通协调等任务，需要与顾客（学生、家长）面对面或声音的接触；其次，教师对于表现优良的学生则需给予口头赞赏、鼓励；反之，对于行为偏差的学生，则要采用严厉的表情与语气给予指正。不同情境下，要求教师在学生面前展现出特定的情绪状态以实现其负载的教育功能；最后，虽然学校不会将教师的情绪列为考核评估的指标之一，或采取监控来严格控制老师的情绪，但学校领导者、家长仍然希望教师能符合赋予的角色期望和行为表现，因此当教师生气时，仍应控制好自己的情绪，是一种职业道德规范内化的自我监控。霍赫希尔德根据与顾客互动频率及组织的情绪控制程度划分了六个类型的工作属于高情绪劳动职业，包括专业性、技术性及同类中特定的职业，教师即属其中。进一步思考教师职业的特殊性，更能加深对教师身为情绪劳动者的理解。其职业特殊性体现为教师工作对象的人本性，面对的是活生生的正在成长过程中的人；教师的工作不仅是实施教学活动而且需要育人；最后教师工作应当是非工具性的，教师的工作方式不像其他职业那样使用什么工具，而是用自己的知识、智能、人格魅力去影响学生，用心灵影响心灵。因此，教师从事的是"人的工作"。① 在"人的工作"中，教师的

---

① 尹弘飚：《教师专业实践中的情绪劳动》，《教育发展研究》2009 年第 10 期，第 18—22 页。

特殊性体现在以下三个方面：第一，教师工作离不开师生的人际互动，人际互动不仅是教师言传身教的基础，也是建立师生情感纽带的前提。而情绪则是人际互动的产物，人际关系的亲疏远近是影响个体情绪产生和变化的社会基础。① 教师在日常工作的人际互动中会经历大量的情绪，当教师体验到职业成就感、幸福感，就会有快乐、高兴、自豪、兴奋等情绪；当他们感受到威胁，如收到消极的反馈或者专业身份受既定的教育改革压制，也可能经历消极情绪，如挫败、失望、焦虑、生气、害怕、尴尬等。② 所有这些情绪不会独立于他们的生活，更无法从行动中或理性反省中抽离。③ 第二，不同于其他服务业中多偏向处理他人负面情绪，或者"情绪劳动多为了金钱交易的商业考虑"，然而教师情绪付出，多是为了"教导学生、感化学生"。第三，教学是一种"爱的劳动"，教师对学生除了关心之余，还有一种牺牲奉献。教学的育人性强烈地凸显出情绪中的道德维度——关怀伦理（ethic of care），即面对学生的成长，教师应该是一个关怀者，④ 而关怀正是教学中教师付出情绪劳动的动力来源。⑤

　　哈格里夫斯（Hargreaves）指出，教师情绪是教师在与学生、家长、同事及管理者的互动中产生的，他以情绪社会学的观点提出了"情绪地理"（emotional geographies）的概念，透视教师工作中与他人的情绪互动脉络，分析中小学教师在与学生等不同对象互动中的积极情绪事件和消极情绪事件，呈现由人际关系的亲疏远近构成的影响我们情绪的社会空间模式，包括社会文化（sociocultural）、道德（moral）、专业（pro-

---

① 尹弘飚：《教师情绪：课程改革中亟待正视的一个议题》，《教育发展研究》2007 年第 3B 期，第 44—48 页。

② Andy Hargreaves, "The Emotional Practice of Teaching", *Teaching and Teacher Education*, Vol. 14, No. 8, 1998, pp. 835 - 854.

③ Geert Kelchtermans, "Teacher Vulnerability: Understanding Its Moral and Political Roots", *Cambridge Journal of Education*, Vol. 26, No. 3, 1996, pp. 307 - 323.

④ Nel Noddings, "The Caring Professional", in Suzanne Gordon, Patricia Ann Benner, Nel Noddings, *Caregiving*: *Readings in Knowledge*, *Practice*, *Ethics and Politics*, eds. Philadelphia: University of Pennsylvania Press, 1996, pp. 160 - 172.

⑤ Lynn Isenbarger and Michalinos Zembylas, "The emotional labour of caring in teaching", *Teaching and Teacher Education*, Vol. 22, No. 1, 2006, pp. 120 - 134.

fessional)、政治（political）和物理（physical）等五大架构：①（1）社会文化地理指社会文化的异同所导致的教师与互动对象的情绪亲疏远近。（2）道德地理指情绪是道德的现象，总是与人们的目的密切相关。道德地理指互动双方的目的或愿景一致与否产生情绪的亲疏。（3）专业地理是指教师的专业（包括教学知识、专业判断等）及专业自主实现与否所产生的情绪亲疏。（4）政治地理指情绪与权力息息相关，教师与他人权力、地位的等级情况会产生情绪的亲疏远近。（5）物理地理指时间、空间、互动频率、形式等会影响教师与对方互动所产生的情绪亲疏。

综上所述，教师的专业实践中充满情绪（emotion - laden），教师属于情绪劳动者，教师情绪在与不同对象互动之中产生，这些观点也得到越来越多学者的认同。②③④

（二）幼儿园教师与情绪

幼儿园教师是为学龄前幼儿提供教育和保育的专门人员。由于幼儿园教师的职业属性与充满情绪劳动的职业特质，因此被霍赫希尔德、阿德尔曼归属为高情绪劳动工作者。

与其他教师群体相比，对幼儿园教师的情绪要求是非常高的，⑤⑥ 这是由其职业特点决定的。第一，该年龄段幼儿的思维大多处于直觉行动思维、具体形象思维阶段，抽象逻辑思维才近萌芽；⑦ 此阶段幼儿的语言等表达能力也多为具体和直接；加上，幼儿期已经出现基本的情绪情感，如

---

① Andy Hargreaves, "Emotional Geographies of Teaching", *Teachers College Record*, Vol. 103, No. 6, 2001, pp. 1056 – 1080.

② Andy Hargreaves, "Mixed Emotions: Teachers Perceptions of Their Interactions with Students", *Teaching and Teacher Education*, Vol. 16, No. 8, 2000, pp. 811 – 826.

③ Lynn Isenbarger and Michalinos Zembylas, "The Emotional Labour of Caring in Teaching", *Teaching and Teacher Education*, Vol. 22, No. 1, 2006, pp. 120 – 134.

④ Hongbiao Yin and John Chi - Kin Lee, "Be Passionate, but Be Rational as Well: Emotional Rules for Chinese Teachers' Work", *Teaching and Teacher Education*, Vol. 28, No. 1, 2012, pp. 56 – 65.

⑤ Peter Elfera, "Emotion in Nursery Work: Work Discussion as a Model of Critical Professional Reflection", *Early Years: An International Research Journal*, Vol. 32, No. 2, 2012, pp. 129 – 141.

⑥ Jayne Osgood, "Reconstructing Professionalism in ECEC: the Case for the 'Critically Reflective Emotional Professional'", *Early Years*, Vol. 30, No. 2, 2010, pp. 119 – 133.

⑦ 林崇德：《发展心理学》，人民教育出版社 2009 年版。

依恋、基本美感的萌发等，这时期幼儿的情绪、情感具有易冲动性、不稳定性和外露性及很强的易受感染性等特点。[①] 同时，幼儿期还是儿童健康情感形成的关键期，因此，幼儿园教育的三个要点之一就是保持幼儿情绪安定。[②] 身为儿童发展中的重要他人，幼儿园教师的情绪变化不仅影响着自身的心理健康，还影响着师幼关系及师生互动的质量，最终影响幼儿的身心健康发展，尤其是情绪状态和情绪情感发展等社会性发展。这就要求幼儿教师有较高的情绪状态、情绪情感表达方式和调节策略。

第二，教师的教育对象年龄越是幼小，其劳动过程的机械性、程序性程度越低，多变性特点越突出，[③] 加上幼儿园教育的"无学科性"和"综合活动"课程为主，使得各项教学工作项目烦琐零碎。教学的综合性和灵活性要求越高，教师就越易产生情绪的倦怠和耗竭。

第三，与其他学段教师相比，幼儿教师的互动对象更为多元，包含幼儿、家长、协同教师、同事等。[④] 而且互动频繁，工作中与幼儿、家长、协同教师、同事接触和互动交流的频度很高。[⑤][⑥] 幼儿园教师在人际互动工作中体现出华尔敦提出的"情绪多样性"，即与不同背景身份的他人互动，依据不同场合、不同情境表现出不同的情绪反应。当某一项工作需要在工作期间内变换情绪状态的情形越复杂频繁，工作人员就必须花费更多的心力来预想筹划各种可能发生的状况与适当的应对方式，因而所需要负担的情绪劳动就越强烈。由此，这些多元、复杂、频繁的人际互动是幼儿园教师情绪负载的主要来源。

第四，学前教育市场化改革之后，衍生出"市场取向"的话语。幼儿园教师处于政府与市场力量相互作用的复杂场域。政府强化问责和表

---

① 陈帼眉、冯晓霞、庞丽娟：《学前儿童发展心理学》，北京师范大学出版社 2013 年版。

② 高杉自子：《与孩子们共同生活——幼儿教育的原点》，王小英译，华东师范大学出版社 2009 年版。

③ 步社民：《论幼儿园教师的专业技能》，《学前教育研究》2005 年第 5 期，第 45—47 页。

④ Jayne Osgood, "Professionalism and Performativity: the Feminist Challenge Facing Early Years Practitioners", *Early Years*, Vol. 26, No. 2, 2006, pp. 187 - 199.

⑤ Pamela Oberhuemer and Michaela Ulich, *Working with Young Children in Europe: Provision and Staff Training*, London: Sage, 1997.

⑥ Sheila B. Kamerman, "Parental Leave Policies: An Essential Ingredient in Early Childhood Education and Care Policies", *Social Policy Report*, Vol. 14, No. 2, 2000, pp. 3 - 15.

现主义监管，高度竞争的市场导向环境下幼教工作异化为商品化服务，为了响应外部结构力量的多种要求，幼儿园教师必须刻意维系自我情绪展现与管理，情绪劳动强度大。以民办幼儿园为例，林美慧、蔡春美的研究显示因为经营竞争、工作压力等，幼师必须延长收托时间、承担日间接送，还要负责招生等事宜。受到"顾客导向"逻辑下学前教育工作的运作与发展趋势——将家长视为服务对象，幼儿园教师势必为了满足顾客需求，维系情绪展现与表达，保证符合幼儿发展且家长期待之服务规格与质量。

第五，幼儿园教师职业长期的"弱者身份"使得她们在与家长等行业外人士的交往或冲突中处于劣势一方，往往承载更多歧视、不公平和怨言，情绪负荷严重，可谓"劳心""劳力"又"劳情"。这就要求幼儿园教师维持良好的情绪调节和管理，有专家建议幼儿园教师应该与幼儿保持一种"疏离式的依恋关系"，[①] 以减轻教师的情绪情感表达负担，在一定程度上减轻情感衰竭。

教学本是一种情绪上很容易枯竭耗损的职业。现实生活中，幼儿园教师每日与许多儿童与成人互动，在很多情况下都必须控制与掩饰自己的情绪。一般而言，幼儿园教师不仅得向外表现情绪，像假装生气、失望或惊讶，有时，也必须真实表现自己的情绪感受，例如：生气、漠视、愉悦或关怀。幼儿园教师被期待要每天面带笑容表现出朝气与活力，有时面对家长的无理要求或批评，必须忍住或控制自己情绪，耐心面对及处理幼儿行为问题。再加上实际情境中，幼儿园教师面对高负荷的工作，其情绪情感表达与情绪劳动往往不受关注。人们首先关心的是她们做得对不对，往往集中于对教师负向情绪爆发的批评与指责，以及发表"教师应该展现何种情绪给幼儿以积极的影响"的言论。这些容易导致幼儿园教师的高强度情绪劳动，情绪耗竭严重。[②③] 研究表明，长期紧张、焦虑、压抑、担忧等情绪状态使教师感到精力耗竭，并最终影响教学承诺，使其产生离职

---

① Lilian Katz, *Talks with Teachers of Young Children: A Collection*, Norwood: Ablex, 1995.

② 李新民、陈密桃：《实用智慧，缘分信念与心理健康，工作表现之相关：以幼儿教师为例》，《中华心理学刊》2006 年第 2 期，第 183—202 页。

③ 孙阳：《幼儿教师情绪劳动发展特点及与情绪耗竭的关系》，东北师范大学博士学位论文，2013 年。

倾向。更有甚者，幼儿园教师群体的情绪长期被漠视和误读，就教师个体来说，情绪压抑可能导致情绪不协调，进而导致精神压力增加，教师在极端情绪下可能产生失控行为。①②

三　教师情绪与教师身份的关系研究

虽然教师属于情绪劳动者，但是在教师职业专业化的过程中，教师研究强调以专业知识和专业能力为核心的专业标准，一直将注意力更多地集中在教师的个体认知风格、教师专业知识、教学技巧，关注教师的思维过程、规划、决策、表现和管理，较少关注教师的情绪，即使有所体现也只是涉及教师压力的相关研究，因此，教师情绪是亟待深入研究和理解的议题。③ 随着近 20 年来教育领域中情绪研究不断增加，在教师身份的具体研究中教师情绪相关研究也占有一席之地，④⑤⑥⑦ 甚至越来越成为教师身份研究中的关键点。⑧ 当前相关研究文献中，教师情绪与教师身份的关系体现为三个主要情境：教学之中、教育变革之下和教师教育中。

（一）教学中的教师情绪与身份的关系

教学是教师的主要工作，也是教师体现和建构其身份的主要活动。教学不仅是专业技术或认知的工作，也是情绪实施的工作，是一项情绪性的

---

① 陈丹、蔡樟清：《幼儿园教师情绪困境与求解》，《中国教育学刊》2013 年第 7 期，第 3—9 页。

② 张永英：《从管理角度反思教师虐童问题》，《幼儿教育：教育教学》2013 年第 1 期，第 27—29 页。

③ 尹弘飙：《教师情绪：课程改革中亟待正视的一个议题》，《教育发展研究》2007 年第 3B 期，第 44—48 页。

④ Christopher Day, Ruth Leitch, "Teachers' and Teacher Educators' Lives: The Role of Emotion", *Teaching and Teacher Education*, Vol. 17, No. 4, 2001, pp. 403 – 415.

⑤ Andy Hargreaves, "Mixed Emotions: Teachers Perceptions of Their Interactions with Students", *Teaching and Teacher Education*, Vol. 16, No. 8, 2000, pp. 811 – 826.

⑥ Geert Kelchtermans, "Teachers Emotions in Educational Reforms: Self – understanding, Vulnerable Commitment and Micropolitical Literacy", *Teaching and Teacher Education*, Vol. 21, No. 8, 2005, pp. 995 – 1006.

⑦ Kate Eliza O'Connor, " 'You Choose to Care': Teachers, Emotions and Professional Identity", *Teaching and Teacher Education*, Vol. 24, No. 1, 2008, pp. 117 – 126.

⑧ Hongbiao Yin and John Chi – Kin Lee, "Be Passionate, But Be Rational as Well: Emotional Rules for Chinese Teachers' Work", *Teaching and Teacher Education*, Vol. 28, No. 1, 2012, pp. 56 – 65.

实践。① 教学活动中，除了需要教师表达个人情感，而且教学是操心（heart – consuming）工作，② 除体力劳动和脑力劳动之外，还需要教师投入心灵和情感。而在尼亚斯看来，教师在工作中持有大量的、复杂的情绪是因为他们把自己的信念、价值观等伦理性事物投入了教学工作，甚至将自我投入工作，这就意味着教室和学校成为自尊和自我满足感的实现场所。研究者认为在课堂教学和学校情境中，教师经历大量的情绪，乃至相对的情绪，这些情绪会影响教师对教学、学习的态度，对专业的决策和对专业的个人承诺，从而引导或影响其身份形成。③④ 亦有研究者认为情绪和身份之间是不可分离的紧密而错综复杂的关系，⑤⑥ 或一种反身性（reflexive relationship）的关系。⑦ 赞姆比拉斯运用后结构主义情绪理论和情绪系谱学分析课程与教学中的情绪现象提出，情绪与教师身份有着千丝万缕的联系，互相体现并重新定义彼此（inform and re – define each other），因为情绪就像是身份的胶水（the glue of identity），黏合了组成个体身份的各个成分，如人们的思想、判断、信念并且对人们的经验赋予意义。⑧ 还有的研究者认为情绪是教学的核心，⑨ 教师在教学情境中必须控制自己的情绪，而身份建构

① Andy Hargreaves, "The Emotional Practice of Teaching", *Teaching and Teacher Education*, Vol. 14, No. 8, 1998, pp. 835 – 854.

② Hongbiao Yin and John Chi – Kin Lee, "Be Passionate, But Be Rational as Well: Emotional Rules for Chinese Teachers' Work", *Teaching and Teacher Education*, Vol. 28, No. 1, 2012, pp. 56 – 65.

③ Andy Hargreaves, "The Emotion of Teaching and Educational Change", in Andy Hargreaves, Ann Lieberman, Michael Fullan and David Hopkins, eds. *International Handbook of Educational Change*, Dordrecht, Boston, London: Kluwer Academic Publishers, 1998, pp. 558 – 575.

④ Kate Eliza O'Connor, "'You Choose to Care': Teachers, Emotions and Professional Identity", *Teaching and Teacher Education*, Vol. 24, No. 1, 2008, pp. 117 – 126.

⑤ Hongbiao Yin and John Chi – Kin Lee, "Be Passionate, But Be Rational as Well: Emotional Rules for Chinese Teachers' Work", *Teaching and Teacher Education*, Vol. 28, No. 1, 2012, pp. 56 – 65.

⑥ Shawna Shapiro, "Revisiting the Teachers' Lounge: Reflections on Emotional Experience and Teacher Identity", *Teaching and Teacher Education: An International Journal of Research and Studies*, Vol. 26, No. 3, 2010, pp. 616 – 621.

⑦ Cripps John Clark and Susie Groves, "Teaching Primary Science: Emotions, Identity and the Use of Practical Activities", *The Australian Educational Researcher*, Vol. 39, No. 4, 2012, pp. 463 – 475.

⑧ Michalinos Zembylas, "Emotions and Teacher Identity: A Poststructural Perspective", *Teachers and Teaching: Theory and Practice*, Vol. 9, No. 3, 2003, pp. 213 – 238.

⑨ Geert Kelchtermans, "Teacher Vulnerability: Understanding Its Moral and Political Roots", *Cambridge Journal of Education*, Vol. 26, No. 3, 1996, pp. 307 – 323.

也就都体现在这些情绪规则中，因此教师是带着情绪进行自己的身份建构，① 或者说教师的身份是在情绪性的情境（emotional context）中建构的，甚至认为带有强烈情绪的自我理解就是教师的身份。② 此外，戴伊和金顿以及戴伊和古还指出其实学校日常教学活动中存在各种各样不稳定的情境，会给教师身份中情绪性的成分造成压力，引发改变。③④

（二）教育变革中的教师情绪与身份的关系

教育变革与创新越来越成为教育领域的主题。同时，越来越多的研究关注教育变革背景下教师的改变，尤其是对教师情绪的影响，2005 年国际教师教育权威期刊《教学与教师教育》（Teaching and Teacher Education）出版了关于教育变革中教师情绪研究的专刊，学者们发现了在变革脉络下教师情绪研究的重要性。其中，值得注意的是，越来越多的研究者关注并探讨教师情绪、教师身份与教育改革背景之间的动态互动关系。⑤⑥教师教学的本质是关怀（caring），是充满情绪情感的，但是教育变革政策往往忽略这一点，因此教师的主体身份与教育改革要求之间在不断协商过程中产生了大量情绪。⑦ 教育变革脉络作用于教师的身份，不仅产生了理性的认知反应，而且还包括大量的情绪性反应。教师并非我们期望得那

①　Michalinos Zembylas, "Discursive Practices, Genealogies, and Emotional Rules: A Poststructuralist View on Emotion and Identity in Teaching", *Teaching and Teacher Education*, Vol. 21, No. 8, 2005, pp. 935 – 948.

②　Hoi Yan Cheung, "Measuring the Professional Identity of Hong Kong In – service Teachers", *Journal of In – service Education*, Vol. 34, No. 3, 2008, pp. 375 – 390.

③　Christopher Day and Gu Qing, "Teacher Emotions: Well – being and Effectiveness", in Paul A Schutz and Michalinos Zembylas, eds. *Advances in Teacher Emotion Research*, New York: Springer, 2009, pp. 15 – 31.

④　Christopher Day and Alison Kington, "Identity, Well – being and Effectiveness: The Emotional Contexts of Teaching", *Pedagogy, Culture & Society*, Vol. 16, No. 1, 2008, pp. 7 – 23.

⑤　Sue Lasky, "A Sociocultural Approach to Understanding Teacher Identity, Agency and Professional Vulnerability in A Context of Secondary School Reform", *Teaching and Teacher Education*, Vol. 21, No. 8, 2005, pp. 899 – 916.

⑥　Hongbiao Yin and John Chi – Kin Lee, "Emotions Matter: Teachers' Feelings about Their Interactions with Teacher Trainers During Curriculum Reform", *Chinese Education and Society*, Vol. 44, No. 4, 2011, p. 44 (4), pp. 82 – 97.

⑦　Kate Eliza O' Connor, " 'You Choose to Care': Teachers, Emotions and Professional Identity", *Teaching and Teacher Education*, Vol. 24, No. 1, 2008, pp. 117 – 126.

样坚强，他们也是变革中情感脆弱的行动者。[1] 学者从社会心理学的视角指出情绪是教师个体评估自我身份与情境要求的产物。若这些评估结果对自己有利，个体会产生积极情绪，反之则产生消极情绪。尹弘飚指出在自我水平上，情绪是教师在课程实施中重塑身份的产物，教师的情绪劳动反映了教师运用情绪的自我表演。[2]

亦有研究者认为教师在教育变革中的情绪经历，往往影响教师原有的身份，包括对现有专业身份的看法，[3] 并促使其发生转变。[4] 在面对改革的模糊性和不确定性时，教师主要是通过接受、拒绝或转换情绪脚本来建构专业身份（Schmidt &Datnow，2005）。[5] 李（Lee）和尹（Yin）在中国大陆课程改革的情境下研究教师情绪与身份的关系，发现教师对课程改革存在多种情绪反应，最主要呈现三种情绪表现及建构出相应的身份，包括"顺从的适应者"（the losing heart accommodators）、"追随的漂流者"（the drifting followers）和"愤世嫉俗的表演家"（the cynical performers）。[6] 而在我国深圳的研究也发现改革中多样的情绪经历（痛苦、无助、焦虑和混合情绪）对教师身份存在影响。[7] 一般来说，积极情绪体验有助于实现教师自我的身份构建，进而促使教育变革的顺利实现；反

---

① Geert Kelchtermans, "Teacher Vulnerability: Understanding Its Moral and Political Roots", *Cambridge Journal of Education*, Vol. 26, No. 3, 1996, pp. 307 – 323.

② 尹弘飚：《课程实施中的教师情绪：中国大陆高中课程改革个案研究》，博士学位论文，香港中文大学，2006 年。

③ Hongbiao Yin and John Chi – Kin Lee, "Emotions Matter: Teachers' Feelings About Their Interactions with Teacher Trainers During Curriculum Reform", *Chinese Education and Society*, Vol. 44, No. 4, 2011, pp. 82 – 97.

④ Klaas van Veen and Sue Lasky, "Emotions as A Lens to Explore Teacher Identity and Change: Different Theoretical Approaches", *Teaching and Teacher Education*, Vol. 21, No. 8, 2005, pp. 895 – 898.

⑤ Michèle J. Schmidt and Amanda Datnow, "Teachers' Sense – making about Comprehensive School Reform: The Influence of Emotions", *Teaching and Teacher Education*, Vol. 21, No. 8, 2005, pp. 949 – 965.

⑥ Hongbiao Yin and John Chi – Kin Lee, "Emotions Matter: Teachers' Feelings about Their Interactions with Teacher Trainers During Curriculum Reform", *Chinese Education and Society*, Vol. 44, No. 4, 2011, pp. 82 – 97.

⑦ John Chi – Kin Lee, Yvonne Xian – Han Huang, Edmond Hau – Fai Law and Mu – Hua Wang, "Professional Identities and Emotions of Teachers in the Context of Curriculum Reform: A Chinese Perspective", *Asia – Pacific Journal of Teacher*, Vol. 41, No. 3, 2013, pp. 271 – 287.

之，消极情绪体验则易造成教师身份认同危机，并引起对变革的抗拒行为。另有研究者试图发现改革脉络下教师情绪与身份更加复杂的关系。研究者指出教育改革中的情绪经验（焦虑、愤怒、内疚和羞耻）不直接影响身份，而通过多方面作用于教师的身份建构。[①] 托马斯（Thomas）在研究中指出，教师对教育变革的情绪反应，与其专业身份关系密切。[②] 当面对充满模糊性和不确定性的教育变革时，教师的情绪反应就会影响到他们承担风险、学习与发展情况进而影响身份的形成。为此，他强调了变革、身份与情绪等之间的动态交互作用。拉斯基（Lasky）（2005）也指出教师早期身份和当前的变革脉络是影响教师在教育变革中专业身份和情绪脆弱性的两个中介系统[③]。克罗斯（Cross）和洪（Hong）运用布朗芬布伦纳（Bronfenbrenner）的生态系统框架探讨个体层次背景下教师情绪与身份的关系。[④]

（三）教师教育中的教师情绪与身份的关系

教师教育包括教师培养和培训，对教师专业发展及专业身份建构有重要影响。学者洪（Hong）认为职前教师的身份包含六个要素：核心价值观、效能、承诺、情绪情感、知识信念和微观政治。情绪情感是职前教师身份的一个重要组成部分，其他要素最终都是通过情绪情感作为中介影响他们对从事教职的坚持。[⑤]

研究者发现职前教师的个人教学经验中有着强烈的积极和消极情绪体

① Klaas van Veen and Sue Lasky, "Emotions as a Lens to Explore Teacher Identity and Change: Different Theoretical Approaches", *Teaching and Teacher Education*, Vol. 21, No. 8, 2005, pp. 895 – 898.

② Thomas G. Reio, "Emotions as a Lens to Explore Teacher Identity and Change: A Commentary", *Teaching and Teacher Education: An International Journal of Research and Studies*, Vol. 21, No. 8, 2005, pp. 985 – 993.

③ Sue Lasky, "A Sociocultural Approach to Understanding Teacher Identity, Agency and Professional Vulnerability in A Context of Secondary School Reform", *Teaching and Teacher Education*, Vol. 21, No. 8, 2005, pp. 899 – 916.

④ Dionne Cross and Ji Hong, "An Ecological Examination of Teachers' Emotions in the School Context", *Teaching and Teacher Education*, Vol. 28, No. 7, 2012, pp. 957 – 967.

⑤ Ji Y. Hong, "Pre – service and Beginning Teachers' Professional Identity and Its Relation to Dropping Out of the Profession", *Teaching and teacher Education*, Vol. 26, No. 8, 2010, pp. 1530 – 1543.

验，尤其是在与学生和指导教师相关的活动中。情绪在教师社会化学习中有重要作用，影响其专业身份的发展。这项研究有两个重要发现：消极情绪对身份建构的影响最为严重、教师教育者往往忽视积极情绪的作用。建议教师教育者帮助师范生理解情绪体验（关注积极情绪），并发展理解他人情绪和表达自己情绪的能力。[1] 在针对教师专业发展培训的研究中，研究者运用情绪地理学揭示了教师在与大学专家等培训者互动过程中表现出的三类情绪地理（emotional geographies），包括专业地理、政治地理和道德地理。[2] 另有一项研究中也发现教师参加专业发展时经历的一系列情绪情感反应，直接影响了他们对新教学方式的使用，并最终影响了教师的个人信念和专业身份。[3]

综上所述，已有研究中教师情绪与身份的关系主要有以下几类：1. 情绪是教师身份的重要组成部分。2. 情绪是教育改革因素作用于教师身份的产物。3. 情绪是直接或者间接（通过中介因素）影响教师身份建构的关键因素，促使教师身份转变。4. 教师情绪与教师身份不可分割，彼此紧密联系、相互交织、互相影响。

四 小结

上文对教师情绪与身份关系议题的探讨，若具体到幼儿园教师上来看，则会发现国内外关注于幼儿园教师身份和情绪劳动的研究仍付之阙如，[4] 更何况对情绪与教师身份关系的探讨。尤其在我国情境下，关于幼儿园教师情绪劳动的研究成果极少，可谓是新兴的研究主题。我国台湾的李新民和陈密桃、张纯子和洪志成等开启了对学前教育人员的情绪劳动的研究，大陆的肖丽君及孙阳等人也做了初步的探索。他们发现幼

① Inge Timoštšuk and Aino Ugaste, "The Role of Emotions in Student Teachers' Professional Identity", *European Journal of Teacher Education*, Vol. 35, No. 4, 2012, pp. 421－433.

② Hongbiao Yin and John Chi－Kin Lee, "Emotions Matter: Teachers' Feelings About Their Interactions with Teacher Trainers During Curriculum Reform", *Chinese Education and Society*, Vol. 44, No. 4, 2011, pp. 82－97.

③ Rebecca Saunders, "The Role of Teacher Emotions in Change: Experiences, Patterns and Implications for Professional Development", *Journal of Educational Change*, Vol. 14, No. 3, 2013, pp. 303－333.

④ 张纯子、洪志成：《幼儿教师之情绪劳务——劳心劳力的脉络情境分析》，《教育研究学报》2008 年第 2 期，第 1—16 页。

儿园教师有高强度的情绪劳动，情绪耗竭严重。① 然而，除了张纯子以外，这些研究几乎都采用量化研究的取向探究，设计"幼儿园教师情绪劳动量表"等开展测量，统计分析情绪劳动的程度以及与前因变量或结果变量的关系。量化研究的"去情境化"（de‐contextualization）特点，使得已有的相关研究无法探知社会文化背景下或真实教学情境之中幼儿园教师情绪劳动的真实本质，更不能揭示出情绪与教师身份构建的复杂关系。

第三节　幼儿园教师身份研究

通过对教师身份研究文献的回顾，发现对幼儿园教师②身份关注较少。鉴于此，有必要进一步有针对性地查找和梳理幼儿园教师身份研究文献。本部分主要围绕理论视角、研究方法和研究主题与发现等，梳理西方、我国台湾以及大陆幼儿园教师身份研究文献。在此基础上，进一步探讨我国大陆教育改革情境下幼儿园教师身份研究的可能空间。

一　西方及我国台湾幼儿园教师身份研究

（一）理论视角、方法与对象

目前，梳理和分析西方和我国台湾的研究文献③，发现研究者在幼儿园教师身份研究中运用的理论视角有以下几个：（1）角色认同理论，如黄意舒、张联兴、蔡嫦娟等的研究；（2）戈夫曼（Goffman）的剧场理

---

① 李新民、陈密桃：《实用智慧，缘分信念与心理健康，工作表现之相关：以幼儿教师为例》，《中华心理学刊》2006 年第 2 期，第 183—202 页。

② 由于各国学前教育体制差异较大，对幼教人员称呼各异，有 preschool teacher、kindergarden teacher，也有统称为 early childhood educator（如澳大利亚），本书均译为"幼儿园教师"；中文语境中"identity"有三种译法："同一性""认同""身份"，本书运用"身份"（详见第一章导论，脚注①）。但在查阅文献过程中，为了尽可能覆盖已有研究，会视情况而选择文献搜索的关键词。

③ 以"preschool/kindergarten/early childhood teacher（educator）"与"identity/role identity/professional identity"为不同组合关键词在 ProQuest/ERIC/ Taylor & Francis Journals 等数据库中查找英文期刊共 23 篇，并以"幼儿园教师/托幼工作者""认同/角色/角色认同/专业认同"为关键词在 TEPS（台湾电子期刊服务）/HyRead（台湾全文数据库）以及台湾期刊论文索引系统中查找台湾地区文章共 13 篇。

论，如亚当斯（Adams）的研究；（3）温格（Wenger）的实践共同体理论，如伊根（Egan）；（4）批判教育学，如戴文青；（5）女性主义批判视角，如胡美智、萨姆欣（Sumsion）；（6）后结构主义，如托马斯（Thomas）和沃伦（Warren）。也有学者以特克（Tucker）于2004年提出的专业身份建构影响因素模式作为分析框架展开研究。[1][2] 其余有一半以上的研究中并未对教师身份内涵或研究理论视角做出探讨。

从研究方法来看，量化研究方法运用较少，也未见混合研究法的使用。有5篇量化研究文献，采用问卷调查方法收集较大样本的数据，重在分析并确定教师的身份状态和结构，并进一步通过量化统计来确定教师身份与其他变量之间的关系（如黄意舒、蔡嫦娟、张联兴）。大部分研究者运用质性研究方法探讨幼儿园教师身份的"建构"过程，聚焦于影响身份建构的各种因素分析。具体方法如：（1）个案研究/多个案研究，如，卡布拉尔（Cabral）、沃伦（Warren）；（2）叙事/叙说研究，如邱忆惠、邱忆惠和高忠增、张纯子、考特（Court）；（3）生命史/传记史研究，如倪鸣香、张纯子、胡美智；（4）行动研究，如古德夫（Goodnough）；（5）话语分析（discourse analysis），如戴文青、伍德罗（Woodrow）、麦吉利夫雷（McGillivray）。另有一部分仅陈述质性研究取向，如吕翠夏、颜辰嘉、萨姆森（Sumsion）、达利（Dalli）和莫里（Murray）。质性研究法中收集数据运用最多的方式是访谈法，包括半结构性访谈，如吕翠夏、颜辰嘉、莫罗尼（Moloney），以及深度访谈，如萨姆森（Sumsion），焦点团体访谈，如张纯子。大部分访谈的重点围绕幼教工作者日常教学生活、师幼互动、教师与家长互动等，并加以记录与深描分析。此外，使用较多的数据收集方法还有观察法，包括教室中的非参与式观察，如张纯子、达利（Dalli）和参与式观察法如马尔姆（Malm）。大部分研究以访谈法和观察法为主，一部分研究搜集其他相关文本资料，包括教师参与的会议记录、教师的教学日志、日记文本，如达利（Dalli）；反思日志，如马尔姆

---

① Gill McGillivray, "Nannies, Nursery Nurses and Early Years Professionals: Constructions of Professional Identity in the Early Years Workforce in England", *European Early Childhood Education Research Journal*, Vol. 16, No. 2, 2008, pp. 242 – 254.

② Mary Moloney, "Professional Identity in Early Childhood Care and Education: Perspectives of Pre – school and Infant Teachers", *Irish Educational Studies*, Vol. 29, No. 2, 2010, pp. 167 – 187.

（Malm）、吕翠夏、颜辰嘉；教师教学档案等其他文件，如张纯子，以期通过多途径收集的资料互相验证。

在研究对象上，研究者主要关注幼教工作者所处的不同阶段，包括实习教师和在职教师，或者是从职前、实习一直跨越到在职阶段的教师。另外，近年来也有少数男性进入幼教师资培养领域并担任教职，不少研究者关注男性进入幼教领域的问题，研究男性职前幼儿教师、在职教师以及工作经验在 10 年以上的男性资深幼儿园教师，以此来认识男幼儿园教师如何在社会互动中觉知自己的角色定位、性别身份，在女性为主的工作中赢得专业肯定并获得意义。

（二）研究的关键主题

通过梳理文献发现，已有的幼儿园教师身份研究主要涉及四类主题：从教师角色出发分析角色身份与影响变量、持身份建构观探讨形塑身份的因素、关注促使幼儿园教师身份"转变"的方式以及从性别角度看幼儿园教师身份的形成。

1. 幼儿园教师角色身份与影响变量

有研究从角色认同理论的角度关注幼儿园教师身份，认为幼儿园教师的角色是被动地接受社会给定的规范，而教师身份则是对外在角色要求的内化。[1][2] 有研究者通过比较保育员和幼儿园教师两种幼教工作者的职业角色感受和期望，发现幼教工作者职业感受与角色期待（包括理想中的工作角色、内容和各项工作的比重分配）并无显著性差异，其职业认同度高。幼教教师工作承载的职业角色是复杂的，当角色太多时，角色主要目的无法凸显，使得角色性质暧昧不清，引起幼教教师无所适从，工作认同度低。研究结果显示，教师角色认同与工作胜任之间有密切关系，认同度低会影响工作胜任力进而影响工作效能感。而张联兴的研究也得出一致结论，职业认同度低对教师教学和工作产生不利影响。[3] 学者进一步探讨

---

① 黄意舒：《幼儿园教师教学角色认同及践行研究》，"国立"政治大学博士学位论文，1994 年。

② 郑进丁：《幼托园所教保人员人格特质，专业认同与职业倦怠关系之研究——以高雄市为例》，《正修通识教育学报》2013 年第 10 期，第 245—283 页。

③ 张联兴：《台湾私立资深幼教师之角色认同观念》，《幼儿保育学刊》2004 年第 2 期，第 117—137 页。

了影响幼儿园教师职业认同的变量，包括年龄、婚育情况、任教年资，指出 31 岁以上、已婚、服务 11 年以上的幼教教师其整体专业认同较佳；另外，教师教育、任教年资、生涯发展阶段、进修机会、任教园别、师生比率等变量也影响着幼教教师的专业认同。① 以上这类研究主要采用量化研究方法，通过分析大规模群体性的资料得出结论，这样容易忽略教师个体性及其在社会情境脉络中获得身份的能动性。

2. 形塑幼儿园教师身份的因素

质性研究者发现影响幼儿园教师身份及其构建的因素是多种多样而且非常复杂的，主要有宏观的历史文化、教育政策制度、组织机构层面的因素和教师个人的生活史经验。

第一，研究探讨历史、社会文化中对学前教育和幼教教师的传统固有观念影响教师的身份建构。莫里（Murray）指出幼教工作一直无法有较明确的专业地位，一直无法突破社会地位低、低薪、专业性低的窘境，并且发现社会文化认同幼教工作的保姆角色形象。② 虽然幼教教师特别不愿别人用保姆 "babysitter" 的角色看待自己，但家长们却大多秉持这样的观念。其他国家的研究者发现本国中 "幼儿园教师是母亲"③ 或者心理学上关于 "妈妈才是孩子第一位老师，幼儿园教师是第二的"④ 等文化论述都潜移默化影响着幼儿教师的身份。戴文青将台湾幼儿教师专业实践与认同置于历史文化与社会脉络中，批判了幼教领域出现的种种异化现象（如幼教市场带来的商品逻辑、教师课程主导权缺失），理论上探讨了幼教教师专业认同转化的可能性。⑤

---

① 黄意舒：《幼儿园教师教学角色认同及践行研究》，"国立"政治大学博士学位论文，1994 年。

② Susan B. Murray, "Getting Paid in Smiles: The Gendering of Child Care Work", *Symbolic Interaction*, Vol. 23, No. 2, 2000, pp. 135 – 160.

③ 胡美智：《从女性主义观点探究幼教工作者之生命经验》，《慈济大学教育研究学刊》2011 年第 7 期，第 287—316 页。

④ Carmen Dalli, "Being an early childhood teacher: Images of professional practice and professional identity during the experience of starting childcare", *New Zealand Journal of Educational Studies*, Vol. 37, No. 1, 2002, pp. 73 – 86.

⑤ 戴文青：《从深层结构论台湾幼儿园教师专业认同转化的可能性》，《"国立"台南大学学报》2005 年第 2 期，第 19—42 页。

　　第二，国家政策制度也是幼儿园教师身份建构的重要脉络。澳大利亚学者伍德罗（Woodrow）论述了近十年来澳大利亚国家强化的教育监管政策，幼儿园教师工作受到日益严格的监督和监控，其专业的身份日益边缘化。[1] 他认为国家儿童保育的企业化政策论述与新兴的学前教育专业论述之间的矛盾潜在影响了当地保教工作者的专业身份概念。[2] 另有，英国和爱尔兰研究者同样论述了本国学前教育相关政策对幼儿园教师身份产生的影响。[3][4] 值得注意的是，不管是对历史社会文化因素的探讨还是对国家政策制度的分析，研究者大多都采用理论分析和论述分析的方式，止于论述而未见相关实证资料。

　　第三，组织机构层面的因素。研究者指出幼儿园内的"性别阶层化""教师专业主义的盛行"的组织文化[5]以及机构中人际交往的脉络及与家长的互动关系皆影响着幼儿园教师角色认同的形成。[6][7]

　　第四，幼儿园教师个人生活史经验。倪鸣香通过对四位幼儿园教师的生命史研究发现童年经验影响着"如何成为幼儿教师"。[8] 教师作为学生时的经验、职前专业学习的经验、实习教师经验、新教师经验以及在教职

①　Christine Woodrow，"W（H）ether the Early Childhood Teacher：Tensions for Early Childhood Professional Identity Between the Policy Landscape and the Politics of Teacher Regulation"，*Contemporary Issues in Early Childhood*，Vol. 8，No. 3，2007，pp. 233 – 243.

②　Christine Woodrow，"Discourses of Professional Identity in Early Childhood：Movements in Australia"，*European Early Childhood Education Research Journal*，Vol. 16，No. 2，2008，pp. 269 – 280.

③　Gill McGillivray，"Nannies，Nursery Nurses and Early Years Professionals：Constructions of Professional Identity in the Early Years Workforce in England"，*European Early Childhood Education Research Journal*，Vol. 16，No. 2，2008，pp. 242 – 254.

④　Mary Moloney，"Professional Identity in Early Childhood Care and Education：Perspectives of Pre – school and Infant Teachers"，*Irish Educational Studies*，Vol. 29，No. 2，2010，pp. 167 – 187.

⑤　胡美智：《从女性主义观点探究幼教工作者之生命经验》，《慈济大学教育研究学刊》2011 年第 7 期，第 287—316 页。

⑥　Deborah Court，Liat Merav and Etty Ornan，"Preschool Teachers' Narratives：A Window on Personal – professional History，Values and Beliefs"，*International Journal of Early Years Education*，Vol. 17，No. 3，2010，pp. 207 – 217.

⑦　Louise Thomas，"New Possibilities in Thinking，Speaking and Doing：Early Childhood Teachers' Professional Identity Constructions and Ethics"，*Australasian Journal of Early Childhood*，Vol. 37，No. 3，2012，pp. 87 – 95.

⑧　倪鸣香：《童年的蜕变：以生命史观看幼师角色的形成》，《教育研究集刊》2004 年第 4 期，第 17—44 页。

中累积的教学经验，都是身份构建的重要来源。另外，影响教师身份的生活史因素还包括重要他人和关键事件的影响，重要他人如父亲母亲、学生时代的教师、入职后指导教师/师傅、幼儿园园长，其中职前或者入职后出现的楷模教师（榜样）更能确定教师专业认同的发展方向。[1][2] 马尔姆（Malm）在对蒙台梭利教师的研究中指出，教师的身份受到关键事件和情境（如新课程的出现、赏识一种对待儿童的方式、被新的工作方式所吸引）的影响。[3] 有时候甚至是一系列更加具有个体本质的关键事件导致重大改变。[4]

3. 促使幼儿园教师身份转化的方式

部分研究关注促使幼儿园教师身份转变的方式与途径。例如，参与幼儿教师教师教育项目、教师研究项目等。尼莫（Nimmo）和帕克（Park）探讨了参与研究师徒团队（Research Mentorship Team，RMT）对于幼儿园教师专业认同发展的影响。研究者通过对七名幼儿园教师为期两年的研究，以焦点团体访谈、会议记录等资料发现幼儿园教师专业认同会发生重大改变，甚至直接影响到所在的学前教育中心文化的改变。另有研究者也通过协同式行动研究时间在两年以上，结果表明参与行动研究的幼儿园教师身份及其课堂实践都发生了变化。[5] 英国研究参与"以儿童为中心的对话"项目的教师得出一致结论。[6] 另外，研究表明不同课程模式（Waldorf

---

① 邱忆惠、高忠增：《成为一位幼教教师：教师认同之叙说探究》，《台南科技大学学报》2009 年第 28 期，第 155—176 页。

② 张纯子：《二位公私立幼儿园教师专业发展之传记史探究》，《幼儿保育学刊》2010 年第 8 期，第 1—16 页。

③ Birgitte Malm, "Constructing Professional Identities：Montessori Teachers' Voices and Visions", *Scandinavian Journal of Educational Research*, Vol. 48, No. 4, 2004, pp. 397 –412.

④ Deborah Court, Liat Merav and Etty Ornan, "Preschool Teachers' Narratives：A Window on Personal – professional History, Values and Beliefs", *International Journal of Early Years Education*, Vol. 17, No. 3, 2010, pp. 207 –217.

⑤ Karen Goodnough, "Examining the Long – term Impact of Collaborative Action Research on Teacher Identity and Practice：the Perceptions of K – 12 teachers", *Educational Action Research*, Vol. 19, No. 1, 2011, pp. 73 –86.

⑥ Bridget A. Egan, "Learning Conversations and Listening Pedagogy：the Relationship in Student Teachers' Developing Professional Identities", *European Early Childhood Education Research Journal*, Vol. 17, No. 1, 2009, pp. 43 –56.

Pedagogy）背景会对幼儿教师的身份构建与稳定性产生影响。马尔姆（Malm）对访谈、教师书面反思记录的分析发现瑞典幼儿园蒙氏教师身份中蕴含着[1]蒙特梭利教育思想，同时教师的教育实践反思学习对其身份转变也有重要影响。

4. 幼儿园教师身份研究中的性别意识

世界许多国家女性幼儿教师比例都在98%以上，学前教育被视为女性的工作（林佩蓉，1999）。早在1975年，贾博尔（Jambor）对幼儿中心与育婴中心教师角色行为研究中就明确认为"母亲"为幼儿园教师的重要角色，"保育"形象重于"教育"形象。而幼儿园教师也认为自己同时是孩子的"母亲""奶奶""保姆"等。这一系列女性化角色符号更加强化了学前教育工作的女性气质。当然，也有少数男性进入幼教师资培养课程或担任教职。研究者认为进入幼教领域的男性在寻找教师认同的同时需要不断与自己的性别认同周旋与协商。[2] 萨姆森（Sumsion）通过研究职前男幼儿教师发现，他们对于幼儿园注重细节、崇尚安静的"女性化"专业文化比较难以忍受，但有的学生通过职前专业学习和训练来挑战性别刻板印象；有的也很担心投诉问题甚至恐惧进入幼儿园。吕翠夏与颜辰嘉发现男幼儿园教师刚进入职场专业认同的重要性退居到性别之后，面对的是社会性别刻板印象所带来的困扰，不仅接受专业训练还需要付出更多的心力赢得家长信任而获得认同，但"如果我是女性就不必这样拼命努力克服偏见"。[3] 虽然男教师面对性别区隔的挑战，但也可能因不同的社会期待、性别认同而形塑出不同的专业认同。萨姆森（Sumsion）研究一位澳洲男性幼儿园教师后发现，他在社会约束男性特质与幼教工作需要的照顾女性教师特质之间选择中性形象。他将自己在教室的角色定位为幼儿父亲或亲人，形成与女教师不同的特质、相处模式、教学方式等，他保有男性特质的同时构建了幼教教师身份。诺德伯格（Nordberg）研究两组男幼

① Birgitte Malm, "Constructing Professional Identities: Montessori Teachers' Voices and Visions", *Scandinavian Journal of Educational Research*, Vol. 48, No. 4, 2004, pp. 397–412.

② 张纯子：《教师专业认同之叙说探究：一位男性幼儿教师"找寻"与"转化"的故事》，《国民教育研究学报》2009年第23期，第81—111页。

③ 吕翠夏、颜辰嘉：《查甫教幼儿园？男性幼教教师的性别角色建构与定位》，《儿童与教育研究》2005年第1期，第1—21页。

儿园教师后发现，不同人采用不同的应对策略处理性别身份，有的选择消灭自己的男性性别身份，依循传统课程，认同传统的女性角色；有的则让自己的性别身份凸显，将自己定位于"能给孩子带来男性特色教学活动"的教师。① 也有研究者通过传记史发现了重要他人与当学生时的经验及与幼儿和家长的互动脉络对男幼儿园教师身份认同的影响。② 有研究者则站在女性主义视角，对男幼师在 10 年工作经验中遭遇的关键事件分析，揭示风险与回报、权力与无权力、个人与政治之间的张力，突出了男性霸权的普遍性存在及其对性别平等改革的限制。③

二　我国大陆幼儿园教师身份研究

回顾我国大陆幼儿园教师身份认同实证研究文献④，从文献数量及文献外部特征可见大陆幼儿园教师认同研究尚属于起步阶段。本部分从已有研究方法与对象、主要发现两大方面归纳分析。

（一）研究方法与对象

幼儿园教师认同以量化研究为主。量化研究资料收集方法主要有单一的问卷调查法（如，王静，2007；王彩凤，2009；李莉娜，2011；刘晓红、高建凤，2011；梁玉华、苏静，2011；高晓敏，2011；翟艳，2013）；另一种采用问卷调查法并结合访谈法作为问卷编制基础或者辅助调查以补充信息（如，秦奕，2008；秦奕、刘剑眉，2011；范勇、蒲永明，2012）。量化研究方法中使用的研究工具包括：（1）通过大样本数据并采用探索性因素分析和验证性因素分析，建构幼儿园教师专业认同的结构理论模

① Marie Nordberg, "Constructing Masculinity in Women's Worlds: Men Working as Pre - school Teachers and Hairdressers", *Nordic Journal of Women' s Studies*, Vol. 10, No. 1, 2002, pp. 26 - 37.

② 张纯子：《教师专业认同之叙说探究：一位男性幼儿教师"找寻"与"转化"的故事》，《国民教育研究学报》2009 年第 23 期，第 81—111 页。

③ Jennifer Sumsion, "Critical Reflections on the Experiences of A Male Early Childhood Worker", *Gender and Language*, Vol. 11, No. 4, 1999, pp. 455 - 468.

④ 研究者以"幼儿园教师"的"职业认同"及其相关概念"自我认同""角色认同""身份认同""专业认同"等为关键词，在中国期刊全文数据库和中国硕博论文数据库中共查找到 30 篇文献，剔除经验描述或理论分析为内容的期刊 13 篇，保留 17 篇实证研究（其中学位论文 9 篇，期刊论文 8 篇）进行综述和评价。从文献外部特征来看，发表时间最早的实证研究年份为 2005 年，最集中的发表年份为 2010—2013 年；发表期刊级别以一般期刊为主，CSSCI 少见。

型，并制定测量量表（秦奕、刘剑眉，2011）；（2）根据中小学教师专业认同量表修订（如，高晓敏、刘岗，2011）；（3）采用自编问卷（如，范勇、蒲永明，2012），也包括联想词调查法（如刘晓红、高建凤，2011）。量化研究方法中研究对象以幼儿园在职教师为主；在性别方面，仅有1篇专门研究男幼儿园教师（如，范勇、蒲永明，2012）；从地区上，研究对象来自北京（如，朱劲荣，2011）、天津（如，翟艳，2013）、广东（如，李莉娜，2011）、江苏（如，秦奕，2008；秦奕、刘剑眉，2011）、兰州（如，王静，2007）等地。部分研究交代了研究对象的抽样情况，以地区、幼儿园级类和幼儿园性质为分层标准（如，高晓敏，2011）。在3篇质性研究中，采用叙事研究方法，通过深度访谈、实地观察、实物收集等方法收集资料（如，王艳，2005；杨晓萍、翟艳，2005；史晓波，2008）。

（二）研究主要发现

1. 幼儿园教师职业认同内涵与结构

目前，我国大陆对于幼儿园教师职业认同也没有统一的定义。但有趣的是，魏淑华（2005）通过理论分析对中学教师职业认同内涵的解读，得到大部分幼儿教师研究者的认可。教师职业认同指教师对所从事的职业在内心认为它有价值、有意义，并能够从中找到乐趣。职业认同既指一种过程，也指一种状态。[①] 过程强调的是教师从自己的经历中逐渐发展、确认自己的教师角色的过程。状态则反映了教师对自己所从事的职业的认同程度。[②] 另有研究者基于幼儿园教师的相关实践和研究经验，提出幼儿园教师职业认同指教师基于自身经验对其自身专业发展过程中所面对的各种矛盾与冲突加以自主性的理解与解决，从而形成有目的、主动的自我理解与自我接纳的生活态度的过程。操作性定义为：幼儿园教师在学前教育价值、师幼关系、专业教育成就、同事群体归属方面体现的自我认识和情感体验。[③] 翟艳和史晓波认为幼儿教师专业认同就是幼儿教师对自己身为教师所具有意义的整体看法，是幼儿教师感知工作情境，赋予意义并采取行

---

① 魏淑华：《教师职业认同与教师专业发展》，曲阜师范大学硕士学位论文，2005年。

② 高晓敏、刘岗：《山西运城地区幼儿教师职业认同现状及影响因素》，《学前教育研究》2011年第12期，第28—33页。

③ 秦奕：《幼儿园教师职业认同结构要素与关键主题研究》，南京师范大学博士学位论文，2008年。

动的核心，是多元的、复杂的、动态发展的。①②

由于大部分研究均是持职业认同的本质主义观，即其包含可以观测的特质成分，并运用量化测量思路操作的，因此，研究者将幼儿园教师职业认同分为不同的构成要素：三因素结构包括自我角色认同、自我形象认同和职业道德认同；③ 四因素结构包括职业认知、职业需要、职业情感、职业意志；六因素结构包括目标确信、情感归属、投入意愿、胜任效能、持续承诺和人际支持。④ 以及基于魏淑华理论分析提出的六个维度建构的包括职业价值、职业期望、职业认识、职业意志、职业技能、职业情感六维度，⑤ 再加上自我形象或工作动机而建构的七维度结构。⑥

2. 幼儿园教师职业认同的水平与影响因素

不同研究结果发现幼儿园教师职业认同的水平不同，但总体水平比较高。⑦ 这可能与部分研究的抽样仅以城市地区或公办幼儿园为对象有关。预测变量方面，研究结果表明幼儿教师社会支持可以预测职业认同，而且主观支持对幼儿教师职业认同及各个因素影响最大；同时，幼儿教师职业认同可以预测离职倾向。也有研究结果显示，幼儿园教师人格特质可分为"外倾（E）、感觉（S）、情感（F）、判断（J）"型，能显著影响职业认同中的情感维度。⑧ 另外，大多数研究把一些变量作为影响因素纳入职业认同分析，包括教师自身的人口学变量，如年龄、教龄、学历、职称、工

---

① 翟艳：《幼儿教师专业认同对教师专业发展影响的个案研究》，硕士学位论文，西南师范大学，2005年。

② 史晓波：《男幼儿教师专业认同的个案叙事研究》，西南大学硕士学位论文，2008年。

③ 刘晓红、高建凤：《幼儿教师身份认同调查研究》，《教育导刊：下半月》2011年第6期，第5—9页。

④ 秦奕、刘剑眉：《幼儿园教师专业认同的基本结构与理论模型》，《学前教育研究》2011年第2期，第19—24页。

⑤ 高晓敏：《幼儿教师职业认同、社会支持与离职倾向的关系》，《教育导刊》2011年第10期，第8—12页。

⑥ 翟艳：《天津市幼儿教师专业认同现状的调查与分析》，《教育探索》2013年第2期，第142—144页。

⑦ 秦奕、刘剑眉：《幼儿园教师专业认同的基本结构与理论模型》，《学前教育研究》2011年第2期，第19—24页。

⑧ 王彩凤：《幼儿教师人格类型与其职业认同的关系研究》，首都师范大学硕士学位论文，2009年。

资水平、职务、择业动机等和所在园所的变量，包括园所的性质和等级等。虽然不同研究结果亦有差异，但归纳之后呈现如下特征。

1）年龄、教龄。所有研究结果共同表明不同年龄阶段、拥有不同教龄的幼儿园教师的职业认同程度也不同。而且大部分的研究认为处于中间年龄段和中间教龄段的教师职业认同感较高，而两端较低。[①] 2）学历。不同学历的幼儿园教师职业认同水平不同，但对于高学历是否高认同却无法得到一致结果，学历变量与园所性质可能存在交互作用。3）职称。幼儿教师职称越高其职业认同的程度也相应走高。[②] 4）工资水平。部分研究表明工资水平越高教师职业认同越高，[③] 也有研究表明不是工资水平越高，而是对工资水平的满意度越高，幼儿教师职业认同程度越高。[④] 5）择业动机。择业动机不同，幼儿教师职业认同程度也存在差别。那些将幼儿教师职业当作自己自我实现途径的教师更容易获得职业认同。[⑤] 相反，部分幼儿教师将从事教师行业作为生存目的或服从家人的安排，其则职业认同水平就相对比较低。研究者对成都市 80 名男幼儿教师调查表明总体来看他们的职业认同水平低，究其原因"有 45.1% 的男教师是由于受所学专业限制、没有更好的工作、该专业好就业等原因而被动选择幼儿教师职业"。[⑥] 6）园所的变量上，几乎所有研究者都认可园所性质是公办或民办极大影响幼儿园教师职业认同，[⑦] 因为园所性质涉及与教师职业待遇和地位密切相关的编制、社会保障、职称评定等因素。另外，也有部分研究者探讨幼儿园教师的婚姻状况、是否在幼儿园担任行政职务、所带班级、

---

① 王静：《兰州市幼儿教师职业认同与专业发展研究》，西北师范大学硕士学位论文，2007 年。

② 高晓敏、刘岗：《山西运城地区幼儿教师职业认同现状及影响因素》，《学前教育研究》2011 年第 12 期，第 28—33 页。

③ 朱劲荣：《北京市民办幼儿园教师职业认同的社会学研究》，首都师范大学硕士学位论文，2011 年。

④ 李莉娜：《幼儿教师职业认同研究》，广州大学硕士学位论文，2011 年。

⑤ 秦奕：《幼儿园教师职业认同结构要素与关键主题研究》，南京师范大学博士学位论文，2008 年。

⑥ 范勇、蒲永明：《成都市幼儿园男教师生存状态调查研究》，《教育与教学研究》2012 年第 4 期，第 12—15 页。

⑦ 王静：《兰州市幼儿教师职业认同与专业发展研究》，西北师范大学硕士学位论文，2007 年。

班额大小、所学专业、户口、是否具有公办园的工作经验等因素也在一定程度上影响着幼儿园教师的职业认同。

此外，从质性研究来看，研究者认为教师专业认同的形成和转换是反思性学习的历程。[①] 教师专业认同的重要来源是职后教学经验的积累。[②] 史晓波在呈现三位男幼儿园教师的"转化学习""连接自我"和"反思学习"的过程中，发现对教师职业认同有关键作用的是与幼儿的关系以及幼儿的正向情感反馈；而在教师职业认同构建的过程还受重要他人和重要事件的影响，如父母、师傅、园长或择业等；与家长的关系也是形成角色认同的重要资源。幼儿园教师专业认同会受到生命发展阶段的影响。[③]

总体来看，幼儿园教师身份认同研究处于起步阶段，存在不足之处。第一，对理论的运用较为薄弱。大部分的研究中缺乏对身份认同相关理论视角的探讨，同时在借鉴理论模型时也未对其进行分析。大部分研究借鉴魏淑华的六因素模型，而魏淑华2008年在其博士论文中指出自己曾经提出的"职业认识、职业情感、职业技能、职业价值观、职业意志、职业期望六因素模型"存在问题，称只是"运用理论分析的方法构想出，并没有运用实证的方法对其检验和修正"，并且将"职业技能"等作为认同的内部因素的做法也欠妥。第二，量化研究方法方面，一部分研究工具采用自编问卷或量表或直接借鉴中小学教师问卷，其科学性有待提高。[④] 秦奕提出幼儿园教师职业认同的基本结构和理论模型，并编制相关量表，样本量虽然已经达到600，但样本来源为"江苏省的两个市的12所公办幼儿园"[⑤] 的女性幼儿园教师，其样本的代表性存在较严重问题，这可能导致其认同基本结构的结论存在偏颇。而魏淑华编制中小学教师职业认同量表的程序值得参考。第三，在研究结果方面，采用平均数检验或方差分析等方式，分析单一变量在职业认同上的差异，较少关注教师个体与园所的

---

①　史晓波：《男幼儿教师专业认同的个案叙事研究》，硕士学位论文，西南大学，2008年。
②　同上。
③　王声平、杨晓萍：《幼儿教师专业身份认同的困惑及其重塑》，《教育与教学研究》2011年第1期，第1—4页。
④　魏淑华：《教师职业认同研究》，西南大学博士学位论文，2008年。
⑤　秦奕：《幼儿园教师职业认同结构要素与关键主题研究》，博士学位论文，南京师范大学，2008年。

变量之间的交互作用，以得出更深入的结果；对职业认同的前因变量和结果变量的研究也较少。

三　小结

相对中小学教师而言，幼儿园教师身份研究还显得零散，对相关理论和研究方法的运用都尚有局限性。基于已掌握的文献，本书认为未来可探讨的空间有以下几点：

（1）幼儿园教师专业性与教师专业身份。学前教育保育越来越受到各国关注和重视。幼儿园教师是影响幼儿保育质量决定性因素，其专业化程度及其专业性如何体现近来也引起众多学者的探讨。①② 学前教育的特殊性、幼儿园教师专业性的伦理维度③以及奥斯古德（Osgood）对幼儿园教师是批判反思的情绪专业人员（critically reflective emotional professional）的认识都有一定的启发意义。加上各国国家体制、专业文化的历史传统、学前教育发展及幼儿教师专业化程度各异，因此，有必要从理论、历史和实践情境对幼儿园教师专业性和专业化进行深入探讨，作为研究其身份和专业身份的基础。

（2）幼儿园教师身份建构的外部因素研究。回顾现有的文献，发现探讨影响幼儿园教师身份建构的社会历史文化、教育政策、课程改革等宏观因素，大部分止于理论论述分析，较少以实证研究资料探讨幼儿园教师如何在历史文化脉络、政策制度宏观脉络中抵制、顺应、突破，从而构建出不同的教师身份。由此，亟须对幼儿园教师身份建构外部宏观因素的解释性研究。另外，在幼儿园教师生活史研究中对重要他人（指导教师、园长等）和关键事件（如择业、就业等）的影响关注较多，对与幼儿、家长的互动关系关注不足。

---

① Donald Simpson, "Becoming Professional? Exploring Early Years Professional Status and Its Implications for Workforce Reform in England", *Journal of Early Childhood Research*, Vol. 8, No. 3, 2010, pp. 269 – 281.

② Margaret Simms, "Professionalism in the Early Years", *Early Years: An International Research Journal*, Vol. 30, No. 2, 2010, pp. 196 – 198.

③ Louise Thomas, "New Possibilities in Thinking, Speaking and Doing: Early Childhood Teachers' Professional Identity Constructions and Ethics", *Australasian Journal of Early Childhood*, Vol. 37, No. 3, 2012, pp. 87 – 95.

（3）幼儿园教师的情绪情感因素。已有许多研究以中小学教师为对象，关注和分析情绪及其与教师身份建构的关系。[①] 幼儿园教师在每天与幼儿、家长、同事及园长的互动中经历和投入大量的正面和负面情绪，是高情绪劳动者。同时，莫里（Murray）指出作为社会和经济地位较低的幼教教职，之所以能留住教师，也源于情感的回馈（emotional wage）。[②] 可见，情绪情感在幼儿园教师日常工作中占据重要位置，具有极为特殊的作用，然而现有研究中未见对于情绪情感在幼儿园教师身份构建中的作用及其机制的探讨。

（4）幼儿园教师身份研究中的性别议题。性别意识在幼儿园教师身份研究中已有所体现，但是目前从这一角度开展的大多是针对男性幼儿园教师的研究。研究者大多是因进入这些少数群体的男性是传统性别偏见的挑战者而关注他们。预设的文化脚本是否影响男教师认同，男幼师又是如何扮演角色，如何看待幼教，如何形塑专业认同等都是他们关注的焦点。然而，女性主义学者却对幼教性别化产生怀疑，虽然母性关怀应该是学前教育中的必要要素之一，但不能简化为母亲对孩子的养育，从而落入教师性别控制的意识形态。虽然也有学者从女性主义视角探讨幼教工作者的生命史经验，[③] 但其重点放在生涯发展上而非专业身份。因此，很有必要从女性主义视角来思考女性幼儿园教师找寻教职的意义的历程，从女性经验中透视社会制度与主体的关系，以揭示背后的男性权力关系和父权制度的运作。

综上所述，现有的幼儿园教师身份研究从理论和实践两个层面丰富了学前教育和教师身份的相关研究。但文献分析发现幼儿园教师身份研究仍处于起步阶段，在研究内容、研究方法、理论视角等方面都存在很多不足。尤其是我国情境下的幼儿园教师身份研究中的诸多议题还有待于进一步探索。

---

① 　Michalinos Zembylas, "Discursive Practices, Genealogies, and Emotional Rules: A Poststructuralist View on Emotion and Identity in Teaching", *Teaching and Teacher Education*, Vol. 21, No. 8, 2005, pp. 935 – 948.

② 　Susan B. Murray, "Getting Paid in Smiles: The Gendering of Child Care Work", *Symbolic Interaction*, Vol. 23, No. 2, 2000, pp. 135 – 160.

③ 　胡美智：《从女性主义观点探究幼教工作者之生命经验》，《慈济大学教育研究学刊》2011年第7期，第287—316页。

第三章　教师身份的实证研究设计

本章将结合对已有研究文献的回顾，进一步细化研究问题，并论述互动论及其运用于本研究的适切性，并提出理论框架和分析框架。同时，阐述所运用的研究范式、具体研究方法与实地研究的实施；最后，探讨研究的可靠性并反思研究过程中涉及的伦理问题。

第一节　研究问题的阐述

本研究将对幼儿园教师身份建构及其影响因素的探讨置于我国学前教育改革的背景之下，对我国学前教育改革过程中政策及执行的实践分析和对已有教师身份研究文献进行回溯、总结和反思。本研究涉及的具体问题阐述如下：

1. 宏观的社会结构因素如何影响幼儿园教师的身份构建？

　　1.1　国家权力如何影响幼儿园教师的身份构建？

　　1.2　市场话语如何影响幼儿园教师的身份构建？

　　1.3　性别文化如何影响幼儿园教师的身份构建？

2. 幼儿园教师如何在与自我及他人的互动中建构其身份？

　　2.1　幼儿园教师身份建构过程中的互动有哪些类型？如何影响其身份建构过程？

　　2.2　幼儿园教师建构了哪些身份类型？

3. 幼儿园教师身份建构中的情绪及其对身份过程的作用如何？

　　3.1　情绪对幼儿园教师身份建构过程的作用有哪几种？

　　3.2　幼儿园教师在人际互动过程中呈现了什么样的情绪地理？

　　3.3　幼儿园教师的情绪劳动与应对策略如何？

以上为对三个研究问题的具体阐述，这里需要对研究对象做一些说明。本研究以幼儿园教师为对象。学前教育面向 0—6 岁幼儿，其中托儿所或者早教机构主要面向 0—3 岁幼儿，而幼儿园主要为 2—6 岁的幼儿提供教育。幼儿园中的学前教育师资配备标准为"两教一保"（1 名主班教师、1 名配班老师及 1 名保育员）或"一教一保"（1 名主班教师及 1 名保育员）。本研究中的教师是指幼儿园中直接参与教育教学的专任教师，包含主班老师或配班老师（也有幼儿园将其称为班长老师和助理老师）。

第二节　研究理论视角：互动论

采用互动论的已有教师身份研究主要有两大类[1]：一是运用或抓住米德（Mead）或库利（Cooley）的"自我""镜中我"观点，并将其等同于身份（事实上不能等同），忽略了"互动"这一核心过程或机制；二是大多研究直接采用戈夫曼（Goffman）的剧场理论[2]中前台、后台、面具、扮演等观点。依据理论与研究问题的适切性，本书也选择互动论作为研究的理论视角，同时为避免理论的误解或狭隘化，以下将具体介绍互动论及其视角下的身份理论，并进一步阐述身份理论中情绪情感作用，最后讨论互动论在本研究中的具体运用包括理论的适切性及理论框架。

一　互动论：符号互动论与诠释互动论

（一）符号互动论（Symbolic Interactionism）

1. 理论起源及主要观点

符号互动论是著名的微观社会学理论[3]，它认为社会是一种动态实体，由持续互动着的个人和互动过程构成，个人在社会中互动、沟通、发

---

① 有少数用到莱姆（Lement）和贝克（Becker）的标签理论（Labeling theory）。

② 事实上，Goffman 从未标榜自己为互动论主义者，但鉴于他在微观社会学领域做出了不可磨灭的贡献，因此必须将他算作重要发展者之一。

③ 功能主义、冲突理论等社学理论着眼于社会的宏观方面，如吉登斯的结构化理论探讨"社会结构""能动性"二元性问题。

展共识及分享观点，对于诸种社会现象的诠释只能从这种互动中寻找。①

符号互动论反对实证主义社会学轻视行动者主观能动性的社会结构决定论，提出行动者的认识、行动和互动构成社会的理论命题。在布鲁默（Blumer）看来②，他们关注以社会系统、文化要求（cultural demands）及制度压力（institutional stress）为基础的宏大叙事和社会结构，将人看作不相关的载体（carriers），③ 忽视了人是行动者（actor）的重要事实。④ 同时，让 Blumer 不能苟同的是，他们对统计测量的过分倚重及所使用的概念与现实世界的疏离。基于对此种理论和方法的批判，符号互动论强调人类主体性的理论前提、关注个体间互动行为的经验研究取向。他们认为个人并非被认为是社会的产物⑤，而是主动涉及并参与发展的行动者。⑥ 他们主张在与他人处于互动关系的个体的日常情境中研究人类群体生活，特别重视与强调事物的意义、符号在社会行为中的作用。研究的基本单位是互动中的个人而非个人内在的人格，亦非社会结构，其重点在于互动的性质和过程。在方法论和研究方法上，他们倾向于自然的、描述性的和诠释性的方法论，研究真实的社会情境，而不是通过运用实验设计或调查研究构成人造情境；偏爱参与观察，生活史研究，人种史，不透明的、被脉络化了的互动片断或行为标本等方法；倡导尊重研究对象的态度，强调研究过程⑦，而不是研究固定的、静止的、结构

---

① Joel M. Charon, *Symbolic Interactionism*: *An Introduction*, *An Interpretation*, *An Integration* (10th ed.). New Jersey: Pearson, 2010.

② 布鲁默（Blumer）在其 4000 余字的评论短文《社会科学错在何处》（*What is Wrong with Social Theory*）中，对这些理论进行批判并指出它们存有 "严重缺陷" ——理论的过于简括致使其疏离经验世界（Blumer, 1954, 1969）。

③ Leon H. Warshay and Diana W. Warshay, "The Individualizing and Subjectivizing of George Herbert Mead: A Sociology of Knowledge Interpretation", *Sociological Focus*, Vol. 19, No. 2, 1986, pp. 177 – 188.

④ Herbert Blumer,*Symbolic Interactionism : Perspective and Method*, New Jersey: Prentice Hall, 1969.

⑤ "社会" 只是由一群互动中的 "个人" 所组成，因为 "个人" 不断的互动、修改和调整，所以 "社会" 也不断地变迁和演化。

⑥ Joel M. Charon, *Symbolic Interactionism*: *An Introduction*, *An Interpretation*, *An Integration* (10th ed.). New Jersey: Pearson, 2010.

⑦ 这一研究过程至少由两个阶段组成："考察" 阶段，目的在于把生活在特定脉络中的人们所理解、所适应的世界照样描绘出来；"检验" 阶段，研究者在理论指导下进行观察、关注和分析 "环境的因素"，描述和解释基本的社会过程（Blumer, 1969）。

的属性。①

2. 基本前提与关键概念

布鲁默（Blumer）明确提出符号互动论的三大基本前提：第一，人们根据事物对其自身具有的意义来行动。第二，事物本身不存在客观的意义，意义产生或衍生于人与他人的社会性互动的过程中。第三，在与事物互动过程中，个人通过对事物的自我解释过程，产生、驾驭并修正这些意义。符号互动的独特性在于人类能够主动解释或界定他人的行动，而不仅仅是对他人行动做出反应。就人类行为而言，符号中介等同于在刺激与反应之间插入一解释过程。②

符号互动论的关键概念主要有四个：符号（Symbol）、自我（self）、情境定义（definition of situation）和互动（interaction）。（1）符号互动论认为人类具有不同于动物的重要特征，即制造和使用符号的能力。人类能够使用"符号化"（即用符号来象征）客观事物、思想和他们的经历并运用符号来交流和沟通。这里的符号，不仅仅使用词汇和语言，还使用具有一般含义和相同理解的面部表情、语音语调、辅助体态和其他象征性姿态，③ 都具有符号意义。人类使用符号、能够符号化事物的能力，也就是人类理解和诠释世界的能力，而且这种能力是个体从婴幼儿期开始的社会化过程中的重要步骤。

（2）符号互动论认为个体的自我身份是个体和他人互动的产物。米德（Mead）认为人们并不是天生就具有自我概念，而是在与他人互动的过程中逐渐获得的。他则将自我区分为主我（I）和宾我（Me）两个方面，其中主我是自我积极主动的部分。库利（Cooley）于1902年提出了"镜中我"（looking - glass self）的概念，认为个体自我（Self）产生于与他人的互动过程中，自我是个体对他人对自己所做判断的反应，是通过交往辩证地呈现出来的。④ 这个过程中，自我不断地修改、发展和变迁。卡

①　Herbert Blumer, *Symbolic Interactionism: Perspective and Method*, New Jersey: Prentice Hall, 1969.

②　Ibid..

③　Jonathan H. Turner, *The Structure of Sociological Theory* (7th ed.), Belmont: Wadsworth, 2003.

④　Ibid..

伦（Charon）列举了自我的主要功能：自我可以用作人们符号互动的对象；可以用来分析互动时的情境，以作为反应时的参考；可以供人们使用；可以用来判断自己，也可用来判断别人；以及给予人们某种身份认同，使人们知道自己到底是怎样的一个人。① 由此，可知，个人经由自我而思考和选择；也可经由自我而对情境加以解释，更可用来与自己或社会中的他人沟通互动。自我是一种指引人们行为的工具，若没有自我，就不会有社会互动。

（3）在符号互动论中，情境是指人们在行动之前所面对的情况或场景，包括作为行动主体的人、角色关系、人的行为、时间、地点和具体场合等。人们可以在特定情境之中，将上述因素进行组合以表达自己的意义，即"定义情境"。托马斯（Thomas）于 1972 年认为一个人对情境的主观解释或定义会直接影响他的行为，即某种情境被定义为真实的，这种情境会造成真实的影响②。在布鲁默（Blumer）看来，人际互动的独特性在于人类能够主动解释或界定他人的行动，而不仅仅是对他人行动做出反应。即其反应并非直接受激于他人行动，而是基于其对他人行动所赋予的意义。因此，人际互动是透过解释或确认他人行动意义的方式以符号的使用为中介的。

（4）符号互动论的最关键概念其实是"互动"而非一直被推崇的自我。符号互动论通常被理解为人与人之间的互动即外部互动，然而，符号互动过程，包含两条路径，如图 3 - 1③：一是"由外而内"路径，即个人与外部世界中的他人互动与确认，强调身份发展即个体与外部结构意义关联的过程；二是"由内而外"的路径，即个人与自我的互动，强调个体内部，关注个体如何围绕某一角色展开动态的自我确认。第二条路径可以追溯到米德（Mead）的心智（mind），即个人与自我的符号互动，是个人行为的内在活动方式。布鲁默（Blumer）也指出，我们经常忽略的"意义的使用"本身就是一个诠释过程，这个过程中行动者

① Joel M. Charon, *Symbolic Interactionism：An Introduction，An Interpretation，An Integration* (10th ed.). New Jersey：Pearson, 2010.

② 这一著名的"托马斯定理"是知识对社会产生建构作用的精辟论述。

③ Joel M. Charon, *Symbolic Interactionism：An Introduction，An Interpretation，An Integration* (10th ed.). New Jersey：Pearson, 2010.

必须指出对自己具有意义的事情，这一个过程可视为内化的社会过程，是行动者与自身的互动，即自我互动（self interaction）。个体互动过程中的"外化过程"伴随着个体的"内化过程"。因此，通过具有反思能力的心智，个体在互动过程中自己设计这两条路径。

图3-1　互动的路径

符号互动论兴起之后，也引发了不少批评的声音，例如，认为该理论过于强调自我意识，认为该理论太过强调连续性的行动过程而使得理论架构零碎、片断等，其中最为主要的批评观点认为符号互动论关注社会微观层面的个体互动，忽略宏观社会结构对互动过程的影响，缺乏研究社会宏观结构的能力。①② 可见，符号互动论的最大局限性是对个体互动的过度关注，而导致该理论对影响个体互动的组织、制度等社会结构因素的解释力不足。因此，本研究的理论视角将符号互动论与诠释互动论相结合，以弥补该理论局限。以下将详述诠释互动论。

（二）诠释互动论（Interpretive Interactionism）

1. 缘何诠释：第七时刻（The Seventh Moment of Inquiry）

20世纪90年代以来，批判性的文化研究呼声在社会科学和人文学科之间持续回荡，声势日益浩大，有学者称其为"第七时刻"③④，致力于倾

---

①　Bernard N. Meltzer, John W. Petras and Larry T. Reynolds, *Symbolic Interactionism: Genesis, Varieties and Criticism*, London: Routledge & Kegan Paul, 1976.

②　Gary Alan Fine, "The Sad Demise, Mysterious Disappearance, and Glorious Triumph of Symbolic Interactionism", *Annual Review of Sociology*, No. 19, 1993, pp. 61 - 87.

③　Denzin 和 Lincoln（2000）对于研究的时期划分，依次为传统时期（1900—1950）、现代主义时期（1950—1970）、类型模糊时期（1970—1986）、再现危机时期（1986—1990）、后现代或实验主义时期（1990—1995）、后现代实验时期（1995—2000）以及未来即"第七时刻"（2000—）。

④　Norman Denzin and Yvonna S. Lincoln, *Handbook of Qualitative Research* (2nd ed.), Thousand Oaks: Sage, 2000.

听过去归于沉默的声音，转向各种文本，同时关注道德话语，强调在民主、种族、性别、阶层、国家、自由以及小区层面展开批判性的对话。很明显，第七时刻是充满批判和后实证主义的。然而这一时期，许多人文社会学者从历史、政治、社会及文化等角度对现代知识提出质疑，其中一部分人逐渐由以启蒙大众自居于世的"立法者"变成了只能偏安一隅对自我启蒙的"诠释者"。试问，为什么要从事社会学及其写作？社会学究竟能够（或应该）表达什么样的"故事"？是始终去质疑和"纯粹地解释主义"，①还是在质疑之后去寻找让人心安理得，甚至贡献出自己一生探索热情的写作主题，创作有建设性意义的作品，为人们提供另一种事实的知识，并能为促进这个世界朝着积极的方向转变？② 这是值得我们深思的基本问题。

邓金（Denzin）思考了这一基本问题，并以诠释性互动论作解答。他尝试将传统的符号互动论与各种批判性的诠释探究联系起来，整合海德格尔（Heidegger）的诠释现象学，并吸纳了近年来兴起的女性主义社会理论、后现代理论，以及米尔斯（Mills）、萨特（Sartre）、梅洛庞蒂（Merleau - Ponty）等人分别发展出来的"批判、传记的方法"（critical - biographical method），是一套可以探讨人们如何由人际互动来形塑自我和身份的质性研究方法，目标在于研究与理解后现代时期的人类经验。该理论有三点假设：第一，在人类经验世界中，唯一存在的是诠释。第二，将日常生活中的诠释呈现出来，是一种非常有价值的探索目标，由此人们可以达成更好的理解；与之相联系，可以使得那些旨在解决社会问题的计划（project）更加有效的实施。第三，所有的诠释都是暂时性的，永远处于未完成的状态。

2. 何为诠释：理论的独特性

邓金（Denzin）认为日常生活世界是由一个个普通个人的活动、言语、思想、情绪情感构成的，是一幅复杂的互动画卷。因此，诠释互动论具有互动论的基本特质，即强调"个人的、主位的（Emic）"而非"范式的、客位的（Etic）"，不以达到一般现象的抽象和揭示跨文化视野下人类互动的普遍模式为目标，而是以专注诠释某一具体互动情境或文化中的

---

① 诺曼·邓金：《解释性交往行动主义》，周勇译，重庆大学出版社2004年版。

② Norman Denzin, *Interpretive Interactionism* (2nd ed.), Thousand Oaks: Sage, 2001.

"特殊意义结构"为追求。邓金（Denzin）是为了响应上文中社会学者（应该）的研究与写作的基本问题而提出这一理论，其有三大独特之处。

第一，诠释互动论关心私人生活/个人困境与公共政策/公共制度之间的交互关系。正如米尔斯（Mills）所言，人文学者应该关注和了解"更广域的历史背景对于身处其中的各类人群的内心感受以及外在生涯发展会产生什么样影响"，他呼吁"改变自己的观点和方法论上的常规态度，以便有能力考查经验世界中出现的各种私人困境与公共话题以及公共领域对这些困境的反应之间到底有什么关联"。[1] 戈尔茨（Geertz）在1983年也强调人类学研究不能止步于微观描述，必须将微观阐释与宏大景观结合起来。几乎没有质性研究的学者愿意说明自己的学术抱负只是关注人类某一现象的本身，也没有个案研究者仅仅满足描述微观个案的内部。而诠释互动论者更是旗帜鲜明地指出并非所有质性研究都会采用这种取向，该理论只适合于研究者想要检验个人苦恼与困境以及因此问题而生的相关公共议题与公共制度之间的关联性。

第二，诠释互动论者声明自己的价值与立场，以女性主义伦理道德为旨归。质性研究者绝不是客观的、政治中立的观察家，[2] 绝对不存在所谓客观的、道德中立的立场。[3] 身为批判性的研究者，诠释互动论者致力于向世人展示批判性的、诠释性的质性研究如何以一种积极的方式来改造世界。[4] 因此，我们既不会冷眼旁观亦不会居高俯瞰地去研究社会世界，相反，我们的生活史亦深嵌于我们所研究的社会进程，我们将性别及历史意义上的自我带入社会进程之中。他们绝非价值中立，而且必须首先要澄清、申明和承载自己的理解与价值。身为诠释互动论者，"我们想去搜寻人们的日常生活故事，倾听他们的喜怒哀乐，体会他们的成功，理解他们曾经有过的创伤、恐惧、焦虑、梦想与希望"[5]。学者要尽力让生活世界中的普通大众或弱势群体"发声"，通过诠释展示（show）和表演（perform）而非告知（tell）"这些平凡却意义丰富的故事"，去理解他们，肩

① Wright C. Mills, *The Sociological Imagination*, New York: Oxford University Press, 1959: 5–8.

② Norman Denzin, *Interpretive Interactionism* (2nd ed.), Thousand Oaks: Sage, 2001.

③ Robert K. Yin, *Case Study Research: Design and Methods*, Thousand Oaks: Sage, 2014.

④ Norman Denzin, *Interpretive Interactionism* (2nd ed.), Thousand Oaks: Sage, 2001.

⑤ Ibid., 80.

负起代言人的使命。由此，诠释互动论者应申明一种女性主义及社群主义的伦理主张和道德美学，表达一种全新的关于关怀（care）、爱、美以及赋权的观念，将个人的困境带入公共领域，使之成为公共议题。

第三，诠释互动论的诠释是存在主义的而非纯粹的"解释主义"，追问"如何（how）"而不止于"为什么（why）"。虽然一些互动论者戈夫曼（Goffman）、加芬克尔（Garfinkel）等人强调互动的社会建构性，其对互动的个体及互动过程的诠释，虽然也能够展示微观的互动世界与宏观的社会结构的联系，但是他们也没有对相关的互动经验展开分析，过分地注重从广域的社会结构及仪式问题等角度来解读互动经验，而很少涉及互动本身的问题，更是欠缺对存在主义的意义讨论。可以说他们采取的是一种超文化的、非个人的结构主义观点，研究的是"时间与人物"，但不是"互动中的时间与人物"。此外，诠释互动论者并非从事纯粹诠释工作如戈尔茨（Geertz），这种诠释是一种社会道德哲学的关注。[①] 而诠释互动者是肩负社会使命的道德思想家，他们从女性主义、社群主义的伦理视野出发探究道德哲学与当前社会问题的复杂关系。诠释互动论的诠释不同于实证主义的社会学试图用分析的语言诠释社会现象的形成原因（why），大部分都脱离了日常生活，它倾向用如何代替为什么，专注于追问社会经验或是一系列的社会互动是如何被互动的个体组织、建构起来的，又被互动个体赋予了怎样的理解。

3. 为"何"诠释：互动

诠释互动论认为社会生活的关键特征是诠释与理解；日常生活的核心是个人及与他人的互动，个人无时无刻不在互动中诠释和判断自己和他人的行为与经验。但很多时候，人们（包括政策制定者、专家、大众等）的这些诠释与判断乃是基于误解。而诠释互动论者就是对这些互动（interaction）进行诠释的（interpret/interpretive）[②] 诠释者（interpreter）[③]。基于符号互动论的观点，互动是人类个体之间的相互活动，就其本质而言是符号性的、象征性的（包括语言的使用），是符号化的互动和以符号为

---

① Sherry B. Ortner, *Making Gender: The Politics and Erotics of Culture*, Boston: Beacon Press, 1997.

② 诠释/诠释的（interpret/interpretive）：对某种意义进行解释或赋予意义。

③ 诠释者（interpreter）：为别人解释或阐述意义的人。

中介的互动（symbolic interaction）。诠释互动论者"互动"是种"成问题的或关键性的互动"（problematic interaction），即这些互动不仅是两个以上个体之间的符号互动，其中还体现出带有问题的生活经验，这些有问题的经验影响或改造了个体看待自己的方式以及看待自己与他人关系的方式，这些带着问题互动的生命片段影响或赋予了主体生命的根本意义。而诠释者就是要赋予带有问题的、关键性的符号互动以意义。

　　人类与他人的互动时刻会在个人生活中留下痕迹，并有可能引发各种转折性的人生经历（transformational experiences）。显而易见，诠释互动论与其他一些旨在诠释更为"普遍、习以为常的日常生活内容和特征"的诠释性方法相比，它乃是存在主义意义上的"真实"；诠释互动论者诠释的焦点乃是深刻的生命经验或人生中有重大影响的生活经历，这些经验和经历彻底改变或塑造了个人的自我概念以及对自身生活所赋予的意义。[1]通过对这类经验的诠释，研究者便可以揭示个人人生历程的转折点和生涯中的危机时刻。人生转折点有四种类型：有重要影响的（major）、积累型的（cumulation）、细小而有启示性的（minor）和事后醒悟的（illuminative）。[2]

　　个体的和普遍的人生转折点出现在个体生活周边以外范围更大的历史、制度及文化场域。诠释互动论者认为不存在纯粹的个体，每个人是更普遍的社会经验和社会进程中的个体。当个体或群体的转折点和危机时刻来临时，个体陷入困境，甚至往往表现有个体的猛然觉醒。当个体的存在危机和转折际遇将个体推入公共领域，他的个人问题也随之成了公共议题。[3] 以个体的人生转折点为研究基本关注的诠释性研究，深嵌于研究对象生活经历中的每一个历史时刻，试图诠释个体生活中普遍与特殊、私人困境与公共议题之间的复杂作用关系。

　　上文通过"缘何诠释""何为诠释"和"为'何'诠释"，概括了诠释互动论源起的第七时刻的理论和时代背景、理论的独特性及互动的本质等。那么，接下来应"如何诠释"这将在第三章第二节"研究的理论框架设计：互动论的运用"中展开论述。

---

[1]　Norman Denzin, *Interpretive Interactionism* (2nd ed.), Thousand Oaks：Sage, 2001.

[2]　Ibid. .

[3]　Ibid. .

二　互动论视角：身份理论及情绪情感

本研究以互动论作为探讨幼儿园教师身份问题的理论视角，本节概述互动理论视角下的身份理论，并梳理其中有关情绪情感的观点。

（一）身份理论：特点与关键概念

互动论理论的核心概念是自我，或个体将自身当作客体看待。[①] 近几十年来，"身份"成了理论家对"自我"重新阐述和再概念化（reconceptualize）的一个重要词汇。[②] 于是，自我被看作是一套和一系列对特定场景做出反应的身份。同时，在个体相互之间角色领会时（role - take with one another），身份还能选择性地过滤掉一些感觉和解释。20 世纪六七十年代，在某种意义上，身份理论作为符号互动理论的一种明确理论取向，达到了巅峰状态，在后来的发展中甚至超出了米德（Mead）的范式。[③] 在互动论视角下有三种身份理论，其代表人物分别是麦考尔（McCall）、西蒙斯（Simmons）、史崔克（Stryker）和布克（Burke）。

1. 理论特点（兼论"身份"的内涵）

虽然他们沿着米德（Mead）的思想，都主张自我和身份是核心概念，但是同时他们的理论观点亦不同于早期的自我身份相关理论[④]，他们以"角色"为中介来考虑社会结构对个人身份及行动的影响，发展出身份理论（identity theory）和身份控制理论（identity of control theory），这是一种"结构性的身份理论"（the structural emphasis of identity theory）。他们认为身份的建构并非随心所欲，而是由结构限制的。[⑤] 其中，史崔克（Stryker）和斯特茨（Stets）的研究侧重于考察社会结构和

①　Jonathan H. Turner, *The Structure of Sociological Theory* (7th ed.), Belmont：Wadsworth, 2003.

②　Jonathan H. Turner, *Contemporary Sociological Theory*, Thousand Oaks：Sage, 2013.

③　Jonathan H. Turner, *The Structure of Sociological Theory* (7th ed.), Belmont：Wadsworth, 2003.

④　Cooley（1902）提出了"镜中我"（looking - glass self）、自我等概念，以及 Goffman（1969）在剧场理论中将"角色扮演"等同于"自我身份"或"身份"。

⑤　Jonathan H. Turner and Jan E. Stets, "The Sociology of Emotions", in Michael Lewis, Jeanette M. Haviland - Jones and Lisa Feldman Barrett, eds. *Handbook of Emotions*, New York, London：The Guilford Press, 2008, pp. 32 - 46.

文化等社会背景如何影响个体的身份及行为；而麦考尔（McCall）、西蒙斯（Simmons）以及布克（Burke）等人的研究则侧重考察个体内部的动态变化如何影响其身份。

　　以上研究者均假定社会行动者（social actor）存在不同层面的身份或多重角色身份（multiple role identity），① 他们发现不同的身份是作为身份的不同层面存在的。史崔克（Stryker）认为身份是自我的组成部分，身份有不同层级并且按其显要程度排成序列（salience hierarchy），在不同情景之下调用多重身份。麦考尔（McCall）和西蒙斯（Simmons）也强调身份的身份显要性（salience of identity），最重要的身份即位于个体身份层级的最上层。布克（Burke）虽然并不强调身份的显要性和显著性序列，②但布克（Burke）和斯特茨（Stets）将身份划分为僵化的层次：个人身份（person identitiy）、角色身份（role identity）、社会身份（social identity），个体在其提出的"身份控制系统"之中拥有这三类身份。然而，在现实中所谓的"个人身份""社会身份"和"角色身份"却都是很好地统整在"人"这个个体身上，因此有学者认为三类身份之间不是彼此孤立的，而是相互作用的，③ 亦有学者通过实证研究尝试整合三者。施瓦茨（Schwartz）、卢伊克克斯（Luyckx）和维诺尔斯（Vignoles）等研究者（2011）认为身份研究的未来将是趋向系统和整合的身份内涵与理论④。因此，本研究从互动论理论视角理解教师身份内涵，意在从统整或整合的角度对其进行理解。回到身份最原初的内涵，身份是对"我是谁"的存在性追问：我如何看待自己及他人如何看待我。

---

　　① Sheldon Stryker, "Identity Salience and Role Performance: The Relevance of Symbolic Interaction Theory for Family Research", *Journal of Marriage and the Family*, Vol. 30, No. 1, 1968, pp. 558–564.

　　② Jonathan H. Turner, *The Structure of Sociological Theory* (7th ed.), Belmont: Wadsworth, 2003.

　　③ John C. Turner and Rina S. Onorato, "Social Identity, Personality, and the Self – concept: A Self – categorization Perspective", in Tom R. Tyler, Roderick M. Kramerand Oliver P. John, eds. *The Psychology of the Social Self*, Mahwah: Lawrence Erlbaum Associates, 1999, pp. 11–46.

　　④ Schwartz、Luyckx、Vignoles 等研究者（2011）主编的《身份理论与研究手册》将世界范围内各类身份研究者的研究作了汇总，全面回顾了身份研究理论的各个分支，并对身份理论和研究方法的分化和支离破碎的状态提出忧虑，同时对身份研究的未来做了展望，趋向系统和整合是身份理论进一步研究的趋势（Toward an integrative view of indentiy），期待未来有更加综合的身份理论。

特纳（Turner）对身份的层级划分及显著性序列表示怀疑和批评，他认为个体自我中存在四种身份：核心身份（core identity/personal idetity）、社会身份（social identity）、群体身份（group identity）、角色身份（role identity）；但这不同层级的身份其实不是截然划分的而是相互关联（relevant）和相互嵌套（embedded in each other）的；越顶层的身份越有普遍性（generality），在大部分情境中越发重要并且是个体越需要从他人那里得到确认（verify）的。① 其中，核心身份是最具普遍性的，其余依次为社会、群体和角色。特纳（Turner）提出了身份的嵌套模型，首次尝试整合不断细分的理论发展趋势带来的身份割裂和破碎的局面，亦是响应现实中人的身份的统整性。②

2. 关键概念

互动论视角下的身份理论虽各有不同侧重点，但亦可总结出这些理论中对身份及其建构过程的共同或相似的概念和观点，这可以为下文建构理论框架和研究分析框架做铺垫。（1）确认（verify）。特纳（Turner）回顾互动论的身份理论后指出，人们互动行为中的重要一环即身份的确认（verification of identity），是理解宏观社会结构和微观互动连接的最重要环节。布克（Burke）和斯特茨（Stets）在探究了人们情感激励过程中的身份的获得与失去后，指出"身份确认"及"身份确认失败"在其中起着关键作用。麦考尔（McCall）和西蒙斯（Simmons）并没有直接用"确认"一词，而用含义相似的角色支持（role support），即从有关的观众那里寻求角色身份的角色支持，这种支持不仅包括观众赞同某一个体占据某一位置的权利并承认在此位置上的行动。要让个体在某一角色上感到合

---

① The more general is the identity and the more individuals seek to have it verified by others.

② 他以一位母亲为例，嵌套的（embedded）观点认为，作为"母亲"的角色身份同时也是其核心身份的重要部分；她需要在不同层级身份中确认作为"母亲"的身份，包括作为"女性"的社会身份、作为"家庭成员"的群体身份，这样的过程导致"确认母亲身份"的过程较难。若以教师为例，教师作为个体在社会化过程中形成了一定的自我观念对"自己是谁""是怎样的人"的看法，即核心身份（自我身份），同时，也具有"女性"的社会身份、"教研组长"的群组身份以及"教师"的角色身份。这些身份之间是互相嵌套和互相影响的。自我身份会影响如何履行教师职责的"角色身份"，如"我是善良的人，我不忍心伤害学生"，"我是认真的人，要把工作做好"……如此种种，不再是其角色身份，不是其作为教师该如何行动的问题（doing），"教师"已经是其存在的一部分（being），被整合到其核心身份中。

法化，观众还必须支持附着于合法角色身份履行之外更为丰富的内容，包括风格、情感、个性和格调。（2）理想自我/期望。身份理论家都认为个体有一种"关于自己的想象性观念"，它通常是一种理想化的自我（ideal self），通常比现场自我（situated self）稳定，[1] 个体通常调用理想自我去建构现场自我。布克（Burke）也认为个体存在自我想象（self image），即对未来自我的目标和理想化，其与工作自我（working self）相对。它等同于如特纳（Turner）所言的对自我的"期望"，在所有情境下，人们都对自己有一定的期望或很快会发展出相关期望，这无疑会影响到个体在特定情境下看待自己的方式。甚至在麦考尔（McCall）和西蒙斯（Simmons）看来，人类最明显的情感就是"谋求（自身）理想化观念支持的驱动力"。（3）策略/防御机制。人们在与他人互动中会运用到丰富的策略。研究者认为人们会利用某些机制来克服"理想得到"和"已经得到"的角色支持之间的矛盾，即"维持角色支持的机制"。[2] 特纳（Turner）认为，个体在互动过程中会启动防卫机制，采用防卫策略。

（二）身份理论中的情绪情感

互动论的理论思想源于米德（Mead），其曾经有过发展情绪情感相关理论的暗示，其对情绪的呈现以及情绪如何以一种特别的文化规限方式对他人做出反应也很感兴趣。[3] 但是，米德（Mead）[4] 几乎未真正提出关于情绪情感的相关理论。[5] 到了 20 世纪 70 年代后期，互动理论慢慢转向，开始关注情绪情感是如何卷入人际关系之中的。[6] 而库利（Cooley）较早论及情绪情感与自我的关系，他指出自我的发展伴随着个人反思，个人

---

[1]　George J. McCall and John L. Simmons, "A New Measure of Attitudinal Opposition", *Public Opinion Quarterly*, Vol. 30, No. 2, 1966, pp. 271 – 278.

[2]　Ibid..

[3]　Peter J. Burke and Jan E. Stets, *Identity theory*, Oxford: Oxford University Press, 2009.

[4]　Mead 认为自我是一个认知实体而不是情绪实体，能动者拥有把自己看作客体的能力，能动者能考虑他人的观点。他引导我们关注自我的认知方面而不是自我的情感方面，主张自我的基本结构是认知的而非情绪现象。

[5]　Jonathan H. Turner and Jan E. Stets, "The Sociology of Emotions", in Michael Lewis, Jeanette M. Haviland – Jones and Lisa Feldman Barrett, eds. *Handbook of Emotions*, New York, London: The Guilford Press, 2008, pp. 32 – 46.

[6]　可以毫不犹豫地说，互动主义的妙处就在于抓住了情感对互动过程的影响（Turner, 2003）。

想象他人对自己的看法，并基于此想象形成自我感，如自豪或自卑等情绪；后有学者进一步指出，情绪的栖息之处是自我，情绪是自我的感受。

史崔克（Styker）一直致力于情感身份理论研究。他认为当个体的角色表现被断定为不恰当，与正常期待、文化价值、所处情境及宣称（claim）身份不一致时，消极情绪反应则会体现，就会降低对身份的承诺（commitment），并降低身份序列中的优先层级。相反，当角色表现是适当时，则产生积极的情绪，并进一步对该角色的身份有承诺。情绪像是记录员（markers of adequacy），告诉个体他们的表现是可接受的或不可接受的。同时，情绪也像晴雨表，可以显示个人身份层级中哪个身份处于优先的高层级地位。个体情绪反应的强烈能体现出所扮演角色承载的身份在层级序列中处于优先，反之，则显示身份在层级序列中处于较低。布克（Burke）和斯特茨（Stets）探究人们情感激励过程中身份的获得与失去，在身份控制理论中提出"身份确认"和"身份确认失败"的概念。所谓"身份确认"，即当个体的角色身份得到他人的支持时，人们就会经历积极的情感过程，他们的自尊心将得到加强并流露出对这些人的情感依赖。"身份确认失败"，即当个体的角色身份没有得到支持，或两种角色身份产生严重冲突时，或角色身份要素过于刚性地纠缠在一起，以致人们将任何一种对某些要素的威胁看作是对所有要素的威胁，这时个体身份很难得到确认，人们就变得沮丧，其他消极情感也会随之而来，包括自尊心的下降。

特纳（Turner）认为，人们在互动中身份会维持基本的"一致性"（on the line）；而产生于个体确认身份或确认身份失败的情绪则会影响最后的一系列互动，逐渐地形塑了个人身份系统的结构；因此，最近有关身份过程（identity processes）的研究与新近的情绪社会学（sociology of emotions）理论在进行不断融合。在他提出的身份层级嵌套模型中，可以看出身份中贯穿了情绪；同时，情绪的强烈程度（intensity）随着身份的普遍性水平（level of generality）升高而升高。在身份构建过程中，个体的许多情绪被压抑，尤其是消极情绪，但这并不意味着当个体的身份确认失败时，这些被压抑的情绪不会影响个体的行为表现及情绪反应。

三　理论框架：互动论的运用

（一）互动论的适切性

基于对研究问题的响应，本研究以互动论作为理论视角，主要结合研究问题和方法取向论述运用该理论的适切性。

第一个问题，"宏观的社会结构因素如何影响幼儿园教师的身份建构？"以女性为主体的幼儿园教师是教师群体中的"灰姑娘"，由于其弱势身份，正如女性主义者所强调的，弱势者的声音经常是不容易被听到的，即使被听见了也有招致扭曲和误解的可能。而本研究基于对她们身份挣扎困境的关切，意在能够让这群失语者发声，同时亦期待能够将她们的个人困境扣连到公共政策议题。而诠释互动论的目的在于努力捕捉被研究者的声音、情绪与行动，[1] 不仅突出沉默者的主体性与声音，同时亦能够呈现个体所处的个人困境与外在的宏大脉络之间的互动关系。研究对象既以女性为主体特征，因此无法忽略的性别文化的影响，因为只要文本中出现了女性人物的生活经验，诠释互动论者就必须从女性主义的角度分析。由此，本研究希望借助诠释互动论并发挥"社会学的想象力"，[2] 以实现质性研究者的学术抱负。[3]

第二个问题，"幼儿园教师如何在与他人及自我的互动中建构其份？"，目的即在于探究幼儿园教师在社会互动中如何获取意义。幼儿园教师在工作情境中与幼儿、家长、同事、园长保持"频繁的人际互动"，[4] 其对教师职业意义的获取，必然离不开与这些他人的互动。而鉴于互动论以互动为本质关注，主张意义都源于社会情境中的互动过程，[5] 因此，本研究采用互动论视角剖析幼儿园教师在社会互动中编织的意义之网。

---

[1]　Norman Denzin, *Interpretive Interactionism* (2nd ed.), Thousand Oaks: Sage, 2001.

[2]　Wright C. Mills, *The Sociological Imagination*, New York: Oxford University Press, 1959: 9.

[3]　卢晖临、李雪：《如何走出个案——从个案研究到扩展个案研究》，《中国社会科学》2007 年第 1 期，第 118—130 页。

[4]　Michalinos Zembylas, "Discursive Practices, Genealogies, and Emotional Rules: A Poststructuralist View on Emotion and Identity in Teaching", *Teaching and Teacher Education*, Vol. 21, No. 8, 2005, pp. 935 – 948.

[5]　Bob Jeffrey and Peter Woods, "Feeling De – professionalised: The Social Construction of Emotions During An OFSTED Inspection", *Cambridge Journal of Education*, Vol. 26, No. 3, 1996, pp. 325 – 343.

第三个问题，关注幼儿园教师在社会互动中产生的情绪及其对身份过程的作用。情绪情感是日常人际互动的产物，幼儿园教师从事着高情绪负荷的工作，这与其每天人际互动的类型多元、频率高、时间长等有密切关系。邓金（Denzin）指出，对情绪进行研究必须将其置于互动个体生活体验的互动流中。相比其他宏观社会学理论，互动论关注人际微观层面的互动过程，对情绪情感方面的关注尤其有优势，并且已有较多可利用的理论资源。这也是本研究采用互动论的原因之一。

（二）研究理论框架设计

承接上文，本研究中运用的互动论分为两个层次。第一个层次是诠释互动论，将个案幼儿园教师的个人生活故事与政策脉络、社会情境、性别文化等相联系并阐释。第二个层次是符号互动论，关注互动过程中幼儿园教师身份的建构及情绪的作用。

1. 诠释互动论：身份构建的宏观因素

诠释互动论并非纯粹的诠释主义，而是主张以女性主义的立场，捕捉幼儿园教师的声音、情绪与行动，直接呈现其生活体验所构成的世界，探究其如何赋予人生意义，更好地理解她们身处的世界。同时，聚焦于幼儿园教师充满问题的生活情境，审视和解读其深刻的个人生命经验（如离职倾向或离职）与宏大社会叙事和公共政策脉络（当前学前教育改革政策与市场）的关系。通过以上的诠释过程，将个人放置到其所处的关系情境中对其进行理解，将个人困境与宏观的公共议题相联系，对其本体故事与宏观脉络批判式地诠释和重构，展现教师个体生命事件与各种力量的关联。

2. 符号互动论：互动中的身份建构与情绪

本研究将第二个、第三个研究问题置于符号互动论的视角下，结合"由内而外"和"由外而内"两条互动过程的探究路径，考察幼儿园教师如何在互动中一步步构建身份；同时，探究身为情绪劳动者的幼儿园教师在互动中的情绪情感经验及其在身份过程中的作用。

（三）研究分析框架

对幼儿园教师身份建构的实证研究，是对当下关于幼儿园教师角色大量思辨研究的补充。研究的分析架构主要分为幼儿园教师身份建构的宏观情境层面和自我与人际互动层面两大部分。问题一从诠释性互动论的视角挖掘宏观结构及文化脉络在幼儿园教师身份建构中的影响。问题二、问题三以符号互动论视角关注幼儿园教师如何在自我与他人的互动中建构身份，并探讨情绪在这一过程中的作用。研究分析框架图，如下：

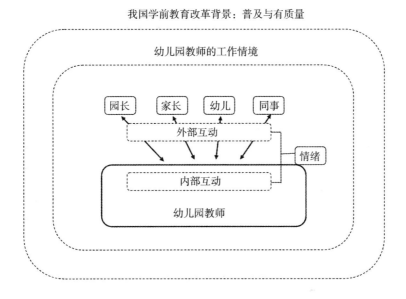

图 3 - 2　互动论视角下幼儿园教师身份构建的分析框架

第三节　研究方法

不同的研究取向有不同的内在逻辑和长处，因此对于不同问题的回答也有各自适用之处。对研究问题的探究采用何种取向，取决于我们期待解决的问题与该取向的匹配程度。本研究探讨学前教育改革情境中幼儿园教师身份的构建问题，采用质性研究取向的多个案研究策略。

一　质性研究取向

每一种研究方法均建立在特定的哲学假设（philosophical assumption）之上，或称为"哲学范式"，根据哲学范式的差异可将研究方法划分为不同的类别。因此，选取某一种研究方法时，应考虑研究目的和问题是否符合该研究方法的哲学范式。邓金（Denzin）和林肯（Lincoln）的《质性研究手册》中梳理了近 20 年来的质性研究，总结出其哲学范式的四大基本原则：本体论、认识论、价值论和方法论。本研究主要关注学前教育质量提升背景下，幼儿园教师如何在互动中构建身份，质性研究取向符合本研究期待回答的研究问题，以下从四个基本原则分而述之。

第一，本体论关注的是事实（事物）的本质属性和特征。从这一点看，质性研究秉承多元事实的理念（idea of multiple realities），信奉不同的个体对事实有着不同的理解和解释。身为质性研究者，笔者将受访幼儿园教师作为独特的个体，理解她们不同的生活和工作体验，将多元的事实呈现出来。① 基于此，笔者认为幼儿园教师的身份并不是纯粹客观的事实存在，而是在与周围各类持份者的互动关系中建构形成的，不同教师对其身份与建构过程有着不同的认识和阐述，因而笔者并不把幼儿园教师的身份视作单一、固定的"标签"以探索其中普遍存在的规律，而是一一呈现各个幼儿园教师身份构建过程中的多元互动。

第二，认识论即知者与被知者的关系，质性研究中的知识（knowledge）是通过研究者的体验和观点被知的（known）。因此，在本研究中笔者尝试不断进入幼儿园教师的生活和工作情境，尽可能地与幼儿园教师进行亲密接触。由于幼儿园教师对意义的追寻必然受情境脉络的影响，因此诠释幼儿园教师的行动和"意义之网"离不开对独特情境的还原和理解。具体而言，在本研究中笔者将幼儿园教师置于我国特定的宏观脉络以及所在幼儿园的人际脉络中，通过对个体幼儿园教师特定情境脉络的理解以更深入地诠释幼儿园教师"行动的意义"。②

第三，价值议题是所有研究者都无法避免的。质性研究者必须承认研究是价值有涉的（value‐laden）。研究者将自己置放于研究中，应积极汇报和反思自己的价值观、偏见以及甚至带有价值倾向的数据。在本次研究中，笔者能够清醒而深刻地意识到身为研究工具的自己所有的局限性，承认并积极审视自己的价值观。在本研究中，笔者的价值立场是站在我国教育改革情境下幼儿园教师的一方，争取为她们发声。

---

① John W. Creswell, *Research Design：Qualitative, Quantitative, and Mixed Methods Approaches* (4th ed.), Thousand Oaks：Sage, 2013.

② Catherine Marshall and Gretchen Rossman, *Designing Qualitative Research*, Los Angeles：Sage, 2011.

第四，从方法论层面来看，质性研究的特征在研究者收集和分析资料时逐渐归纳、浮现和生成，是一种由下而上的路径，而非先有一个整体框架或者视角由上至下演绎。随着研究的展开，研究问题、资料收集等也有可能有所调整和修改。在本研究中，笔者身为研究者试图呈现幼儿园教师在互动中的身份建构，并没有一个预先的固定框架来限制，而是运用互动论的理论视角，作一个较松散的指导，并建立较开放的分析框架，以利于收集和分析资料。笔者在研究方法层面上始终保持一种开放心态，在收集资料过程中，根据实地调查的反馈情况、资料收集方式和内容灵活地做出调整。在数据的分析过程中，笔者尽力对其深入挖掘，让数据说话，呈现出幼儿园教师身份构建的真实图景。

再从研究问题本身特征来看，本研究核心关注的是幼儿园教师身份如何构建，本质是探究身为教师对自我身为教师如何赋予意义，如何探求和追寻意义。在本研究中，笔者并未单以测量或者数字来呈现这一问题，而是选择理解和诠释幼儿园教师的身份认同和工作意义。鉴于质性研究是一种针对世界的、自然的和诠释性的方法，笔者选择走进幼儿园教师真实的工作和生活情境中去聆听她们的故事和感知她们的生活轨迹，在此基础上理解和诠释那些表现为各种物质形式的现象。为了理解和诠释幼儿园教师身份构建的过程，要不断挖掘隐藏在幼儿园教师日常工作背后的生活的意义，探寻其与幼儿、家长、同事和园长等关键人物的互动过程，理解教师在探求和追寻意义过程中的情绪作用机制，并分析教师如何作为社会情境中的个体与宏观情境进行互动。综上所述，本研究选取质性研究来回答相关研究问题，并依据质性研究的基本原则探究幼儿园教师身份构建的过程。

二　多个案研究策略

个案研究擅长于回答"如何"和"为什么"的问题，它旨在在真实自然而非干预的社会情境中，对一个场域、单一个体或某一特定时间进行具体而细致的检视，[①] 强调细微的差别、特定情境脉络中事件背景的顺序性和个体/事件的完整性与意义，呈现事件的复杂性和独特性。

---

① Robert K. Yin, *Case Study Research: Design and Methods*, Thousand Oaks: Sage, 2014.

　　本研究关注的核心问题是我国学前教育改革背景下幼儿园教师身份的建构，研究没有预先假设，也不会事先控制教师工作，而是在一种自然真实的情境中（natural setting），搜集鲜活的资料。在现实场域中，不同幼儿园教师与各类利益相关者的互动过程及理解程度都不尽相同。研究过程中我关注不同参与者自己所持的观点和经历的体验，以呈现、理解和诠释她们行为和经验的复杂及独特之处。而个案研究细致解剖的特点恰好能对复杂的议题进行深入细致的分析和诠释，有助于研究者发现潜在的重要议题和提出有价值的见解。故本研究以个案研究为首选策略。

　　在个案研究设计中，若以个案和情境条件（contextual condition）两项交叉，会形成单个案整体性研究设计、单个案嵌入性研究设计、多个案整体性研究设计、多个案嵌入性研究设计。① 具体到本研究可采用多个案整体性研究，亦可采用单个案嵌入性研究的设计。前者的思路是以幼儿园教师个体为分析单位，分析和比较不同个案教师，立足于个体呈现出来的独特现象，由此进行对"一般"特征的归纳。而后者是以某市幼儿园教师作个案，在这个个案中嵌入多层的分析单位，如地域、地区、园所类型、园所级别等。虽然后者遵循较为严密的抽样设计，"研究可靠性"的论证更加有理有据，也更具有推论的"普遍性"，但本研究不期待回答普遍概推问题，而是尊崇质性研究的核心理念，将研究看作一次互动交往、理解诠释的活动。因此，本研究采用多个案整体性研究设计，松散地界定幼儿园教师的背景特征，以呈现幼儿园教师的独特性和完整性为关注点。同时，个案研究可能提供非常有趣的结果，但是却无法说明自己具有多大的普遍性，此所谓特殊性与普遍性的关系问题；个案研究是对社会处境中具体人际互动的研究，具有微观性和反历史性，往往忽略宏观因素的作用，出现所谓个案中的"微观与宏观的关系问题"。目前，从个案研究中"走出个案"（从微观到宏观）的较好途径是扩展个案法，即通过对宏观、微观两方面因素的经验考察，搜集资料兼涉宏观和微观两个方面，达到对问题的深入理解。因此，本研究除去选取幼儿园教师作为研究个案以外，还尽可能对幼儿园管理者进行访谈，扩展对幼儿园教师身份构建情境的分析和诠释深度。

---

　　① Robert K. Yin, *Case Study Research*：*Design and Methods*，Thousand Oaks：Sage，2014.

第四节　实地研究的实施

一　实地研究场域

本研究地点选择北京，主要是基于该市教育及学前教育的发展情况符合本研究的政策背景和研究者对实践的关切。

首先，北京是全国的政治中心，学前教育行政管理体系和地方性政策均较为完善，对国家教育政策的执行力强。市政府也较为重视学前教育发展。20世纪90年代末，在行政机构撤并的改革中，北京和天津是全国31省（市区）中仅有的两个保留学前教育管理机构的省（市区）。同时，北京在2001年出台了《北京市学前教育条例》，成为继江苏省之后省级层面较早出台学前教育地方性法规的地区。因此，较为完善的管理体系和地方性政策制度便于国家学前教育相关政策在北京的执行和落实。近年来，针对国家颁布的一系列学前教育政策，如"国十条""学前教育三年行动计划""学前教育督导""3—6指南""国培计划""普惠性幼儿园"以及"禁止小学化"等，北京市政府都做出了积极快速的反应，根据该市执行政策的状况，显而易见的如《北京市学前教育三年行动计划（2011—2013）》《北京市学前教育三年行动计划（2014—2016）》《北京市幼儿园收费标准》（2012）《北京市幼儿园综合督导评价实施办法》（2013）。这同时也说明学前教育尤其是幼儿园教师受到政府政策力量的影响较大。

第二，北京学前教育基本普及，幼儿园教师队伍基本能保障事业发展。2010年，该市户籍适龄儿童学前三年入园率达到85%以上，常住人口适龄儿童学前三年入园率达到80%以上，学前教育基本普及。全市共有幼儿园1245所。其中，教育部门举办的347所，集体举办的234所，其他部门举办的219所，民办的445所；在园儿童27.8万人；幼儿园教职工37227人，其中，专任教师21677人，大专及以上学历的专任教师占教师总数的77.84%。同时，市政府实施"三年行动计划（2011—2013）"，投入1亿元经费用于教师继续教育培训。北京拥有一支基本能够保障事业发展且具有较大发展空间的师资队伍。

第三，北京学前教育政策以注重质量提升和保障为倾向。从20世九十年代起，北京市教委协同相关部门建立了针对幼儿园的质量评估机制，出台《北京市托幼园所分级分类验收标准及细则》（1989 年颁布，1994 年修订）、《北京市幼儿园、托儿所办园、所条件标准（试行）》（1996）、《北京市示范幼儿园标准》（1999）、《北京市民办幼儿园年度考核评价标准及细则》（2008）、《北京市幼儿园全面实施素质教育评价指标体系》（2008 年颁布，2013 年修订）及其他相关规定，将幼儿园纳入基于级类评定的质量管理体系。一级园所尤其一级一类园是在办园方向、办园条件、管理与教育质量、卫生保健与教育工作等硬件和软件方面都达目标的优质学前教育资源。自 2009 年来，关于"入园难、入园贵"的各种报道频繁见诸报端，然而在北京地区，这一现象的本质是"入好园难"和"入好园贵"，体现了民众对高质量的学前教育的要求。2009 年，北京市教委颁布《关于进一步加强学前教育教研工作的意见》，明确要求要保障学前教育质量。2013 年该市开展了学前教育专项督导工作，形成了对全市学前教育发展和质量的督导评价、监测制度和工作机制。

第四，北京学前教育市场多元化，家长要求和参与学前教育的程度高。北京是全国的政治和文化中心，学前教育市场开放早并且程度高。在市场力量的作用下，消费导向的价值观侵入学前教育，呈现出纷繁复杂的图景。再加上"80 后"进入生育高峰期，新一代接受过更长年限、更高质量教育的家长要求其子女接受优质教育的愿望非常强烈，对优质学前教育资源的需求非常迫切。同时，身为消费者的家长的顾客意识也更加强烈，因此，选择、参与、评价和干预学前教育的程度是前所未有的。

综上，北京的幼儿园教师面临的来自国家和市场的双重压力是非常强的，选择北京地区幼儿园教师作为研究对象能够凸显教师建构身份中协商过程的情境压力，最为符合本研究的政策情境和实践背景。

二　个案教师的选择

（一）个案特征的考虑

在确定研究实施的地区之后，本研究主要采用目的性取样，考虑受访教师具备特质条件，依据园所和个人两大方面的背景信息选取个案。

（1）园所层面包含园所类别和园所级类水平两个方面。第一，园所类别，即以办学主体划分，不同类别幼儿园的办园理念及教师发展条件和空间有巨大差异。学前教育与政府之间一直是"弱联结"，因此其办学主体也较为多元。我国学前教育的主要办学主体有五类：教育部门、其他部门、集体和民办。通过先导研究发现，在前三类中，水平相当的幼儿园的教师其发展环境和教学工作比较相似。而且北京集体办幼儿园在转企之后已经所剩无几。因此，本次研究将前三类幼儿园合并为公办幼儿园。第二，园所级类水平，即园所质量的评定情况。北京属于较早实行园所级类评定的相关政策，"级"指的是幼儿园的硬件水平，"类"指的是幼儿园的软件水平，一般可划分为一级一类、一级二类、二级一类和二级二类四种。本研究主要关注幼儿园教师（即"类"），研究者将园所质量划分为一级一类、非一级一类和未评级类三种类型。

（2）幼儿园教师个体层面的因素，性别、学历、专业、择业动机、从业资格、年龄、教龄、职称、职务、编制、户口、婚姻等因素都会影响到其身份的形成。例如，专业能够最大程度反映教师职前培养的情况，相关研究已表明职前培养对教师身份的初步认识以及促进其身份发展的相关专业知识技能有重要作用。本研究中涉及的专业包含学前教育专业和非学前教育专业。教龄是反映教师工作经验积累情况的重要指标，研究已经显示不同发展阶段的教师对其身份的看法差异巨大。本研究根据教师生涯发展阶段，将教龄划分为"1—3年""4—10年""11—20年"和"20年以上"四级。编制是较具有中国特色的教师管理制度，其本质是一个分割性质的制度壁垒。编制意味着国家各种稳定的福利待遇。这一因素能够最大程度体现幼儿园身份中的制度属性。幼儿园教师的户口分为京籍和非京籍；婚姻状况则包括未婚、已婚无子和已婚有子。

（二）进入现场：个案教师的选择

笔者在北京有较长的学前教育学习的背景、短暂幼儿园实习经验以及高校学前教育教学经历，因此，熟悉从事一线幼教教学和管理工作的人。研究之初，考虑到园长是最接近教师的管理者，最方便联系受试，而且经过许可后亦可进入园所进行实地观察，所以将其视为进入实地的"守门人"，然而结果并不理想。经相识的幼儿园老师介绍，笔者联系了A园和B园的园长，但对方表现出非常警惕的姿态，沟通起来也比较困难。先是应对方要求，提供包括身份证在内的各种证明材料以及研究的详细访谈提纲（A 园长对访谈提纲也颇有质疑），接着又承诺在研究结束之后给 B 幼儿园做一场讲座，对方才勉强应允考虑安排访谈事宜，在等待几天之后却以"最近园里太忙了"回绝了此事。后来经过了解和反思得出结论，园长是教师的直接上级，通过园长介绍，笔者在受访教师眼中很容易成为"园长派来的人"，也会影响访谈效果。

当时，研究者恰好接触幼教教研人员[①]，教研员虽然职位高于教师，但与教师没有直接的管理关系，只是在专业发展、职称评定等方面存在业务关系。经过朋友介绍，以甲区教师进修学校的学前教研室田老师（化名，下同）、乙区教师进修学校的任老师和某幼儿园的教研负责人赵老师为守门人，向她们介绍研究目的以及所需受访老师的背景条件。其中田老师还提供了他手上市内某区所有幼儿园的基本情况等数据供本研究参考。在守门人的支持下，访谈也顺利开展。与此同时，在联系特殊个案过程中，笔者采用了"滚雪球"的方式，通过访谈与受访老师建立的真诚和信任关系，请求她们介绍特殊个案以逐步补充所需的个案老师。如张老师介绍了一名已经离职的杨老师；钟老师则介绍了一名男教师。研究者以目的性取样为主，并用滚雪球为辅助方式，最终选取了 33 名幼儿园教师，以及"扩展个案"的 3 名管理人员（标注为 Ia）。受访者[②]具体信息如下表：

表 3 - 1　　　　　　　　　受访个案的基本信息表

化名	性别	婚姻	户口	教龄/年	学历/专业	资格证	编制	职务	职称	园所类型	园所级别
戴老师	女	未婚	京	1	硕士/学前	有	有	配班	未评	公办	一级一类
白老师	女	未婚	京	2	硕士/学前	有	有	配班	未评	公办	一级一类

---

① 上文提到，北京市 2009 年教委颁布《关于进一步加强学前教育教研工作的意见》，要求必须"配齐专职幼教教研员"，因此，北京市目前形成从市级、区级到园所三级的幼儿园教研体系，教研人员比较齐备。

② 这些受访者来自 20 所幼儿园。

化名	性别	婚姻	户口	教龄/年	学历/专业	资格证	编制	职务	职称	园所类型	园所级别
何老师	女	已婚无子	京	12	本科/学前及艺术设计	有	有	主班	小一	公办	一级一类
赖老师	女	已婚无子	非京	13	本科/教育管理	有	有	主班	未评	民办	未评级类
文老师	女	已婚有子	京	13	本科/艺术教育	有	无	主班	小一	民办	一级一类
罗老师	女	已婚有子	非京	14	本科/学前	有	无	教研组长	幼高	民办	未评级类
李老师	女	未婚	非京	3	本科/幼儿艺术教育	有	无	主班	未评	民办	未评级类
孙老师	女	未婚	非京	3	大专/英语	有	无	配班	未评	公办	一级一类
王老师	女	未婚	京	1	本科/学前	无	无	配班	未评	公办	二级二类
段老师	女	已婚有子	非京	5	大专/学前	有	有	主班	小一	公办	一级一类
高老师	女	未婚	非京	7	大专/学前	有	无	主班	未评	民办	未评级类
金老师	女	已婚怀孕	京	4	本科/音乐	有	无	配班	未评	民办	未评级类
郭老师	女	未婚	非京	5	大专/学前	有	无	主班	未评	民办	未评级类
孟老师	男	已婚有子	京	8	硕士在读/学前	有	有	教研组长	小高	公办	一级一类
范老师	女	未婚	京	2	本科在读/学前	有	有	助理	小二	公办	示范园
马老师	男	未婚	非京	1	本科/学前	有	无	主班	未评	民办	N
兰老师	女	未婚	京	6	本科/学前	有	有	主班	小二	公办	一级一类
张老师	女	已婚有子	京	4	硕士/课程	有	有	教研组长	小高	公办	一级一类
盛老师	女	已婚有子	京	24	本科/教育	有	有	教研组长	小高	公办	一级一类

续表

化名	性别	婚姻	户口	教龄/年	学历/专业	资格证	编制	职务	职称	园所类型	园所级别
梁老师	女	已婚有子	京	24	大专/学前	有	有	转岗	小三	公转民	一级一类
曹老师	女	已婚有子	京	24	大专/学前	有	有	教研组长	幼中	公转民	一级一类
官老师	女	已婚无子	京	2	本科/平面设计	有	无	助理	未评	公转民	一级一类
史老师	女	已婚有子	京	21	本科/人力	有	有	教研主任	小一	公办	示范园
洪老师	女	已婚有子	京	22	中专/幼教	有	无	助理	未评	民办	一级一类
余老师	女	已婚有子	京	22	中专/幼教	有	无	主班	未评	民办	一级一类
钟老师	男	已婚有子	京	7	硕士/学前	有	有	教研主任	小一	公办	一级一类
魏老师	男	未婚	京	5	本科/小教	有	有	体育	小二	公办	一级一类
绕老师	男	已婚有子	京	9	本科/学前	有	有	信息	小高	公办	一级一类
林老师	女	未婚	京	2	大专/学前	有	有	助理	未评	公办	二级二类
韩老师	女	未婚	非京	4	大专/学前	有	无	主班	小二	公办	一级一类
吴老师	女	已婚有子	京	8	本科/学前	有	无	主班	未评	公办	一级一类
杨老师	女	已婚有子	非京	11	本科/学前	有	无	主班	小一	公办	一级一类
苏老师	男	未婚	京	3	大专/青教	有	有	体育	未评	公办	一级一类
赵老师	女	未婚	非京	5	博士/学前	有	无	教育总监	未评	民办	未评级类
蔡老师	女	已婚有子	京	27	本科/学前	有	无	园长	小高	公转民	示范园
郑老师	女	已婚有子	京	9	大专/学前	有	无	副园长	未评	民办	示范园

从此表可见，除最后 3 名为幼儿园管理者，在 33 名受访教师中，共

计 27 名女教师和 6 名男教师；教龄由 1 年至 24 年不等，平均为 8.8 年；学历方面，拥有本科学历为 16 名，大专学历 10 名，硕士 5 名，中专 2 名；32 名持有幼儿园教师资格证，专业以学前教育及相关专业为主，有 9 名为非学前教育专业；16 名教师未评职称；17 名教师有教师编制，16 名无编制。户口方面，11 名教师为非京籍，22 名京籍。婚姻状态，16 名已婚有子，3 名已婚无子，14 名未婚。个案教师来自三种类型幼儿园，有 20 人在公办园，即政府或相关单位举办和管理的幼儿园；10 人在民办园，即由社会力量（包括社会团体和个人）举办的幼儿园；3 人在公转民幼儿园，即政府将举办的公办幼儿园转让或卖给社会力量成为民办园；另，25 人所在园所已评级类。

三　资料收集

质性研究不能仅依赖单一来源的资料，必须从多种途径收集丰富的数据（Crewell，2013），只有经过多种数据的相互对照验证，才能共同绘制和呈现出整全的图景（Yin，2014）。本研究主要使用访谈、文本收集和观察三种方式收集数据。

（一）访谈

访谈是质性研究中最为主要的资料收集方式，也是本研究中最重要的方法。访谈即研究者通过口头对话从被研究者那里获取一手数据，[①] 通过访谈可以获取幼儿园教师实践工作中的基本感知和人际互动中对情境的定义、各种情绪表达、意义生产和理解及现实的建构。本研究中，笔者采用半结构访谈法，既能聚焦特定研究问题，又能保持访谈的开放性、灵活性和生成性。因此，在进入实地之前，笔者基于已有研究回顾和学前教育实践情况，拟定了访谈提纲，详见附录三。这些提纲中的问题以开放式问题为主，如"为什么选择当幼儿园教师？""在和孩子的相处中，您觉得孩子把您当成什么角色？"鼓励受访教师自由表达。访谈围绕幼儿园教师在与幼儿、家长、同事和园所领导互动中的含情绪性的"关键事件"（critical incidents），因为正是这些事件促使个体选择特定行动进而引导个体向某个方向，从而影响个体自我和身份的形成。在访谈过程中，笔者尤其关注这些

---

① 陈向明：《质性研究方法与社会科学研究》，教育科学出版社 2000 版。

事件中教师的情绪反应、互动过程和诠释、意义理解与变化及应对策略，例如，"在和孩子的互动过程中，哪些时候孩子让你觉得特别积极（高兴、有成就感……）？这对你有什么影响？你是如何应对的？请举个例子"。

访谈时笔者根据情况灵活调整问题的内容和顺序。具体而言，笔者把每一次的访谈看作"谈话"，与被访者的一次互动，这不仅是"话语事件"和"言语"层面的互动，不让对方感觉到你只是从他那里收集资料，这更是一次心灵的谈话，浸润着情感互动，让双方觉得这是一次心与心的交流。因此，除了掌握提问、追问、倾听等谈话的技巧之外，笔者还特别关注被访者的情绪反应，并做一些访谈记录，并积极地共情、真诚地接纳和关怀对方的感受，从而真正去理解对方的内心世界。

为了保证访谈的质量，笔者刻意营造安静舒适的环境，让受访者能自由轻松地表达自己的观点。首先，选择适当的访谈时间段和保证访谈时长。幼儿园教师是整天的工作，从早晨幼儿入园到下午离园，除了午休时间，几乎没有超过一个小时的空余时间。一开始笔者在午休时间进行访谈，发现这时候的教师比较累，再加上她们这时候还得负责照看幼儿的午休，因此访谈效果比较差。经过考虑，接下来的访谈时间只能选择她们身心比较放松的时段，即晚上或者周末。因此，由于受到访谈时间的限制，研究推进得比较慢。恰巧在调研期间北京 APEC 会议有近 7 天的假期，由此加快了研究进程。在访谈时间上，每次访谈控制在 60—90 分钟，也有的教师愿意分享，最长的时长达 3 小时。其次，访谈地点的选择以便利和舒适为首要原则。通过与幼儿园教师接触，她们都因担心上级知道而带来麻烦，几乎不愿意在园内接受访谈（仅有 4 名教师在园内的会议室完成访谈），因此，为了打消她们的顾虑，笔者尽量事先预定离园所最近的咖啡厅和茶舍，以保证访谈过程不被打扰。

访谈大部分采取一对一的访谈策略，使受访教师能够不受干扰，效果较好。有两次访谈由于时间冲突的原因，只能安排一对二的方式，田野结束后发现这两次的数据并不理想，最后作剔除处理。在每次的访谈开始前，笔者都会以名片向受访者介绍自己"是一个在香港就读的博士研究生"的身份、研究目的以及研究中的隐私保护，这样通常能够很快消除受访教师的警惕心理，获得她们的信任；同时确保受访者签署知情同意书。本研究大部分访谈都在征得同意的情况下，使用录音笔录音；只有文老师比较谨慎，表示不愿接受录音，采用笔录的方式。

此外，笔者尽可能进入受访教师所在幼儿园，并寻找机会对园所教师和相关人员进行非正式访谈。如在 C 幼儿园调研时，身为教育总监的赵老师是守门人，在其接待并一起参观园所的过程以及用餐环节，笔者把握各种机会了解该园所的运作、其教研工作和教师的现状，并结合对幼儿园的观察做田野笔记。与正式访谈相比，非正式访谈结构比较松散，对话过程比较自然，也可与正式访谈内容相互补充和验证，以提高研究结果的丰富性和可靠性。

（二）文件资料收集

本研究中，文件资料是仅次于访谈资料的研究数据源，其特点是覆盖面广、比较精确，如事件中出现的精确内容和细节等，通常与其他质性数据联合使用。[①] 就类别来说，通常包括正式的官方文档和非正式的个人文档两大类。

笔者收集正式的官方文件数据包括两个层面，一是国家层面、北京市政府颁布的学前教育普及与质量提升的相关政策文本、统计数据和新闻报道；二是受访教师所在园所基本资料、规章制度和发展政策（尤其与教师专业成长相关）。这些文档主要在访谈开始之前收集，以便了解现场。通过此，笔者掌握了北京市学前教育基本背景（尤其是教师队伍发展情况），了解了目标园所的类型、办园理念、园所级类评定、园所活动和教师队伍整体情况等，有利于尽快熟悉现场，与其他质性数据的对接、验证和深入。

笔者收集的非正式个人文本主要是幼儿园教师的反思日志（活动反思）、个人教育笔记、幼儿观察记录和活动教案。在每次访谈结束后，笔者都会向受访教师提出收集资料的请求。由于幼儿园教师工作忙碌，笔者在访谈结束之后通常需要与她们保持联系，才能取得这类资料。在访谈结束后，共有 8 名教师提供了个人文本，但在后期分析中发现，本应能够了解受访教师内心世界的反思，大多被视为"任务"，所以很多反思文本只是应付的材料，多为简单描述问题与解决办法。因此，这些材料的运用受到一些限制。

---

① Robert K. Yin, *Case Study Research: Design and Methods*, Thousand Oaks: Sage, 2014.

（三）非参与式观察

观察法的特点在于真实性和联系性，了解和感受研究对象所处的真实工作情境。由于观察费时耗力，在本研究中仅作为收集数据的辅助方式。具体观察策略上，研究主要采用非参与式观察，避免干扰教师正常的日常教育活动。在现场时，幼儿园教师对入园观察比较警惕和排斥，笔者只能尊重教师想法，因此，入园观察的机会比较少，仅有 3 所园。笔者进入幼儿园，以局外人的视角观察。观察内容主要有三个方面，一是园所整体环境的布置，包括硬件设施（包括教师活动室等），尤其是园所的标语、图画、装饰等，可以看出园所理念和办园特色。二是受访教师所在班级的环境创设情况，可以看出该幼儿园教师的幼教理念及工作情况，同时也可以为深入访谈提供线索。三是幼儿园教师室内和户外的教育活动过程，这些活动直接呈现了包括与幼儿、同事、领导等较真实的人际互动，有利于对受访教师的工作进行最直观的体验。

四　资料分析

数据分析是将数据转化为研究发现的过程，质性研究中资料分析贯穿于研究中不断对资料的反思、提问和备忘笔记等连续过程，但最主要的资料分析环节还是在现场工作之后。

（一）整理与编号

本研究的数据主要包括访谈数据、文件数据和田野观察笔记。首先，笔者请专门的转录公司把所有的访谈录音逐字转录成初步文稿，然后再从头至尾听录音对文稿中的缺漏进行补充，并再次通读校对形成最终的访谈文字稿。接着，整理和补充收集的文件数据和田野观察，形成可以阅读和分析的文稿。为能够清晰呈现数据，便于查阅和引证，笔者对资料编号：访谈数据——I，文件数据——D 和田野观察笔记——O。第一，访谈数据的编号包括以下几部分：（1）受访教师单位类别，即幼儿园类型：公办幼儿园——Pu 和民办幼儿园——Pr；（2）受访者身份，包括编制、性别和教龄三部分：有编制——Y 与无编制——N；男性（M）与女性（F）；（3）受访教师的教龄。第二，文件数据的编号包括：文档数据类型：非园所的官方资料——DF1，园所的官方资料——DF2，个人资料——DiF；并缀以文件名和日期。

（二）编码分析策略

在先导研究时，笔者曾采用 Nvivo 质性研究软件对数据进行编码处理。Nvivo 软件在数据的管理方面确有较大优势，但在分析和使用资料过程中却发现通过软件的处理，数据更多是呈现碎片化的形态，很难找到某个个案整体的感觉。再加上本研究个案数量并不算多，因此放弃了对 Nvivo 软件的使用，返回最原始的手动阅读和分析。在编码前反复通读文稿，以加深对数据的了解和整体把握。由于资料收集过程并非完全自由随意，而是在一定框架基础上的灵活掌握，因而数据编码过程采用"自下而上"（即从数据中浮现类别和主题）和"自上而下"（由预定的分析框架来发现数据中的主题和敏感性概念①）相结合的方式。首先，"自下而上"，程序上包括开放编码（open coding）、主轴编码（axial coding）和主题编码（selective coding）。笔者首先采取开放编码方式，将数据分解为具有特定意义的词、短语、句子，并用一定的代码标示出来，形成初次编码。例如孩子会跟老师讲"爸爸妈妈之间闹的笑话"初次编码为"幼儿有趣的言语"。其后对这些编码比较、思考和归类，从而形成若干类别（categories）。例如对幼儿园教师专业性的分析，通过对"好教师"问题的分类编码，归纳出 19 项类别。接着，研究者进一步主轴编码，在类别之下建立子类别（sub – categories），并寻找不同类别之间的关联。其次，结合"自上而下"，将类别与子类别，对照预先确定的研究问题和分析框架（尤其是关键概念），实现理论与数据之间的互动，进一步审视类别及类别间的关系。最后，在主轴编码的基础上，结合已有的分析框架，确定浮现出的不同主题，并以其为中心与其他类别和子类别关联起来。例如，对幼儿园教师情绪地理的分析，对其情绪事件进行初步编码，并结合情绪地理的分析框架，最后呈现出幼儿园情绪地理的完整图景。

第五节　研究的可靠性与伦理

对一项研究质量（quality）进行考察，量化研究通常采用信度和效度

---

①　敏感性概念（sensing concept）用作一种"大致的参照感与方向感"，从而将经验世界与社会世界统合起来（Blumer，1954）。

为衡量指标。质性研究遵循与量化研究截然不同的范式，其所关注的是社会事实建构的过程和在特定情境中的理解和解释。因此，质性研究质量的判定标准有别于量化研究的信效度指标，通常关注研究是否真实可靠，即关注研究的可信赖度（trustworthiness）和真实性（authenticity）。由于这种可靠性通常取决于实地工作者之技巧、能力和执行工作之态度，因而与研究伦理密不可分，故将两者一并讨论。

一　研究可靠性的保证

在质性研究的可靠性上，仅仅用概括性、理论性的词汇来说明效度，只是一种照本宣科的方式。本研究以进入现场、数据搜集、数据分析等过程，具体说明研究实践中如何排除效度威胁，以尽量保证该研究的可靠性。

第一，与受访教师建立真诚信任的互动关系，保证研究数据的真实性。采集数据之前，笔者通过电话与受访教师作简单交流，表达对其工作的尊敬和认可；每次正式访谈前，都会先与教师聊天，互相介绍，让受访幼儿园教师熟悉笔者的个人信息和经历，知晓研究目的和意义。尽管如此，部分幼儿园教师在正式访谈开始阶段仍然保持警惕，在回答问题时十分小心。为此，笔者在资料收集过程中特别注重与受访教师的真心对话和情感的交流，表明自己是一名十分关切幼教现实的博士研究生，关注与倾听受访教师经历，努力让受访教师把心打开，唯有从心出发，心与心的交流，才能进入最深处，使其愿意表达最真实的想法，而非让对方感觉自己只有被用于收集资料而已。

第二，确保研究结果的三角验证。本研究使用数据三角验证和方法三角验证①。在数据的三角验证中，笔者对目标受访幼儿园教师与其他受访者数据进行比对和验证，例如高老师谈及 C 幼儿园家长关于幼儿园老师是廉价劳动力的言论，在李老师的访谈中得到验证（详见第五章），又如赵老师、郭老师、罗老师等访谈数据都一致验证了幼儿园采用对幼儿等级评分并与教师工资挂钩的做法（详见第四章）。在三角验证方法中，笔者

---

　　①　常见的三角验证方法分为资料三角验证、调查者三角验证、理论三角验证和方法的三角验证（Denzin，1989）。

对比和验证受访教师访谈与数据收集两种方法所获得的数据。例如盛老师在访谈中提及自己曾为转变一名尿床的孩子做过大量工作，在她提供的个人反思文件资料中有对这件事的详细描述（详见第六章）；又如从园所文本数据 E 幼儿园《微笑服务守则》以及曹老师的访谈可以验证该幼儿园为家长提供微笑服务的情况（详见第六章）。

第三，确保编码者信度。为了保证资料分析的可信度，笔者请一位教育类质性研究背景的博士协同做编码。具体而言，任意选取 8 位幼儿园教师的相关数据进行分别编码，独立分析幼儿园教师的身份类型特点、互动类型特点、情绪地理及作用。两位编码者对分析结果加以核对和比较，并往返讨论与修正，做出适当的调整，以获得一致性较高的编码分类来降低研究者编码上的偏颇。之后，笔者使用讨论后确定的编码分类框架对其余幼儿园教师的数据进行分析，最终响应本研究的研究问题。

第四，反省研究者自身角色与经验，自我反思贯穿研究始终。在本研究中，笔者始终扮演"熟悉的局外人"这一角色。一方面，对于本研究中的幼儿园教师而言，笔者是一个局外人，既不是幼儿园教师，也不是幼儿园教师的利益相关者如他们的学生、同事及领导等。这一角色能够使笔者站在幼儿园教师工作情境之外，客观地理解和分析她们追求和探寻意义的过程；另一方面，笔者的专业领域为学前教育学，本科和硕士期间多次观摩北京幼儿园教师的课堂教学情况，并曾在北京一所幼儿园实习。同时，笔者的同学和朋友有不少在幼儿园从事教学、研究和管理相关工作，笔者也时常与她们聊天，倾听她们的工作心得和感悟。这些经历使笔者对幼儿园教师的工作情境比较熟悉，更能理解她们追寻意义的过程和经历。除此之外，笔者将自身"放置"（position）于质性研究中，意味着笔者自身的背景和经验无时无刻不影响着研究资料的获得和解释。整个数据收集和分析过程中，笔者努力做一个反思型实践者，对自己的角色、个人身份、思想偏见、自己与被研究者之间的关系以及所有这些因素对研究过程所产生的影响进行反思，以尽量降低个人主观判断和偏见对资料收集、分析与解读的可能影响。例如，在 C 幼儿园访谈郭老师之前，与赵老师的闲聊中曾对郭老师作了一些个人判断"她是个不认真的老师，只知道谈恋爱"，"就是打工妹的心态"等。在访谈之中，笔者尽量抛开这些偏见的影响，抱着尊重和真诚的态度，最终发现郭老师并非如赵老师所述。

二　研究实施中的伦理关注

本研究探讨幼儿园教师身份的建构，研究对象是教育场域中的人，因此涉及研究伦理议题。笔者在研究过程中特别注意恪守研究伦理，以避免因为研究的展开而伤害研究对象的权益，尤其是以下几点伦理：

第一，充分知情同意，不欺骗或隐瞒受访对象。笔者在进入研究现场，面对幼儿园园长以及幼儿园教师时，遵守自愿原则和知情同意原则。在访谈开始之前，笔者都会准备好"名片"和"知情同意书"（见附录一），并详细地告知被研究者笔者的博士研究生身份，以及研究目的、数据的使用等，并让她们签署"知情同意书"。所有的访谈记录都是在征得受访教师的同意之后才进行录音。

第二，尊重个人隐私，奉行保密原则。笔者充分尊重受访幼儿园教师的个人隐私，在访谈之前会告知她们个人的信息与资料绝对保密，不会在任何场合向任何个人泄露受访教师的个人信息。在 C 幼儿园访谈之后，园长要求书面的访谈记录，因为访谈教师数量不多，书面的访谈结果很容易识别受访教师，给她们带来困扰，笔者委婉拒绝之后并礼貌性地给园方写了一份教师专业发展建议。在对资料的分析以及论文的写作和发表过程中，研究都对所选取的幼儿园和教师做匿名化处理。另外，在研究数据的使用上，充分尊重幼儿园教师的隐私意愿，例如段老师和孙老师等来自部队机关幼儿园，她们在访谈过程中谈到"军事化管理"的话题时，当即觉得不妥，并向笔者提出不能使用这段内容的要求，虽然已经有录音数据，但在后期资料分析时并未采用。

第三，尽量避免影响受访教师的正常工作和研究造成的心理伤害。幼儿园老师日常工作异常忙碌，因此笔者所选择的访谈时间均以其空闲时间为准，如周末、假期和晚上等时段，尽量不打扰其日常工作。笔者在访谈过程中发现幼儿园教师认为自身社会地位较低，加上本研究又涉及情绪的议题，因而容易出现情绪波动，甚至也有情绪崩溃、痛哭的状况。在对高老师和范老师的访谈中就出现了情绪突然失控的状况，及时终止了研究，停止录音，并安抚情绪之后，并谈论一些轻松的话题；大约 10 分钟之后，高老师表示情绪已经缓和并愿意继续接受访谈。

第四，坚持互惠原则，倾听并真实呈现幼儿园教师的声音。幼儿园教师需要在繁重的工作之余花费时间和精力与笔者交谈或为笔者整理个人资料，因此，笔者也会以不同方式回报她们。例如，直接的物质礼品如香港中文大学的纪念品、巧克力、护手霜等小礼品和真诚的语言感激等。更重要的是，笔者在研究过程中始终秉持尊重和真诚的态度倾听幼儿园老师的声音，给她们尊重和理解，本研究关于"身份"问题的探讨也引发了老师们的反思。如蔡老师在访谈结束之后对研究者表示感谢，认为访谈让她思考了"从来没有想过的问题"。而白老师则给研究者发来邮件感谢"帮我做了下梳理，让我也有些思考"。此外，笔者亦确保会如实地呈现幼儿园教师的声音，这也是对她们的一种回报。

第四章　幼儿园教师身份构建情境的批判式分析

本章透过诠释性互动论的视角，站在幼儿园教师的价值立场，对影响幼儿园教师身份构建的情境进行批判式分析，旨在将幼儿园教师个人困扰扣连到公共政策议题，为那群沉默的大多数发声。通过数据分析与批判，本章勾勒出影响幼儿园教师身份形成的三种结构性力量：国家权力、市场话语和性别文化。

第一节　国家权力：监督的技术

虽然学前教育市场化改革之后，即国家从学前教育的公共领域部分退出，办园体制从国家单一控制转向国家与市场并行，然而政府对幼儿园与幼儿园教师工作的控制并未减弱。相反，政府通过各种政策的颁布，并基于指标式的评估与检查，实现了对学前教育和幼儿园教师的远程操控。

一　学前教育质量监控之下的幼儿园教师

（一）基于指标式标准的监督与问责

近年来，在"工具—技术理性"的质量评价观及新公共管理"质量话语"的影响下，北京市政府逐渐强化对学前教育质量的"表现主义"和"仿市场化运作"的督导和监控。通过对该市、区一系列政策文本的分析，研究发现其已经建构起一个内容完整、运作有序的质量监管与保障机制。该机制包括三个基本要素[①]，首先是表现指针式的质量标准。北京

[①]　参考曾荣光教授（2006）对香港教育质素管理与质素保证机制的分析，该机制的三个基本要素分别是：标准化的表现指标、有效的监察评估制度及有力的问责机制。

市通过制定一系列标准将幼儿园纳入"分级和分类"系统。"分级验收标准"包括了环境及设备条件和人员条件两大类共十个项目，每项标明了一级、二级、三级、四级共 4 个级别的评价标准。"分类验收标准"中包括了行政管理、教育教养、卫生保健、儿童发展水平标准四大类共 26 个项目，每项标明了一类、二类、三类共 3 个级别的评价标准。[①] 根据各园所"达标分数"划分为示范园、一级一类、一级二类、二级一类、二级二类、三级三类等，还单独设置《北京市示范幼儿园标准》进一步细化指标，并通过《关于加强民办幼儿园质量管理的通知》将民办园也纳入这个质量监控系统。

这些标准都有类似 ISO（International Organization for Standardization）所倡导的可见、可量度的指标体系，具体到第三级甚至第四级指标，每个指标都附有可测量和评价的分值和评估方式。例如，某区在市级政府质量监控的理念下，设置了非常详尽的《某区幼儿园全面实施素质教育评价指标体系（2014）》：

> 有针对每个幼儿发展进行过程性记录的成长记录册（2 分），评估方式"查看文字材料"；[……] 教研、科研制度健全，岗位职责明确，保障措施具体，落实到位（2.5 分）评估方式为"查科研、教研工作记录"；[……] 有教育反思记录及案例（4 分）[……] 有市级以上获奖的教学、科研成果、文章、教案和论文（3 年内）（1.5 分）。

其次，该质量监控机制第二要素是拥有有效的检查评估制度。北京市通过颁布《关于进一步做好城镇地区托幼园所分级分类管理的几点意见》，形成了由幼儿园"自评"加市、区"验收"的督导评价机制。2014年某区设置了更加严密的督导部署，通过《某区幼儿园全面实施素质教育督导评价方案》，建立幼儿园自评工作的程序，规定幼儿园各部门分工和管理工作目标，组成若干专项自评小组，布置自评计划，最后提交《幼儿园自评报告书》；并由区教委和区教育督导室负责评价验收。在安排的时间内，参考幼儿园自评报告书，并通过调查表、问卷、看活动、文

---

① 政策文本详见《托幼园所分级分类验收标准及细则（试行草案）》。

件资料、查看园所环境、座谈、访谈等方法收集评价信息，进行评定①。此外，市级学前教育办公室颁布《关于托幼园所年度考核的通知》，对于已评级类园所建立长期的动态质量监管机制，即每年要参加年检，由园所自查与上级检查相结合；检查评估与视导相结合。②

最后，该质量监控机制还包括有力的问责制度，包括积极的奖励，上级上类的幼儿园由市区级统一制作颁发"一级一类标牌"和"级类证书"，以证明幼儿园达标。最重要的是，分级分类评估结果与幼儿园的收费挂钩，园所级别直接决定了幼儿园保育教育费数额。一级幼儿园每生每月收 750 元；二级幼儿园 600 元；三级幼儿园 450 元；无级类幼儿园 250元。③ 另外，某区还规定要向社会公布督导评价结果，同时以此来评价区县政府教育工作、考核相关官员和进行表彰奖励。

（二）监督下的幼儿园教师："像陀螺一样，从早转到晚"

处于政府频繁、高压的质量监控活动之下，幼儿园教师如置身于"全景式监狱"④。上级检查繁多，验收常常会有预验、初验、复验，每年规定动作年检，示范园还要接受上级的"示范任务"，即开放和接待各种看客。于是，幼儿园教师处于高度紧张状态，必须要放下手中的事情，迎接各种检查、参观、接待，罗老师形容自己在负责早教示范基地评选的时候，"忙个不停，一刻也不停歇，就像陀螺一样，从早转到晚"（罗老师）。

> 好几次评估呢，然后要写很多材料，我们的环境布置，以及孩子的要求啊 [……] 评上了以后都会有开放呢，对其他的姐妹园啊，对全国的，还有培训的，都会有开放。还有年检，每年都会评一次。（何老师）

---

① 政策文本详见《2014 年某区幼儿园全面实施素质教育督导评价方案》。

② 政策文本详见《关于托幼园所年度考核的通知》。

③ 详见《北京市公办幼儿园保育教育费、住宿费收费标准（2012）》。另外，政府规定市级示范幼儿园可在一级幼儿园保育教育费收费标准上上浮 20%。

④ 福柯在《规训与惩罚：监狱的诞生》一书中提出"全视景监狱"（Panopticon）来说明归训权力技术的运用，即运用一整套控制、监视、管教、改造和惩罚的组织管理手段，人不再被看作是一个具有自己独特个性的个体，而是一个能够被驯化、调教、塑造的对象。

　　这些评估检查最主要的是"呈现可审核的说明"（auditable accounts），包括提供可审核的文字材料，从园长到教师们都要投入大量时间写材料，涉及幼儿园教学、科研，教师工作计划、反思等多方面，材料不齐就会被扣分，加班是家常便饭。而对于已经上级上类的幼儿园，教师们忙于写东西就成了常态。这种情景可见于以下教师的表述：

　　　　我们每天没有闲着的时候，写东西都写不过来。观察分析记录，一天要写四个孩子，我要观察四个孩子，就一个活动区我要观察四个孩子。你看他玩什么了，你分析他的这种情况，他的这种行为，你得有相应的措施，你是怎么指导的，就仅仅半个小时我得观察四个孩子，我得写四个孩子的分析。他为什么这样做，他的想法是什么，他都有，你也写四个孩子。我还有每天班长工作日志，我都得写，我一天干什么。我在区域里干什么了，我跟哪个家长联系，我观察哪个孩子，班里面什么东西坏了没有，所有东西你得检查一次，这是我要写的。我还得写教育笔记，我还得写其他的观察记录。回头我还得写每天交接班记录。每次还有孩子哪个评价，孩子的评价报告，一个本。比如说他跑、跳、投，什么都要观察，如思维、语言那些东西。（余老师）［画线部分是笔者强调的重点］

　　其次是创设符合督导要求的环境，受访老师表示平时要耗费大量时间和精力做各类的环境创设，还需要绞尽脑汁、别出心裁，因此经常集体加班。由于示范园的检查和参观频率高，"有时候一个礼拜就好几次"，范老师对此描述道，"来了一拨检查的，这个墙刚贴满，又来参观，就要换墙饰，然后'啪'就一撕"。

　　　　检查增加了很多工作量，还得加班，因为这要完成很多的东西。环境创设真的是很多，包括主题墙环境创设、幼儿园区角环境创设、家园联系栏创设、幼儿园文化环境创设、自制教玩具，还有区角材料的投放等，等等等等，这些都有要求。（赖老师）
　　　　经常为了布置环境，老师们集体加班［……］像我们这种老教师，就是手工能力强一点的，头验收的一个半礼拜吧，除了自己班里做完，整个楼道环境要做，<u>一直加班到夜里两点</u>［……］因为你要验收，你的环境要按要求，要很细，你的楼道环境每一个点都要体现到你有教育意义上，就是把教育渗透到孩子一日生活当中去，比如你楼道里挂一幅画。（吴老师）

为了迎接评估检查，凸显本园的教育质量，教师们需要不惜时间，集中所有力量，悉心设计"精品式"教育活动。受访老师对此深有体会，"就是作假嘛"，"拉着一班学生练好几遍，然后上面来人了，就像是作秀"。盛老师坦言：

> <u>说实话，这些课就是我觉得多少带一些假的成分。</u>［……］就是说上课什么的吧。就是基本上孩子也都是那个，就得让孩子练，都得练，就那样。所以就，那时我就特别不愿意参加这个活动。我觉得特别假，就很形式。<u>我就觉得什么的，连工作，连教育都造假的话，我就特别看不起。</u>［……］你看半日的话，我觉得您会看到老师很多奇葩的东西。（盛老师）

被挤压的身份："忙！我没在为孩子而忙。"

很多受访教师在谈到幼儿园的工作状态时，都说"忙！忙！"。本应该属于孩子的教学、户外活动时间和精力，都被事务性的写材料、搞环境和学习任务大部分占用和消耗了。史老师感到一天中不得不面对"无休止的任务"，"被工作牵着转"，始终处于"匆匆忙忙的状态"。杨老师也觉得一直处于"累的常态"，这些工作要占到三分之一的时间。

> <u>参加各种学习，看课，写东西，还有无休止地工作期间写的这些东西，</u>学的这些东西，不是在你工作期间能够完成的，就这八小时你是完不成的，你要付出大量的时间，你工作之外这个时间去做。［……］<u>真的一天基本上属于被工作牵着转，干这个，干那个，上课，出去玩，吃、喝，完了以后中午睡觉，孩子中午睡觉了还得计划，就没有停歇的时候，该学习了，今天该开会了，就处于这种匆匆忙忙的状态。</u>（史老师）

每年园里的这种每个月要求你换主题什么的，［……］可能一个累就是一个常态。［……］我觉得园里这些活儿大概能占三分之一的精力，其实剩下跟孩子和家长交流的时间就特别少。（杨老师）

受访兰老师坦言，虽然工作繁忙，但"我没在为孩子而忙"。对于幼儿园教师来说，关注孩子才应是最主要工作，最能实现身为教师的工作价值。受访者范老师认为在进入"分级分类"质量系统之前，每天就是备课、上课，观察孩子的时间较多，也有很强的幸福感。而近年这些备课上课时间却慢慢被挤压，没有时间安心备课，或静心观察和关注孩子。

现在工作量特别大，原来那会［笔者按：在接受质量评估之前］就是备课，每天就备课上课，但那会觉得挺幸福的，备课、上课、观察孩子的时间特别多。现在就是备课都很少有这样的时间，就是一下午给你这么长时间备课，要不就是开会，要不就是教研，要不就是弄环境，反正是好多事，忙，就没有时间安安心心地备课。（兰老师）

很忙，每天就是弄环境，一边弄环境一边带孩子，你还要注意孩子的安全，神经都是绷着的，都是眼观六路耳听八方那种感觉［……］很难静下心，关注孩子、观察孩子。（范老师）

在频繁、大量的事务性工作压力下，尤其要应付检查，占用很多时间，教学工作被边缘化，有些教师则重新异化成"看管孩子不出事，自己则忙自己的事情"。甚至有老师无奈地表示在接待参观环境时，孩子们就被迫离开教室。史老师坦言"其实真正跟孩子在一起的时候很快乐，但并没有很多时间"。

像我们班老师，只要孩子不出事，你就玩吧，随便玩都行，别太闹，别把区里的东西弄得乱七八糟的就行，有秩序点就OK。然后他们会自己去忙自己的事情，因为每天幼儿园老师的事情特别多，他有行政的，园长的要求，还要交这个教那个，还有墙饰呢，我们会趁孩子玩的时候，做点墙饰啊，去打点字啊什么的。（戴老师）

我们会大量接受别人来参观，［……］然后孩子经常"无家可归"。因为他们参观环境时孩子是不应该在教室里的，就到处流浪。[……] 这种情况很多，有时候一个礼拜就有很多次。（范老师）

比如环境创设、文字材料啊，主要就是这些方面的。那要做环创、文字数据，这些都是要应付检查。百分之八九十是要应付检查的。这些其实要占用很多很多时间。……比如说班级里的环创，从我来讲，更多的是以幼儿为出发点的，但是有一些公共环境，比如幼儿园公共环境，就需要占用老师个人的时间，那个时间段可能觉得自己不像个老师，倒像是个"搞艺术的"[……] 这不是你自己主动愿意做的事情。（孟老师）

二 幼儿园教师的"被专业化"过程

近年来，在自上而下驱动幼儿园教师专业化的背景下，国家出台了一系列引领性政策，如《幼儿园教师专业标准》（2011 年）、《3—6 岁儿童学习与发展指南》（2012 年）等。这些政策对幼儿园教师的专业素质提出了明确要求，指引了我国幼儿园教师队伍向专业化方向建设。然而受现行"工具理性"导向的教育行政监管影响，实践场域中幼儿园教师的专业化及促进专业身份认同的过程被物化为"政策学习""各层培训""科研要求"和"反思任务"等差事。

受访教师大都明显感受到国家对学前教育及教师前所未有的关注，然而对国家具体政策或内容都表示茫然，再进一步问到《专业标准》，大多教师说得不太清楚。受访教师表示上面规定学习政策，"一星期五天最少学三天，大部分是午休时间"，然而这些学习并没有留下"专业化"的印记，在老师看来政策学习"像吹风一样，一阵儿就过去"，她们很难从政策中为自己赋予专业意义。

上面有什么政策让我们学，有学教育大纲、北京市纲要什么的、专业标准，学这些，这个也像吹风一样，一阵儿就过去 [……] 我觉得没用，我觉得做好这个职业来源于个人的追求。（杨老师）

再到区级和幼儿园层面，政策学习的主要途径就变成了以考试替代学习，例如，教师对《指南》的了解就是通过一次次上面规定的考试。"3—6 岁指南"是 3—6 岁幼儿发展的系统的、连续的知识，也被拆分成"小班组考小班的""我们中班就考 4—5 岁幼儿特点"（李老师）。在应付考试的过程中，政策学习也就沦为死记硬背，流于形式。孟老师颇为认可《指南》理念，认为可以给老师带来改变，但是这样的改变过程不能靠考试、靠行政命令的灌输，对老师的专业发展的评价不该靠"直接的分数"和"数据化的评价"，应该是"过程性"和"发展性"的。

项目化的培训工程是政府推动幼儿园教师专业化的最主要手段。政府专门颁布《关于"十二五"时期幼儿教师培训工作的意见》，建立起市培训中心、区县培训基地、幼儿园"三位一体"的研训模式，推出九大培训计划，并规定 2011—2015 年间的培训班次、人数、时数等数量化指标以落实《专业标准》。这些时间短、任务重的专业培训，高效率地将幼儿园教师专业发展的生动性、丰富性、鲜明的个性异化成一次次大班额的集中培训和一组组抽象的培训次数、时数。在受访教师看来，很多培训是徒劳的，甚至连国家级培训也是名不副实的，只是找几个专家讲讲而已（蔡老师），培训内容颇多重复，这在 S 师范高校 2012 年的幼师师培方案中也可以看出，6 大培训项目中至少有 4 名专家重复讲授，并且内容大同小异。

在专业化的要求下，专业的幼儿园教师应该是研究型教师，要能够"针对保教工作中的现实需要与问题，进行探索和研究"[①]。于是幼儿园教师们不仅要有基本的教学技能，连参与课题数量、发表论文数量都成为衡量专业的硬指标。幼儿园教师被要求像大学教师一样做科学研究和写研究报告。每个老师被逼着像专家一样发表文章，绞尽脑汁，甚至在网络上东拼西凑。

　　　　我们园是剪纸课题，做研究我觉得挺困难的，说句实话挺困难。
　　[……] 我觉得现在要我们做研究的东西实在是太多了，就是要求幼
　　儿园要有课题，比如说你要评级、职称的话都需要课题，这些都是硬

---

① 中华人民共和国教育部：《幼儿园教师专业标准（试行）》，中华人民共和国教育部 2012 年。

件的。比如说自己班里头搞一个主题，都要想想怎么去研究，研究适合你们班孩子根据这些来定上什么课。（兰老师）

我觉得这个不科学，我觉得老师的职责就是带好班，看好孩子，然后保育都做好了基本教育已经完成了。[……] 我觉得逼着每个老师都成专家发表文章，特别不合理。因为他成硬性指标，老师就老在想这个事，老师的理论水平可能有限的，通过网络上的东西，东拼西凑反倒是没有意义。（杨老师）

此外，专业化要求幼儿园教师必须是反思型教师。主动的反思能力的确是专业型教师的一种素质，然而当反思成为考核指标，有了数量的要求，反思也就异化为添加在老师身上的负担。面对繁多的活动反思、区角反思、生活指导反思，教师们就开始凑数和在网上抄（吴老师）。大多数教师在这样的反思中并没有获取专业发展的意义。

我们基本上都是每个月分配写反思，比如说这个年级组里分配，你是哪一个领域的你就要去实施这个园本，你要写反思、要交反思，就是这样。（范老师）

我们这个文字材料负担还是很重的，要有班级的计划，然后要有教案，还必须要有反思。你一周必须要交多少篇，可能我每周就要凑这个数。（孟老师）

现在都要求写反思，写得多啊，我觉得很没有意义。[……] 他们年轻有时候老在网上抄。（盛老师）

三　无根的浮萍：缺失制度性身份资源的幼儿园教师

法律身份和编制是幼儿园教师赖以建构身份的制度性资源，然而她们却难以获得这些资源，成为制度边缘化的群体。在法律上，幼儿园教师并没有得到保障。范老师说在国家法律中幼儿园教师徘徊在法律的边缘地带，没有任何保障，她甚至也迷惑"我们幼儿园老师到底算不算老师?"

还有一些教师的保障，就像教师法，它只是关注中学和小学，对幼儿教师没有任何保障。教师法，那我们幼儿园老师到底算不算老师呢？如果发生了问题，谁会站在幼儿园老师的前面还是把老师直接推出去，就觉得老师没有保障，<u>对我们这个群体其实没有什么保障</u>。（范老师）

　　相对于法律，编制是受访教师们更直接可触的制度资源，然而这一资源越来越稀缺。国家在学前教育市场化时期，一纸政策就将一大部分幼儿园老师的编制买断①，压缩幼儿园教师编制。蔡老师回忆被买断身份时，已经工作近 20 年，却被推向市场谋生，附带着编制的养老和医疗都没有了，感觉是"很无助和被抛弃了"。由于根本不受法律保障，即使去闹事或者抗争也无济于事。

　　　　但是我是单位的编制，但是我是带着干部身份去的，分配到那个单位，［……］我们是按照当时买断的身份出来的。<u>2005 年买断的。很无助，被抛弃的感觉</u>。［……］那时候做了十八九年的样子。就觉得感觉突然一下子离开这个单位很不适应，<u>觉得把我们推向社会了，让你自己去自谋职业</u>。而且中间有很多问题，比如说退休，我们的养老问题，我们的医疗问题，就是当时都给你推向社会，<u>那个时候就感觉非常的无助，因为你已经适应了过去的那种铁饭碗了。就是什么都是公费医疗，这个福利</u>。［……］爱闹事去抗争，到上级部门反映啊，上级部门给你的答复也就是"随着社会的变化要改变你们的观念"。（蔡老师）

幼儿园教师：一个暂时的选择

　　国家的编制政策将幼儿园老师区隔为"在编"和"非在编"教师。对非在编老师来说，编制的缺失导致待遇、专业技术职称评定等都处于弱势地位。赖老师是公办园的一名非在编老师，与在编老师同工却不同酬，也无法参与评优、评职称，有着巨大的落差感和不公平感，她觉得自己"不属于教委系统认可的人"，这让她产生懈怠，只求完成任务而不求质

---

　　①　即公有制单位一次性支付给职工一定数额的货币，从而解除单位与职工之间的编制关系，把职工推向社会的一种形式。

量。罗老师则觉得"没有编制，会觉得找不到自己，感觉自己永远不稳定，没有根的，像浮萍一样"（罗老师）。

> 做的事情和工作量是一样的，这是无可厚非的。[……] 同工不同酬，酬金是这么大的差距，差的不是一点半点，将近一半多，很不公平，而且她们不定期会有一些福利，跟分红一样的东西，数额很高。我们这些是都没有的，面临这些问题的时候，我们失落感特别强，就觉得付出的东西是一样的，但是得到的回报，很有落差让人很不舒服，[……] 懈怠的感觉，我付出得越多，反而成绩是别人的，我加不加班也无所谓，只要我能完成这些任务，也不求质量 [……] 因为都是体制问题，也不会说，不是对你不抱希望，而是给你这个机会，可能是零，因为教委上面不承认。我们是没有编制的，在教委那不认可，在这种公办园，不像私立园，体制不一样，即便你能力很强、经验够够、材料也很足，园长给你报上去，教委是不承认的，因为你在教委系统中，没有这个编制。（赖老师）

再加上户口政策①的作用，这些非在编教师就失去了评优的资格，也就无法实现对自己专业能力的认可。杨老师则在每次评优之后，都有离职念头，然而她也明白即使离开这个园，只要在北京，别的园也是一样的。非在编老师把自己划入"北漂"②的队伍，幼儿园老师真正成为一个暂时的选择，"3—5 年就要走"。但幼儿园教师的放弃与逃离并不是将职业当作过渡站，而是在编制和户口双重区隔政策下的无奈之举。

> 是这样的，因为我没户口，所以我没有资格在北京评，就只能回

---

① 即户籍制度，是中国大陆所独有的一种人口管理方法。中国政府对中国大陆的中国公民实施的、以户为单位的人口管理制度。户籍表明了自然人在本地生活的合法性。中国的户口制度现在有四大主要功能：人口信息的收集与管理、资源分配、调节人口流动及重点人口控制。这里主要体现在资源分配功能上，如住房、医疗、教育、就业以及养老救济等方面。户籍制度造成了中国社会文化的地域性横向分层与分化。

② 北漂是特指来自非北京地区的、非北京户口（即传统上的北京人）的、在北京生活和工作的人们。因这类人在来京初期都很少有固定的住所，搬来搬去的，给人漂忽不定的感觉，其自身也因诸多原因而不能对于北京有更多的认同感，故此得名。

家评，回家评肯定要靠家里的关系，你回家评，那觉得都没上班，你怎么评，这很不合理，但是制度，没办法，那就算了，那就不要去争了。[……] 有时候生气消极还是来自于制度上的不公平。我觉得工作中可能每次评优、评骨干的时候就感觉特别的低沉。每每在评完这个之后，大家吃饭的时候就想我不干了。[……] 但是有一点不是这个园的问题，你逃不出去，在别的园还是这样。（杨老师）

我觉得没有编制的老师，真的挺喜欢孩子的，热爱事业的，[……] 她们待一段时间就走了，3—5 年就是长的了，[……] 流动非常大。（何老师）

这时候教委是给没编制的老师 2300 的工资，少得可怜，其实就是逼我们离开。所以很多老师只能选择离开，走的时候，园长抱着我们就哭，因为在那一块工作那么多年了，都是有感情的，可是也没有办法。（赖老师）

第二节　市场话语：功利价值的入侵

市场化脉络下，商业化运作的幼儿园变成了以顾客为导向的企业。以营利为目的的市场话语为幼儿园与教师、家长与教师之间的关系涂上的经济色彩，经济利益和功利性价值的全面渗入，加剧了幼儿园教师专业形象的扭曲。

一　幼教市场竞争之中的幼儿园老师
营利为导向的幼教市场

在市场化脉络下，商业化运作的幼儿园（民办幼儿园）变成了以营利为目的、以顾客为导向的企业。幼儿园面对激烈的市场竞争，必须赚钱才能在市场中生存。以 C 园为例，这是一所国际幼儿园。赵老师是该园的教育总监。在她看来，园长不再是纯粹的教育负责人，而是商人或老板，她很清楚"她的目标就是赚钱"。

基本上十个老板有九个都是商人，而商人很在乎的就是他能不能营利，所以他整个下面会很乱，因为绝大多数的不管教育总监还是教育专业主任<u>更多时候是听老板的</u>［……］。<u>老板的目标就是赚钱。</u>（赵老师）［按：画线部分为笔者强调的重点。下文同］

我在这个单位以后遇到的一个问题就是我的老板不是学教育的，在我跟他沟通一些想法的时候，他本身就不了解，［……］我也很清楚我们是私人机构，不是公立的，本来就存在怎样让自己的机构和企业生存下来的压力。（赵老师）

幼儿园的老板不懂学前教育，但是身为来自新加坡的某上市金融集团的老板是深谙市场经营的。在老板的支配下，该幼儿园定位为国际化高端园，以高额收费来保证市场收益。这种幼儿园以"国际幼儿园"挂名，收费 8000—10000 元。然后，通过各种市场营销手段提供"优质服务"让顾客觉得物有所值。一般来说，有三类必备的元素，一是注重硬件条件的展示，研究者在该园的观察体验，正如赵老师所处的园所占地面积 13000 多平方米，建筑面积 10000 多平方米。该幼儿园建筑设计风格欧式典雅，设施设备先进，园内建有大型剧院、英国皇家芭蕾舞考级舞蹈室、计算机室、图书馆、钢琴室、小提琴室、美工室、科学教室、艺术画廊、书香长廊等。除了这些，还有"豪华的设备""进口的玩教具"（O‑Pr‑C）。

二是精心包装的国际化课程，其内容庞杂：如市场流行的蒙台梭利、方案教学、High Scope、澳洲联邦舞蹈课程、奥尔夫音乐等特色艺术课程。国际化最重要的形象设计是"每个班都有来自美国的、加拿大的外教老师"，他们是幼儿园高薪聘请的，每月工资都在 2 万左右。赵老师坦言这些外教职业五花八门，很少有教育学的背景，具体活动的流程和活动的内容都由她这个教育总监设计好，他们只是在"用英语陪孩子玩"。

<u>因为更多的这种学校存在这种过度包装的问题</u>，但实际上它没有那个质，包装的就是外显的，让人觉得是有质量的。<u>因为它只要找人做形象设计就可以了，但是你真的去考验它的时候你会发现它真的不堪一击</u>，包括它的整个师资水平、整个课程的一个架构。（赵老师）

<u>外教都不是幼师专业毕业</u>，像我们班只有我是幼师专业毕业，她们都不是，所以，<u>她不懂儿童心理，什么敏感期啊，都没听过。</u>她只

要陪着玩，带带活动［……］，她原来没有干过这行。（罗老师）

三是各种贴心服务的设计和宣传，包括"营养食谱"（小孩吃得非常好，有鳕鱼、虾、排骨、鸡、羊肉和各种花样点心，吃得很精致）、"家长延时服务"（比如上绘画舞蹈课直到六点钟放学）、"专业的校车接送服务"等。赵老师称招生时，两辆高价购买的"大鼻子专业校车"是重要的卖点。

工具化：市场中的幼儿园老师

1. 去教育性：企业化绩效考核之下

身处市场体制的幼儿园，教师不得不在追求利润的市场价值背景下工作，"经济理性"的市场方式重新塑造了教师的地位和身份。C幼儿园推行企业化的绩效考核制度，并将绩效与工资挂钩。

> 我们老师绩效的产出，其实是跟薪资挂钩的，那为什么要跟它挂钩，是因为我们要防止孩子流走。因为每一个孩子他就是钱，就是说一个孩子的背后就是多少钱，园长很看重这些。（赵老师）

把中小学生的学习成绩当作教师绩效考核指标的做法在国内外受到了极大的批评。而令人惊讶的是，在这类市场化运作的园所中对教师绩效考核的最重要指标是幼儿的发展水平。赵老师介绍说园所设立了非常精细测评方案，对幼儿的能力作指标化的评估，评量方式就是变相的考试。C幼儿园所有孩子需要在每个月月底和年末接受英语测评（分四级水平），再加上故事、儿歌、歌曲、手工、美术等方面的考核，考核结果与教师工资挂钩。

> 要把握住学校整个学习的质量过程，孩子的测评分数，对于我来说是一个非常重要的数据，你知道为什么吗？我会由此看到老师的教学方法非常丰富的班级孩子学习的评分高，［……］因为它每一个东西都有一个分值，出来的分数确实是高的，然后每个月都在做统计分析。（赵老师）

从孩子的学习成效可以看到老师的教学及孩子掌握到多少，评量的方法很多，其中有一个评量是变相的考试，那就是我们调换班级，你到他们班，他到你们班去，以此测评孩子并且我从中抽查，那这个东西会直接攸关老师的绩效，孩子学习成果这块，直接攸关老师的薪资。（赵老师）

此外还有幼儿的安全率、出勤率、工作完成率、技能技巧考核情况等指标。在公办园工作过的高老师表示在这些"不合理"的指标考核下，自己与园长的关系像员工与老板的关系，绩效考核的时候会见到老板，不合格就扣工资。

> 平时我们的教案、教课笔记，正常交会给你画勾，没正常交会给你记上。平时你的工作完成率，[……]他们心里面都是有数的，有没有配合工作。年末，所有班长考核技能技巧，保育可能就是卫生，每个月打分。（李老师）

> 就是小孩子能力发展的情况啊，这些都跟工资挂钩，还有家长的投诉、出勤率、安全率，有些不合理吧，以前在公办园没有这样[……]感觉在这里就像是员工和老板[……]老板的要求很清楚：孩子出勤率高、安全率有保证，然后就是分配到你的工作能够做好，家长不投诉，不然就扣工资。（高老师）

教师在这种市场化绩效管理方式之下，其专业性被绩效责任制取代，师幼关系也被效益监督所代替。赵老师表示在绩效压力之下，为了追求"外显的东西"和保证自己的薪水，想尽各种办法鼓励孩子讲英文，甚至在测评之前，不停地拿散卡给孩子复习。这种针对学前幼儿提高测评分数的机械学习是技术理性发展的极致，已经完全丧失了教育的价值和意义。

> 因为我给老师 push 了，给他压力了，所以他要想尽各种方法去鼓励孩子讲英文，孩子获得提升了；第二我们出动了家园共育，鼓励孩子回去讲，讲给爸爸妈妈听，唱歌给爸爸妈妈听，爸爸妈妈看到外显的东西了。（赵老师）

> 譬如说我们在每个月测评的时候，特别是在月底，老师就会不停

地拿散卡给孩子复习，明白吗？因为他怕孩子学习比较弱，分数太低的话，影响他的薪水。（赵老师）

　　这种机械的学习在我们幼儿园也发现了。比如你问他"how are you?"他跟你说"I am five years old"或者"how are you?"就是很机械，"I am fine""I am fine"永远"I am fine"，其实他已经很机械了，所以我们想说这些东西在他脑海里是通过训练强化联系起来的。（赵老师）

2. 教师市场素养的养成：宣传和招生

　　市场体制中的幼儿园对教师素养的期待是不一样的，一个适应市场的优秀教师不再看重教学能力，而是要掌握市场营销术，具备吸引消费者的能力和推销课程的能力。市场素养、服务意识也逐渐成为幼儿园教师职业培训的重要内容。F幼儿园是一所刚被卖给市场的幼儿园，从福利单位转变为营利单位。

　　　　说句心里话，你这是福利单位。［……］你让私人承包了，你肯定是以营利挣钱为目的［……］肯定就想去挣钱，你要是一门心思想挣钱，你能再安心干什么吗？（梁老师）

　　在幼儿园被卖之前，官老师觉得教师的工作很单纯，就是专心给孩子上好课；园所被承包之后，对营销手段不太了解的她，也必须参与到招生、宣传任务中。园所将教师招生的情况跟各个方面都挂钩。在她看来就是放下教师的自尊去推销幼儿园课程，虽然达到目标会有提成，但这不像是搞教学的人做的事。

　　　　我刚进来的时候就是挺单纯，跟我印象中的幼儿园差不多，简简单单的。［……］就是单纯上课，教孩子学东西，只为了孩子上课，老师就是上课，给孩子好好上课学东西。［……］我对商业或者是营销手段啊可能就不太了解或者没怎么接触过，然后后来也是一下子转变之后，归出去一年多之后，更多的是招生，每个班的老师们都得参与进来，［……］他保证你的招生情况，各个方面都会跟这个挂钩

[……] 现在可能要我们放下自己的自尊，推销幼儿园的各种课程，要让去别的幼儿园的孩子，或者说让快要进别的幼儿园的孩子来我们幼儿园。[……] 也有点不适应，也是在适应当中，过程也必须得适应，没办法。（官老师）

小班中班大班每个班规定的孩子多少不一样，然后你比如说小班是 20 个，或者 20 个以上之后，（每个幼儿）老师是有几十块钱的提成，三十还是多少 [……] 但是我现在没有达到啊。但是你一弄这个吧，你的重心就不在孩子身上了，哪像个搞教学的。（官老师）

二　面对像消费者的家长："你是一打工的"

政府力量从幼教公共领域的退却造就了幼教市场，这意味着教育经费完全由家长来埋单。在受市场规则主宰的幼教市场中，家长身为教育合作者的身份逐渐变成消费主体和市场顾客。学前教育面向家长的福利属性被彻底抽空，而消费属性得到空前发展，家长蜕变为纯粹的消费者。

家长身为消费者，就是幼儿园的衣食父母。幼儿园不得不重视和迎合家长教育消费的需求和兴趣，园长"一切都以家长的利益为主，一切以家长的要求为主"（高老师）。尤其是在课程设置方面，往往以家长的需求为标杆。赵老师承认为了能吸引更多家长入园，甚至参考华尔街英语的销售模式，"为你量身定做"课程模式，并确保孩子能力指标获得发展。此外，在不少家长"多一些特长好升学"以及"让孩子不输在起跑线上"等观念的影响下，幼儿园不得不设置小学化课程，如"幼小衔接课程：语文、数学"以及"美术音乐舞蹈"等特色课程。

因为我们就讲华尔街，华尔街你进去学英语的时候，一定会问你的要求和需求是什么，然后我为你量身定做。那么，在家长进来的时候，首先我也会跟他沟通，你希望你的孩子是什么样的，如果我们契合的话，我就会跟他讲"OK 你可以把孩子送进来，我们会提供什么样的课程。我会确保你的孩子在学力指标、能力指标上获得发展。"你知道我们托小中大都有比较知识性的能力指针，这是家长要的。（赵老师）

从托儿所就学这儿，学那儿，<u>美术、音乐、舞蹈、钢琴小孩都</u>
<u>学，</u>所以现在家长的要求也高。（梁老师）

为了能更高效地满足家长的教育需求，幼儿园设置"教育总监"（例
如 C 园的赵老师）来统一设计标准化的课程和活动，而老师们的教学则
按内容流程和计划表走，以确保无虞。课程设计权的上移，使幼儿园教师
丧失了身为教师的核心权力，较少主动进行思考和设计，而只关注如何技
术性的操作与执行。该园的郭老师在家长面前一味强调"我们年轻，我
们学的东西并不够"，即使有自己的想法，也会觉得不敢张嘴说话。而在
此情境下，很多老师怕失去饭碗，更是迎合家长、迎合幼儿园要求，自动
放弃了自身的专业权力，只求达到绩效而不会考虑孩子是怎么学的。

每个节日都有活动，我都会参与。<u>由教研主任设计，他给我们活</u>
<u>动的流程和活动的内容，我们按她们的内容流程和计划走就行了，</u>比
如说复活节，让孩子了解什么是复活节，为什么要过复活节，复活节
都有什么，这是外教教孩子的。我要协调，告诉他，做这些事情需要
什么。（罗老师）
家长也是有要求的。因为我一直都和家长强调一句话，<u>我们年</u>
<u>轻，我们学的东西也并不够。当时我就觉得不敢张嘴说话。</u>［……］
后来家长就跟我说，咱们虽然是国际部，也不能丢了老本啊，老师可
以适当地教教古诗啊，你们也可以选择一些比较好的音乐啊，带孩子
跳跳舞什么的。<u>我说行啊，既然家长都这么说了，是吧？这也可能是</u>
<u>我自身的一些想法，原来可能不能施展太多。</u>然后就带着小朋友去读
古诗，选择一些舞蹈啊，音乐啊，就加了一些这样的内容，定时就拷
给她们。（郭老师）
但是更多人会怕失去饭碗，所以会搞人事斗争，<u>会去迎合家长，</u>
<u>去迎合幼儿园，</u>他顾不了那么多，甚至到他需要绩效和成果出来的时
候，<u>不考虑孩子是怎么学的。</u>（赵老师）

此外，身为消费者的家长"维权意识强烈"，与其他商品消费一样，
家长有一种"我消费我满意"和"物有所值"的消费意识（蔡老师），

十分关注幼儿园提供的服务和保教质量是否与自己的教育支出相匹配，关注孩子能否获得幼儿园招生宣传时所承诺的发展水平。家长为了实现自己花这么多钱所匹配的服务质量，会向教师提出各种额外细碎的服务要求。

> 而且还有一点，你应该也听赵老师说了，国际部孩子是一个月收费 8000 元，双语部是 4000，<u>既然付出得多，家长的要求也就更高了</u>。（郭老师）

> 各种要求：什么吃得好不好啊？穿得行不行啊？每天还得给你说，今天要不要多喝水呀？怎么样怎么样。<u>反正就是一顿要求嘱托，就是那种可什么［烦琐］了</u>。（洪老师）

> 私立园的家长比较有钱，对孩子的关注可能更细一些，要求孩子学得东西多。［……］私立园孩子的家长可能会觉得你要是不教孩子东西，不照顾好我的孩子，那我花这么多钱干嘛？（罗老师）

虽然教育消费并不如一般商品消费那么立竿见影，教育消费的价值往往是长期和滞后的。然而家长依然希望通过各种途径来争取自己的消费权利，获得幼儿发展的可见反馈。赵老师感叹"中国家长真的太要求看到外显的东西了"，托班的孩子都有语言学习的要求，教师只能设计周大表、月计划，让家长看到学习的进度。此外，为了让家长感受到高消费带来的成就感，教师想尽各种方法让孩子回家去画一个复活节彩蛋，不断提醒孩子复活节彩蛋怎么说。

> <u>我发现中国家长真的是太要求看到一些外显的东西了</u>，就像我刚刚跟你讲的，即便<u>我认为教育的本质是圆的，但家长要的是方的</u>，我很清楚我是一个从事教育的人，我不忍心让孩子只沦为学习那些语言的工具。（赵老师）

> <u>托班家长也是要求语言学习的，因为我们这个是国际部嘛，它是全天英语为主</u>，［……］但是当孩子逐渐适应了幼儿园以后，家长就会要求语言上的，有许多要求就是说"为什么我们的孩子在家里不会说英语啊"，［……］<u>我们每周都有周大表、月计划什么的，家长也都能看到学习的进度</u>。（高老师）

"今天我们画了彩蛋，彩蛋怎么做，回家跟妈妈也画一个好不好？"要一直提醒小孩"那复活节彩蛋怎么说啊，Easter egg"，"oh, yes"我说那你回去也跟妈妈说，妈妈一定也不认识。[……]不断的提醒，家长都反馈觉得很有成就感。（罗老师）

家长要求教育消费的可见价值还体现在要实时了解孩子在园情况，微信群、照片成为最直接的可见途径。如余老师所言，每一天孩子各个方面都要观察到，通过微信群传各种活动照片。笔者在C园的复活节活动现场，除了外教之外，每个老师人手一台照相机，孩子摆出各种活动的动作，而教师忙于用照相机将其记录下来。（O–Pr–C）

现在家长特别重视孩子的各个方面，[……]我们什么都得看、都观察，家长什么都问，就是打电话，就问孩子最近表现怎么样，有什么不足之处，因为我们都有微信群，也通过微信了解孩子的情况，孩子的活动照片就马上传一些上去，让家长能看见。（余老师）
所有的照片都是我在照，找镜头，比如说画彩蛋，画得好漂亮。我说外教过来，拿着笔，都是他俩上相。（罗老师）

实时监控和不断证明的照片在一定程度上反映出家园之间、亲师之间脆弱的信任关系。家长成为消费者对幼儿园和教师的影响除了表现在课程设置之外，还表现为其他的介入方式，如通过家长的满意度来评定教师的奖金或绩效工资。C幼儿园每年都有家长满意度调查，家长的评价跟老师的工资、奖金挂钩；而若遭到家长投诉，教师必须道歉，并可能因此丢掉饭碗。此外，家长委员会还能参与幼儿园重大人事决策等，根据家委会意见，园方会以最快的速度将没能力的老师撤掉。

每年都有评价，幼儿园年末的时候，会让家长和孩子共同填一份调查问卷。对老师的各方面评价都会跟工资挂钩。获得家长心目中的好老师，就有奖金。（罗老师）
还有就是家长投诉方面，家长一旦投诉了，到了园长那里，这个老师就要立马向家长道歉，[……]那老师就说我没打，园长就说不管你打没打，你都要向家长道歉。<u>你想要保住这份工作你只能去道</u><u>歉</u>，但家长不依不饶的话，那老师就得离开了。（文老师）

因为我在学校接受的决策是幼儿园最高的决策，所以很多的内幕我是了解的。<u>家长反映说这个老师没能力，只要我们有老师我们会以</u><u>最快速度把你撤掉</u>，并且我们会有一个非常好的理由或者借口告诉家长我们为什么把这个老师撤掉，我们不会说这个老师没能力，否则家长会说"没能力你们为什么还让他待这么久"。（赵老师）

对家长消费者身份的重视与凸显造就了幼教市场中的家长管治。家长管治盛行，使得幼儿园教师只能顺应和迎合家长，从而弱化甚至丧失了教师最基本的课程自主权、专业权力及地位。传统教育中的教师与家长关系向市场体系下的关系转变，教师不得不打破自己原有单一的教师身份与简单形象，建构起多元身份与复杂现象。不少幼儿园老师也表示自己原有的教师身份慢慢出现"又是服务员，又是老师"的复杂局面，如李老师；甚至在家长以"廉价劳动力"称呼及过分要求之下彻底异化为打工的、服务的、保姆，如高老师。

我觉得要说我们的职位吧，还是要分地方，<u>我当时在公立园就觉</u><u>得我们幼儿园教师地位挺高的</u>，很神圣的一个职业，就是老师。来到这儿［笔者按：一所国际私立幼儿园，C幼儿园］以后，<u>我觉得我</u><u>们又是服务员，又是老师，这种感觉</u>。（李老师）

我曾经就在幼儿园的门口就听到了家长的一句话，让我特别寒心，就是说"你看看着一群廉价的劳动力们"。家长就是不尊重你，他就觉得我交了这个钱你必须要做到我想要的效果。［……］家长会觉得就是我交了钱，你就是一打工的，你就是一服务我的，而且要服务好我。［……］我现在自己都认同了就是保姆。（高老师）

三　速成的"专业"幼儿园教师

市场灵敏的嗅觉迅速发现了"专业"幼儿园教师在劳动力市场中供不应求的现象，其便催生出基于市场逻辑的专业幼儿园教师的培训和培养产业。幼儿园教师成了市场流通中的劳动力，也是一种可以外在包装的商品，其专业化的过程在市场者看来就是包装过程，即用"技术技能加知识"装备幼儿园老师。而在经济效益最大化的驱动下，专业化的过程变得急功近利，像吃快餐一样，用曹老师的话说就是"速成"。曹老师所在的幼儿园刚被卖给市场 E 集团，因此要接受该集团的培训，有特别系统的、标准化的培训内容，没有幼教背景的人照着培训内容也可以上课。为了实现包装的最大效果，这些等待包装的"准教师"最好是年轻貌美的十七八岁小姑娘。

> 归 E 集团后倒是培训很多，没有归 E 集团我们就是相互学习，或者是通过教研。E 集团的培训挺系统的，上一节美术英语各科怎么上，技巧都会告诉你，特别系统、特别有用，就说没干过幼教的进来，照着就可以上课。[……] 就是速成，他就特别细教你，好比一节美术课教线条画，每节课都有教案，告诉你这节课怎么上，完全就可以出来了。[……] 在一个宾馆里，基本都是十八九岁小丫头，[……] 也没有什么教学经验，只因为展示出来比老教师还是好看，还是年轻的小丫头人又亲切又漂亮啊，给家长看，也不需要什么学前教育知识，因为她只要按照教材下来，说的每句话都备在课里头了，特别细。（曹老师）

除了授课内容的培训，还有针对招生工作、家长工作的培训，曹老师坦言这些培训内容"实在接受不了"，她以"一个肉丸的故事"来说明是如何传授一些技巧和策略来讨好家长，这种虚伪的行为让她吃不消。此外，E 集团强调微笑服务，学习《E 集团的服务礼仪》，已有微笑表情的自我训练，例如"三米六齿"，即当面向家长距离约 3 米时就开始微笑；微笑时至少露出 6 颗牙齿，眼含笑意、嘴角上扬。（DF2 - Pr - P - 2012）

> 还有一些内容，比如怎么招生，怎么做家长工作，特别细。告诉我怎么跟家长沟通，我实在受不了，听得我直起鸡皮疙瘩。比如说分享了一个肉丸的故事，那个家长来了，你跟家长说，吃饭的时候摆了两个肉丸子，我就偷偷给他一个，再给他另外一个，然后悄悄说别的小朋友不知道老师偷偷给你一个。然后家长来后说回去看好你的孩

子，千万别让他不消化了，今天特别爱吃肉丸子，我就偷偷给他两个，你看着他别不舒服。这个都教给老师。就是有个老师来讲这个课，跟我们分享了一下，我说我听了直起鸡皮疙瘩。<u>这是做虚来讨好家长，让家长喜欢幼儿园，觉得老师那么爱我们孩子，这种虚的我做不出来</u>。（曹老师）

幼儿园教师的培养跟着良莠混杂的就业市场跑，出现急功近利的幼儿教师速成特训营，招收具有初中以上文化程度的准教师，并经"专业化"的包装，即"初中知识加音乐美术舞蹈"的糅合。从其提供的幼儿教师专业化培训课程安排上可知，《幼儿心理学》等9大专业课程只不过用30天时间教授，而音乐美术舞蹈等艺体课程学习时间不过21天，实用至上，完全不关注人的内里质量，忽略人才培养需要的长期积淀过程。

幼儿教师速成特训营，让幼儿教师走专业化道路，参加系统培训课程内容：<u>专业课程：《幼儿卫生与保育》（5天）、《幼儿心理学》（3天）、《学前教育学》（3天）、《幼儿游戏创编》（2天）、《幼儿语言教学法》《幼儿健康教育》（3天）［……］艺体课程"儿歌20—30首"（4天）、［……］"幼儿实用舞蹈20个"（4天）、"幼儿手指游戏"（2天）</u>。（DF2－《手册》－2012）

第三节　性别文化：看不见的枷锁

幼儿园教师原本是为女性提供走出家庭步入公共领域从而改变既存男权关系的机会，然而在强大的性别文化①宰制之下，却再次复制了男权的意识形态，幼儿园教师这一职业牢牢地被"性别化"，被视为"女性的工作"，从而处于教职中的最底层，亦很难位列于男性话语主导的专业之中。

一　性别化的职业

性别文化对幼儿园教师身份的影响体现在以下三个方面：职业选择、

---

① 这里的性别文化特指含有男权意识形态（patriarchal ideology）的文化观念。

女性特征与专业性以及对身份的承诺。

职业选择："因为是女孩子"

受到性别刻板印象的影响，社会各界普遍认为女性温柔、细心、亲切，其自身的性别特点非常适合学前教育工作（赵老师），而这固化了幼儿园教师性别结构的女性化。从访谈中可知，许多受访教师在职业选择之初就深受父母、亲人、朋友的影响，如"因为是女孩子"和"适合小姑娘"。

> 我为什么会选择这个呢？最重要的是因为我妈妈说"第一，你是女孩子"，第二呢，我的性格很活泼［……］包括我们家亲戚什么都觉得很好，很适合女孩子。（罗老师）［按：画线部分为我强调的重点。下文同］
>
> 当时我是初中毕业，然后父母和亲戚朋友一块儿帮我选了很多专业，然后就觉得幼儿教师这个职业吧，比较适合小姑娘，她们也都觉得挺好。（郭老师）
>
> 我的朋友啊，家人，他们都觉得女孩子选这个挺好的。（段老师）

在幼儿园教师女性化背后隐藏的是男权意识对该职业的贬抑。女性符号被视为与家庭、私人领域相联系，照顾、教养儿童是女性的天性（Weiler，1997），属于私人领域。女性所担任的幼儿园教师职业，亦被视为具有家庭生活的性质，是家庭劳动在公共领域的延伸，因此与母职（mothering）的保育照料紧密连接（Kim &Reifel，2010），是哄小孩和看孩子的工作。受访教师能感受到来自社会、家长对职业的贬抑，如"看个孩子，玩一玩"和"唱唱跳跳，哄哄小孩"。因此，她们在建构身份的过程中必须挑战"保姆"和"阿姨"等负面论述，声称"我不是保姆""我不是阿姨"，赋予工作不一样的意义，"我们有更高的价值，是很专业的"。

> 我自己觉得自己不是一名保姆，我就是一名老师。好多人不接触这个，就不明白这一行有多累，他们就觉得你们看个小孩吃个饭玩一玩，当他们真正了解了之后就不会这么认为。因为他不懂，他不了解，所以他才会这么说。（李老师）

就是让别人知道，我不是阿姨，我就是老师，我还会跟别人说，我们真的不是像以前那样就是只看着孩子，给他们擦屁股呀，哄他们睡觉呀，不是这些事情，我们是有更高的价值追求，我们是有更高要求的，很专业的，我们是要教孩子很多很多你们不知道的东西。（高老师）

他们只是看到了表面现象，像保姆一样。但是他们要是真正静下心来，深入到我们中来，他们会觉得这个职业还是比较高尚的。我觉得，幼儿园是为整个教育金字塔奠基的，基础都打不好，还谈什么往上发展。（文老师）

尽管幼儿园教师们反对当下社会对她们的职业误解，不认同幼儿园教育是家务劳动（domesticity）的延续，然而根深蒂固的父权意识仍然显著地影响着她们的职业认知和身份认同。受访的多数女性老师存有对职业的性别特质论——"女性就是适合幼教工作，我们比男性细心、温柔"。而且当她们一再被"照顾者"的强大论述包围时，就会于不自觉中落入刻板印象的教师期待，影响自身的身份建构。大部分幼儿园教师身份认同中含有"妈妈"的成分，甚至有些老师完全认同"母职工作"，自己就是"看孩子的人""保姆""阿姨"。

就是保姆嘛，给孩子喂饭，尿裤子还要给他们洗，也要打扫卫生，有时候帮保育老师干活。（王老师）

那别人还有说幼儿老师像保姆一样，我自己都同意了、认同了［……］我一开始并不认同，就是工作了第三年以后出现了这样的想法。（高老师）

关怀与情绪：女性特征与专业性

性别文化对幼儿园教师职业的影响，除了教职女性化、"贬抑"的教师性别形象，也潜在地制约着幼儿园教师职业的专业化。

幼儿园教师工作本身有其特殊性，因此其专业性的内涵显现出独有的特征。这里的教师专业性不是政策中的"专业标准条款"也不是专家话语中的专业性，而是"实践的专业性"（enacted professionalism）。利用深入访谈所得数据，笔者进一步分析 33 名（其中 6 名为男性）身为实践者（practitioners）的幼儿园教师对"怎样才是好老师"[①] 的理解。表 4-1[②] 中显而易见的是，幼儿园好老师"专业自我"中的最重要构成都是情绪情感方面的特质，在 8 种特质中有 4 种是情绪情感领域（affective domain），"关怀（喜欢）孩子/有爱心""有责任心/用心""对职业热爱/投入/有激情/自我奉献/良心活""耐心/和善/积极/正能量"，其中"关怀/爱"（caring/love）排在首位。值得注意的是，不同性别受访者对好老师的理解并无差异，因此，是否能成为幼儿园"好老师"攸关个人是否具有"适合幼教工作"的特质而无关性别。

表 4-1　　　　　　　　　幼儿园教师实践的专业性

	幼儿园"好"老师特质	次
1	关爱（喜欢）孩子/有爱心	26
2	有责任心/用心	14
3	专长（知识 + 技能）	12
4	对职业热爱/投入/有激情/自我奉献/良心活	9
5	善于合作的/擅于处理各种人际关系	8
6	师德	7
7	耐心/和善/积极/正能量	7
8	不断学习	4

上述的发现再结合第六章的分析可知，关怀的特质以及大量的情绪投入正是学前教育专业的独特之处，也是幼儿园教师的价值和专业性所在。然而，所谓的教师专业话语所要建构的"现代教师"这一意象，却是强调教师是理性的、工具性的行动者（Dillabough，1999）。当前政府所认可的"胜任的教师"（competent teacher）和"达目标教师"（standard teach-

① 访谈中对问题"怎样才是幼儿园好教师"的答案直接反映幼儿园教师内化的教育观，是她们对历经实践沉淀的"专业自我"（professional self）的理解，能够体现幼儿园教师"实践的专业性"。

② 对所有"好老师"问题的答案进行分类编码，从"关爱（喜欢）孩子/有爱心"到"会创新"一共有 19 项专业性向，并依每项编码次数排序，本表格呈现出前 8 项。

er）都体现了对"理性"能力和"表现化"指标的追求，"专业化"等同于"理性化"的过程。由此可见，这些政策论述的背后都蕴含了男性价值倾向、男性的权力。被冠以"女性特征"的情绪情感成了理性的对立方，被排除在理性政治之外，在所谓专业化的过程中自然也就失去了空间。因此，以关怀与情绪为主要专业性特质的幼儿园教师，要么遵从男性化的标准，要么被排斥在专业化的话语之外。

身份承诺：生育之后

男权社会对女性特质的另一论述，即认为女性的主要职责是照顾家庭和孩子，而女性对工作（教职）的承诺太低（Weiner &Kallos，2000）。他们通常以两条标准来评价身份承诺：一是对工作投入的时间长短与相应的职业目标规划；二是为完成工作是否不计时间全心投入（Biklen，1995）。如果以这样的标准来看，发现部分女教师将重心放在学生身上，志在教学而非行政；部分女教师可能会因为家人或幼儿需要看护，而中断职业生涯。透过男权的有色眼镜，她们都被认为对工作承诺不高。那么，从女性主体的声音来看，实际上她们对幼儿园教师身份有较高的承诺，体现在"把工作当作一份事业来看""喜欢自己的职业"（文老师），"会一辈子做"（洪老师），然而她们对身份的承诺却无关"职业规划""职务升迁"，更多地体现在"踏踏实实地做一个好的幼儿园老师""一心把这份工作做好"。很多老师像文老师一样，"就喜欢做一线老师"和"孩子在一起"，而没有做行政的想法，或者放弃管理层和出版社等工作机会。

> 没有，真没有想过要成为什么样的老师。我就想，我就是喜欢孩子，我就是想跟他们在一起，我觉得他们挺可爱的。我觉得只要做一个让孩子认可的老师就行，其他的我觉得无所谓。（何老师）
>
> 我一直期望自己能做一个好的幼儿园老师。很多人问我需不需要再迈一步做管理层，但是我还是喜欢做一线教师，跟孩子在一起。我知道一线教师很累。曾经很累的时候，也有过其他的想法，但是后来想一想，我还是喜欢跟孩子、和家长打交道，我很喜欢这个职业。[……]曾经有一个出版社想找我出版一套关于孩子的书籍，但是我一想到不能跟孩子在一起了，我就感到很失落。没有孩子叫我老师，没有孩子惹我生气，我觉得很无聊，我当时就觉得很苍白。（文老

师)

就是一心想把这份工作做好，然后把我带的孩子教好，然后让家长能够认同我。[……] 我还是认为踏踏实实把幼儿老师干好就行了。我没有想过之后要当个领导什么的。(兰老师)

生育及育儿是女教师生命历程的重大转折点，这一直被视为她们兑现身份承诺最大的阻碍。然而，本研究发现受访的幼儿园老师在生育之后，并没有把工作摆在育儿后面，更重要的是，身为人母的经历让她们对职业本身有了更深层次的理解，她们更倾向把工作看作"走心的事业"和"良心活"，并能在教育实践中投入更多关怀和情感，主要有三方面的变化。在对"孩子的爱"上，受访教师认为未生育之前对孩子的爱停留在"知道"层面，"耐心是一种表面的"，生育之后的她们则"更加由衷地去爱""更加走心了"；对孩子"越来越宽容，越来越有耐心"(吴老师)，"愿意付出更多一些关怀"。在教育观上，她们更加注重孩子的快乐体验；也更加理解个体的差异性以及教育是过程而不能看重结果等。在与家长的关系上，因为理解"孩子在家庭中沉甸甸的分量"，珍惜家长的信任，"设身处地地为家长想"(杨老师)，更加包容"家长的不合理要求"。

在我还没有孩子之前吧，我就特别不理解孩子在幼儿园里边哭，家长在外面哭。我特别不理解 [……] 现在真的很理解家长的心情，所以我在做分离焦虑的时候，侧重点就会不一样，我不会说你别哭了，我会说别着急慢慢来。[……] 在没有孩子之前我就特别不能理解，孩子怎么能这样呢，教你八百遍了，你怎么还不会呢？自己有了孩子，就明白孩子的发展需要一个过程，你自己家孩子，你每天教他穿衣服，一遍不会两遍不会很正常。重复三遍五遍以上可能他就会了。所以对我们孩子，可能就会比我年轻的时候有耐心了很多很多。觉着自己有了孩子心态变化很大很大，就更能去体会孩子，体会孩子的家长。(文老师)

没生孩子之前，就是知道要爱孩子 [……] 当你做了妈妈之后，然后才知道孩子在每个家庭当中那种分量，沉甸甸那种分量就感觉不一样。然后我现在就能更加由衷地去爱，更加走心。不是说我爱孩子，我爱孩子喊口号。包括我生孩子之前，我可能更多注重的是老师的技能、技巧、环境创设。［……］但是，在生完孩子之后，我会特别注意老师对孩子的那种关爱，与孩子眼神的交流我都很在意，很细微的都能够捕捉到。当妈妈之后，对孩子愿意付出更多关怀。（郑老师）

　　<u>有孩子之前可能你的耐心是一种表面的，对孩子的一些特别特殊情况，比如说拉了尿了，你会很反感</u>，但是你自己有了孩子之后你会真的不一样。<u>你会理解，你会更走心，而且同时你会作为一个家长去理解家长提的一些比较苛刻的要求</u>、不合理的要求。我也很多时候在教育我们的老师，我就说如果有一天你当了父母你会发现，你们认为的家长的这些"事儿多"都不叫事儿多。（蔡老师）

二　大熊猫：幼儿园里的男教师

走上幼教之路：物以稀为贵

在性别文化的影响下，很多职业存在性别隔离（Sex Segregation），即不同性别进入某职业的比率超出社会平均值。幼儿园教师是性别隔离严重的职业，进入该职业的女性远远多于男性。然而，本研究发现，性别并没有成为男性进入幼教职场的障碍，反而成为了敲门砖。受访的6名男性教师除了1名是因偶然因素转换专业到幼教领域，其余5名都是主动选择，他们认为学前教育是朝阳产业、市场潜力比较大、发展趋势好，最重要的是，他们手里握有天生的王牌——"男性"，物以稀为贵大大提升了男幼儿园教师的价值，他们坦言择业过程中性别优势明显，幼儿园都很欢迎男幼儿老师。

　　<u>当时觉得学前阶段的教育是个朝阳行业</u>，应该是挺有发展和潜力的，这个行业将来发展会比较好。我作为一个男生，<u>觉得男生干这个行业的人不多，可能也许会有一个突破口在里面</u>。当时我有这么一个基本的判断。当时就是奔着学前专业来的。（孟老师）

　　我选择在幼儿园工作的时候，虽然我父母不是很认可，<u>其实是我自己选择的，我觉得很有前途，这是朝阳产业嘛</u>。（饶老师）

　　当时选专业的时候，基本上社会上对学前教育的认识是一样的，其实这个东西没有多深的学问，<u>再一个感觉这个应该男的选的会比较</u>

少。觉得有性别优势，<u>再一个这个专业肯定是有用的</u>，不管是对自己还是对其他方面都是有用的，就考这个。（钟老师）

　　我说男生为什么吃香，这也存在合理性，是因为他少，物以稀为贵，因为黄金跟铁的价格就是不一样，因为黄金少。（马老师）

　　透视男性性别"物以稀为贵"的现象，"社会上对男性幼儿教师数量需求大"，"家长很欢迎男幼儿老师"，因为"男老师跟女老师不一样"、"男老师带来的价值很特殊"，隐藏在这背后的依旧是"男性优于女性"的逻辑。尤其在当前优胜劣汰的社会竞争环境之中，对人的素质有更多的要求，更崇尚坚强的意志、积极竞争进取、灵活的适应性等素质，而性别的社会建构结果是女性很少具备这些利于竞争的特质，男性则更倾向于积极、灵活、冒险性、竞争性特点。处于竞争社会的学前教育，也被要求培养"符合社会发展的人才"，因而，当初被认为最适合照顾幼儿的主要因素"女性特征"，如今却容易受到攻击，被认为是阻碍幼儿完善人格的主要因素，单一的女性化职业结构则被认为是低效的和限制性的。由此可见，竞争社会对男教师的呼吁日益高涨，这是对男权特征的再次推崇，其本质上显示出对女性教师的性别偏见和性别歧视，女性在传统职业上的价值再次贬值。正如这些男教师所言：

　　男老师很吃香，孩子喜欢，家长就是认可男老师，男老师带给的价值很重要，家长一看男老师就很支持，［……］这样所以男老师在这个园那个园都吃香，男老师发展好。（马老师）
　　我觉得家长可能是觉得，女老师是比较柔的去关怀，<u>我们可能是男性阳刚的那一面，然后跟孩子们去游戏，可能更多是在课里面教他们一些勇敢坚强的质量</u>，给他的是另外一种。（苏老师）
　　<u>而且我相信男性跟女性的思维方式和行为方式本身就不一样，带出来的孩子明显也不一样</u>，从宏观角度来讲，他可能更放、灵活，我更强调给孩子一种在大的规则下自治的环境。（孟老师）

职业晋升：玻璃电梯
除了上述男幼儿园老师在择业时的"性别优势"外，进入幼儿园之

后的男性教师更是备受珍视。有 3 名男教师坦言自己受到的关注特别多（马老师），像大熊猫（钟老师）。在职业发展中男幼儿园教师亦占尽资源，如同搭乘"玻璃电梯"（glass escalator effect）①，即男性进入女性主导的工作时，获得更多的资源，晋升要比女性更快。受访男教师的教龄从 1 年到 9 年，教龄仅为 1 年的马老师已经担任主班老师，而教龄为 3—5 年的苏老师和魏老师是特色领域的骨干老师，5 年以上教龄的 3 名老师担任教研室负责人、教研组长、信息技术组负责人等行政职务。从访谈中可知，由于性别的优势，园所领导对他们有更高要求或者特别期待，他们能获得更多的言语权，更多的发展机会。例如苏老师所在园长期望他能有拿得出手的特长给幼儿园做出示范，从而打响品牌。因此，园长会直接给予其在专业发展方面更多的机会，如公开课和技能比赛等，并给予更多的资源支持，如很多专业培训、专业书籍以及专门的优秀指导教师等。并非志在教学的男教师则能很快参与和进入幼儿园行政管理及决策层面。

　　首先我觉得就是，我来这儿的时候乙区没有男教师，我算是公立幼儿园的第一个进班带课的。之前那个乙区电视台还采访过我，确实像是大熊猫。（苏老师）

　　我觉得因为男老师在这个群体中很少见，有新鲜感，所以比较容易得到发言的机会。比如说言语权我可能相对女老师能更轻易获得。这可能是优势，但是要想保持这个优势，确确实实，言语权有了，言语出来的东西要有分量才可以，这个对自己不是劣势，是压力，也是一种更高的要求吧。（孟老师）

　　因为我是我们区第一个带课的男老师，她［园长］可能更希望我在自己的特长、专长方面，更能拿得出手，更能给幼儿园做一些示范，一说到我们幼儿园就知道有个男老师，有一个某某老师，品牌是要打响的。［……］在有限的教龄里面我要去争取更多的成绩，公开课成绩、参加比赛这些成绩［……］园长会考虑我，毕竟就一个，就是说给机会吧。需要五个人去参加这个比赛可能说给你一个机会，不用跟大家去竞争这些机会［……］幼儿园给我特别多支持，我有

①　与玻璃天花板（glass ceiling）的阻碍相对应，是专指因为性别而形成的助力。

很多机会出去培训，有一些专业书籍，还有专门老教师的指导，对于我的课他们都会给出很多很多的要求和意见。（苏老师）

此外，为了留住男教师，园所通常会为其提供远远高于女教师的特别待遇，以解除他们的后顾之忧，例如园长给饶老师分了一套房子。由此可见，同样是幼儿园老师，男教师则接受各种优厚待遇，其升职机会和资源也有保障，这在本质上都制造了新的性别歧视和性别不平等。

　　她〔园长〕会给你特别待遇，除了职称啊，比如，我还分了一套房子，其实我是没有资格分的，但是还是分了。〔……〕她〔园长〕觉得你一个男孩子要扎根在幼儿园里面，至少要衣食无忧吧。你会很感动，拴心留人，有了那么一套房子可以结婚，找女朋友了，我可以说我有房。有房在北京是很重要的事情。（饶老师）

本章小结

　　本章透过诠释性互动论的视角，勾勒出影响幼儿园教师身份的三种结构性力量：国家权力、市场话语和性别文化。这三种力量共同交织，巧妙地将幼儿园教师群体置于弱者之境。其一是国家权力通过一系列"工具理性"的操控技术使得幼儿园教师置身于全景式监狱，导致其身份空间被挤压，"不像个老师"而像陀螺，其专业化过程则物化为各类培训和任务的完成，加上身份制度性资源的缺失（包括编制、户口等），无编教师更像是"无根的浮萍"。其二是以营利为目的的幼教市场话语带着"崇尚经济利益""推崇竞争"等功利性价值入侵加剧了幼儿园教师身份的扭曲，建构起"又是服务员，又是老师"复杂身份及"员工""打工的""服务的"等异化身份；本质上，在市场之中幼儿园教师成为劳动力市场中的商品，其"专业化"的过程异化为商品包装过程。其三是在强大的男权性别文化宰制下，幼儿园教师被视为女性的工作，显著地影响着教师职业认知和身份认同。虽然关怀与情绪是幼儿园教师的价值和专业性所在，然而却与男权意识的"理性化"专业标准格格不入，被排斥在专业化的话语之外。在日渐强调竞争的社会之中，人们对男性特征更为推崇，性别成为男性幼儿园教师择业和晋升的优势特征，本质上显示出对女性教师的性别偏见和性别歧视。男幼儿园教师被视为珍稀的可造之才，出现玻璃电梯现象，制造了新的性别不平等。

值得注意的是，结构性力量对处在不同类型园所（公办、民办、公转民）中幼儿园教师身份建构过程的影响程度不一。例如，公办园所教师更多受制于国家权力，民办园所教师则深受市场价值影响，而从公办园转为民办园的教师从国家权力的控制之中掉入利伯维尔场，其身份更是面临巨大的冲击。另外，教师个体的因素（如教龄、学历、专业等）也影响着其对结构力量的应对和自身身份构建，例如，不同专业背景的幼儿园教师面对性别文化的桎梏时，非学前教育专业幼儿园教师身份的构建过程更容易遭受"女性工作""保姆"等负面论述的影响。

第五章　社会互动中的幼儿园教师身份构建

上一章主要探讨了宏观结构因素对幼儿园教师身份构建的影响，本章将关注中观的人际层面，即幼儿园教师如何在与他人及自我的互动中获取意义并以此建构身份。互动论视幼儿园教师身份构建的过程为互动的过程。一方面，幼儿园教师从工作情境中的他人即幼儿、家长、同事和园长中寻求工作的意义和价值；另一方面，幼儿园教师通过与自我互动，对过去我、现在我和将来我进行反思和确认。

本章共有三节，分别呈现幼儿园教师如何在外部互动、内部互动和内外部互动相结合的过程中构建不同类型的幼儿园教师身份，展示幼儿园教师在互动中寻求工作意义的全过程。尽管本研究将幼儿园教师的身份建构类型分为内部互动主导型和外部互动主导型，但并不意味着某一类教师仅有外部互动或者内部互动，而是外部互动或者内部互动在这一类教师的身份建构过程中起主导作用。

第一节　外部互动主导型：看孩子的保姆、廉价劳动力

符号互动论认为外部互动即个人与外部世界中的他人互动，强调幼儿园教师身份发展是个体与外部结构意义关联的过程。在幼儿园工作情境中，外部互动主导型是指身份构建过程中的"情境定义"及"行动（流）方向"主要受他人互动所影响（如图 5 - 1），即幼儿园教师不断与他人如幼儿、家长、同事和园长等进行身份确认。在身份构建过程中，幼儿园教师努力寻求他人对其的角色支持，满足他人对自己的工作期望，并采取策略和防御机应应对他人对自己身份的反馈和响应。本章的第一节通过剖析这类幼儿园教师的访谈数据，以阐述外部互动如何影响她们的身份建构。

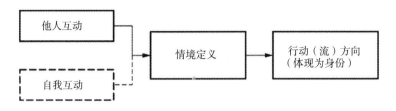

图 5 - 1　外部互动主导型的幼儿园教师身份建构

一　看孩子的保姆、廉价劳动力

外部互动主导型的幼儿园教师构建出的教师身份可以被描述为"看孩子的保姆、清洁工和廉价劳动力"。当问及其是什么类型的教师和从事幼儿园教师工作的意义和特点时，他们响应的关键词是"保姆""清洁工""看孩子""廉价劳动力"和"累心累脑"等。可见这类幼儿园教师对其"教师"这一身份的认同感低，认为幼儿园教师的主要工作是像保姆一样照顾孩子的生活，是廉价劳动力。外部互动型老师认为幼儿园教师的工作就是"看孩子"，而且现在的孩子"越来越不好看"，甚至"孩子不顺心了，也会打你"，所以工作难度比较大。此外，她们认为她们的工作受制于孩子的"家长"，不得不按照家长的要求来"管"孩子，失去了幼儿园教师的专业性和自我特质。

> 我觉得幼儿园教师是也累心，也累脑。因为现在都是独生子，反正就是越来越不好看（按：看的意思是看管）。他们有他们自己的想法，哪个孩子都有自己的思想。咱们国家的那种教育好像跟国外还不一样。就是，老觉得这孩子平时在家就一个，然后父母、爷爷、奶奶，看着都跟宝贝的，很任性，有的家庭的孩子，也不是特别任性。可是呢？我老觉得反正就是你要按照你的那个模式去看他，他好像不是特别好管。（梁老师）［按：画线部分为笔者强调的重点。下文同］
>
> 平时在家没准宠惯了，孩子特别拧，有我挨打的时候，我挨打，孩子打我。［……］那天呀，我就是慢慢掰一半，给他放嘴边了，他就打一边去了，还打了我两下。（洪老师）

外部互动主导型教师的职业选择动机主要为外部动机，缺乏对教师职业的深层分析和理解，归纳择业动机主要有"工作轻松好玩""工作稳定，受人尊敬""孩子单纯，关系简单"和"家里人支持或者建议"等，虽然也有教师的专业不是学前教育，但因为巧合或者附近幼儿园正好有空缺等原因走上了幼儿园教师的岗位。这类教师将幼儿教师的身份和工作意义简单化和表面化。正如数据显示，这类教师将幼儿园教师的工作界定在"看孩子""打扫卫生"和"干活"等范畴内，导致其"知识没有得到发挥"。这类教师对职业的期待度不高，有离职倾向，比如，林老师说"这样的工作一直让你做当然不愿意了"。因此，外部互动型的教师并不认可自己的教师身份，无法体现幼儿园教师的专业性。

　　　　因为我舅妈也是幼儿园老师，我小时候都在她的幼儿园，她就教我。我感觉她带孩子特别好，特别亲切，所有小孩都特别喜欢她，我一开始觉得不用那么累，不像中小学管那么多东西。后来结果我错了，其实比中小学老师更累，什么都要管，什么都要操心。［……］有些报道会说幼儿园老师是保姆加清洁工，其实我觉得挺对的，就是保姆嘛，给孩子喂饭，尿裤子还要给他们洗，也要打扫卫生，有时候帮保育老师干活。（王老师）

　　　　这样的工作一直让你做当然不愿意了，因为我学这个专业，知识没有得到发挥。园长又不认可我，当然不愿意。卫生查得特别勤，就没有时间带孩子了，就是纯干活，就像保姆多一点。（林老师）

二　外部互动的过程

通过对外部互动主导型的幼儿园教师进行个案分析发现，这类教师与孩子、家长、同事及园长的互动在其身份构建中的"情境定义"起着最主要的作用。此类教师在入职初期均有一定的身份期待，在工作过程中，他们通过与他人互动，了解他人期待，并寻求他人对角色身份支持来确认自己的身份；角色身份确认成功或者失败后，他们会采用一定的策略来应对。对这类教师外部互动过程的分析显示，此类教师的外部互动过程呈现出两种路径。

（一）路径一

幼儿园教师的期望身份与现实身份（如看孩子的保姆）相同，符合其工作情境定义的期待。在这一前提下，教师尝试与工作情境中的他人互动，通过展现其专业性来寻找角色支持，以期得到他人对自我身份的认可。

这一类教师在访谈中坦诚工作的目标就是看好孩子，孩子"不要出意外""不要出事故"和"不要磕磕碰碰"就可以了。因此，她们的身份期望与教师的角色特征并不匹配。例如，洪老师、梁老师和杨老师分别说：

> 就想踏踏实实的，有个工作，也有家，有孩子就行了，那个乙区某镇中心园的园长就把我叫回去了，说"你就跟这干"，正好那又缺人，然后呢？我孩子大一点，也可以上这个幼儿园我还可以带着他。我觉得我还是想边带孩子边上班，对我孩子还有利我觉得，有班上就行。［……］一开始我是这么想的，管好孩子就可以了，不能说被打的，或者被挠的，被咬的，这都是会有的情况。［……］看住孩子别让他们乱跑，不出安全问题，主要就是这样。（洪老师）

> 我这人挺外向，你在班看孩子，多累啊，多少个孩子你带出去玩就得数多少个回来，现在都是独生子女，生怕磕了碰了什么的，不好带，现在全一个孩子。你磕了碰了不行，现在挠一下，家长都不干。（梁老师）

> 我觉得这份工作对我来说就是自己玩得比较开心。然后可能孩子这个群体比较单纯，我觉得可以保持那份童真的心。［……］我自己也觉得就憧憬一下，就草地上一个女孩带着一群孩子，这个画面很唯美，女孩就喜欢这个。（杨老师）

这类教师努力做好看孩子的工作，照顾好孩子的生活，期望得到孩子、家长、同事和园长的认可。在与孩子的互动上，这类教师强调"要爱孩子"，"注意观察孩子的生活细节"、工作中主要陪孩子"玩"和做好幼儿园的卫生护理工作等。与同事互动层面，这类教师认为同事之间"没有多少正经事情可聊"，"开开玩笑一天就过去了"（洪老师）；与家长互动上，该类教师认为家长将其看作是保姆，需要按家长的要求照看孩子；家长不认为她们是教师，在工作中也经常挑毛病，被家长指责主要是因为"没看好孩子"，与孩子的教育教学等无关。教师与家长沟通的大部分内容都关于生活照顾方面的，提醒家长注意孩子冷暖、避免传染病，以及特殊孩子（如生病的孩子）一日生活情况。如洪老师坦言：

> 我觉得工作主要就是在换季的时候，提醒家长要注意那个冷暖什么的，衣服什么的。然后就是平时春秋的时候，什么是传染病多发季节，要告诉孩子家长。［……］还有提醒要把平时的家庭卫生搞好，然后多带孩子晒晒太阳什么的。都要告诉家长。有时候也开家长会，告诉［家长］这些注意事项。然后，每天差不多就是跟家长说一些，特别的孩子［的情况］。比如说，今天孩子该带药了，或者说，今天哪个孩子流鼻涕、咳嗽，接送的时候告诉家长一声，让家长注意一下。（洪老师）

分析来看，这类教师的身份构建过程可说是被家长牵着鼻子走的。一方面教师得按照家长的要求和嘱托去工作、照顾孩子，甚至讨好家长以期获得认可。

> 然后爷爷、奶奶都很溺爱，就是要求很多。然后，反正对于我们来说就是也挺烦的，就是很烦琐。［……］什么吃得好不好啊，穿得行不行啊。每天还得给你说"今天要不要多喝水呀，怎么怎么样"。反正就是一顿嘱托。（洪老师）

另一方面，尽管教师努力按照家长的要求来照顾孩子，但工作中也免不了家长对其工作的诟病。家长对她们的态度往往是不尊重的，如梁老师面对家长的当面指责：

> 家长不尊重你，就是当面敢指责你。"你对我这孩子，这怎么了，这怎么了。"他也敢指责你。［……］我们只能心平气和地去跟他讲道理。就是跟他们说一下。我们也绝不会跟他们去吵吵，最主要

是心平气和去跟他们讲一讲说一说。一般地红脸的也很少，很少。（梁老师）

外部互动主导型教师基本是在与他人互动的基础上确认并建构身份的，如果身份确认失败，他们主要采取的策略是尝试再次与他人沟通寻求角色支持。例如上文梁老师所说，在面临家长指责的情况下还是需要"心平气和去跟他们讲一讲说一说"。一旦工作情境中的他人认可自己的身份，这类教师就会更加坚定自己的身份，例如王老师的表白：

因为我妈妈跟园长认识，我工作一段时间后，我妈妈就问了园长我工作的情况。园长就说她挺踏实的，挺稳重的，感觉比较会管孩子。听到园长对我的评价好激动啊，好高兴啊！当时就想一定要好好工作。（王老师）

（二）路径二

当幼儿园教师的期望身份与现实身份（如看孩子的保姆）不同时，实际工作情境中的他人期待与其对自己身份的期待大相径庭，该类教师会不断向他人确认自己期望中的教师身份，在寻求角色支持与期望身份确认失败的过程中塑造现实的身份。

数据显示民办园高老师和公办园林老师一入职的时候是热情高涨、对成为教师充满期待，准备投身到学前教育事业中，但最终应付家长与园长的要求，忙于"看孩子、干活"，身心疲惫，精神不振，得过且过消磨过日子。这两位教师的身份构建历程主要依赖外部互动，崇尚他人对其专业身份的认可。

刚开始真是觉得这份职业很神圣，而且刚开始我也是非常非常喜欢孩子，所以才这么热情高涨地投入到这个事业当中，但是经过这么多年的工作吧，其实自己挺疲惫的，然后再加上我本身其实以前性格挺开朗的，但是我现在真的是，跟有抑郁症似的。[……]但是从刚开始我就觉得我一定要好好干，就是让别人知道，我就是老师，我还会跟别人说，我们真的不像以前那样就是只看着孩子，给他们擦屁股呀，哄他们睡觉呀，不是这些事情，我们是有更高的素质价值在的，我们是有更高的要求的，很专业的，我们是要教孩子很多很多东西的。[……] 但是慢慢地就觉得……我们这个职业一直就是处于社会底层的，一个比较低的地位，所以一直就让我们抬不起头来。（高老师）

我之前对工作特别充满期待，我之前应聘会觉得会得到重用有很大的发展，结果现在落差挺大的。之前特别有冲劲，现在整天看孩子干活，就磨得一天过一天，过了一天是一天，一年就这样了，我想以后怎么办。（林老师）

在与孩子互动上，两位教师都表示她们能够得到孩子的认可，但在孩子眼中她们的角色是朋友或者妈妈，并非教师。例如洪老师和高老师说：

孩子都叫我"洪妈妈""洪妈妈"，对他们就是很温柔。（洪老师）

他们会把我当成朋友一样或者妈妈一样，就是这样的关系。因为现在我带的是托班的小朋友，所以他们的依赖感更强一些，他们会把你当成一个特别高大的人，然后八点半就觉得你就是他们的一个依靠。（高老师）

但在家长、同事和园长层面，两位教师认为无论自己怎么努力也没有办法得到他们对其教师身份的认可。他们在工作中得不到家长的尊重，家长认为她们是"廉价的劳动力"。两位教师觉得家长以消费者的心理来看待她们的工作，家长认为付了钱就应该得到应有的服务和回报。

就比如说家长的认同感，肯定是评级了的幼儿园是比较光彩，他觉得老师的师资呀或者是其他方面都会高一些，他就觉得私立幼儿园的老师就是比较廉价。我曾经就在幼儿园的门口听到家长一句话，让我特别寒心，就是说"你看看这一群廉价的劳动力们"。就是没有尊重你，他就觉得我交了这个钱你必须要做到我想要的效果。但是有的家长会觉得我交了钱，你就是一打工的，你就是一服务我的，而且要服务好我。（高老师）

由于她们无法满足家长过高的期望和要求，她们感觉很"崩溃"。在与家长互动中身份确认失败后，高老师还是会尝试与家长沟通，但始终得不到家长的理解与认可，也由于其缺乏自我反思，不注重对其身份动态的自我确认，导致其感觉社会地位很低，"我自己觉得或者是说孩子不喜欢我或者是我的工作没做到位，让我觉得很沮丧、很失望"，渐渐失去了工作的热情和积极性。

> 我觉得这边家长的要求和期望挺过分的。就是这边的家长会有一些很过分的要求，就比如说老师你应该多照顾照顾我们，我们一天交了这么多钱，凭什么来这了，然后你们面对那么多孩子，我们孩子心灵受挫了怎么办？本来我们幼儿园就规定，其实所有幼儿园都规定孩子要八点入园，然后八点半就是吃完早餐的这种环节，但是有些家长就觉得我交这么多钱你就得给我，我就得跟别人不一样，我就是要随心所欲，我想什么时候来你就必须把早饭给我热好了，你哪怕去厨房给我要，你不是有微波炉吗？给我热呗，就有这么过分的要求，有时候你好心跟他们交涉，他有时候就不理解你，觉得你存心跟他作对，就是说他就觉得他交这么多钱他就应该受到很高的待遇，所以我现在觉得地位很低。[……]所以就让老师觉得一点热情都没有，就是没有让我留下来，或者说好好工作的信心与积极性。（高老师）

林老师在得不到家长认可的时候，采取的策略是逃避并邀请同事来沟通。她这样解释：

> 有的爷爷奶奶带孩子，如果他家孩子磕碰了，他们会很生气，第二天早上在门口会质问你这件事情。[……]我通常会跟主班说，让主班跟家长沟通。因为我怕说错话，主班老师有孩子，更知道家长是怎么想的。（林老师）

同事和园长的不认可导致两位教师心情很压抑，更无法认同自己的教师身份。林老师工作以来一直心情压抑，部分原因来自于其无法从同事和园长那里获得角色支持，她认为自己"根本没有办法运用之前学的专业知识，毫无用武之地"，而且"园长也看出来我过一天算一天了"。

> 他［主班老师］老是给你挑问题，你这儿干得不好，那里干得不好。有的时候我会顶，因为他老是说你不好。如果你顶撞他，他会在园长面前说你坏话。（林老师）

在这种情况下，林老师选择沉默，因为她认为园长不相信她，解释也没有用。同样，高老师也没有得到同事和园长的支持和认可。在高老师看来，同事认为她"是一个只会分配工作不会做事的人"，而且还曾遭遇同事的威胁。

> 因为我每天都在开会、布置工作，他们［同事］认为我是一个指挥分配工作不会做的人，但是我其实是一个脑力工作者，就是我需要说，然后分配最后落实。就是很多计划都是需要我们来做。［……］刚开始我来幼儿园的时候，带的那个班里有两个北京的老师，毕竟年轻，然后心气挺高的又是北京孩子，然后在晚上加班弄环境的过程中曾经威胁过我。就是说可能要找人来打我呀。还为了争着讨孩子喜欢，写恐吓信。（高老师）

此外，高老师认为她的工作也得不到园长的理解，对园长处理家长投诉教师的做法不认同，"领导一般都是以利益为主，以家长的要求为主"，"没有从我们［教师］角度去考虑问题"。最终导致高老师因为不能从家长和领导那里得到理解与安慰，感到很难过。

> 再加上领导的不理解，可能对我们来说有一些苛刻的要求，或者说没有从我们角度去考虑问题。就比如说家长投诉这个老师了或者投诉这个班了，［……］如果说我去处理这件事，肯定是先去安抚这个家长，"我们在工作上面可能会有些疏忽，但是我们会去跟这个老师交流一下，沟通一下看这方面我们能不能有所提高"，想一些办法，然后私下再跟老师去说［……］但是他不会这样，他很直接就说，"你怎么怎么样，这种……"让我们觉得在家长那里得不到安慰，在

领导者方面也得不到安慰，然后就让我很难过吧。[……]领导处理得不是很合适，我觉得就是你办园要有自己的理念，不要被家长牵着走，家长怎么样就是怎么样，让老师也变得在家长面前没有威信，就感觉我们一定要跪着看她们，是这样的。（高老师）

通过访谈发现，上述两位外部互动主导型教师在身份确认失败后都选择"退出工作情境"和"转换新的身份角色"的应对策略。当问到她们的职业发展规划时，林老师说：

就磨得一天过一天，过了一天是一天，一年就这样了[……]我准备等合同满了辞职，再去市里找一家幼儿园工作。（林老师）

高老师坦诚民办幼儿园的工作经历让她已经认同了保姆身份，使她觉得公办幼儿园也是一样，而且社会上"幼儿园老师就是看孩子"的观念根深蒂固，她彻底失去了对幼儿园教师身份的追求和坚持。

压力比较大，别人还说幼儿老师像保姆一样，我自己都同意了，认同了[……]我一开始工作时并不认同，就是工作了三年后出现了这样的想法。因为我觉得即使在公立幼儿园，家长也是不理解你的工作的，看低老师。然后再加上每次回去以后，不仅是回我们家以后，你比如说这个人问你，就是在街上遇到人问"你是什么工作呀"，但是当你特别自豪地说我是一个幼儿园老师的时候，没有得到别人的认可，"啊，看孩子的呀！"，就会让我很受挫。[……]然后我现在都有换一种行业的想法了，因为我对这个行业彻底失望了。因为家长的这个需求全都是从大的[整个社会]方面来的，这也不是我一个一线老师能够改变的。[……]这份工作让我这么受挫，第一，社会地位低，第二，接触的人复杂，然后会让你觉得挺迷失的。（高老师）

因为对这个行业彻底失望，高老师想换一种行业，在第二次访谈时，她已经从幼儿园离职。

综上所述，外部互动主导型的教师身份建构过程可以描述为与他人互动确认身份的过程。这类教师的身份构建有两种路径：期望身份与现实身份相同、期望身份与现实身份不同。在身份构建过程中，她们不断通过与他人互动，向外界寻求身份角色支持，在确认成功或者确认失败后采用继续沟通确认、回避；退出情境、转换成新的身份角色等策略构建出"看孩子的保姆""清洁工""廉价劳动力"等角色，有的教师则选择放弃工作，重新到新的情境中塑造新的身份。

第二节　内部互动主导型：特色的幼教专业工作者

幼儿园教师身份构建过程的另一条路径就是教师个人与自我的互动。内部互动主导型即身份构建过程的情境定义和行动方向主要受自我互动的影响（如图5-2），即一系列动态的自我确认形成身份。在这个过程中，幼儿园教师作为行动者从"自我"寻找意义，涉及对"过去我""现在我"和"将来我"的自我反思、自我评价等过程。本节在对五位幼儿园教师访谈资料分析的基础上呈现幼儿园教师自我互动如何影响其教师身份构建。

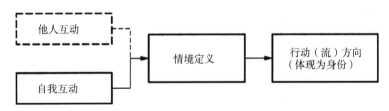

图5-2　内部互动主导型的幼儿园教师身份建构

一　特色的幼教专业工作者

本研究中有五位幼儿园教师的身份构建过程为内部互动主导型。这五位教师认为自己是"专业的幼儿园教师"，认可自己的专业身份，特别强调自己的专业性和专业特色。与前一类幼儿园教师的身份类型不同，这类教师在描述自己的身份认知和界定工作范畴时认为幼儿园教师是专业的幼教工作者，在工作中融入了自己对"专业的信念和信仰"。在这类教师看来，幼儿园教师可以有多种子身份，其中最核心的应该是"专业的幼教工作者"，专业特色是其身份的首要特征。对他们而言，从事幼儿园教师已经不仅仅是在做一份普通的工作，更是"超越工作的东西"，她们工作的价值和意义体现在对自己专业信念和信仰的实践上。

> 其实我觉得幼儿园教师，首先是一个专业工作者，你可能扮演这么多身份，你可以有这么多角色，但是你最核心的角色，就是你是一个专业的幼教工作者，这个你首先要搞清楚……其实怎么说吧，这个工作我有时候并没有把它当成［一份工作］，实际上工作让你养家糊口挣点钱，在我概念里面就超越了工作的东西，因为工作计较给你多少钱，你的工作时间，包括付出与回报之类的东西，包括那时候选完这个专业之后，一直在做这一块，也对专业的信念和信仰在里面。（钟老师）［按：画线部分为笔者强调的重点。下文同］
>
> 其实是一份比较有爱心的职业。真的属于那种，真的得全身心地投入。如果你拿它当一份职业，真是做不好。你要想做好，真得当一份事业。一入职的时候也想当一名优秀老师。［……］优秀的老师最起码业务得过硬是吧，第一个得有专业的知识。［……］专业不过硬，你什么都不行，也不行。《教育学》《心理学》你不懂，那更不行，专业知识首先是排在前面的。（盛老师）

可以将这类教师的身份构建过程解读为不断寻找自己的专业特色，掌握专业的教学能力和教研能力，将理论运用于幼儿教学的实践。例如，魏老师在工作的第二年开始反思自己的专业性。当看到同事都有自己独特的专业能力（如音乐、语言等）时，他也开始寻找形成自己的专业特色，尝试过奥尔夫音乐教学，后来觉得不太适合自己，就转换到自己更感兴趣的体育健康领域，形成了具有"体育特色"的幼儿园教师身份。

与前一类幼儿园教师不同，内部互动主导型的教师认为幼儿园教师不是"看孩子的保姆"或"廉价劳动力"，而是能够将专业理论知识应用到学前教育实践中，具备教学能力和教研能力，能够运用理论以研究解决学前教育中遇到的实际问题。

　　我觉得一个好的幼儿园老师首先这颗心要正，要有自己的想法，首先这颗心是好的，这个是个基本，就师德方面是个基本。然后就是要有专业的教学能力，然后有教学能力的同时还要有专业的教研能力，我觉得有了这些能力才能更好地指导孩子，把你的思想、你的一些想法在孩子身上实现。[……]在实际中我们遇到的教育的困难，教育的瓶颈，理论如何应用到实践中，怎么解决实践中遇到的问题，这些可能就是我们需要研究的。之前我做过一个投掷的调研，现在也一直在做，就是研究孩子们投掷这方面的能力，就自己做的一个小研究。（苏老师）

二　内部互动过程

教师与自我的互动在这类幼儿园教师身份塑造过程中发挥着主导作用。尽管这些教师在工作情境中也存在他人对其身份的认可、质疑和影响，但这些对其身份构建过程影响不大，因为这类教师并没有刻意通过与他人互动来确认自己的身份，而是选择遵从自己的内心，反思自我的过去、现在和将来，开展动态的自我身份确认。

面对他人的不理解和不认可，尤其是幼儿园教师就是看孩子的保姆这种说法，魏老师（男性）给出了这样的响应：

　　因为幼儿园老师一开始的时候肯定都需要熟悉工作流程，会接触一些保育工作，我觉得作为一个男教师来说不要惧怕这些，做这些并不是要当保姆。因为你只有最基础的做好了，才能往下去发展，为专业发展做好铺垫。有的男教师在毕业之后，想着进入幼儿园只做专职工作，如体育类、电教类。但是我觉得还得先了解幼儿，因为幼儿园最主要就是幼儿和教师，还是要了解幼儿园的工作流程，为自己的专业发展打好地基。（魏老师）

与外部互动主导型教师不同，魏老师认为做保育工作并不能迫使其认同幼儿园教师的保姆身份。相反，他认为这是他专业发展的基础，能够为他构建专业的幼教工作者身份打好地基。而钟老师（男性）认为保育工作是专业幼教工作者能力的重要部分，同时，专业的幼教工作者能够抓住保育环节中的教育契机，自然地实现教育效果。

> 在一定条件下，不专业的人看起来像是保姆，其实更确切地说是<u>保育工作，保育工作也是能体现专业能力的</u>。比如说孩子尿裤子，那我就给他换裤子。但实际上在换裤子过程中，有时候老师有意识的一些话的教育效果完全不一样。有些老师跟他说，"没有尿裤子的，回头给妈妈说"，这留给孩子更多的是一种压力，负面的东西。<u>而我刚才说专业的幼教工作者，应该说</u>"没事，可能憋不住了，你下次赶快跟我说一声，或者你自己过来就行，不用跟我说"。<u>其实专业的幼教工作者时刻想的就是给孩子什么</u>，在这种自然对话过程中让孩子去<u>明白或者知道</u>，怎么去解决这个问题，其实就是这样的。（钟老师）

通过对马老师的自我互动心路历程剖析发现，教师对专业的自我肯定对其职业的发展是非常重要的。马老师起初不敢承认自己是学学前教育专业而且毕业之后要做幼儿园老师，主要是由于外界不认可其专业性，但后来通过自我肯定，他认识到了幼儿园教师的专业性，并坚定了自己从事幼儿园教师工作的决心。因此，他认为影响自己专业发展最大的动力还是来源于自己的反思和坚持。

> <u>以前的时候，我不敢跟人说我是学前教育的，非常害怕别人知道</u>，一直到我大一下学期和大二上学期。学前教育，我自己都不好意思说。因为我不理解，因为我认为就是带小孩玩，幼儿老师就是带小孩玩，[……]人家问你读的什么？我在××大学，你什么专业？我说教育类的，当老师的，但我不会说学前教育，所以到<u>最后的时候，也是自我的发展，自我肯定，自我肯定这一块很重要。我肯定了我的专业，所以我跟人说我是幼儿老师，我是男老师。</u>[……]<u>我觉得对我的专业发展影响最大的人是我自己，我自己在做这件事情，是我自己的反思，在坚持自己</u>。（马老师）

盛老师在访谈中也谈到，她并没有刻意探寻同事或者领导对自己的评价，也不在意他们认为自己是一个什么样的老师，坚持"我就是我"的原则。相似的观点在钟老师的访谈中出现。

> 我向来也不在乎领导给我的评价，或者其他人给我的评价。我就是属于那种，我就是我。我把自己的专业做好了，教育好孩子，能够看到孩子的成长和进步，我就很满意［……］自己比较有原则。（盛老师）

> 我觉得专业的幼教工作者的一个基本要求，就是要对他的选择负责，无怨无悔就是我自身的认可。要忠诚于他的内心，不忘初心，我意思就是说不忘初心，你选择这个东西是你自己想要的。当你在这个过程中遇到问题的时候，能够坚持自己的专业判断，因为这个东西没有突破你的底线，已经逼到你要放弃现在一些东西的时候。（钟老师）

以上资料显示，内部互动主导型的教师在身份构建过程中不关注他人是否认可其身份，而是坚持自我，认可自己的专业特色，在自我确认和自我肯定中提升自己的专业素养。例如，钟老师认为自我发现幼儿园教育工作中的乐趣，即物质以外的一些精神回报，对于其专业认同很重要。他同时也提及专业和职业的不同，职业只是一份工作，而专业则具有发挥专业本身的"价值和作用"的专业信仰。结合上文所述，魏老师在工作两年后反思自己的专业路程，发现应该寻找自己的专业特色，而坚持这一专业特色能够提升其专业认同感和幸福感。

> 在这个工作里面能够自我去<u>发现一些乐趣，他从中能获得一些回报，你要付出了一定有回报，这个回报一定是物质以外的一些东西，不是说我给孩子一个微笑，他要给我两个微笑。</u>主要对这个专业，他跟职业还不太一样，职业就是一份工作。实际上对我来说，毕竟学了这个专业，<u>学这个专业肯定要发挥其价值和作用，有专业信仰在。</u>那么如果说你自己学了这个专业，然后也看到了很多问题，很多不理想的状态，然后你又回避了，那实际上这个东西没有改变。对于你来说你学这个专业也没有任何价值。但是可能你来了［做这个专业］，<u>哪怕你的声音很微弱，但是最起码有一个声音，</u>总比静悄悄，死悄悄那种状态要好得多。（钟老师）

就是要找好自己专业特色，因为找好自己的特色后，甭管开展教育教学还是和孩子在一起，每天工作会感到很快乐，[……] 找好自己的发展方向，找好专业发展方向自然快乐了，幸福就会来找你。（魏老师）

内部互动主导型教师的身份构建也体现在其不断反思自我的过去和现在、规划未来的自我上。这类教师不仅不注重外部他人的评价，而且对自我未来的发展路径有着非常明晰的认识。从对魏老师的访谈中可以看到，他对自己的幼儿园教师专业发展之路有着很明确的规划：从熟悉工作流程做好保育工作到带班开展教育教学、从最基础的开始做起到慢慢寻找自己的专业特色等。对于自我的未来，他认为幼儿园教师不是"上班"，而是一份值得投入的事业，期望事业能够往更高的方向发展，表现出很强的职业承诺性。

我觉得要有职业规划吧，第一来说就是幼儿园对教师的这个职业发展方向要有一个规划。因为你肯定得熟悉孩子的一日流程，他一天在幼儿园都干嘛，什么时间做什么事，然后熟悉了之后，第二年才能开始带班，包括开展教育教学，给孩子上课什么，之后再慢慢寻找自己的特色。[……] 从开始迈入幼儿园正式的教师岗位以后，觉得还是得从最基础的做起。先从最基础开始一步一步往上走，从第一年开始做保育，熟悉孩子一天的一日流程。做保育过程中，连做配班，看班教师怎么样，开展活动，然后边看边学习。再有一个比如说到第二年自己带班或者说是在往后开展体育活动方面，孩子在活动时候的一些应急措施，在第一年做保育的时候可以学到。比如孩子真发现危险了，如何处理。[……] 工作中老是会听到"上班"这个词，我现在我感觉把这个当成一个事业去做，并不是为了早上来了上班，下午下班了就回家。我把这个当成一个事业去做，希望自己越走越好，然后往更高的方向去发展。（魏老师）

综上分析来看，内部互动主导型的教师身份构建体现出自我反思、自我肯定、自我调整和自我规划的特点；对于外部他人的评价持屏蔽态度，坚持自我发展之路不受他人的影响。这一类教师认为自己是专业的幼教工作者，能够形成自己的专业特色，对职业有很强的承诺感。

第三节　内外部互动兼顾型：我是一名_____老师

本章的第一节和第二节分别呈现出幼儿园教师的外部互动和内部互动如何影响其构建出不同的身份类型。另有一类幼儿园教师身份构建的情境定义和行动方向是同时受到外部互动和内部互动两种路径的影响（如图5-3）。以下通过对这类幼儿园教师的访谈展现外部互动和内部互动相互结合如何影响他们的身份构建。

图5-3　内外部兼顾型的幼儿园教师身份建构

一　我不是保姆，是一名_____老师

可以将内外部互动兼顾型的幼儿园教师身份类型描述为"我不是保姆，而是一名_____老师"。这类幼儿园教师在不断与他人和自我互动中确认身份，最终构建出多样化的幼儿园教师身份。首先，这类教师非常肯定自己的身份不是保姆，而是一名教师。其次，这类教师构建出不同类型特点的教师，比如十项全能教师、爱孩子负责任的老师、提倡孩子个性化教育的老师等。

在访谈中，他们明确将自己的工作范畴界定为老师，即教育孩子，而不是仅仅像保姆一样照顾孩子。他们认为之所以产生保姆的说法是因为外界对她们的工作内容和意义不了解，但他们本身自己非常清楚自己的教师身份。

　　我自己觉得自己不是一名保姆，我就是一名老师。好多人不接触这个，就不明白这一行有多累，他们就觉得你们看个小孩吃个饭玩一玩，当他们真正了解了之后就不会这么认为。因为他不懂，他不了解，所以他才会这么说，真正懂并且接触过这些的人，不会这么认为也不会这么想。（李老师）〔按：画线部分为笔者强调的重点。下文同〕

其实有的时候，比如，家长送孩子的时候，就经常说问阿姨好，阿姨再见，有时候摊上了心里就想，磨磨唧唧的，我是老师，我不是阿姨，但是你在这个行业嘛，没有一个行业是人人说好的，这个说好，那个也说好，这种行业是没有的。（郭老师）

他们只是看到了表面现象。他们可能只是看到幼儿园老师工资待遇低，像保姆一样。但是他们要是真正静下心来，深入到我们中来，他们会觉得这个职业还是比较高尚的。我觉得，幼儿园是为整个教育金字塔奠基的，基础都没打好，还谈什么往上发展。〔……〕我们很多好的习惯都是从小养成的，所以如果他们能从这个角度来想，他们就不会这样说了。（文老师）

在这些教师看来，教育孩子是区别老师和保姆身份的一个重要特征。当问到一名好的幼儿园教师需要具备哪些条件时，内外部互动兼顾型的教师都肯定"教育"在幼儿园工作中的重要地位和意义。例如，孟老师（男性）在访谈中强调教师反思自己教育行为的重要性，认为应该尊重孩子的不同个性化发展。在他眼中，他是"一名倡导孩子个性化教育的老师"。李老师将自己的工作内容定义为"向孩子传授知识"，他认为自己是"一名既严厉又让孩子喜欢的老师"。

我自己来看，首先要成为一个比较好的老师，第一个要素就是要勤于思考，这个特别重要，要经常反思自己的行为，自己教育行为所带来的后果，包括孩子的一些行为，因为学前教育我觉得比较看重的一点，是面对不同孩子，不同个体的一种教育。所以我不喜欢"一刀切"式的教育。尊重孩子的不同个性化发展，可能也跟我一直在做蒙氏教育有关系。崇尚对孩子自我修养的培养，思考这块特别重要。（孟老师）

首先要爱孩子吧，然后喜欢孩子，而且是挺重要的、关键的一个地方，还是要多方面地去学习，通过自己的学习再传授给孩子。不断给自己增长知识，因为孩子本身就是比较重要，所以还是要多方面学习，通过学习给孩子传授知识。反正没有太大的，我要成为什么，首先就是能让孩子喜欢我，从他的嘴里能说出来。老师肯定是严厉的，但是严厉之外，通过教育孩子还是会喜欢你。（李老师）

内外部互动兼顾型的幼儿园教师大多认为自己是多面手、样样皆能，需要具备语言、唱歌、跳舞、数学、体育等多种技能，在工作中扮演父母、好朋友、大姐姐、保姆、清洁工、艺术家、工程师等多种角色身份，强调幼儿园教师身份的复杂性和多样性。他们认为自己是这些技能和角色身份的综合体，不能单一割裂开来看待他们的身份。例如，孟老师认为自己是老师、父亲和同伴三者的结合体，认为幼儿园男教师应该同时具备这三个子身份。同时这些教师在访谈中都表示非常热爱自己的工作，将幼儿园教师这份工作当作事业去做，在工作中投入爱心和责任心，也都认可自己的工作价值。例如，张老师认为自己在用"激情"工作，在工作中特别"开心"。

　　我觉得作为一个幼儿老师要比小学中学甚至大学老师做的事情要多，付出得要多。不像大学老师都是任课老师、专科的，幼儿园老师就是全科老师，吹拉弹唱都要会。上得厅堂下得厨房，十项全能，我觉得这么形容一点都不为过，不管你担任的是什么，是主班老师也好，配班老师，生活老师也好，总之你在班里什么事情都得做。（赖老师）

　　孩子会把我当成什么呢，我觉得首先是老师，其次是家长，直接说就是父亲。因为有的孩子跟我说着话，无意中就会说爸爸，爸爸怎么样。等一时发现，自己也不好意思地笑了。但是我觉得在这个过程中，他也很享受，我也很享受。我觉得应该首先是老师，其次是父亲，然后，我在跟他们玩儿的时候，他们真的能踢我，去铲球，来铲我，我觉得那个时候他们把我当成了同伴、朋友。我觉得这三个角色，目前在我身上都有体验。我觉得作为幼儿园老师，应该都同时具备这三个角色。（孟老师）

　　我们就是幼儿园老师，只不过是多面的幼儿园老师，我们可以做好多人做不了的工作，就像艺术家我们要画画，我们要画很漂亮的画给孩子，<u>我们要做清洁工，要帮孩子擦桌子抹地，</u>有时候尿湿了裤子也要我们来清洗。[……] 我们每天都像<u>保姆、清洁工、艺术家、工程师</u>，<u>这就是我们每天的工作，</u>我们每个人每天就是要做这些事情，这就是你的工作。[……] 一早上你就是个老师，过一会你就变成清洁工去洗抹布擦地了，再过一会你就变成艺术家带孩子跳舞画画，再过一会你就变成工程师了，你要开始写计划。[……] 我真的挺有激情的，我跟同事说我就是用激情在工作，你看我每天都挺有活力的，跟孩子相处起来都很开心。（张老师）

因此，内外部互动兼顾型的教师构建出的教师身份首先是"教师"，其次是具有各种特质的"幼儿园教师"，即在工作中有多种子身份。

二　内外部互动过程

在符号互动论视角下，这类幼儿园教师的身份构建过程可以诠释为教师在工作过程中进行内外部互动的过程。一方面，这类教师尝试跟他人互动，从孩子、家长、同事及园长那里寻求角色支持，期望得到认可；另一方面，这类教师会不断地进行动态的自我互动、自我反思，确认自我身份。

内外部互动兼顾型教师非常期望得到他人的认可，希望他人如家长、园长等能够认可自己的教师身份。例如，郭老师在访谈中一再强调她特别希望能够得到家长的认可，其工作的意义和价值不是用金钱去衡量，而是在于家长的正面评价和认可。官老师提到了园长在其工作中的重要性，园长等领导的认可和带领能够使其全身心地投入到幼儿园教师工作中去，更加认同自己的教师身份。

我的意思是<u>家长对我的评价我很在乎</u>，但是绩效工资这块我不是很在乎。那天有个小朋友，我给他打电话，他说他感冒了，不来了。一个家长说孩子缺勤了，你也会被扣工资。我就说孩子缺勤了，不来幼儿园，我很想他，他生病了，我也很心疼，但是至于工资我真的不在乎。<u>你要是真真正正去做的话，你所付出是那份爱，我觉得喜欢是没有办法用金钱去衡量的。</u>[……] 家长的评价和工资挂钩这个是必要的。因为有的老师有时候可能不够细心、不够积极。会影响到家长，家长会给一些差评。确实园方以这种评价然后去记绩效工资的话，也是正确的。<u>但是我特别在乎的是家长对我的评价，我特别在乎这一点</u>，但是那些绩效工资我不是特别在乎。（郭老师）

　　我觉得上班或者工作吧，<u>园长领导什么样还是比较主要的，我会甘心情愿付出，能做一些事情就多做一些</u>，我也不会说算计着，而且幼儿园这个地方没有什么特别大的利益纠纷，要是去别的单位的话可能我就不会这样想了。（官老师）

　　因此，这类教师在工作中会尝试去跟他人沟通，将自己的工作表现展现给他人，希望从他们那里寻求角色支持，确认自己的教师身份。在访谈中，孟老师阐述了他是如何与刚接手的新班级孩子建立信任、拉近距离、培养感情的。她认为自己能够在孩子面前做好"教师"这一角色并能够得到孩子的信任和认可。郭老师一方面是努力用正确的教育方法教育孩子，使孩子快乐开心并且得到孩子的喜欢和认可；另一方面她尝试与家长沟通孩子的教育问题如挖掘孩子的特长等，期望得到家长对其教师身份的认可。李老师的访谈数据显示她擅于从家长那里寻求教师角色支持，将自己的专业水平展现给家长，争取家长的信任和认可。

　　<u>因为对老师来讲，首先是老师</u>。每年我都会接新孩子到班里，他刚一来到我的班，还没有建立信任的时候，虽然作为幼儿园老师首先要有亲和力，他不会惧怕我，但是也不会听我的话，但在这个过程当中，我会跟他拉近关系，或者建立这种信任，但是建立信任的过程，<u>首先必须要让他知道是孩子跟老师的这种关系</u>，因为有些时候，幼儿园老师不像基础教育的老师，有那么大的距离感。但是一点距离感都没有的话，也是无法实施教育的。或者实施教育也达不到最好的效果。<u>但是这个距离感建立起来之后，同时还要有信任感，然后时间长了之后，再来培养情感</u>，彼此磨合和融合。[……]慢慢建立起这种信任和情感，至少对现在的我不是什么难事儿。（孟老师）

　　反正此时此刻，我就希望用正确的方法引导他们，让他们能够快乐开心。如果他们有某方面的天赋，比如说她们喜欢画画、喜欢跳

舞，我会认真观察，及时发现并与家长们沟通，希望家长能够从小培养小朋友的特长。（郭老师）

这个时候在这儿［笔者按：即 C 幼儿园，一所国际私立幼儿园］，就觉得和家长沟通比较全面，我要让家长知道，我要把这些教给孩子，我的专业水平，要证明给他们看，专业水平是很好的，我会用我的这些能力去说服家长，我全方面地和他们沟通。我觉得我家长工作做得挺好的，我一个阶段会和这一波家长沟通孩子最近的发展等各方面情况，这一段时间和这几位家长，过一段时间和那几位家长，然后这一个月和每个家长都会有沟通。（李老师）

对内外部互动兼顾型教师而言，他人的认可能够促使幼儿园教师更加确认自己的教师身份，有助于教师的专业发展和成长。这些教师认为他们应该去争取他人如家长的认可，因为她们已经获得了他人的尊重和信任，应该去履行教师的工作职责和义务（如史老师所说）；当得到他人的认可时，她们会更加坚定自己的身份，赋予教师这一身份更多价值和意义（如赖老师所说）；体会到工作的快乐和幸福感，更加坚定自我对幼儿园教师这份工作的承诺（如文老师和李老师所言）。

当然有啊，首先我在茶馆干过，然后我就觉得别人花这个钱了，你就要做到应有的服务，包括家长也是一样的。即使他花了那么多钱，他对老师依然很尊重，至少在你带的这几年尊重你，信任你，把孩子交给你，我觉得有这份责任把孩子教育好，要不然真觉得拿这份工资很烫手。（史老师）

在这个过程中，他们对你是认可的，他们让你的压力都缓解了，让你处于很轻松很放松的状态，这个可能是做幼儿园老师很大的收获，就这样，会不断地认同幼儿园老师。（赖老师）

我觉得特别开心的就是，你跟他们沟通一些事情的时候，针对这个孩子的一些不良习惯，有些家长特别配合你，你跟他说他们要怎么怎么样，他们会在家里这么做。如果他们感觉不合适，他们还会反馈给你。我感觉这样对孩子特别好，可能孩子在家里是一种教育方法，在园里又是一种方法，这样配合起来非常好。这样在这三年成长中，不管从心理方面、身体方面，还是学习方面都会有很大的进步。这是我最喜欢的，也是我最快乐的。这样的引申意思就是我觉得家长是信任你的。如果不信任你，就是你爱怎么样我不管。（文老师）

我觉得这个幼儿园给予我很多，让我成长。去年，我的领导就很温暖地说，晶晶你真的很棒，成长很大。说我是所有老师里面成长最快的，［……］我心里面很明白，我在一步一步地打开自己，改变生活状态。（李老师）

但是，与外部互动主导型教师不同的是，内外部互动兼顾型教师虽然通过外部互动期望得到他人的认可，但当身份确认失败时，他们不会被外人牵着鼻子走，而是选择通过内部互动来进行自我反思与自我身份确认。例如，他们在与家长的互动中采用相互协商的策略但不会向其屈服，体现了他人互动即向家长确认身份和自我互动即自我确认身份的结合。当问到在工作中教师是否要顺着家长的要求去工作时，郭老师回应说：

那要看他们说的合理不合理了，如果合理的话当然就可以按照那样去做啦。但是如果不合理，那我也没有办法，不可能都按他们的意思来。［……］有个小姑娘，确实受不了北京的雾霾天气，家长不让上户外活动，还要买净化器，而且家长说园方太不负责任了。［……］后来我跟她去说，她组织家长筹钱买了一个。春游活动她可以选择不参加，但是我们不会取消这样的安排。（郭老师）

上述话语显示，内外部互动型的教师即使是在得不到认可的情况下也轻易不会跟外部他人起冲突。他们会选择沟通、协商，在协商的过程中坚持自我。

我一直都和家长强调一句话，"我们年轻，我们学的东西也并不够，但也并不能说你自己是百分之百对的"。［……］我一直都在和他们说，不是说你是对的，也不是说我是对的，只有我们结合起来才是最好的。（郭老师）

　　这一类型的教师也认为教师个体在内外部互动中对他人的引导和坚持自我很重要。例如史老师提到，家长跟教师的培养理念可能不同，这个时候教师应该尝试去引导家长认识到自己教育理念的重要性。史老师认为在同事眼中她不是一个要求上进、积极学习的老师，因为她不愿意把时间花在参加各种无意义的培训活动上，她选择坚持自我，把工作重心始终放在教育培养孩子上，达到自我身份的确认。

　　　　这看老师怎么去引导吧，因为家长不懂，他们就关注自己孩子学会没学会，其实幼儿园的教育就是培养孩子的学习兴趣，最主要的就是这个过程，不是结果，不是今天这个画得怎么样，认识多少个字，其实不是的。我一直跟他们说我们培养的是兴趣，我们可能是在识字方式跟家里不一样，我们不是去教，我们是慢慢去渗透，让孩子对这个感兴趣，首先是吸引他，让他感兴趣，让他自然而然学会一些东西。不是像课堂一样要教，一条两条三条这样子的。（史老师）

　　　　她们［同事］觉得我应该是比较有责任心的老师，但是到这个幼儿园之后，她们觉得我不是一个学习型的老师。［……］别让我学习，我是拒绝的。我说我不愿意有那么多的事情，我就想把心思放在孩子身上，我也不想定的级别很高。［……］钱对于我来说并不是很重要，我喜欢的就是这份职业，我就是享受我自己的东西，我不要外在的东西，也不说是一种什么境界吧，真的就是看得多了、遇到人多了以后，就会知道自己内心需要的是什么。（史老师）

　　内外互动兼顾型的教师在工作中也会遇到他人不认可甚至是贬低幼教职业的时候，但他们不会因此影响自我身份的认同，而是选择自我反思，坚持自我认可和自我互动。李老师就碰到过别人说幼儿园老师是廉价劳动力，但她会辩证地去看待这个说法，认为仅有一部分家长这么认为，还有很多家长认可她们的教师身份。她选择自我认可，找到了工作的价值和意义，并能够得到园长等领导以及孩子家长的认可。

　　　　但不是所有的人都这么认为，有一部分这样。我觉得要说我们的职位吧，还是要分地方。在公立园我们就觉得幼儿园教师地位挺高

的，很神圣的，就是老师。来这儿［笔者按：即一所国际私立幼儿
园，C幼儿园］，我们又是服务者，又是老师，就是这种感觉。
［……］我当时听到了"廉价劳动力"这个说法，是我班助理老师给
我说的。国际部的家长社会地位比较高，比较有钱。可能是看事情的
角度不一样，可能他们都是开公司的一些老板，他们会说这是一群廉
价的劳动力。不能说所有［家长］，只是一部分。作为一些普通人，
双语部的很多家长觉得老师就是老师，就是这样的。［……］我不知
道是不是有点自信啊。我觉得来了这之后找到了自己在工作当中的一
个价值。［……］加上自己比较有上进心，然后在领导正确的领导
下，每一年都会被评为优秀教师、幼儿家长心目中好老师、园级骨干
教师，就觉得自己成长了很多，锻炼了很多。我觉得在这成长了。
（李老师）

类似地，孟老师在工作中曾遇到一位高学历家长挑战他的教育理念，
他选择与该家长沟通、协商，没有直接屈服于家长，最后既坚持了自己的
教育理念又赢得了家长的认可。

他［某个家长］的孩子有一个什么问题呢，就是挑食，挑得非
常厉害。然后，基本上很多东西他都不吃，其实，按我的理念来讲，
孩子有时候排斥一些食物没有关系，可以通过其他一些方式去补充营
养，但是我更多地把这个看成一种对习惯和责任感的培养。比如说，
如果有的孩子不吃胡萝卜，我觉得呢，他可以少吃，但是我觉得没有
一个人，除非是过敏，或者是生理上的问题，他至少是可以少吃，而
不能全部都不吃。假如孩子不吃鸡蛋，他可以少吃，但是他不能全都
不吃，或者把给它的，他全部都挑出来。反正发生过这么几次事儿，
然后我跟家长去交流这个问题。然后当时家长很意外试探性地问我，
能不能对他孩子这个行为视而不见，但是我表现得很生气。我觉得对
我的教育理念是很大的一种亵渎。等于是，让我作为一个从事教育的
工作者，面对孩子的问题不但不管还放纵他。家长提出这种要求，当
时我就跟这个家长说，"您也是搞教育的，您刚才跟我说的这句话，
您回家去仔细再反思反思，我也反思反思，找机会我们再聊一聊，今

天先到这儿，先不聊了"。这可能是我跟家长说得比较严重的话了。<u>最后家长也通过多种方式道歉，然后积极配合</u>。（孟老师）

内外部互动兼顾型教师大多认为自己是多面手，扮演多种角色。在实际工作中，他们也会通过自我互动和他人互动调整各种角色的优先次序。例如，官老师的角色包括"大姐姐""朋友"和"老师"。起初她扮演大姐姐和朋友的角色感觉跟孩子相处得很好，但后来通过与孩子的互动发现这些角色不利于教育孩子，因此经过调整她觉得自己还是应该"有个老师样"，从而确立她在孩子眼中"老师"这一角色优先的情形。赖老师则强调，根据幼儿园教育的不同场景调整身份角色的必要性：只有不把自己框在一个角色里才能做个合格的老师。

> 因为最开始我的想法就是就跟孩子们玩儿就行了，我觉得像大姐姐吧，因为<u>我就觉得一开始和小孩就是朋友，大姐姐也好和他们相处</u>。［……］后来就慢慢意识到，该严厉的时候我也会严厉，再加上其他老师不是都有经验嘛，就教给我说你还是得有个老师样，<u>所以现在在孩子们眼中我肯定还是老师多一些</u>。（官老师）
>
> <u>我觉得在孩子眼中，并没有说固定的［角色］，没有把你固定地当成一个什么对象，</u>因为我觉得在不同的时候，你就处于不同的角色，我在上课的时候，我就是一个老师，像我们在户外游戏的时候，孩子可能更愿意跟我做伙伴，事实也确实是这样。在生活上我觉得我就像妈妈，小朋友也会很不自觉就叫妈妈。［……］孩子也能很随性去转变这个东西，然后在有一些角色游戏的过程中，他们也会把我当成朋友，然后邀请我一起参与活动，我觉得没有一个固定的角色，应该所有幼儿园的老师都是这样的，都是扮演好多角色。<u>因为一名合格的老师，不会说把自己框在一个什么角色里，我是老师就是老师，我是妈妈就是妈妈</u>［……］不同的情况，自己就会处于不同的状态，而且孩子也会把你设想在不同的状态里，选择一个合适的对象，然后让你跟他们相处。（赖老师）

内外部互动兼顾型教师的内部互动还体现在对"过去自我"和"现

在自我"的反思以及对"未来自我"的规划。例如，官老师和张老师反思了自己过去的学习和工作经历以及目前从事幼教工作的不足或劣势，包括专业知识储备和教学技能方面，并认为目前的自己还不是特别合格的幼儿园老师，需要在未来通过继续学习来提高和完善自己。

　　我觉得一开始我对这个幼教就是不太了解，等我接触了之后发现其实有很多很多东西要学，自己本身有很多的不足。我自己在各个方面需要［学习］的东西特别多，唱歌跳舞，跳舞的话包括歌舞，唱歌的话还得记歌词记动作，还有画画等。另外，还有包括上课的方式方法，每个月，我都会参加培训学习，觉得自己在知识方面得有一些储备才行。（官老师）

　　从严格意义上来说，我并不是一个特别合格的幼儿园教师，就是因为我的一些技能还需要再提高。比如说我的钢琴并不是特别的熟练，只能弹一些特别简单的，我的舞蹈呢，也不像其他中专毕业的老师那样已达到特别熟练的地步。［……］就关于技能的，我可能跟一些其他的老师相比并不占优势。所学的专业在工作上的运用，我觉得还是可以的，技能方面还是有一些需要提高的方面，并不是很完善。（张老师）

与内部互动型教师不同的是，这类教师的内部互动过程往往伴随着外部互动的特征。例如，李老师反思了自我成长的转变历程，认识到要实现"未来自我"仍需要"一步一个脚印去，踏踏实实去做"，这展现了她自我互动的过程；同时她的自我确认过程又表明"一个真正的优秀园级骨干教师"应该会"协调家长工作"、完成"照顾幼儿和班级老师的工作"和"领导分配的任何一个任务"等，说明她在内部互动的过程中希望能够得到他人对其身份的认可和角色支持。

　　按照自己目前的计划，我要做一名优秀的班长老师。［……］做好幼儿园老师，要一步一个脚印去，踏踏实实去做。身为班长，不管是协调工作还是家长工作，是照顾幼儿还是班级老师的工作，还是领导分配的任务，我都能有条不紊很扎实地完成，还能完成平

时领导交给我的业余工作，辅助其他人去做一些工作。这才是一个真正的优秀园级骨干教师吧。（李老师）

同样，张老师的访谈数据也能够体现出这一类幼儿园教师的外部互动和内部互动的融合性。通过园长的评价和自我角色确认，张老师想要成长为"一名成熟型的教师"，而她从与孩子、家长、同事和园长互动的角度定义一名成熟型教师的特征。这些分析说明这类幼儿园教师的内部互动和外部互动不可分割，二者相互结合共同作用于幼儿园教师的情境定义，并影响教师的行动，形塑其身份。

我们园长还真的评价过我，她说我是一个特别有热情的人，但是还是需要再成长，这是园长的评价。我觉得说得很对，我确实，我之前也说嘛我在向一个成熟型的教师成长。她对我的要求可能太高了，她希望我能快速成长起来。［……］我希望我能变成一个成熟型的教师，虽然从教龄来说在我们单位我已经是比较成熟的教师，我的教龄已经快五年了，我是 2010 年毕业。［……］我希望成为成熟型教师，认识到每一个孩子的优点和缺点，促使每一个孩子进步，这是一个点。还有就是与家长沟通起来更加交心，畅通无阻。然后跟同事的合作更融洽一些，这是我定义的，还有一点是能让领导赏识到我，这是我未来要实现的一个目标。（张老师）

本章小结

符号互动论视角下，幼儿园教师身份构建就是幼儿园教师与他人进行外部互动和与自我进行内部互动的过程。本章对不同工作情境下的幼儿园教师的个案分析发现：28 名①幼儿园教师的身份构建呈现三种不同的路径，从而构建出不同类型的幼儿园教师身份，其可概括如表 5－1 所示：

---

① 本研究共访谈33 名老师，选入本节分析的共 28 名。戴老师、白老师、金老师、范老师、饶老师这5 名老师，教龄较短，而且从事教学工作时职务主要为配班老师，极少或几乎没有与家长互动的经验，为避免归类的偏颇，本节分析不含这5 名老师的资料。

表 5 - 1　　　　　　　　　　三种互动类型与产生的身份

互动类型		身份类型	特征
外部互动主导型（9名）：王老师、段老师、高老师、梁老师、洪老师、韩老师、杨老师、余老师、林老师	情境定义与行动方向依赖与他人互动，向他人确认身份	看孩子的保姆、清洁工、廉价劳动力	被他人牵着鼻子走，以照顾和看护孩子为主要工作内容，教师身份认同感低，已离职或离职倾向较高
内部互动主导型（5名）：　马老师、盛老师、钟老师、魏老师、苏老师	情境定义与行动方向主要源于自我互动，展开动态的自我确认	有特色的幼教专业工作者	坚持自我，高度认可自己的专业性，寻求自己的专业特色，对职业的承诺性强
内外部互动兼顾型（14名）：何老师、赖老师、文老师、李老师、孙老师、孟老师、兰老师、张老师、曹老师、史老师、林老师、吴老师、官老师、罗老师	情境定义与行动方向受与他人及与自我互动两方面的影响，多方面确认自我身份	我不是保姆，是一名_____幼儿园教师：十项全能教师、爱孩子负责任的老师、提倡孩子个性化教育的老师	教师身份认同感强，形成不同特征的幼儿园教师身份，在与自我和与他人的互动中提升幼儿园教师的专业水平，对职业有很强的承诺性

第六章　幼儿园教师身份构建中的情绪

本章进一步聚焦幼儿园教师社会互动中产生的情绪及其与身份的关系。互动论视角下，情绪与身份过程（identity process）密不可分，幼儿园教师的身份构建过程也是情绪的产生、应对的过程。本章第一节主要分析情绪对幼儿园教师身份构建过程的作用；第二节主要呈现幼儿园教师在身份建构过程中与各类身份者互动的情绪；第三节探究幼儿园教师的情绪表达规则及其在规则规限下付出的情绪劳动及应对策略。

第一节　情绪在幼儿园教师身份构建中的作用

已有研究显示教师情绪与教师身份构建不可分割，彼此紧密联系、相互交织、互相影响，如第二章中曾谈及。特纳（Turner）最近有关"身份过程"（identity processes）的研究与新近的情绪社会学（sociology of emotions）理论不断融合。通过他提出的身份层级嵌套模型，可以看出情绪贯穿于身份构建过程。那么，情绪在教师身份构建过程中究竟起了哪些作用呢？归纳起来有四种，即身份的晴雨表、身份呈现的工具、承诺身份的动力和身份转化的诱因。

一　身份的晴雨表

幼儿园教师的身份是在互动之中伴随不断确认的过程，通过"得到他人的认可"和"自我的肯定"以维持身份基本的一致性（on the line）。在幼儿园教师身份确认过程中伴随着大量的情绪体验，如高兴、快乐、愤怒、焦虑（详见本章第二节）。这些情绪像是身份晴雨表或者记录员（markers of adequacy），显示出幼儿园教师身份确认成功或者身份确认失败。

当幼儿园教师身份得到确认时，其会经历积极的情绪过程。马老师（男性）会根据童年游戏和做手工的经验，设计跟别人不一样的活动，让孩子捣鼓特别的东西，在与幼儿互动中确认自己是"孩子王""会玩游戏的大哥哥"，也体验了积极的情绪过程，觉得特别快乐。随着身份过程的展开，他也更加流露出对孩子的情感关怀和依赖，"我只有每天看着他们，跟他们在一起的感觉才是真实的，我会很放松"。

> 在孩子面前我就是孩子王，我跟孩子互动得很好，我会站在孩子们的角度跟他们一起玩游戏。孩子在游戏中特别亲切地喊我的名字，或者跟我开玩笑，<u>我自己也特别快乐，孩子们也特别快乐。我就相当于会玩游戏的大哥哥</u>。（马老师）［按：画线部分为笔者强调的重点。下文同］

幼儿园教师身份确认的积极情绪"成就感"不仅来自外部确认，也来自自我确认。白老师是园所少数"带着研究生学历的光环"的老师，被同事评价为并非高高在上而是"接地气的老师"，受到了外在肯定；同时，她每天都在反思的过程中改进，带有强烈的自我肯定。魏老师入职以后一直在寻找自己喜欢的发展方向，当她将自己定位为体育特色老师之后，每天都很快乐。

> <u>这种成就感也需要有外在的肯定，也需要有自我的肯定</u>。外在的肯定，我特别希望我一个研究生进班之后，园里的老师不会觉得我特别高高在上，会觉得我比较接地气那种，<u>园里老师如果觉得我接地气儿，我心里就特别高兴</u>。自我的肯定就是你每天进班定的目标，或者你上一次活动，反思完了之后，下一次活动一定要避免上次的错误，如果没有避免，就会低落，<u>如果避免了，自我肯定那种成就感就会特别强烈</u>。（白老师）
>
> 因为找好自己特色以后，甭管开展教育教学还是和孩子在一起，每天会感到很快乐，如果没有良好的心态，每天都是自己和自己做斗争，我觉得如果要那样的话，就够累。还是要有良好的心态，快乐地

工作，然后找好自己喜欢的发展方向，找好发展方向自然就快乐了，幸福就会来找你。（魏老师）

幼儿园教师身份得到确认的情绪体验是复杂的。文老师的母亲是一名中学老师，她从小就看着妈妈为学生的付出换来了学生的各种感念，因此，她一直期望自己成为像妈妈一样受到学生和家长喜爱的老师。她也付出很多，踏实做好工作。她通过各种努力换来一名特殊孩子的转变，让她从孩子身上得到认可，"有时候孩子叫我妈妈，我觉得是一种认可"，还会收到家长的感谢。在这些过程中"烦躁、焦虑都有，但你想到事后你的成果出来了，然后得到认可，这也算一种动力吧"。她觉得自己是一名幸福的老师，享受这个累并快乐着的过程。

> 最高兴的时候就是在大班毕业的时候，孩子们眼泪汪汪地说吴老师我想你啊。我觉得我能体会妈妈的学生来看她时她那激动的心情。每次碰上大班毕业，我就哭得稀里哗啦的。家长也特别伤心，孩子们也抱着你跟你哭跟你亲的时候，太幸福了！［……］真的是累并快乐着，有时候我想，明天我肯定不干这个了，但第二天一看见这些孩子们，就感觉干这个还是挺有成就感的。（文老师）

幼儿园教师身份确认没有得到支持时，会经历消极的情绪体验。戴老师是一名新手教师，职前教育培养了她的教育信念，即要做一名尊重儿童的老师。进入幼儿园之后，园所强调安全责任，在她班长的"安全事故零容忍"的高压下，她尊重儿童的理念根本得不到支持，不得不"对他们严厉管教"来疏远与儿童的关系，开始模仿其他老师，如，撕名牌、babychair、送回小班等方法。而这些方式在她看来，虽然有效但隐含着暴力和威胁，她心底并不认同。无法确认自己原有的身份，却要继续成为更严厉的老师，使她感到担心、害怕，心里很痛苦。

> 她们也是师傅带出来的，工作久了看别人怎么做就怎么做，就模仿怎么做。我就特别害怕我去模仿他们的行为，成为那样的人，我很担心，但我还没有找到更好的方法，我也是自己在摸索。其他老师就

会采取一些快的、直接的、见效的方法。但是我还是不太认同，觉得还是挺别扭。我觉得自己已经做得差不多了，但是老是说我做得不够还要再严厉，我觉得很痛苦，我本来是挺乐呵的一个人。（戴老师）

　　幼儿园教师的身份往往含有多重子身份（sub‐identity），如妈妈、搞艺术的、朋友、老师等，但这些子身份并不是并列的。幼儿园教师的情绪表现能够显示这些子身份的优先序列。在身份确认过程中，幼儿园教师情绪反应越强烈越能体现出其所承载的角色身份在层级序列中处于优先位置。孟老师觉得幼儿园老师是"父亲、朋友、老师"的综合体，这些子身份出现在不同场合。如在教学过程中，对于孩子的顶嘴行为，他觉得是不尊重老师，会表现出强烈的生气情绪，而在户外活动中，他是朋友，孩子铲球甚至踢他并没有引发他的消极情绪。

　　　　我觉得这三个角色：父亲、朋友、老师，目前在我身上都有体验。我觉得作为幼儿园老师，应该同时具备这三个角色。［……］我觉得有时候孩子对老师的不尊重行为，会让我感到非常生气。但我在跟他们玩儿的时候，他们真的去铲球，来铲我，也可能踢我，这没什么。［……］我觉得应该首先是老师，其次是父亲，然后朋友。（孟老师）

　　在幼儿园教师确认身份成功或确认身份失败过程中产生的情绪，会影响其后的一系列互动。如继续确认身份，家长针对孩子挑食提出的不合理要求，让孟老师感觉自己的教育理念受到了很大的亵渎，他感觉从事教育的工作者身份受到挑战，产生愤怒的情绪。这些情绪激发他坚持维护身份的行动，表现出非常生气的情绪以及让家长回去反思等影响家长对他的情境定义，最后家长积极配合，从而保持教师的立场。又如放弃确认身份，有受访教师核心身份确认失败后引发了强烈的消极情绪，"我真的特别受不了"，"干什么我也能挣钱啊，为什么非得在这受气"。（何老师）

　　　　家长问我说能不能对他孩子这个行为视而不见。我觉得这对我的教育理念是很大的一种亵渎。等于是，让我作为一个从事教育的工作者，对孩子的问题视而不见并放纵他。家长提出这种要求后，当时我就跟这个家长说，"您也是搞教育的，您刚才跟我说的这句话，您回家去仔细再反思反思"，［……］他也可能意识到了这个问题。［……］一定要保持老师的立场，让她们明白什么是正确的教育、正确的行为，甚至正确的道德观和价值观。（孟老师）

互动是一个暂定性的过程，一个不断验证某人对他人角色看法的过程。[①] 因此，幼儿园教师的身份建构是由一轮轮互动组成的，是一个长期、动态变化的确认过程。过程中产生的情绪会影响新一轮的"身份确认"，虽然在一段时间内身份会维持基本的"一致性"，但在一轮又一轮夹杂着情绪的互动中，逐渐微妙地改变了互动的方向、形塑着幼儿园教师身份系统的结构。

二　身份呈现的工具

情绪是幼儿园教师身份呈现的工具，即幼儿园教师把情绪当作完成"教师角色"表演和维持情境定义的手段，引导互动中的他人形成某种印象的必要策略。这一点在与幼儿的互动中尤其突出，学前阶段的低龄幼儿能够识别快乐和愤怒的表情，同年龄段的幼儿往往还没有完全掌握母语的含义。因此，教师在互动过程中的情绪表达是帮助幼儿情境定义的有效策略，在教育教学活动中扮演着重要角色。幼儿园教师通常采用伪装的方式来实现这一目的（见第三节）。例如，在教学环节中，教师投入积极情绪，通过表情、声音、动作的变化，声情并茂地吸引幼儿的兴趣与注意力，引导幼儿对教学活动的参与；教师通过皱眉、瞪眼、绷着脸、板着脸等表达消极情绪，影响幼儿的情境定义，调整自己的行动。

你看老师上课的时候表情和语言都会比较丰富，这是由孩子的年龄特点决定的，有经验的老师都知道怎么样去调动孩子，孩子感兴趣了，活动才能组织下去，年龄越小的小孩越是这样。（罗老师）
到了户外活动，可能很兴奋地"哇!"的一声就能调动孩子们的

---

① Jonathan H. Turner, *Contemporary Sociological Theory*, Thousand Oaks：Sage, 2013.

情绪。"你们看，银杏树，上次我们来的时候还是绿的呢，现在怎么样啦？"（兰老师）

上课的时候，比如，最简单的阅读课，你在讲故事的时候，为了吸引孩子的注意力，你肯定要有声音的变化、表演的变化、表情的变化。[……] 要比如说孩子浮躁的时候，你就得立马变一种状态，给他一个那种严厉的表情。他会觉得"噢，我太闹了吧，坐好了"。（段老师）

受访教师表示，自己的身份是多面的，有着"多重身份"，不同子身份在具体情境中有不同的目标或角色任务。在与幼儿的互动过程中，教师总是在几种子身份间不断转换。许多老师认为情绪是实现这种子身份转换的最为方便和快捷的途径。在蔡老师看来，幼儿园老师多重身份集于一身，而情绪能把这个不同的角色身份恰当地发挥出来，可以说就是用表情去表现自己。范老师把这个过程称为"快速的变脸"。由于幼儿园教师互动对象的多样性，很多时候需要同时与幼儿、成人互动，这种用情绪实现"角色扮演"就表现得更为突出。

用你的表情去表现，比如，有时候带孩子从户外回来，[……] 你就会变成那种角色，"啊！我变成一个什么什么"，用表情就会有角色的转变。（段老师）

其实幼儿园老师有多重身份集于一身，就看你怎么把这个角色在恰当的时候发挥出来，运用出来，在不同的情况下你要会转换，这时候你的情绪就很关键。当孩子哭的时候，你就要像妈妈一样，那要表现出温柔慈爱，去安慰她，当带孩子活动的时候，我是严厉的老师，大部分需要有严肃的表情，有老师的样子，有时候我就是一个艺术家。[……] 最明显的时候就是一排孩子、一排家长，一起来上课，那么你在这一节课里头要有两种语气、表情的转化，比如说当给孩子讲话的时候 [……] 当给家长讲目标的时候 [……]（蔡老师）

孟老师基于他 8 年的教研经验，认为幼儿园教师运用情绪是为了更情境化地呈现教学内容，"有的老师能够把这种情境化的表现方式融入孩子一日生活的各个环节中，不是做作同时又有很好的教育效果，有时候是具有演绎的成分在里面，通过情绪来表演"（孟老师）。有 4 年教龄的郭老师对于自己的表演，她表示很乐意并投入其中，只把它当成一场表演，能够实现很好的教育效果。

> 比如他们听我课的时候，他们说上得特别好。我就没把自己当成老师，这就是一场表演，需要把这场表演演好了，把我想传达给孩子们的东西，通过这种方式传达到孩子们。比如，熊猫与狗 [……] 很投入的，而且我感觉孩子们学会了，我就知足了。（郭老师）

但幼儿园教师通过情绪呈现身份的这些"表演""伪装"在外在标准化的特定规则和程序化的范式限定之下，容易异化为"演员"。孙老师把走进幼儿园保持微笑一直到下班，形容为就像戴着面具。民办园的罗老师，把这种状态形容为"演员"，白天工作的时候就需要很亢奋，保持很饱满的状态，调动情绪表现各种表情，不停地扮演各种角色。

> 这段时间一直是忍着，[……] 走进幼儿园，看到孩子和家长的时候还要面带微笑，就像戴着面具，然后一直保持这个状态到下班。（孙老师）
> 我觉得幼儿园老师有点像一个职业——演员，老师挺像演员的，必须不停地扮演各个角色，一会是小兔子，一会是大灰狼。一会我要严肃地说你……一会又像妈妈了，"哎，你怎么样啊？"一会又兴奋起来"小花好漂亮，你觉得漂亮么？"[……] 等家长来了，还是面带微笑 [……] 就是演员，各个角色都要演。（罗老师）
> 孩子都叫我"洪妈妈"，对他们就是很温柔 [……] 有时候，逗小孩开心嘛，表情啊、表演啊，就要生动一些，看住孩子不要乱跑，不要出安全问题，主要就是这样。比如说捉小鱼，一会扮演那个老渔翁，一会扮演小鱼，然后还戴上头饰。（洪老师）

如以上老师所言，幼儿园教师完全戴上情绪的面具，一整天的教育工作是演员的例行表演。甚至呈现出来的温柔、友善、开心是为了"看住孩子""有班上",这种表演也就有了一种"公式化"的味道,[1] 却缺少了一份认真、深思且具有教育性的反应。

三　承诺身份的动力

幼儿园教师在人际互动中产生的愉悦情绪体验是促进其对身份承诺的动力。尤其是在与幼儿的互动中,教师会经历大量的非反思情绪,即直接体验的情绪,如快乐、开心、高兴、欣慰、感动。这些直接体验的情绪,会让幼儿园教师认同一种饱含积极情绪的情绪性身份(emotional identity),如幸福的老师等。幼儿的亲近让赖老师"心里特别舒服","处于很放松的状态",从而更加认同幼儿园教师这份工作。何老师刚工作的时候觉得只是"教孩子""只把它当作一份工作,完成了就可以领到工资",而在与孩子五六年的相处中,她得到了很多快乐,她和孩子互相喜爱,让她很享受这种高兴和有意思的幼儿园教师生活。马老师觉得跟孩子在一起时开心的、做得值的情绪感受让他承诺教师身份,从而舍不得离开孩子们。

> 她做各种小鬼脸的时候,哎,你的心里就特别舒服,一是你觉得你能走进孩子的心里了;二是在这个过程中,孩子对你是认可的,她们让你的压力都缓解了,让你处于很轻松的状态,这个可能是做幼儿园老师的收获,就这样,会不断地认同幼儿园老师,做这份工作是很开心的。(赖老师)
> 刚工作的时候只是觉得就是教孩子,只把它当成工作来看,就是完成了我就可以领到工资,就可以做我想做的事情,只是这样而已。慢慢地,和孩子们的相处,让你觉得孩子们给你带来的快乐很多,会让自己觉得当老师还真是挺幸福的,有这样一群你喜欢的和喜欢你的孩子们,天天在一起很高兴,有喜有乐的生活,会觉得很有意思。(何老师)
> 孩子们真的喜欢你,在一起很开心,这样的话你觉得你做的值,你在孩子心目中已经有一定影响,孩子们真的不愿意离开你,我也不

---

[1]　Lilian Katz, *Talks with Teachers of Young Children: A Collection*, Norwood: Ablex, 1995.

舍得离开孩子们。（马老师）

人际中直接体验的情绪对身份承诺的动力作用并不强。有的受访老师表示与幼儿互动虽然会经历很多这样感动和窝心等积极情绪，但这些都是短暂的片刻，并没有因此增强对身份的承诺。

> 我觉得没有什么啊，就当时那一会很感动、很窝心，不会延续很久。因为毕竟不像自己的孩子，自己的孩子感觉真窝心，想跟谁说，幼儿园小朋友当时很高兴，跟其他两个班老师分享一下，这个孩子真好，真窝心，很短暂，过后也就忘了，你要是不问我可能也想不起来。（吴老师）

幼儿园教师在人际互动中还会产生自我意识情绪（self - conscious e-motion），即自我参与的高级情绪，包含自我认知、自我评价等反思过程，是"反思性情绪"。自我意识情绪在幼儿园教师身份建构过程中扮演着极其关键的角色。积极的自我意识情绪，如自尊、自信、自豪、骄傲等，是幼儿园教师承诺身份的巨大动力。家长、园长对李老师的认可不仅让她直接体验到开心等积极情绪，而且她反观自己成长历程，觉得找到了自己工作当中的价值，获得专业自信心，使得她承诺了园级骨干教师身份。经历积极自我意识情绪的老师，一般都会用"激励"（范老师）、"动力"（何老师）、"更用心""投入更多的时间"（郭老师）等来形容对身份的承诺。

> 家长会学孩子在家时的表现，很开心，哇，他一说真的没白上幼儿园，这真是太不可思议了，孩子进步特别大，我这个时候特别开心，心花怒放。[……]我觉得现在很自信啊，找到了自己在工作中的价值。[……]我觉得自己就像变了个人一样，完全就是打开了自己，[……]自己每一年都会被评为优秀教师、幼儿家长心目中好老师。[……]就觉得自己成长了很多，锻炼了很多，担得起园级骨干教师。（李老师）

幼儿园教师自我意识情绪对身份建构的影响，必须经由自我互动的过程，即反思。在与自我互动中，积极自我意识情绪让幼儿园教师不断对过去我、未来我等重新诠释，为自我身份赋予新的意义。马老师在自我肯定情绪的强化下慢慢投入男幼师身份，他坦言这与自我反省分不开，即对"镜子里的那个人"的感觉、思考、评价。白老师获得了自我价值感并通过反思获得了职业的意义，即"默默地做着人之所以为人的最不显见但却是最本质的心灵建设"。

> 自我肯定是很重要的。我肯定了我的专业，所以我跟人说我是幼儿园老师，我是男老师。[……] 我受关注特别多，我放得开，我就会发挥我的能力，越来越投入，这样的话，自我肯定一味地会得到强化。[……] 孩子们喜欢你，就是不断地肯定、强化我自己。这跟我自己反省有关系，就像我以前喜欢照镜子，就看镜子里那个人，就会评价他以前怎么样，就会去感觉为什么现在你这样子，想一下以后会怎样。（马老师）
> 比较直观的就是，孩子让我特别快乐，我觉得这个行业真好，这么快乐的事儿，是有价值的，自己也有一些成就感。[……] 我会想以后我要更好地去做这件事，这是一种反思，我内心是比较认同这个职业的，老师就是默默地做着人之所以为人的最不显见但却是最本质的心灵建设。（白老师）

很多受访教师在自我价值感、自信心等情绪激发之下，赋予身份新的意义，职业认知和情感都得到升华，从挣钱的职业到好好干的事业，情感上也从"有点喜欢"到"热爱"。蔡老师赋予了自我身份新的意义，如关乎"孩子的成长""国家的未来"等。当她把培养人看作"良心活"，当成一份事业时，她感受到有升华和有意义，就会有动力在激发着她，充满激情地投入其中和乐意奉献。

> 刚开始真的就是把它当作一份职业，真的拿这挣钱，[……] 后来跟那种感觉不一样的就是，你能体会到孩子的进步，找到你的位置和价值感，这让我更喜欢这份工作，让我更积极地去工作。[……]

慢慢干着，我觉得它是一个值得好好干的事业。（史老师）

开始我不敢进班级，老园长就把我推进去了，其实进去了也就没大事了。之后她对我某方面的发掘，让我自信心增长了很多。[……]以前对这个是有点喜欢，现在真是可以说热爱了，真的是热爱这份事业。（文老师）

你做的工作关乎孩子的成长，影响到这一个民族的未来，一个国家的未来。所以你肩负的责任跟其他行业是不一样的，过去说塑造人，现在我们说培养人，这就是一份良心活。[……]你不要把它当成工作来做，要当成事业来做，那时候就会得到升华，会有意义，就会有无限的动力在激发着你去做。因为我很投入，我很有激情，一定要有激情，才能做得更好，才能激发你的灵感，才会有意义，不要为了做而做，不然会比较累，要把它当作有意义的事儿，你会真的特别乐意去奉献。（蔡老师）

四　身份转化的诱因

幼儿园教师在社会互动之中还会产生许多消极的自我意识情绪，如自卑、自责等。资料分析发现，在幼儿园教师的自我互动中，往往隐藏着不自信、自卑等情绪。许多受访教师在回忆过去的职业选择时，都会用到"我当时学习不太好""不想上学，学习的时候就头疼""脑袋笨""自己的学历不够"等消极描述。身为教研总监的赵老师也证实了这一点，她接触的幼儿园教师非常多，发现有部分幼儿园教师对自身的能力评价非常低，没有自信。

因为我当时就是学习不太好，觉得人有一技之长更好一些，她会说考上大学了也没有用，因为你又不是学的最好的一个。（高老师）

然后过来之后发现学历不够，[……]当时也考虑到自身的条件，专科在21世纪也不是很高的学历，只能选择幼儿园老师。（孙老师）

当初就稀里糊涂地上学嘛。当初就不想上学，我学习的时候很头疼。最后我和妹妹都是，我选择了幼师，随大流吧，那边，好多都选幼师。因为我头脑比较笨，我妈说，还是别选会计类的，还是选自己

优势吧，当时一听，还挺喜欢的，反正就上这个了。（李老师）

他为什么会这么看待自己，其实本身他们的能力是很弱的，弱到没有自信，而且是弱到什么程度呢，弱到他都看不起自己了。（赵老师）

另外，在人际互动中，幼儿园教师在身份得不到确认时，很容易导致自我怀疑、自我谴责，引发消极自我意识情绪。例如，赖老师遇到家长的不配合（并非自身的问题），会自我怀疑"自己不够严谨""自己能力有问题"等。高老师明明知道是孩子适应能力有差异，但家长一再的不理解引发了她对自我贬抑的想法，包括"孩子不喜欢我""我的工作没有做到位""是不是因为我不适合干这个啊"。

我是到了这个新环境，马上就遇到了这样的家长，［……］心情很不好受，我就会觉得我是不是不够严谨，怀疑自己能力是不是有问题，然后自己的心情挺消极的。（赖老师）

家长有时候也会不理解，他就觉得他的孩子一天天在这哭会不会觉得他不喜欢你呀，或者是说你对我们这孩子还是关注得不够多呀，家长的不理解引发了我自己觉得孩子不喜欢我或者是我真的有工作没做到位的想法，让我觉得很沮丧，就会让我很失望。（高老师）

这些消极的自我意识情绪会降低对身份的承诺，诱发教师身份的转化。已有 7 年教龄的高老师虽然曾热情高涨地投身工作，但在与家长的互动中，教师身份确认屡屡受挫。面对家长"交了钱，你就是一打工的，你就是一服务我的，而且要服务好我"的情境定义，她也尝试合理化家长的行为，但最终觉得沮丧、失望和寒心，并导致其自尊心下降，失去了专业自信心和热情。于是，她逐渐放弃自己原来引以为豪的"教师"身份，慢慢认同了"保姆"，她已经"对这个行业失望了""没有信心坚持"，最后选择了离职。

刚开始真是觉得这份职业很神圣，而且刚开始我也是非常非常喜欢孩子，所以才这么热情高涨地投入到这个事业当中，但是经过这么多年的工作吧，我觉得其实自己挺疲惫的，我本身性格其实以前挺开朗的，但是我发现现在真的跟有抑郁症似的。[……] 我曾经在幼儿园的门口就听到家长的一句话，让我特别寒心，就是说"你看看这一群廉价的劳动力们"。就是家长没有尊重你，他就觉得我交了这钱你必须要做到我想要的效果。[……] 有的家长会觉得我交了钱，你就是一打工的，你就是一服务我的，而且要服务好我。

所以我现在觉得自己的社会地位很低，第一你工资没那么高，第二，又受到不平等的待遇，家长想怎么样就怎么样，老师在家长面前也变得没有威信，就感觉我们一定要跪着看她们，是这样的。[……] 让老师觉得一点热情都没有，我觉得没有让我留下来的理由，或者说好好工作的信心或者是积极性。（高老师）

第二节　幼儿园教师的情绪地理

由上节的探讨可见情绪与幼儿园教师身份构建之间的密切关系，身份构建过程是情绪产生、应对的过程。情绪是人际互动的产物。哈格里夫斯（Hargreaves）指出，教师情绪是教师与学生、家长、同事及管理者的互动中产生的，他以情绪社会学的观点提出了"情绪地理"（emotional geographies）的概念，以此透视教师在工作中与他人的情绪互动脉络。情绪地理是指由人际关系的亲疏远近构成的影响我们情绪的社会空间模式，包括社会文化（sociocultural）、道德（moral）、专业（professional）、政治（political）和物理（physical）等五大架构:[①]（1）社会文化地理：由于社会文化的异同导致的教师与互动对象情绪的亲疏远近。（2）道德地理：情绪是道德的现象，总是与人们的目的密切相关。道德地理指互动双方的目的或愿景一致与否产生的情绪亲疏。（3）专业地理是指教师的专业（包括教学知识、专业判断等）及专业自主实现与否所产生的情绪亲疏。（4）政治地理：情绪与权力息息相关，教师与他人权力、地位的等级情况会产生情绪的亲疏远近。（5）物理地理：时间、空间、互动频率、形

[①]　Andy Hargreaves, "Mixed Emotions: Teachers Perceptions of Their Interactions with Students", *Teaching and Teacher Education*, Vol. 16, No. 8, 2000, pp. 811 – 826.

式等会影响教师与对方互动所产生的情绪亲疏。本节借助教师情绪地理这一分析工具，透视幼儿园教师身份构建过程中的情绪互动事件，呈现幼儿园教师情绪如何产生并如何嵌入其互动的工作情境中。

通过对幼儿园教师在与幼儿、家长、同事和园长互动过程中的积极情绪和消极情绪事件逐一编码、整理和归类，本研究发现幼儿园教师在身份建构过程中与不同对象的互动呈现出不同的情绪地理，并且在与同一互动对象（如家长）的互动过程中积极情绪和消极情绪的情绪地理也有较大差异（见表6-1）。总的来说，访谈教师的所有情绪事件积极情绪（185）仍比消极情绪（147）多。另外，物理和专业地理均较常出现积极情绪评价（分别为104及70）。反之在政治、道德和文化地理这三方面，则较常出现负面评价（分别为39、36和16）。而就互动对象而言，以幼儿带来的积极情绪最多（92），其次为家长（41）、同事（28）和园长（24）。消极情绪则主要来自家长（61）、同事（44），幼儿（26）和园长（16）则较少。以下，本节将详述幼儿园教师身份建构中的情绪地理。

表6-1　　　　　　　　幼儿园教师身份建构中的情绪地理

互动对象	情绪性质	物理	专业	政治	道德	文化	小计	总计
幼儿	积极	72	18	2	0	0	92	118
	消极	2	13	11	0	0	26	
家长	积极	24	17	0	0	0	41	102
	消极	4	23	5	20	9	61	
同事	积极	5	19	0	4	0	28	72
	消极	0	11	12	14	7	44	
园长	积极	3	16	5	0	0	24	40
	消极	0	3	11	2	0	16	
所有	积极	104	70	7	4	0	185	332
	消极	6	50	39	36	16	147	

一　与幼儿互动中的情绪地理

师幼互动是幼儿园教师各种人际互动中最为核心的互动关系，从幼儿园入园到离园的一日生活中教师与幼儿的互动时间最长。师幼互动中的积极情绪主要有开心、高兴、快乐、亲切、欣慰、感动、有成就感、幸福，其中最多的是"开心高兴"；消极情绪有无奈、心里堵、烦躁、生气、头疼、难过、沮丧、失望、挫败、伤心、崩溃，最多的是"生气"。师幼互动中积极情绪（92）要远远高于消极情绪（26）。互动中的积极与消极情绪地理主要包括物理、专业和政治三方面，这与哈格里夫斯（Hargreaves）对中小学教师师生情绪互动的研究发现一致。

（一）积极情绪

1. 物理地理

师幼互动中物理地理引发教师积极情绪最多，主题分类后包括幼儿的可爱与有趣言行（30）、幼儿对教师依恋和关心言行（19）、幼儿表示对老师的喜爱（16）、毕业时的不舍与回园看望老师（7）。

（1）童言无忌——幼儿的可爱与有趣言行

成人世界沉闷有序，而幼儿世界则充满幻想、好奇和神秘。在幼儿园的一日生活中，幼儿"呆萌可爱"的外表常常让教师忍俊不禁，幼儿还时常冒出充满童趣的言语、富有想象力的行为，或者在以游戏为主的活动中，教师通过与幼儿共同游戏等，都会给教师们带来新鲜、有趣的感受，激发他们开心、快乐的积极情绪。

　　　"他呵呵呵在笑，牙齿掉了不少特别爱吃糖，一笑就露出来那种没有牙齿的超级可爱的样子。"（戴老师）[按：画线部分为笔者强调的重点。下文同]

　　　他说："老虎是不是喜欢吃肉啊？"我说："嗯，它喜欢吃肉。"然后，他突然说："老虎吃肉塞牙了怎么办啊？"然后当时我就笑了，我说那你觉得该怎么办啊？他说是不是拿水管子使劲冲冲就会好一些。（白老师）

另外，在晨间活动、过渡活动、户外散步等组织程度低的环节中，孩子特别喜欢与老师聊天，"会很滑稽地讲在旅游中发生的事儿"以及"爸爸妈妈之间闹的笑话"。甚至有的孩子与老师开玩笑，也会让老师觉得非常愉悦，甚至是惊喜。例如，李老师早晨在整理教室，三个孩子躲起来跟她玩捉迷藏。

　　当时就这样，我完全不知道怎么回事。然后亮亮和牛仔，突然喊："哈，平平妈妈，我们在这里。"当时我就特别开心，因为他小嘛，来跟你开这种玩笑，当时那个鹏鹏特别配合他们两个，不告诉我，给我一个惊喜。我说，哇，你俩好有意思，我当时特开心，你怎么想起跟平平妈妈捉迷藏。（李老师）

有的老师觉得在与孩子的互动中，不仅能收获直接的积极情绪体验，而且孩子的单纯、开心与活力是"人心灵的纯净"，甚至能够"唤醒我人最本性的一面"（高老师），带来一种超越直接情绪体验的精神享受。

　　每天当我看到孩子清澈的眼睛的时候，就觉得很多烦恼都没有了。然后跟他们在一起的时候，是发自内心、纯真的高兴，笑、害怕、生气，都是源自于人性最本真的一些东西，这是我内心所享受的东西。（孟老师）

（2）幼儿对教师的依恋和关心言行

幼儿的依恋和关心言行包括用表情或动作向老师表达的亲昵（如拥抱、轻拍、亲吻教师），用言语或行动对老师表示的关心等，往往会诱发教师喜爱、关怀和感动的情绪体验。

　　那天特别不舒服，肚子疼，然后我就蹲在那儿了［……］一会过来一个孩子"老师你怎么了呀？"他就会关心你，问你，或者是说一些"老师我帮你揉揉呀""老师，你怎么着怎么着"……那些关心的话，让你很感动。（段老师）
　　孩子特别关心你，比如说我们班那个，当我要踩得特别高去够东西时，他就会说："老师您小心点。"还有就是给你端水，拿东西搬椅子，你往那儿一坐给你捶背，孩子真的特别好。（兰老师）

（3）幼儿表示对老师的喜爱

幼儿经常会直接表示或者赠送小礼物以表达对老师的喜爱，比如有时孩子们会塞给老师一块糖、会送给老师自己画的画。老师们认为孩子对她的喜爱胜过千言万语，因为这些能让老师感受到孩子对自己的认可。

> 他趴在我耳边，然后就说"我特别喜欢你，我给你买了个什么什么东西"。虽然是个钥匙扣，比较简单的东西，<u>但是我真的很开心</u>。（孙老师）
>
> 有一个小男孩亲自画了一幅画送给我，我特喜欢，他画的是牡丹，他自己在家学的。（官老师）

（4）毕业时的不舍与回园看望老师

一般来说，幼儿园老师认为由于幼儿记忆特点，其很容易忘记自己，因此相对中小学老师，她们更少能体会到成就感。通过整理访谈资料发现，一部分老师指出毕业离园时幼儿对老师的依依不舍或者毕业的孩子回来看望老师，尤其是后者能让老师体会到职业的幸福感。

> 我觉得毕了业的孩子还能回来看我们特别幸福，每年到假期的时候就会有孩子回来［……］那男孩已经18岁了，他爷爷带着来看我们，说："快叫这是某某老师，你还在那么小的时候，老师就看着你。"那男孩已经有一米八多了，<u>当时我们觉得这是我们老师特别幸福的时候</u>。（何老师）
>
> 我过去一看胖胖的一个小姑娘，他爸爸把车停在那儿。她抱了这么大一个心形的盒子，一打开全都是玫瑰花，上面撒着金丝，上面写着祝罗老师教师节快乐！<u>当时特别感动，就觉得你教这孩子，她会记得你，而且家长特别有心，特意开车回来了</u>。（罗老师）

2. 专业地理

师幼互动中能引发教师次多积极情绪的为专业地理（共计为18项），如幼儿符合教师期待的行为和态度、幼儿学习等能力的成长，能为教师带来较大的成就感和满足感。

> 这三年成长中，孩子不管从心理方面、身体方面还是学习方面都会

有很大的进步。<u>这是我最喜欢的，也是让我感到最快乐的。</u>（文老师）

我觉得让他们自由创造就很好。比如今天我们来欣赏凡·高的一幅名画《被圈起来的土地》，让孩子们来感受它的线条色彩运用。……每个孩子的创作都有自己的特点，不会从绘画技能去评价，<u>我觉得他们只要能说出来自己心里的想法就 OK 啦，就实现我的目的了。</u>（戴老师）

此外，个别学生的进步，尤其是有行为障碍或者最初发展迟缓学生的进步能够给教师带来巨大的满足感。对幼儿园老师来说，这样的经历只有少数，并且都是教龄 20 年以上的幼儿园老师。例如，曹老师接受了一个"园星"（指全园出名的调皮）孩子，并且在观察中发现了他的语言特长，因此"有意无意创造各种机会让其讲故事"（曹老师），最后这个孩子语言能力获得了极大提高，也获得了自信，最后考上大学时，家长还特意回来感谢。让蔡老师和史老师印象深刻并获得极大成就感的是，通过自己的专业判断和努力，改变了不爱睡觉的孩子、有亚斯伯格倾向的孩子和偏激咬老师的孩子等。盛老师改变了一个尿床的孩子（DiF – Pu – YF – S24），也产生了类似的体会。

他一上午就尿四五回。哎呦，我们天天教他，想尽各种办法告诉他有尿跟老师说，可是 11 月份、12 月份［……］突然间有一天他知道了，老师我要尿尿。哎呀，<u>当时给我们高兴的，真的要跳起来，我们几个老师心里美的呀。</u>晚上跟他妈说，<u>他妈觉得我们比她还要高兴。</u>（盛老师）

（二）消极情绪

1. 专业地理

师幼互动中教师消极情绪来源最多的为专业地理（共计为 13 项）。当幼儿园教师精心准备的活动或长期的指导没有取得预期的成效，或幼儿的表现没有达到教师的期待时，教师往往会感到挫折和失望，或者产生不满或愤怒的情绪，并进一步引发低效能感和自我怀疑。

记得有节课是认识时钟、表，结果我讲了第一天，真的是都不会，没有一个小朋友会，[……] 然后第二天又教了一遍，他们还是不会，我当时教着教着，我就对我们班的那个老师说："你来教吧"，我当时扭过头眼泪哗哗地往下掉，[……] 你们为什么就不会呢？[……] 我在旁边，真是忍不住了，很有一种挫败感。（郭老师）

有些能力比较强的孩子可能两遍三遍就记住了，但有些孩子可能能力弱，十遍八遍都记不住，你肯定有烦躁情绪，因为我已经教了20多遍，到21遍还记不住，我估计换任何一个正常人都会有一些情绪在里面。（文老师）

2. 政治地理

一般而言，服务对象越弱小，工作人员的权力就越大，因此在师幼关系中，幼儿园教师相对具有较高的权力。幼儿园的一日生活中，在进餐、睡眠、上课、盥洗、穿脱衣服等十多个环节中具有其成员共同遵守的行为规范和组织秩序，也就是"常规"。幼儿违反常规通常会被教师视为对其权威的挑战，会触发愤怒、挫败等消极情绪。如幼儿在教学活动中离开座位、过渡环节上下楼梯时打闹等影响其他小朋友的行为。

有时外教老师讲课，[……] 他就站起来玩，他站起来玩会影响到其他的小朋友，[……] 所以，你跟他说坐在椅子上，他当时坐在椅子上，但是你一回头他又走了，相对来说挺让人郁闷的。（郭老师）

有大一点的孩子都快上小学的年龄，有些常规上的要求他知道就是不做，就是不听你，我特生气，当时嗓子都喊得不行了，他还是不听，挺生气的，放学的时候那孩子还是不听，我就坐那儿，觉得这一天累得嗓子都说不出话来了，还是不听，也是有一定挫败感的。（白老师）

3. 物理地理

此外，物理地理方面也能引发幼儿园教师一定的消极情绪。与其他学段不同，幼儿园教师与幼儿整天相处，加上幼儿对自身情绪控制能力有限，若幼儿的消极情绪强度过大或者时间过长，教师容易受到"情绪传染"。

有时候比较难受，有的小朋友生病了过一段时间再来，会哭。他们一哭可能会头疼，我会跟着一起比较焦虑，偶尔哭一会对我来说都是小事。但频繁地每天都哭还真是挺考验人的。（李老师）

他以前是一个星期发一次脾气，最后改两天一发，最后就天天发脾气。他发脾气时像疯了一样，歇斯底里的那样。［……］在教室里面自己哗哗流眼泪，［……］你拽不回来，又没有办法，又心疼又无奈。（史老师）

二 与家长互动中的情绪地理

家长是幼儿园教育的重要参与者，教师与家长的互动必不可少。亲师互动中产生的积极情绪有高兴、感动、成就感、认可感或认同感、信任感，最主要的是认可和感动；消极情绪有难受、沮丧、生气、挫败、伤心、心痛、委屈、失落感、不信任感、焦虑、寒心、压抑、抑郁，最多的是生气、委屈和不信任感。相对师幼互动，教师在亲师互动中体验的情绪程度①更为强烈。

（一）积极情绪

1. 物理地理

亲师互动中积极情绪的首要诱因是物理地理（共计为 24 项）。由于对家园共育的提倡，亲师双方都积极主动增加互动的次数、频率，这一定程度上促进了彼此的情绪理解。最常见的是送园和接园环节的聊孩子、聊家常，幼儿园一般都设置家长会、半日开放活动，以及一些亲子制作、亲子运动会、六一活动等，此外有的幼儿园还设置每日约谈等活动（官老师）。

幼儿园的亲子活动需要什么作品，家长参与到里面，孩子就特高兴，我也挺有成就感的。还有我们班开个主题活动，需要什么让家长配合，家长也就了解了孩子的情况。还有的时候就是你比如说就是开会，给家长开会，就是班上出现一些问题需要他们去配合，其实通过这些，他们会更能够认同老师。（兰老师）

像我们可能会有半日开放，家长看孩子半天的活动之类的；另外

---

① 根据特纳《情感社会学》中情绪强烈程度的低、中、高分类。

还有亲子运动会、六一活动、新年活动等大型活动，都会邀请家长来。我觉得一个是家长会有这方面的认识，再一个是会参与到活动中，关注孩子这方面的发展，可能就会对老师的认知更好一些。（何老师）

除了面对面的互动之外，还通过家园联系册或家园合作册来了解孩子在园和在家的变化（孙老师），甚至随着科技的普及，家长论坛、活动照片快盘、微信群等，更加满足了家长实时了解孩子动态的需求。有教师表示这是消除虐童事件带来的家长普遍不信任的方法。

我们都会有家长联系册，然后他会写出来，比如说我们的那个（孩子）家长就会说突然觉得这一天收玩具的时候她会主动去收了，他会觉得是幼儿园培养的功劳，由此会认可老师的教育效果。（范老师）

虐童事件的负面影响挺大的。所以现在我们都是用微信比较多，基本上哪个环节一过渡，或者变化为下一个环节，我们就给孩子弄点（照片）微信上去，让家长知道这个时间孩子干什么，我觉得家长还是比较认可和支持这样的。（曹老师）

除了园方积极增进亲师互动，家长也会主动创造沟通的机会。幼儿园普遍都会设置家长委员会，家委会会组织游玩活动（金老师）。在幼儿大班离园时，家长会联名集体给我们做一些锦旗，让我们心里感到特别暖（赖老师）；甚至在孩子毕业后，家长还会与教师保持联系。

有的孩子已经毕业了，[……]家长偶尔会带孩子来看看，发一条短信，我会觉得我的努力没有白费，她们还记得你，心里还惦记这个老师，这种感觉对我来说可能会更重要一些。（何老师）

2. 专业地理
专业地理（共计为 17 项）亦是亲师互动中引发积极情绪的主要诱因，归类后的主题包括受到家长对专业的认可、家长对工作的支持配合、家长教育。家长对教师专业能力或判断的认可能让教师产生极大的成就感，不少教师认为在幼教行业能得到家长的认可是很难得的，因此获得"家长心目中的好老师"让李老师感到前所未有的专业自信。

> 有的时候每学期会有表扬信，或者听园长口述，<u>家长肯定我们工作的时候，心里真的是挺开心的</u>。（赖老师）
> 家长会学孩子在家时的表现，他一说真的没白上幼儿园，这太不可思议了，孩子进步特别大，<u>我这个时候特别开心，心花怒放</u>。（李老师）

家长对教师日常工作的支持与配合能激发教师愉悦的感受。例如，罗老师通过家园联系册告诉家长孩子出汗多的情况，家长表示感谢并给予了及时响应，同时对于园里的复活节活动，家长也积极参与。

> 家长会有反馈，<u>这些感谢和支持我的工作，让我会觉得很快乐</u>。其实老师再累也没关系。（罗老师）
> 园里的活动需要请家委会的人员来协作我们组织孩子。结果我们班那个家长他孩子生病了，他没来。然后我们班别的家长就很主动问我："兰老师咱们孩子这么多，也不好组织，用不用我们几个家长留下来帮助你？"<u>你真的会很感动，现在家长都那么忙</u>。（兰老师）

此外，针对孩子的一些不良习惯，若是教师做出了专业判断，家长会特别信服教师的意见并配合教师一起去帮助孩子成长，教师会体会到家长的信任。

> <u>我觉得特别开心的就是，你跟他们沟通一些事情的时候，针对这个孩子的一些不良习惯，有些家长特别配合你</u>，你跟他说要怎么怎么样，他们会在家里这么做。[……]我觉得家长是信任你的。[……]这点是让我比较高兴的。（文老师）

有极少数的老师，如孟老师坚持教师立场和专业的教育信念，并通过对家长的教育从而获得孩子教养的效果，形成一种良性循环并体验到一种较高的专业自信。

> 我是一定要保持老师的立场，让他们（家长）明白什么是正确的教育、正确的行为，甚至是正确的道德观和价值观，[……]然后才能通过家长潜移默化地影响孩子。然后具体方式其实就有很多，[……]分不同的时机，去慢慢传递给家长。其次就是孩子对家长的影响，孩子会把幼儿园的东西，我讲的东西，带回到家里，家长会有反馈，然后我再反馈，这是一个良性的循环过程。（孟老师）

（二）消极情绪

教师报告的消极情绪事件绝大多数都是在与家长的互动中产生的（共计为61项），其中以专业地理（23）、道德地理（20）、文化地理（9）为主。

1. 专业地理

消极情绪的专业地理主要是对幼儿园教师专业自主权的不尊重，包括家长对教师能力的质疑、家长对教师的各种非专业要求、亲师教育理念的不一致。

（1）家长对教师能力的质疑

教师的专门技术、教学知识、判断等受到家长质疑时，会体验到消极情绪（Hargreaves，2005）。家长质疑的焦点主要是对孩子的生活照顾、孩子的学习进展等。例如，何老师班里有个孩子摔倒了，她和医务室医生判断没有出现呕吐等现象，应该是皮外擦伤，在医务室处理并继续观察。而孩子的母亲则强烈质疑何老师的处理和她对孩子的照顾方式，这使得何老师极度难受。另外，如果孩子的学习进展缓慢或者没有达到预期的水平，家长也会质疑老师的能力。

> 中午的时候就给妈妈打电话，因为我还要观察一下嘛。然后他妈妈就大声地质问："你拿什么来诊断我的孩子没有问题？""你有临床诊断证明么？""你有什么资格……"他就提了很多这种无理的问题。然后我就觉得碰上这样的家长，你的工作就会无法开展。（何老师）

当孩子逐渐适应了幼儿园以后，家长就会有语言上的要求，经常有家长提出疑问"为什么我们的孩子在家里不会说英语啊?""你们教了什么?"[……]每个孩子学习进度不一样，但是孩子跟不上他就质疑老师会不会教。（高老师）

（2）家长对教师的各种非专业要求

很多家长认为幼儿园老师就是孩子的"代理父母"，[①] 希望老师关注自己的孩子，对老师提各种要求。当家长的要求过度而又必须迎合时，教师往往感觉自己的专业自主权受到侵犯，甚至根本就是为"家长的各种过分的要求服务的"（高老师），因此感到非常挫败和失望，这些消极情绪会极大影响教师的专业身份，导致她们对工作热情和积极性的缩减。[②]

所有的家长都会要求多照顾照顾我们这个孩子。比较特别的是，"你十点钟要把外衣脱了""十一点钟要把他的外裤脱了"等，更特别的是，"我家孩子什么什么的时候，这句话你不能说"。他会要求到这，真的让人觉得很无语。（文老师）

这个家长貌似对孩子有自己的想法，但是从来都是把他的想法施加给我们，他自己从来不这样去做。他每天会这样那样，对我们提各种要求。[……]有时候你按他要求做了，但他临时又变想法了。（赖老师）

（3）亲师教育理念的不一致

亲师教育理念不一致最主要体现在部分家长认为幼儿园教育应该重视孩子知识的学习，如英语、拼音、数学等，而教师则坚持对幼儿行为习惯的培养。如文老师是名民办园老师，她觉得先树立孩子的常规和学习习惯比较重要，但是家长对此并不认可，经常会提出学习方面的要求，并且双

---

① Miai Kim and Stuart Reifel, "Child Care Teaching as Women's Work: Reflections on Experiences", *Journal of Research in Childhood Education*, Vol. 24, No. 3, 2010, pp. 229－247.

② Andy Hargreaves and Sue Lasky, "The Parent Gap: The Emotional Geographies of Teacher－parent Relationships", in Fernando Hernández and Ivor F. Goodson, eds. *Social Geographies of Educational Change*, Boston: Kluwer Academic, 2005, pp. 103－122

方理念上的差异很难改变，让她觉得很沮丧。

> 但我的教育理念目前没有得到家长的认可。[……] 家长可能会问你，为什么会这样？我不要求我家孩子习惯怎么样，我就要求他掌握 20 以内的加减法。英语要会背多少个单词。这时候会感觉很难过。我觉得孩子学习再好，如果习惯和人际交往不好也白搭。因为毕竟以后是和人交往，并不是跟数字、跟英文这些，这是我目前感到比较沮丧的事情。但是有时候扭转不过来，我跟家长谈了很多次，但他们依然觉得，我们家孩子就是个天才，我们不需要学这些东西，这我感觉很沮丧。家长就会认为我孩子特别优秀，不需要学这个。（文老师）

此外，在孩子行为习惯方面也会存在许多不一致。孟老师是一位公办园男老师，他非常坚持自己的专业理念，在面对家长错误的教育理念，例如，家长放纵孩子挑食的问题并要求孟老师视而不见时，他则表示出非常强硬的态度。家长试探性地问，但他表现得很生气，觉得这是对他教育理念的亵渎。而张老师遇到一位家长老是给孩子穿小皮鞋、靴子，这不利于运动而且容易导致孩子受伤。她主动与其沟通，家长还是无动于衷，觉得很挫败。史老师则对一位身为小学校长的家长，对其孩子不良行为的纵容无度和疏于管教非常不满。

> 这等于是，让我作为一个从事教育的工作者，对孩子的问题视而不见然后放纵他，这怎么可能？家长居然提出这种要求，然后当时我就跟这个家长说："您也是搞教育的，您刚才跟我说的这句话，您回家去仔细再反思反思，我也反思反思，找机会我们再聊一聊……"这可能是我跟家长说得比较严重的话了。（孟老师）
>
> 我就跟妈妈说我们要跳绳啊、跑步啊 [……] 这个妈妈也是点头说好，但从来没有换运动鞋来过，我就发现我一次次主动地跟她沟通，有时候站在孩子的角度出发，她就是无动于衷，真的挺挫败的，到最后我就放弃了。（张老师）
>
> 我觉得家长没有去管，而是纵容孩子。他的观念我非常不赞同，只要我的孩子没有受委屈，没有受别人欺负就行。我欺负你可以，但

是你不能欺负我。他自己还是教育工作者，这简直就是天大的笑话嘛，但是我谈一次就知道他不会改变。（史老师）

2. 道德地理

家长与教师在教育的最基本价值观和道德目的上的不一致，容易引来教师的消极情绪。[①] 家长对教师教育目的的批评或者误解，引致教师委屈、伤心等消极情绪。何老师为了孩子身体健康，让肥胖儿晚吃饭、少吃饭，导致孩子的姥姥认为老师是在刁难孩子，是故意对孩子不好，最后告到教委，何老师差点因此辞职。

　　教委就来核实这件事情，发现没有发生这样的事情。[……] 我觉得这是老师最基本的职业道德吧，这件事对我的影响太大了，我当时就伤心得不行，我图啥啊，就想辞职不干了。（何老师）

　　我在带孩子排队时，边拍着孩子的肩膀边点数，一个孩子的家长非得说我是在打孩子，并且不依不饶。我怎么可能打孩子，这个事情让我很伤心，后来我就不想干了，想换工作。后来这个孩子转走了，转到别的班去了。（罗老师）

3. 社会文化地理

社会传统认为"家有二斗粮，不当孩子王"（蔡老师），直到现在家长、社会对幼儿园教师职业的认可度依然比较低，往往觉得幼儿园老师就是"看孩子"的"阿姨"（何老师），并没有什么专业性可言。这样的社会文化偏见也容易引来教师消极情绪，大部分老师则对此表示不满，觉得幼儿园老师并不是照顾生活的阿姨，而是对孩子的教育；并不是哄孩子的轻松活儿，而是加班加点为孩子的发展着想。尤其是对男幼儿园老师来说，需要面临更多的异样目光，往往被称为"男阿姨"。

---

① Andy Hargreaves and Sue Lasky, "The Parent Gap: The Emotional Geographies of Teacher – parent Relationships", in Fernando Hernández and Ivor F. Goodson, eds. *Social Geographies of Educational Change*, Boston: Kluwer Academic, 2005, pp. 103 – 122

人们就认为你就是一个阿姨。现在我们班也有这么一个人，就是一见你："那个范阿姨……"家长就会认为你就是一个阿姨，你就是照顾孩子的。其实不是那样的，[……]阿姨只是照顾生活各方面。但是我们还有教育内容。（范老师）

他们[家长]就是社会都认为幼儿园就是哄哄孩子。但是，他们不知道幼儿园老师教科学，教艺术，还创作各种适宜的环境，要做孩子的支持者和引导者。我们早晨7点半来园，早上7点到园然后吃早饭。基本上中午都不回家，然后一直都干到晚上，有时候都加班。（盛老师）

大家都很"关心"这个问题，为什么一个男孩选择幼儿园老师，然后当时我刚到这儿的时候他们也都用异样眼光看着我，然后家长看到会说幼儿园来个"男阿姨"。（苏老师）

随着社会的变迁，在快节奏的大城市，幼儿园教师还要面临其他文化的挑战，如隔代抚养、全职妈妈等。隔代抚养最突出的问题是老一辈爷爷奶奶的育儿经验或观念往往过度强调安全责任、经常会宠溺孩子，而且还不太好沟通。而全职妈妈或者高学历爸爸会导致另一个极端如精细育儿、科学育儿文化，这也给教师的专业性带来极大挑战。

我们班有一个孩子，他妈是全职太太，就是什么都给孩子弄得特别好。他吃东西不会咬，吃枣不会吐核。那孩子不喜欢吃水果，她基本水果也不太给他吃，孩子可能就吃那一样水果，就吃那一样，那他的营养怎么办？他们就给孩子买各种保健药品，叫精细育儿。（兰老师）

其实很多家长或者社会上的人，有些学历也很高，他会觉得幼儿老师就是看孩子嘛，他不会觉得有什么专业性。他可能觉得，你的学历还没他高，他就不认可你的方法，自己有他的一套。各种科学育儿书，什么育儿微博又很多，他们看了看觉得很好。（兰老师）

此外，亲师互动中给教师带来消极情绪的还有政治地理和物理地理。首先，随着家长参与的增加，亲师互动中难以完全建立在平等的原则上，很多时候隐含着权力支配的主从关系，尤其是有权有钱阶级，进而会影响幼儿园教师的教学信念以及工作的自我认同。例如，有权的家长，有着制度赋予的天然优越感；有钱的商人老板，则有着金钱万能的嚣张气势，他们的行为举动和过分要求常常践踏幼儿园教师的自尊，让她们觉得"低人一等""跪着看他们"，或者产生"服务人的""一个打工的"的消极自我形象。

> 有些家长会觉得你就应该为我们服务，像我们有些单位的，有权的家长这种心理更强了，你就应该为我服务，好像我们低人一等。（段老师）
>
> 有的家长觉得我交了钱，你就是一打工的，你就是一服务我的，而且要服务好我。家长怎么样就是怎么样，［……］就感觉我们一定要跪着看他们，是这样的。（高老师）

其次，物理地理上，通过面对面互动或者联系册、电话、微信等，极大增加了亲师互动的次数、频率，虽然单方面增进了情绪理解，但过于频繁互动的代价是教师额外时间的投入。幼儿园通常不会规划出一段时间让教师与家长互动，需要教师自己投入大量的休息时间。家长微信群的建立更是耗费了教师大量的时间，因为"家长都希望时时了解孩子"（余老师）。

> 我比较经常跟家长打电话，说一个孩子的情况，也了解一下孩子在家的情况。不只是下班后一两个小时，有时候要聊到晚上10点多，家人很有怨言，"自己的孩子都没有时间照顾了"。（郭老师）

三　与同事互动中的情绪地理

与中小学不同，幼儿园采用小组教学或协作教学形式，北京市规定每班教师配备为"两教一保"①，即教学工作、常规活动的开展都必须有三位老师之间的配合。教师们全天的相处，彼此互动直接而且频繁，产生大量的情绪，如开心、愉快、愉悦感、和谐、认可、鼓舞等积极情绪，以及生气、烦躁、低沉、不满、紧张、焦虑、害怕、失落感、落差感、痛苦、

---

① 在《北京市幼儿园、托儿所办园条件标准》中明确指出幼儿园教职工的配备，全日制每班2名教师1名保育员，而对于寄宿制的幼儿园则是2名教师，2.5名保育员。

压抑等消极情绪。

（一）积极情绪

教师在小组教学中体验到的积极情绪大部分源自专业地理，包括专业协作、专业引领和专业认可等主题。首先，协作教学中，老师之间在专业上分工协作、分担责任、彼此支持，减轻教学负荷，也保证了班级每日工作的正常运转。因为每个老师都有自己的特长，大家能很好互补，因此"合作型"的小组教学给老师们带来了愉悦的情绪体验。"大家在一起分配好下来的任务，或一起商量一些小创新"（金老师）；一般由"班长做好安排"和"今儿你干这个，明儿你那个，都安排好了，彼此就是尽力互相帮助，特别是公开课"（兰老师）。文老师是一位有13年教龄的班长老师，在她看来，一个班就是一个家，她在带领班员时会融入"家"的概念，增加彼此的情感维系。另外，在"合作型"的小组教学中，教师之间的不同专长能发挥互相弥补和丰富教学资源的功能。

> 我遇到过很多班长也遇到过很多配班，但是大家都属于那种比较善于协作的。[……]一个班就是一个家，家的成员怎么样关乎到这个家。我们经常说"咱们家""咱们家怎么怎么样"。其实一般你把这个家的概念给他们的话，无意中就会上心，大家做起事来就感觉为我们家做事情心甘情愿。而且我们之间处得很愉快。（文老师）

> 跟每个同事在一起没有摩擦，也比较开心。如果我是小，你是大，我就听你的，我不会反驳你。如果到我做大，下面再带几个老师的话，我就会征求每个老师的意见。（郭老师）

其次，班级三位老师中有一位是班长老师，其一般由教育教学经验丰富的老师担任。班长同时也承担着专业方面师傅的角色，发挥着专业引领的作用。如果老师之间有着良好的师徒关系，一方面班员老师在专业上的进步发展会给她带来成就感；另一方面对师父老师来说，虽然"自己教肯定很辛苦，但是如果碰到肯学的年轻老师，这种愉悦感是很强烈的"，"能产生职业上的共鸣"（孟老师）。

> 在她手里成长是最快的。一开始就是日常的工作引领，手把手地

教，还有就是外出学习的机会特别多，还有对你工作和学习的带领，
这些都特别多。你早晨一来，他来你班，做什么活动呀，该做什么记
录啦，他会跟你说。自己慢慢地就有经验了，下回就不用告诉了。
（罗老师）

　　她就是一个特别全面的老师，［……］她都会教给你，她不会去
藏着。你是一个新老师，我就要藏着，我为了自己的更好发展我就怎
么怎么样。她知道什么她就会毫无保留地教给你，让你获得更多，让
你得到提升。（范老师）

　　来自同事的欣赏和认可会给教师带来极大的积极情绪，但幼儿园老师
从同事中得到专业上的肯定是非常少数的。范老师是个有两年教龄的新老
师，她在环境创作方面在师傅指导下获得了很大的进步，并且得到了师父
的表扬，这对职业初期的她树立专业自信有莫大帮助。

　　你怎么设计花边啊、装饰啊、内容啊，都会告诉你。［……］然
后师傅会当领导的面表扬，说这个是范老师做的，会认可你的工作，
这样我就更有自信了。（范老师）

（二）消极情绪

　　在与同事协作中，引发幼儿园教师消极情绪的主要是道德地理
（14）、政治地理（12）、专业地理（11）以及社会文化地理（7）。

1. 道德地理

　　道德地理主要源于老师之间不同的教育观、价值观，尤其体现在对孩
子的态度与方式上。如为了节目演出，把孩子当作机器训练；孩子使用的
餐巾没有洗干净；对孩子教育采用凶狠的方式（蔡老师）；大冷天，让弄
脏裤子的孩子直接洗冷水澡等（盛老师）。她们觉得同事这些行为不仅对
孩子没有爱，甚至是违背基本人性的。戴老师是教龄才一年的新老师，她
的班长老师成天绷着脸，对孩子是严厉管教。她形容班长老师是"简单
粗暴"却能"有效"保证孩子的安全，但对于这一点她是不能接受的，
她觉得对孩子不应该给那么多硬性的约束，更不应该对孩子作威胁和暴力
行为。但身为新老师的她无能为力，特别痛苦。孙老师的同事在对待发生

矛盾的孩子，带着极大的偏见（偏心）。在孙老师看来，这样的方式让无辜的孩子心灵会受到伤害。

> 她特别严肃，对孩子也从来不笑。［……］我觉得好恐怖啊，我是一个特别乐呵的人，我觉得在幼儿园就应该快快乐乐的，［……］比如她今天对孩子怒吼了，把孩子的椅子给摔了，因为她不敢动孩子就只能摔椅子，当时我第一次看到就觉得好瘆人啊。（戴老师）

> 她可能就以她的角度，偏袒个别孩子，就去批评另一个孩子，然后这个孩子就茫然了，特别的无辜，然后我就上去询问，发现其实这个孩子一点责任都没有。（孙老师）

2. 政治地理

配班合作的教师之间职务的不同也反映出了权力关系的不同。班长老师相对班员具有较高的权力，掌握全班的教学、环创事务的大权。在权力不对等的情况下，教师之间的互动不可避免地会产生摩擦。一般来说，"我们班员就是听从班长的智慧，她让我做什么我就做什么"（戴老师）。但是孙老师遇到一个利用权力折磨她的班长，会任意发脾气，命令她做事，令她有很强的"被压迫感"，很痛苦，但她只能默默忍受。班长虽然拥有权力，但也会出现"权力架空"的局面，高老师被班员认为"只会布置工作的坏人"，班员不听从安排，因此共同架空了班长的权力，她只能顶着压力，承担更多的责任。高老师把这归结于所在的民办园实行的"班长责任制"问题。

> 因为班长她还是个老教师嘛，［……］或者动不动就发脾气，让我干这个干那个，每天反正情绪挺……就是在一个班级里感觉受到压迫。（孙老师）

> 分工的时候就是全都靠这个班长，［……］可能这些老师就觉得你是一个坏人，凭什么我们要听你的呀？［……］所以说班长是责任最大的，所以就造成我的压力很大，就是说承担的责任很多，只要有什么事，都是班长的事儿。（高老师）

　　另一个权力的体现就是编制，编制意味着权力和地位，无编制的老师觉得有编制的老师福利好、地位高、有优越感，而自己是边缘人，与那些"有编制"的老师是"天上"与"地下"的差距。编制壁垒造成的"同工不同酬"等不公平现象给两类老师"我们"和"她们"的情绪理解带来极大阻碍。

　　　　班里在编的老师和你说话，你都感觉她们比较随意，有优越感。然后自己那时候挺压抑的。我有一段时间就是感觉不像是自己了，很压抑。（李老师）
　　　　我是研究生，有编制、工资高，我的同事没有编制，与同事在一起不好，她们感觉别扭，她们觉得我是"园长派来的人"，会有这种感觉。在专业上，她也不敢特别指导我。（戴老师）

3. 专业地理

　　同事之间消极情绪的专业地理主要体现在教育理念上的不一致。郭老师的班长老师是体育出身，不懂学前教育，教育内容完全不适合幼儿。比如，班长老师让她教授远远超出幼儿接受水平的诗词，迫于压力，她给孩子们都"鼓捣"会背了；后来又让她教授三位数相乘的数学知识，并给她施加了很大压力，在她看来"这是完全没有专业水平的老师，由于是园长的人而留下"，她则选择了离开。戴老师主张"幼儿园老师每天和孩子应该是蹦蹦跳跳乐乐呵呵"，而主班老师则觉得她的理念带出来的"班级太浮"，容易引起安全问题。主班老师看重"安全大于一切"，这给郭老师很大压力，不愿意和她搭班。被逼着放弃自己的理念也令郭老师觉得很痛苦。

　　　　那是中班，暑假期间，他把他大学的东西，什么《满江红》啊，《醉花阴》《水调歌头》，［……］我就说这是大学里的东西，不合适学前孩子，但他就说你就教吧。我天天给孩子们鼓捣，天天鼓捣。［……］"你把咱们班的小朋友三位数的相乘都教会，如果哪个小朋友不会，家长找起来，那就是你的事，跟我没有任何关系。"她给我造成大的压力，而且跟我的理念也不一样。（郭老师）

> 我最近就面临这个问题，很焦虑［……］我也愿意整天和他们笑，嘻嘻哈哈地闹着玩。但是班长老师给我压力说不能这么做，"你再这么做下去，没人愿意和你搭班"，安全问题很重要，<u>逼着我这么去做。我觉得那样做很痛苦，首先剥夺了我的快乐。</u>（戴老师）

在由一人主班的小组教学中，非主班老师几乎没有专业自主权。一般只能听从主班老师调派。孙老师对此郁闷至极，"我知道学前教育跟中小学教育是有区别的"，但"我真的无权干预，我每天都要看别人的脸色行事"（孙老师）。高老师是民办幼儿园老师，园里推行"外教主导"政策，她觉得自己沦为做"家长工作的专职人员"，专业业务上是完全荒废的状态。

> 因为都是外教成天带，我就是配合、配合、配合，我就是"专职"做家长的工作……不仅在业务上丢失了很多东西，而且也没有机会去学习任何东西。所以有时候我就觉得在这儿会挺浪费我自己的时间的。（高老师）

加上民办幼儿园崇尚竞争文化，同事之间专业上的竞争激烈。因为专业上的成绩都是跟绩效工资挂钩的（高老师），因此几个老师中"谁都想当主班，就一个岗位，看谁干得好"，所以导致"人和人之间走不近，不亲密，说话都总觉得隔一行，你稍微好点，别人觉得就会被领导怎么怎么样了，怪怪的。"（罗老师）

4. 社会文化地理

由于职业的户口门槛低，大量北京周边省市的年轻女孩进京成为幼儿园老师，同一个班中就会出现"北京人"和"外地人"的文化隔阂。访谈中一个京籍老师对此直言不讳"愿意和北京人搭班"，持有很深的"外地人就是轴"的文化偏见。而非京籍老师则觉得与北京老师搭班"一点都不愉快"，"就北京人，她们俩特别抱团，就总是把我甩出来。"（张老师）身为外地老师的高老师则有被搭班"北京老师"威胁的经历，更觉"北京人心气高"不好相处。为了吸引更多的生源，外教成了幼儿园的"标配"，但外国人和中国人之间除了语言上存在交流理解的障碍，"我英语不好，有时候不懂对方说什么"（郭老师），还有着巨大的教育理念、工作文化差异，这也会造成情绪的误解，让罗老师很头疼的是她觉得外国人完全没有"牺牲和奉献"精神，没有免费加班的概念。

> 在带的那个班里有两个北京的老师，心气挺高的，仗着自己是北京孩子，工作吊儿郎当，然后在加班的过程中曾经威胁要打我，给他男朋友打电话"不用，没事儿，打什么打呀？"而且为了争着讨孩子喜欢，写恐吓信，我当时挺害怕的，因为从来没有遇到过这样的同事。（高老师）
>
> 但是外国人不太理解"下班了之后还要做幼儿园的事儿"，所以这是我比较头疼的。他觉得工作时间是这样的，我下班了就下班了。按道理上班时间，孩子吃饭环节，你是要看着的，但是他都不看，他做自己的事情去了。他说下班了我没有时间。（罗老师）

四　与园长互动中的情绪地理

教师报告与园长互动的积极和消极情绪事件是最少的，一部分原因是比较少有机会与园长互动，一般有大事，如绩效考核之类才跟园长有接触（高老师）。范老师是一名只有 2 年教龄的新老师，每学期会"被园长召见，了解上学期的表现和收获，这学期的想法、困惑"（范老师）。在研究中发现有趣的现象，幼儿园教师对园长存有距离感或者畏惧感，尽量避免与其接触，如 6 年教龄的兰老师觉得自己就是一个员工，跟园长相处不自在，而拥有 27 年教龄的蔡老师亦觉得跟园长在一起"别扭"，并且会不愿跟她们正面交流。

> 我们园长心思特别细，有时候你跟她说话，你都听不懂她在说什么，小心翼翼的那种相处。我就是一个员工，然后跟他们之间也不会特自在，还是有一点畏惧的感觉。（兰老师）

教师报告与园长互动的情绪事件，积极情绪有高兴、喜欢、感谢、认可；其中，最多的是认可；消极情绪则有烦躁、畏惧、难过、生气、不信任。

（一）积极情绪

教师在与园长互动中经历积极情绪的主因是专业地理，包括园长对教师专业能力的鼓励和肯定、创造机会促进专业发展和给教师一定的专业自主权。比如，园长直接的言语表扬；也有老师通过园长很多事都问她来感受到一种积极和肯定。

> 园长妈妈很认可我啊。去年，她就很温暖地说："李老师你真的很棒，成长很大"，说我是所有老师里面成长最快的。（李老师）
> 因为有的时候你和他接触不是特别多。还有一个是让你挺积极的，就是好多事他去找你问你。我觉得可能在他们心中，这也是一种肯定吧。（兰老师）

园长给老师创造机会促进专业发展。例如，园长给戴老师看课、评课并提出技能上的弱点和当班长老师期望。文老师的园长抓她在语言上的强项，推荐她参加演讲比赛、语言方面的公开课，并且让她参加强项为主、弱项为辅的各种培训。

> 有一次园长看到我的音乐课之后，给我说怎么上会更好一点。她会给一些建议，在技能方面弱点，指导怎么上会更好，用什么方式教孩子。另外［……］她想让我尽快当班长老师。（戴老师）
> 我比较感谢那个园长，她比较喜欢抓你的闪亮点。［……］做一些语言方面的公开课，抓你的强项，包括之后的培训也是。在她们园的几年也是我成长比较快的几年。（文老师）

园长下放专业自主权，能给老师专业施展的空间而获得较大的成就感，但这种情况在访谈老师当中非常少。孟老师是一位教龄8年的男教师，他觉得之所以在幼教行业坚持这么长时间，是因为园长给他很大自由，他能够把班级当作"自己教育理想的实验田"，而不用接受外部的检查和考核。

> 我觉得让我感觉最深的是，可能是我在这个单位里一直留下来的

原因，就是自由度，园长给我自由度。[……] 是最好的一种鼓励，她相信我。所以我的这个班一直比较稳定，很多人评价都还可以。[……] 我这个班里很少接受那种检查，就是很少以审视的目光去评价我。（孟老师）

（二）消极情绪

与园长互动中的政治地理引发教师最多的消极情绪。在以"园长负责制"为基础的幼儿园管理中，尤其是公办园园长集中所有权力，形成由上至下的金字塔式管理模式，教师位于权力的最底层，在领导面前会觉得低人一等和低声下气。并且对领导的管理方式即使充满怨言，也只能无奈接受；对领导安排的年检任务，也只能唯命是从。如范老师班上"领导"的孩子被蹭了一下，她这位新老师就被领导谈话，她感受到极大的不信任和不公平感。

和他面前说话还是得小心一点，因为他毕竟是领导，你可能向他抱怨压力什么的，他不爱听。（兰老师）

如说到年检时，园长就只会说："今天我们要做干这个，明天我们要做那个"。当时你很烦躁。（文老师）

她只找我谈话，我就心里特别委屈，就是因为我是新老师所以找我谈话吗？[……] 为什么四个人你只找一个人，有点不公平，就是因为我是新老师你就单找我，就觉得好像你是新老师就怪你。（范老师）

第三节　幼儿园教师的情绪劳动与策略

上节通过情绪地理的分析，我们发现幼儿园教师在日常工作中，与幼儿、家长、同事和园长不同对象的互动过程中会经历大量强度不同的积极和消极情绪。那么在体验丰富情绪的同时，幼儿园教师在身份构建过程中是如何受到外界的规限来表达情绪的？在工作情境中，幼儿园教师体验和表达情绪有何规则？幼儿园教师需要付出如何的情绪劳动？她们又是采用何种策略应对？

一　幼儿园教师情绪规则

在幼儿园工作情境下，幼儿园教师的情绪表达需要遵照一定的组织规则，即在某一场合，面对某一对象应该或不应该表达出什么情绪，即情绪规则（emotional rule）。幼儿园教师的职业规范等外部规定虽没有直接提出情绪规则，但是要求幼儿教师"富有爱心、责任心、细心和耐心"，"乐观向上、热情开朗、有亲和力"（DF1 - 《标准》 - 2012）[①] 等，亦要求"热爱幼儿""使幼儿愉快、活泼地成长"，"尊重家长，热情服务"（DF1 - 《规范》 - 1987）[②] 等，这其中隐藏了幼儿园教师必须管理自己情绪表达的潜在要求。

（一）善于控制情绪

幼儿园教师经常需要避免消极情绪对正常人际互动的影响，要控制自己的情绪。在受访教师看来，老师应该要避免自己的消极情绪干扰正常的教学；控制自己的情绪表达也是老师的基本道德。

　　有时候比如说身体特别累或者是因为一些家里或工作上的事也会觉得很难受、不开心什么，但是你还是对孩子们的事负责，［……］<u>老师应该要这样，你不要把你的消极面带给孩子</u>。（范老师）［按：画线部分为我强调的重点。下文同］

　　但是作为老师，你就应该这样，<u>这是最基本的道德吧，你不能把自己的情绪带到孩子的情绪当中</u>。你不能让孩子说："妈妈，今天我们的老师可不高兴了。"（罗老师）

　　就是不用自己家里的情绪去影响孩子。<u>就是说不要把情绪带到工作当中去</u>。跟孩子每天都得微笑。你不能使自己的不快乐、痛苦让孩子体会出来。（盛老师）

在幼儿园的人际互动中，教师也会体验大量的消极情绪。幼儿违反常

---

① 中华人民共和国教育部：《幼儿园教师专业标准（试行）》，中华人民共和国教育部2012年。

② 北京市教委：《北京市幼儿园教师职工职业道德规范》，北京市教育委员会，1987年。

规、教师的指导未取得成效，均会使教师产生生气等消极情绪（见第六章第二节）。但为保证正常教学活动，教师通常都会理智地压抑情绪，不能发火，不能影响全班孩子，"不能发泄在幼儿身上"（孙老师）。幼儿园教师有时面对家长的无理要求、批评甚至指责，必须忍住或控制自己情绪，"只能心平气和地去跟他讲道理。"（洪老师）孟老师认为自我情绪的控制是每个老师应该具备的能力，是"成熟老师的标志"。

> 我觉得老师即便遇到孩子让你特别生气或者特别难过，也不用特别流露，[……]老师也没必要大发雷霆或者怎么样的对孩子，其实这样，对他一点作用都起不到，也会影响活动的进行。（何老师）
>
> 班长老师告诉我，一个好的幼儿园老师，首先要控制自己的情绪，正面积极地引导幼儿。（戴老师）
>
> 其实我更把自我情绪控制看作是一种能力，是成熟老师的一种标志。这个情绪的影响对老师来说太大了，一个能合理控制自己情绪的人，在面对不同孩子身上发生的事儿，或者工作上发生的事儿，能更冷静或者更理智地去处理。（孟老师）

另外，幼儿园协同教学的情境中，三位老师之间要共同配合、营造班级良好的情绪氛围，"班级老师之间的情绪状态还能影响到你班里的孩子，甚至家长都能看出来"（兰老师），因此，同事之间的交往也要遵循情绪控制的原则。

（二）积极运用情绪

学前阶段是幼儿社交方面情绪发展的关键时期，幼儿园教师需要投入"温和慈爱"等情绪来"支持幼儿发展健康的社会情绪"。[①] 文件中说要让幼儿"在集体生活中感到温暖，心情愉快，形成安全感，依赖感"（DF1-《纲要》-2010）[②]，在与幼儿互动中，教师"随时随地要保持热情向上""保持良好的情绪状态，以积极、愉快的情绪影响幼儿。"

---

① Lilian Katz, *Talks with Teachers of Young Children：A Collection*, Norwood：Ablex, 1995.

② 中华人民共和国教育部：《幼儿园教育指导纲要（试行）》，中华人民共和国教育部2001 年。

（DF1 -《指南》- 2012）①，给孩子愉悦感受；而且 "7 岁以前的孩子情绪还不能很好的控制和表达"，因此，教师 "帮助幼儿学会恰当表达和调控情绪"，"如幼儿发脾气时不硬性压制" "帮助他们化解消极情绪"（DF1 -《指南》- 2012）；也要调动自己情绪表情来抚慰哭泣幼儿的情绪，帮助幼儿宣泄情绪、学会情绪表达（文老师）。另外，在教学环节中，教师的情绪积极投入，容易吸引幼儿的兴趣与注意力，引导幼儿对教学活动的参与；教师的消极情绪表达能够营造一种严肃的气氛，暗示幼儿认真听讲。

> 你看老师上课的时候表情和语言都会比较丰富，<u>这是由孩子的年龄特点决定的</u>，有经验的老师都知道怎么样去调动孩子，孩子感兴趣了，活动才能组织下去，<u>年龄越小的小孩越是这样</u>。（罗老师）
>
> 教师的情绪很容易带动孩子的情绪和想法，尤其在组织教学活动的时候，孩子有时候注意力不集中或者对活动不是很感兴趣，那老师就要想办法去带动他们，<u>老师情绪比较积极比较投入的话，孩子也容易进入状态</u>。（盛老师）

（三）坚持微笑服务

身处于激烈的市场存活竞争之中，民办幼儿园老师面对更加严苛的情绪规则，情绪的外在要求远远超过内在控制，最典型的 "市场型" 情绪规则就是坚持微笑服务。D 幼儿园每年举办优质服务月，强化 "微笑服务，在任何时候都要微笑面对家长，热情招待孩子"（DF2 - Pr - P - 2014）。E 幼儿园制定了工作人员《微笑服务守则》，提倡微笑服务是一切服务的基础理念，保持微笑，对遇到的每个家长、幼儿、同事点头致意。同时，更将微笑服务当作考核指标，把教师情绪活动操作化和表现化。还通过员工间相互监督、相互提醒、奖励、批评甚至罚款等显性监督机制，来控制教师的情绪活动。此外，配合专门培训，学习《E 集团的服务礼仪》中微笑表情的自我训练，例如当面向家长距离约 3 米时就开始

---

① 中华人民共和国教育部：《3—6 岁儿童学习与发展指南》，中华人民共和国教育部 2012 年。

微笑，微笑时，至少露出 6 颗牙齿，眼含笑意、嘴角上扬。该集团的资料中写明：

> 幼儿园工作人员要用微笑营造和谐融洽的氛围，让家长化解陌生、消除紧张，更乐意与幼儿园对话；用微笑来不断传递对家长的尊重、信任、关怀的信息……每个幼儿园工作人员，不论职位高低，在工作时间之内都能以笑容和耐心来面对家长，不允许用生硬的面孔，更不允许对家长发脾气。（DF2 – Pr – P – 2012）

身为民办幼儿园老师，高老师对微笑服务深有体会，她一再强调"这是我们的服务态度"，面对家长即使不是真心笑出来，也必须要有这种服务表现，所以强颜欢笑。

> 我最近的情绪状态不太好，[……] 一定一定要，这是我们的服务态度，必须得保持微笑 [……] 我看到孩子就会很会心地笑，但是看到家长我是真的不能保证是真心笑出来的，强颜欢笑吧，但是需要有这种服务的表现。（高老师）

二　幼儿园教师情绪劳动的特点

幼儿园教师需要根据以上情绪表达规则，来调整和管理自己的情绪感受和情绪表达，这需要付出情绪劳动。霍赫希尔德（Hochschild）1983 年提出从事高度情绪劳动工作有三个特征：（1）要求雇员和公众面对面、声音对声音的接触；（2）要求雇员使他人产生某种情绪状态；（3）允许雇主通过培训或监督对雇员的情绪活动施加某种程度的控制。幼儿园教师职业符合了上述特征：日常工作中，幼儿园教师不仅与幼儿、家长、同事、园长有大量面对面的直接互动，而且需要积极运用情绪来使幼儿处于愉快氛围或坚持微笑服务争取家长的信任，体现了情绪负载的功能。在这一过程中，既有幼儿园教师主动的内化职业期望对情绪施加自我监控，亦有采取将情绪列为考核指标和培训等监控机制控制老师的情绪活动。由此观之，幼儿园教师是一项高情绪劳动的职业，正如许多老师都提到的是"累心"和"操心"的职业。那么，幼儿园教师从事的情绪劳动有何特点？

（一）情绪劳动时间长

中小学老师的情绪劳动是"课程表式"的，与学生等的人际互动集中在"某个场合或某节课"，而幼儿园老师的情绪劳动则是"全日生活式"。即使老师之间有早、晚班老师，晚班老师可以下午3点下班，但只是"从来没有人敢早走"（范老师）。老师从"热情地迎接孩子入园"到"微笑应对接孩子的家长"，甚至到晚上还得与家长"煲电话粥"。毋庸置疑，幼儿园老师从事情绪劳动的时间跨度大。受访老师说，白天一整天保持情绪高涨，一上班精神就紧绷起来，还要不停地与小朋友、家长沟通，与同事沟通，说个没完。即使有消极情绪，也要一直压抑在心里至下班时间。

工作的时候都要保持很饱满的状态，我要很 high……白天一整天我需要很亢奋，回家一下就放了，连话都不爱说。回家看到儿子，都不怎么说话。（罗老师）［按：画线部分为笔者强调的重点。下文同］

下班之后是挺累的，在幼儿园说个没完，一句话重复好多遍，还要跟家长沟通，跟小朋友沟通，然后跟同事沟通，就是下班之后身心疲惫了，特别疲惫。不想说话了，话说得太多了。（孙老师）

天天一到上班时间精神就紧张，怕孩子出事。（洪老师）

也就是说这么长时间我都要处理好情绪，把这种情绪压抑在心里，然后一直保持这个状态到下班，有时候真的很累。（孙老师）

（二）情绪劳动多样性

情绪劳动的多样性指幼儿园教师工作情境中需要表现出情绪的类别多。幼儿园教师在工作中需要与幼儿、家长、协同教师、园长的接触和互动交流，即与不同背景身份的他人互动，依据不同场合、不同情境表现出不同的情绪反应，体现出华尔敦（Wharton）提出的"情绪多样性"①。受访幼儿园教师表示要花费很多心力来预想筹划各种可能发生的状况与适当的应对方式，因此所需要负担的情绪劳动就很强烈。除了情绪类别上的多样，不同情绪的变换和起伏也是非常频繁、密集的。在罗老师看来，仅仅

---

① Amy S. Wharton, "The Affective Consequences of Service Work Managing Emotions on the Job", *Work and Occupations*, Vol. 20, No. 2, 1993, pp. 205–232.

面对幼儿时，就需要转换不同的情绪状态，在语言活动中一会儿要生气地批评淘气孩子，一会又要热情洋溢地在户外游戏，她甚至觉得幼儿园老师就是"有点神经质"。

> 我觉得是状态转换得特别多，面对领导的时候是一个状态，面对孩子的时候你就是一个有亲和力的人，要有小孩子一样的心态，面对同事你又是一个心态，真的是要扮演不同的角色，还有跟家长也是。（孙老师）
>
> 一会儿是善良的小兔子，一会儿是凶恶的大灰狼……一会我正说你……一会又……"哎，怎么样啊？小花好漂亮，你觉得漂亮吗？"又要让他喜欢。老师就是有点神经质！（罗老师）

（三）情绪劳动强度大

情绪强度指幼儿园教师情绪劳动过程中的情绪体验或者表现的强烈程度和密集程度。强烈程度体现在受访教师实际体验的情绪和表现的情绪之间的巨大反差，如"内心已经崩溃"但要"面带微笑"，"气得发抖"却"都要憋住"；另外，由于与幼儿互动中的情绪感染带来的"基本上脑袋都是懵的"，而且还常常需要情绪性的表达以继续教学活动，郭老师在描述所扮演角色的"情绪匹配"时用了四个"特别"，足见其情绪劳动的强烈程度。

> 你看见孩子不能把你自己的情绪带给他啊，然后你看见家长还要面带微笑，早上好啊，聊一下孩子啊，其实你今天的心情已经崩溃了。（孙老师）
>
> 他还是那样，好像我不能把他怎么样，真的气得发抖，都要憋住，有时候忍不住了，就吼孩子。（赖老师）
>
> 玩具没玩够，睡觉没睡醒，别人碰了他一下或者是写字写错了就发脾气，一哭就是一两个小时。小班的时候他俩就是一天轮流哭，能哭七八次，就是基本上你脑袋都是懵的，我们主班老师心脏也不太好，就因为他俩哭就这两年发过好几次病。（范老师）
>
> 只有情绪特别亢奋，表情特别夸张，特别张牙舞爪，孩子才会特

<u>别认真</u>。（郭老师）

此外，教师情绪劳动多变且密集，尤其是与幼儿互动过程中，"状况百出"是常态，范老师认为对各种状况的应对，不仅是意识上的反应，情绪上也要做到"迅速的同步反应"，有点像"变脸"。

> <u>情绪状态转换要快，要很快，基本上一进班就会换</u>，马上就会变一个脸。有时候你一进班，孩子就会叫，然后他们一叫你，你就立马要转换过来。（范老师）
>
> 带亲子活动的时候我就跟我们老师说，<u>你带亲子活动的时候，一排孩子、一排家长，家长们都带着孩子来上课，那么你在这一节课里头要有两种语气的转化</u>，当我给孩子讲话的时候，我用的是一种语气，当我给家长讲目标的时候，我马上就换一种对成人说话的方式，但是当我跟孩子说话的时候，马上会转换成我跟孩子交流的那种方式。（蔡老师）

三　幼儿园教师情绪劳动的策略

所谓应对策略是指个体为实现某种目标或适应情境限制所采用的方法和途径。情绪的应对策略体现了个体在结构限制中所具有的能动性，是连接结构和个人互动的桥梁，幼儿园教师的情绪劳动策略也体现出其身份构建过程中的个体能动性。对于情绪应对策略的研究，霍赫希尔德（Hochschild）将其分为两类：表层扮演和深层扮演。表层扮演是指个体按照情绪表达规则要求，只改变自己的外部表现，如外部表情、声音等，而内部真正的情绪感受并没有发生改变；深层扮演是指当个体通过调节和监控内部情绪状态，使内在的情绪感受与组织所要求表达的情绪相符合。区分表层扮演与深层扮演虽然有助于理解应对策略的性质，但是分类过于宽泛，尹弘飙针对高中教师在课程实施中的情绪研究，提出 6 大类 13 种情绪应对策略，为本研究提供了很好的启示。[①] 那么，幼儿园教师在日常工作中

---

① 尹弘飙：《课程实施中的教师情绪：中国大陆高中课程改革个案研究》，香港中文大学博士学位论文，2006 年。

采用的情绪应对策略又主要有哪些呢？笔者将其归纳为伪装、抑制、自我劝服和释放四大类。

（一）伪装

伪装是幼儿园教师为了满足情境需要，而通过努力改变自己的外在表现，表达出自己未感受的情绪体验。这种策略的情绪管理焦点在于外在的情绪表达上而不是内在体验上，是霍赫希尔德（Hochschild）所谓的"表层扮演"策略。伪装是幼儿园教师工作情境中使用最多的情绪策略。例如，在教育教学活动中，幼儿园教师为了营造出一种充满吸引力和趣味性的氛围，以能够暗示幼儿积极参与活动，她们就要伪装积极情绪来吸引幼儿。例如，幼儿教师讲故事时出于情节需要，会作出相关表情和动作，这都是为了让幼儿能够体会故事情境的需要而做出的伪装。或者通过声音装作惊讶和兴奋的情绪而提高分贝或者故作神秘，压低声音。

　　　　跟小朋友讲故事，讲到"吹呀吹，云彩变成了胖娃娃"，那我可能就要弯下腰，双手捧着脸，然后作出大大的一个笑脸，表现一个可爱的胖娃娃样子，小朋友一下子也就乐了，就能体会到啊。（兰老师）

　　　　小班的时候，你要装作非常神秘，"想知道每个好朋友叫什么名字，他们设计的标记是什么样子……"就会比较轻声地跟他们说，[……]他们就会特别感兴趣，可以吸引到他们的注意力。（范老师）

幼儿园教师调动情绪来实现伪装是需要付出心力的，部分老教师会觉得年纪大了还需要装幼稚，很难为情，只能硬着头皮地完成。

　　　　自己不高兴了你讲个故事还要绘声绘色，没办法，天天必须装，人家觉得你那么幼稚啊。你说都快50岁了，天天学着小麦兜跳。在环境里头也没办法，不像过去那个好像会什么眼光，因为我们好像老在这个职业里头，这个圈里头，有时候会想那么大年纪了，还这么跳干什么啊，但是跳起来，公开课什么啊，也就过去了。硬着头皮也这么过去了。（曹老师）

幼儿园教师与幼儿互动中需要调动积极情绪"营造快乐氛围"等，甚至需要跟孩子"慢慢建立起这种信任和情感连结"（孟老师）。这种师生情感关系太好或非常亲近的话，有时候会让孩子不听话，难以维持课堂秩序，因此还需要一种距离感，通过伪装来疏远孩子。只有一年教龄的戴老师面临的正是这个问题，她通过模仿老教师的经验，刻意与孩子保持适当距离，维持孩子与老师的这种关系，取得了好的教育效果。

> 如果我和孩子的关系处得太好的话，他们会腻歪你，就是老是缠着你，你说什么话他们都觉得是在开玩笑，不听你的，这就很难维持课堂纪律，如果你特别烦躁的话会引起安全问题，我最近就面临着这个问题。[……]还是要保持距离，可能我是新手老师，还没有找到更好的方式，所以我模仿一些老教师的处理方法，见效快。真的是。你一生气他们就不动了，或者你一撕开小椅子上的名字，他们就马上坐好。（戴老师）
>
> 包括生活活动的时候，起床的时候，偶尔跟他开玩笑，非常亲近。但是有一点，我给他们太多亲近感，他们会认为我从来不发火、不发脾气，他们需要关注，我给他们的关注太多了、孩子又少，他会认为，他们的要求我什么都能满足，所以现在有时候要故意拒绝过于亲密。（马老师）
>
> 首先必须要让他知道我们是一种孩子跟老师的关系，因为有些时候需要距离感，幼儿园老师不像基础教育的老师，有那么大的距离感。但是一点距离感都没有，也是无法实施教育的，或者实施教育也不能达到最好的效果。（孟老师）

此外，为了使教学活动顺利完成，幼儿园教师还需要适时地伪装消极情绪的表现，如假装生气、失望，让幼儿能体会到老师不高兴了。例如，幼儿园教师常常需要以严肃的表情提醒调皮的幼儿遵守常规，以保障活动秩序（马老师）。皱眉、瞪眼、绷着脸、板着脸等是幼儿园教师伪装消极情绪时最常见的面部表情。幼儿园教师在伪装消极情绪时，大部分情况下不是发自内心的生气，而只是传达给孩子"我很生气"，偶尔也会伴随真的生气的情绪体验。

　　他们有时候就说啊聊啊，孩子嘛永远有说不完的话，我就会不说话，绷着脸坐那儿，我也不理他们，就坐那儿。然后有聪明的孩子就会说你们别说了，老师都不高兴了，然后他们就会想老师不高兴了，我要赶紧坐好了。（范老师）

　　他认为是玩，但是他伤害到别人了，你必须得一遍两遍跟他说，他还听不进去，你有的时候就得板下脸来。（兰老师）

　　要不然以后上学了也不行，上课的时候就管不住他了，我就只能装生气的样子，但是其实我本身不是发自内心的真生气。（官老师）

　　不是说自己真的很生气，气得不行了，不是真跟自己老公吵架的那种感觉，我自己很正常，但是我传达给孩子我很生气，我会单独把他叫到睡眠室，就我们俩，我使劲批评他。（吴老师）

　　假如他不是把这小朋友打得特别严重我就假装生气；假如打得特别严重了，就真的很生气。（张老师）

　　面对幼儿时，幼儿园教师的情绪伪装，时常都是为了实现教学目标的一种"主动伪装"，而在面对同事和家长时，这种情绪伪装则更多是"被动伪装"，需要教师付出更多的努力。民办园的高老师所在园所要求员工微笑服务，因此在面对家长时强颜欢笑，她自己也承认这"不是真心笑出来的"。公办园中的同事之间往往不是平等关系，兰老师已经筋疲力尽了，面对上级时，不得不表现出非常受教。从"不得不""强迫自己""不是真心的"，这些词汇中可以看出她们的伪装是一种"不情愿"的被动伪装。

　　我看到孩子就会很会心地笑，但是看到家长我是真的不能保证是真心笑出来的，强颜欢笑吧。但是需要有这种服务的表现。（高老师）

　　就是挺累的，筋疲力尽了。但他就说："同志，好好干……"之类什么的这种东西，但是你明明挺累的，还得表现出非常受教，不得不说"自己确实成长了"。（兰老师）

（二）抑制

抑制策略指幼儿园教师感受到一些与情境或情绪法则不相符的情绪产

生，为了阻止其表现出来，通常会运用一些强制性手段改变自己内心的情绪感受。通常有以下途径：

1. 压抑

幼儿园教师在与幼儿互动中，意识到自己的消极情绪产生了，为不在幼儿面前表露出来影响继续互动，教师一般强行将自己的情绪感受直接压制。不论新、老教师都有许多这样的情绪劳动，一般都是憋住、不发火、耐着性子，以保障教学活动的顺利进行或对孩子的教育效果。

> 那天，其实我也觉得挺生气的，你说他不吃还打人。［……］我就是憋着，一直憋，也没露出太多不高兴来，继续带其他孩子。（洪老师）
>
> 一开始的时候火是一下就不行了，哎呀，气得不行不行的，但是你又不能把他怎么样，你生气人家该干吗干吗，该走的走该玩的玩，还那样，所以还是得自己憋住了，不能发火。然后也问过一些老教师，一样的，就是气得没办法，都有这个过程，只能是自我调节，小孩他啥也不知道，你在那生气真是没啥用。（官老师）
>
> 要是特生气，我就会先冷静冷静。我觉得这个可能还是挺管用的，因为我觉得之前很怒火的那样跟他说，他也就吓得一愣，但可能并不知道自己做错了什么。（何老师）
>
> 我要把这些情绪压抑下来，不能发泄在他身上，因为发在他身上他反而更学不会，耐着性子去讲，［……］等他学会了之后，我再批评他。（孙老师）

在与同事、家长的互动之中，"忍""熬""硬着头皮"这种策略也是非常常见的。孙老师是助理老师而且是外地老师，经常需要面对班长老师的各种刁难和责备，承受着大量的消极情绪，她觉得最好的策略就是忍，在访谈之中，她重复了多次"隐忍""忍让"，表明其消极情绪的强烈程度，也足见其情绪劳动的努力程度。赖老师遇见极端的家长，她只能压抑不良情绪，硬着头皮去与其进行沟通。

> 她是班长，就是心里有什么不愉快我都要说出来，你有哪点不好

我都要说出来，就算没有做错什么，也不让我好受，但是你只有忍，只有隐忍，不停忍让，一直在忍。（孙老师）

我那会其实挺难受、挺烦的，[……]我们不是那种跟班走的那种制度，我就想熬着吧，熬过这一年就好了。（范老师）

但是有的时候，碰到几次极端的家长，你无论跟他沟通什么、说什么，都没有用，只有硬着头皮去跟他说。（赖老师）

2. 转化

转化是指幼儿园老师与某一对象互动中产生了消极情绪，而直接压制又无法达到效果，则会将该情绪通过与另一对象的互动中转化。这种转化最典型的是，在与家长和同事互动中产生的消极情绪通过与幼儿互动转化。如第二节所述，与幼儿的互动中产生大量积极情绪体验，以此消解不良情绪。大部分受访老师都有转化情绪的体验，让情绪的能量在互动对象中流动起来，不容易导致不良影响。

我一跟孩子们说话就特别开心，比如有时跟同班的老师产生不愉快，她做的事情让你不开心了，可孩子这时候可能第一句话是："嗯，怎么了？"（高分贝）下一句话就开心了，整个情绪就被调动了。可能这会跟家长说完话很头疼，孩子一叫"平平妈妈"，"哎"，这样是一个习惯了。（李老师）

我那段时间其实也挺消极的，但是在带孩子、在跟孩子在一块儿的时候就会稍微转换一下，我就会跟孩子一起玩啊、闹啊，就会好一点。（林老师）

平时有什么烦躁的情绪，就觉得去跟孩子玩儿挺好的，这能化解你的情绪。跟孩子开开玩笑啊，玩一玩闹一闹。[……]跟孩子开玩笑，你就说"我看谁的线丢了"孩子就哈哈一乐，我也就开怀了。（范老师）

当然这里的"转化"不是指转移。转移是指在某一对象上的消极情绪，直接转移到较为安全（权力低的）的一方。例如，蔡老师谈到了一个案例，她把自己人际中的情绪，转移发泄到孩子身上，这其实跟广泛报道中的虐童是一个性质的事件。而这个老师是个对工作无所谓的人，孩子在她眼中不是人而是物品，事实上她根本没有认同教师身份。

> 我知道我们园里有一个比较严重的案例就是这个，八十年代末九十年代初的时候，[……]对这个工作呢也无所谓，[……]她人又比较情绪化，情绪不好的时候，她曾经拿针扎孩子的手，[……]最后去扫院子看大门。（蔡老师）

3. 仪式性的告别

告别是幼儿园教师对不良情绪感受强制性分离，然后搁置、消除，以不影响正常工作的过程。这种策略主要针对的是在与非幼儿园人际环境（家庭等）中产生的消极情绪。文老师在平衡家庭与工作的过程中，经常产生情绪冲突，为能全心投入工作她通常使用"仪式性的告别"，需要一段时间，因此，她采用走路上班，一路上调节自己的情绪，去观照不良情绪而不是压抑；在她看来，进入幼儿园跟门卫打招呼就是一种仪式，能有效、彻底地分离不良情绪，让自己的状态迅速调整过来。

> 比方说，我在家有些琐碎的事情啊，跟爱人啊，跟爸爸妈妈啊，有一些小的冲突啊。[……]每次这样，就会很崩溃，我不去压抑情绪。[……]我家不是特别远，我就选择走路上班，我在这一路当中告别自己的情绪，然后到幼儿园那一刹那我就告诉自己，我要开始工作了。因为进门肯定要和门卫打招呼，我要自己笑起来。然后进门的时候，一帮孩子就喊"文老师，早上好"，就好了，也很舒服。（文老师）

（三）自我劝服

自我劝服，即幼儿园教师通过说服自己来重新解释情绪冲突情境，使自己能够接受并免遭不良情绪影响。这种策略的特点在于幼儿园教师通过自己的认知来重塑情绪情境，使得情绪的内部感受和外部表现一致，这与霍赫希尔德（Hochschild）的"深层扮演"策略异曲同工。尤其是在处理师幼互动的情绪问题时，幼儿园教师经常使用这一策略。最为常见的一种自我劝说就是"孩子毕竟是孩子"，言外之意，孩子是不成熟或无意的，暗示自己想开点，接受冲突情境。一部分年轻教师还会用"愤怒对自己健康不好""生气对女人不好"来劝说和化解生气的情绪。

> 　　当时真的很生气，但转念一想，他毕竟是孩子，跟他生什么气呢，这样一想我就好多了。（兰老师）
> 　　他们老是不听我的，但我会自我安慰，我们是新手老师，肯定要慢慢成长，慢慢来吧，你想开点他就是个孩子，孩子就是孩子嘛，我也犯不着老是和一个孩子较劲，伤身体，愤怒对自己的健康最不好了，生气有害身体健康何必呢？再说他们的成长也是一个过程，这个过程非常的慢，十年树木百年树人的感觉，反正我自己也想得开。（戴老师）
> 　　你生了气孩子不知道，你就白生气了，我就只能自己调节，然后就想他就是一个孩子，他什么都不知道，你跟他生什么气，你跟他生气没用，后来也是慢慢就好了，而且生气对身体也不好，女人生气不好，后来就稍微好多了，也能想开一点。（官老师）

处在情绪冲突的情境中，要做到真正自我劝服也是比较难的。尤其对于新老师来说，有2年工作经验的白老师虽然认知上接受了老教师"孩子毕竟是孩子"的劝说，但还是不能真正做到劝服自己。赖老师有13年教龄，她把这个阶段叫"磨脾气"，需要有三四年的过程，才真正从认知上接受和改变，"觉得无所谓"。拥有24年教龄的盛老师就直接表明"没有真跟孩子生气的时候"。

> 　　当时我就对张老师这句"孩子毕竟是孩子"印象特别深刻，点醒的这种感觉。现在我就是想孩子就是孩子，他确实知道他自己各方面能力限制不住自己，跟咱们成人不一样。可能还是年轻，有时候生起气来还是憋不住，会抱怨。（白老师）
> 　　我觉得是在磨脾气，等你进入这个阶段之后，三四年以后，你会觉得无所谓，没有什么事情让你真的生气。因为你面对他们，尤其是幼教这个行业，小孩本身就不懂什么，他们也是启蒙教育，不会说跟

你真的去生气，也不至于。因为你知道他们也是无心的，自己的心理调整好，就觉得什么事情都无所谓。毕竟是孩子，谁还跟孩子过不去啊。（赖老师）

我不会跟孩子生气。真的，我觉得没有跟孩子生气的时候，因为毕竟是孩子，如果你生气，那首先你就不是一个老师了。（盛老师）

在与成人互动的过程中，大部分受访教师认为，自我劝服就是说服自己站在他人的立场上，换位思考。在与家长的互动中，最常见的劝说就是"一家一个宝贝"，因此，家长的重视和要求都可以理解。"上面要求他了""一个人不能做到所有事"和"人无完人"等劝说则常见于教师与领导的互动情境中。

因为，家长也可以理解，一家只有一个孩子，都是宝儿，都比较重视，所以才会提那么多要求。（郭老师）

其实你想想，他是领导，上面要求他了，他只能这么做。其实事后，你换位思考一下，他们也挺不容易的。（文老师）

但是有时候，他一个人也不是能做所有的事情的。［……］人无完人嘛。（高老师）

在另一部分老师看来，自我劝服是通过"找个合适理由自我开导"，"不要期望太高""家长有自己的想法，是他的问题"等理由说服自己，情绪也就不会受影响。高老师面对家长和园长带来的巨大负面情绪，一直进行自我暗示，"在哪个幼儿园都会遇到这样的事情"，遇到冲突情境会让自己经验更丰富等。

领导给你这样提升的机会你还是要抓住的，要是不给你就说明你还需要提升。［……］所以有时候目标太大、期望太高，反而让自己有一些情绪化的反应。（孙老师）

他还是这样的话，就是他的问题，你自己没有问题，所以自己的情绪也不会受影响。就觉得只要自己做对了，没有犯原则性的错误，一切 OK，［……］否则能把自己憋死。（赖老师）

我一直告诉我自己，可能去哪个幼儿园都会让你遇到这样的事情，如果说你在这儿遇到了，<u>你应该庆幸你还年轻，你可以有办法去解决、想办法去解决，或者是请教别人去解决这些事情，然后你以后的经验更丰富了</u>，可能别的家长对你的看法会有所改变，就是你处理事情上的成熟性跟专业性提高了，我觉得家长对你的想法也会改变。（高老师）

（四）释放

释放是指教师通过流露和表现自己的情绪体验以减轻情绪负荷的策略。幼儿园教师面对情绪规则，从事情绪劳动时间长、强度大，虽然可以采用上述种种应对策略，但是仍然会有情绪负荷过重而难以承受的情况。因此，她们会通过释放策略来调节自我情绪感受，主要有以下两种形式：

1. 表露

表露是指幼儿园教师在与他人互动过程中产生消极情绪时，直接向他人表达出内心的情绪体验。在与幼儿互动过程中，幼儿园教师使用这一方式较为普遍，往往表达出来的情绪也发挥了应有的教育功能。例如，幼儿导致教师的愤怒已经无法忍受了，一部分教师会不加掩饰地表达出生气的样子，除了李老师"把情绪表现给孩子"，其他老师均含有批评、拍桌子、撕标签、送到小班去等伴随动作。"不得已""没办法"等词汇显示出教师并不愿意采用这一方法。

有时候还是会流露出不高兴，有时候心情已经很烦了，孩子还不听你的话，你肯定会对他们生气，<u>一看你生气了，孩子就坐好了</u>。（王老师）

当时孩子真的是乱，你没办法，实在是不得已去拿东西使劲儿拍桌子，就这样突然安静下来。［……］我心里生气，实在没办法，<u>我向别的老师学的，孩子凳子上会贴名字，如果你这样，我就把你的名字撕掉</u>。你如果不乖，你就变 baby，去做 baby chair，他会立刻坐好。（戴老师）

反正挺生气地对孩子们说："我真的快受不了了，你们为什么要一直这样。"当然他们也是小孩嘛，自控能力不行，我也会把我的情

绪表现给孩子们，他们也会这样。我说你们要是还这样我就走了，不管你们了，他们肯定是很舍不得我的。（李老师）

这种批评、带有威胁的情绪表露之后，幼儿园教师虽暂时缓解了自身的消极情绪，也实现了维持教育活动的功能，但是事后，尤其是 3 年教龄以内的新教师白老师、戴老师和王老师常常伴随难受、内疚、后悔和自责等情绪。

> 有时候我也会批评他们，但批评完了或者因为当时很生气做出的一些行为，对自己来说，过后我就觉得自己哪里哪里做得不对，做错了真做错了，不应该批评。（白老师）
> 我着急的时候做不到，我考虑不到孩子的感受，躺在床上时我觉得我伤害了孩子，他会恨我。我心里很难受，有时候我会道歉，［……］但有时就会很生气，有一些行为做得不对还挺内疚的。（戴老师）
> 我还是会比较急躁，他们一乱，我心都乱了。就是还是会嚷一下，然后安静了。但是嚷完了，我特别难受，因为觉得自己过于严厉了。（王老师）

幼儿园教师在与家长、同事等成人互动中的情绪表露通常会演变、激化，更隐含着一种对情绪规则的挑战和抗争。如段老师为维护班级的情绪和谐，一再忍让协同教师，最后发现由于彼此有利益之争，忍让并没有带来班级氛围的改善，压抑的情绪激化为吵架。罗老师身处崇尚外语教学的民办幼儿园，中外教师各种不公平待遇加上外教对工作的态度，使她不再尊重外教，跟外教争吵（罗老师）。另有幼儿园教师段老师、盛老师、杨老师在面对家长的不理解、领导的误解时会动怒，甚至吵架，但这些少数的抗争往往引来不如意和检讨等后果。

> 因为工作分工的问题，［……］在她当班的时候，遗失小孩的发夹她应该及时跟家长处理呀，我很生气，［……］我俩就吵吵起来。（段老师）
> 然后就对我挺有意见的，"有你这当老师的，不把孩子的……"。

但是当时我真的是没有想到。他这么冤枉我，[……] 我当时还特别
理直气壮地跟他吵起来，后来想可能是自己当时态度也不是特别好。
（盛老师）

　　自我是我的想法特立独行，我觉得我是对的，我就会给领导拍桌
子，会吵，我觉得我方向对了。（杨老师）

2. 宣泄

宣泄是幼儿园教师释放情绪的常见方式。采用这种策略时，幼儿园教
师一般都选择与不良情绪产生无关的他人为对象，避免表露情绪带来的副
作用。幼儿园教师常常把这个过程形容为"发牢骚""吐苦水""找人开
导""寻求安慰"；朋友、同事、家人是最主要的对象。

　　我们几个同事租一个房，我烦的时候，他们没事跟你捏头，给你
做好吃的，我觉得我还能跟她吐苦水，我心情能调整过来，这个挺
好。但是那个师姐不爱说，她老压着，所以她的想法和别人不一样，
抑郁了。（兰老师）

　　还有跟好朋友聊天，去谈她们的工作经历和经验，可能更多的是
来自朋友的帮助，她们会讲一些实例，帮我排除这些压力，时间长
了，慢慢地，也用她们的方法尝试去做一些事情，后来觉得好像也没
有那么难，可能每个人都有一个烦躁期。（赖老师）

　　孩子挺折磨人的，各种逼得你，然后你怎么发泄，回家就把这些
情绪全部发在他（丈夫）身上。他无私支持我，我就觉得特舒服，
然后我就没事了。（段老师）

有一部分老师则选择自我为宣泄情绪的对象，通过写沟通日志、自我
情绪关照和自我排解等方式，为不良情绪找到出口。

　　每天要写沟通，我就把这事写进沟通里了，可能有一点点抱怨的
口气在里面，说他明明知道什么是正确的，可他为什么就是不听呢。
（白老师）

　　没有人给你排解，有时候是自我关照，一点点排解，慢慢理解心

里面的东西。（马老师）

我一般是自我排解，会出去爬山啊，听点音乐，做自己喜欢的事，画画啊，就把这些情绪排解了。（范老师）

本章小结

本章旨在探讨幼儿园教师身份构建过程中的情绪作用，主要探讨了情绪与幼儿园教师身份的密切关系以及对其身份建构的作用；并分析了幼儿园教师身份建构过程中的情绪地理、情绪规则、情绪劳动和应对情绪的策略。本章在对幼儿园教师访谈资料进行分析的基础上发现：（1）情绪在幼儿园教师身份构建中的作用表现在：情绪是幼儿园教师身份的晴雨表、身份呈现的工具、身份承诺的动力及促进身份转化的诱因。（2）幼儿园教师在身份构建过程中产生情绪并嵌入其互动的工作情境中；与不同对象互动中呈现出不同的情绪地理。（3）幼儿园教师情绪规则包括善于控制情绪、积极运用情绪、坚持微笑服务。幼儿园教师需要根据以上情绪表达规则，来调整和管理自己的情绪感受和情绪表达，并付出情绪劳动；且情绪劳动时间长，情绪劳动多样，情绪劳动强度大。幼儿园教师情绪劳动的四大主要策略为伪装、抑制、自我劝服和释放。

第七章 结论与反思

本章首先总结本研究的主要发现；其次对相关学术讨论予以回应，并阐述本研究的政策和实践意义；最后将反思本研究的局限性，并对未来研究的发展方向提出建议。

第一节 主要的研究发现

尽管近年来教师身份研究成为教育领域尤其是教师教育领域研究的热点，但幼儿园教师身份的构建是一个被忽略的议题。本研究以互动论（符号互动论和诠释互动论）为理论视角，以北京为数据收集场域，剖析学前教育改革的背景下幼儿园教师如何于社会互动中构建教师身份，研究围绕以下三个核心问题展开：

1. 宏观社会结构因素如何影响幼儿园教师身份构建？
2. 幼儿园教师如何在与自己及他人的互动中构建身份？
3. 幼儿园教师身份构建中的情绪及对身份过程的作用如何？

本研究采用质性研究取向的多个案研究方法，从北京选取 33 名幼儿园教师和 3 名幼儿园管理者为研究对象，主要通过深度访谈并辅以文本数据与观察，重点探讨社会结构因素、人际互动、情绪如何影响幼儿园教师身份构建。前述三章对幼儿园教师身份构建已有详细阐述，本节将总结主要的研究发现。

一 影响幼儿园教师身份构建的宏观社会结构因素

本研究首先探究社会结构因素如何影响幼儿园教师身份构建。透过诠释性互动论的视角，本研究勾勒出影响幼儿园教师身份构建的三种结构性力量：国家权力、市场话语和性别文化。这三种力量共同交织，巧妙地将幼儿园教师群体置于弱者之境。

（1）国家权力通过一系列工具理性的操控技术实现对幼儿园教师管制。首先，国家权力强化对学前教育质量的表现主义和仿市场化运作的督导和监控，透过各种政策技术建构起一个内容完整、运作有序的质量监管与保障机制，包括表现指针式的质量标准、有效的检查评估制度、有力的问责制度等三个要素。在质量监控机制之下，为了呈现可审核的数据、创设符合要求的环境、设计精品式的活动，幼儿园教师像"陀螺"，其身份空间被挤压得"不像个老师"。其次，在工具理性导向的教育行政监管的影响下，实践场域中幼儿园教师的专业化及促进专业身份认同的过程被物化为政策学习、各层培训、科研要求、反思任务等的复杂体。最后，国家在加强监控力度的同时，却未能赋予幼儿园教师赖以建构身份的制度性资源——法律身份和教师编制，使其成为制度边缘化的群体，离职与流动频繁，像是"无根的浮萍"。

（2）以营利为目的的幼教市场话语带着"崇尚经济利益""推崇竞争"等功利性价值入侵，加剧了幼儿园教师身份的扭曲。首先，商业化运作的幼儿园必须获得经济利益才能在竞争中生存，硬件条件的展示、精心包装的课程及贴心服务等市场营销手段层出不穷。身处市场体制下的幼儿园之中，教师不得不在追求利润的市场价值背景下开展工作，经济理性的市场方式重新塑造了教师的地位和身份：服从企业化绩效考核，教师的专业性被绩效责任制取代，师幼关系也被效益监督所代替；教师的服务意识和市场素养重于教学能力，教师工具化成为员工。其次，对家长消费者身份的重视与凸显造就了幼教市场中家长式的管治，从而弱化甚至丧失了教师最基本的课程自主权、专业权力及地位。传统教育中的教师与家长关系朝向市场体系下的关系转变，教师不得不打破自己原有单一的教师身份与简单形象，构建起"又是服务员，又是老师"的复杂身份及"打工的""服务的"等异化身份。最后，市场体制之中，幼儿园教师作为劳动力市场中的商品，其专业化的过程就是包装过程，基于市场逻辑的速成方式制造了市场需求的专业幼儿园教师。

（3）强大的男权性别文化宰制之下，幼儿园教师这一职业牢牢地被性别化，被视为"女性的工作"。首先，性别刻板印象深刻地影响着幼儿园教师的职业选择；根深蒂固的父权意识仍然显著地影响着她们的职业认知和身份认同；处于教职中的最底层，亦很难位列于男性话语主导的专业之中。其次，关怀与情绪正是学前教育专业的独特之处，是幼儿园教师的价值和专业性所在，然而却与男权意识的理性化的专业标准格格不入，被排斥在专业化的话语之外。再次，幼儿园教师对职业的承诺太低只不过是男权意识的论述。女教师的高身份承诺是对工作本身的热爱与坚持而无关职业规划、职务升迁；而且生育并非她们身份承诺的阻碍，反而能够加深她们对身份的深层次理解，如认为幼儿园教师"走心的事业""良心活"，并在教育实践中增添更多关怀和情感。最后，男权性别文化还体现在性别成为男性幼儿园教师择业的优势特征。男幼儿园教师被视为珍稀的可造之才，出现玻璃电梯效应，制造了新的性别不平等。竞争社会对男权特征的再次推崇，本质上显示出对女性教师的性别偏见和性别歧视。

二　社会互动与幼儿园教师身份的构建

本研究探究的第二个问题是学前教育改革情境下幼儿园教师如何在与他人及自我的互动中构建身份，目的在于探究幼儿园教师如何在人际互动与自我互动中获取意义。本研究对北京不同工作情境下的幼儿园教师进行深入的个案分析发现：幼儿园教师身份构建就是由一轮轮与他人进行外部互动和与自我进行内部互动组成的，是一个长期、动态变化的确认过程。幼儿园教师的身份构建呈现三种不同的路径，因此构建出不同类型的幼儿园教师。

外部互动主导型：外部互动主导型即个人与外部世界中的他人互动，强调幼儿园教师身份发展是个体与外部结构意义关联的过程。外部互动主导型幼儿园教师身份构建过程中的"情境定义"和"行动方向"主要受他人互动所影响，即幼儿园教师不断与他人如幼儿、家长、同事和园长等进行身份确认。在身份构建过程中，幼儿园教师努力寻求他人对自己的角色支持，满足他人对自己的工作期望，并采取策略和防御机制应对他人对自己身份的反馈和响应。本研究发现这类教师的身份构建有两种路径：期望身份与现实身份相同、期望身份与现实身份不同。在构建过程中，他们不断通过与他人互动，向外界寻求身份角色支持，在确认成功或者确认失败后采用继续沟通确认、回避；退出情境、转换成新的身份角色等策略构建出"看孩子的保姆""清洁工""廉价劳动力"等身份，有的教师则选择离职，重新到新的情境中塑造新的身份。

内部互动主导型：内部互动主导型是身份构建过程的"情境定义"和"行动方向"，主要受自我互动影响，即一系列动态的自我确认形成身份。在这过程中，幼儿园教师作为行动者，从自我互动中寻找意义，涉及对过去我、现在我、将来我的自我反思、自我评价等过程。本研究的个案分析发现内部互动主导型教师认为自己是"专业的幼教工作者"，认可自己的专业身份，在工作中融入了自己对专业的信念和信仰。对他们而言，从事幼儿园教师已经不仅仅是在做一份普通的工作而是"超越工作的东西"，他们工作的价值和意义体现在实践他们的专业信念和信仰。在这类教师看来，幼儿园教师可以有多种子身份，但最核心的是"专业的幼教工作者"，专业特色是其身份的首要特征。内部互动型的教师的身份构建体现出自我反思、自我肯定、自我调整和自我规划的特点；对于外部他人的评价持屏蔽态度，坚持自我发展之路不受他人的影响；能够形成自己的专业特色，对职业有很强的承诺感。

内外互动兼顾型：本研究发现内外部互动兼顾型的幼儿园教师身份构建的"情境定义"和"行动方向"是同时受到外部互动和内部互动两种路径的影响。这类教师一方面尝试去跟他人互动，从孩子、家长、同事及园长那里寻求角色支持，期望得到认可；另一方面，这类教师会不断地自我互动、自我反思、确认自我身份。个案分析发现这类教师的身份类型可以描述为"我不是保姆，就是一名＿＿＿＿老师"。这类幼儿园教师通过不断与他人和自我同时确认身份，最终构建出多样化的幼儿园教师身份。首先，这类教师非常肯定自己的身份不是"保姆"，而是一名"教师"。其次，这类教师构建出不同类型特点的教师身份，比如十项全能教师、爱孩子负责任的老师、提倡孩子个性化教育的老师等。

三　幼儿园教师身份构建中的情绪及其作用

本研究关注的第三个研究问题是幼儿园教师自我互动与他人互动中的情绪在身份建构中的作用。符号互动论认为情绪与身份构建过程密不可分，幼儿园教师身份构建过程也是情绪产生和应对过程。通过对教师访谈数据和文本数据进行分析，本研究探讨了情绪对幼儿园教师身份建构的作用，总结了幼儿园教师身份建构过程中的情绪地理、情绪规则、情绪劳动和应对情绪的策略。

（1）情绪在幼儿园教师身份构建中的作用：情绪是身份的晴雨表，能够显示出幼儿园教师身份确认成功与否以及身份的层级。情绪是幼儿园教师身份呈现的工具，即幼儿园教师运用情绪作为完成"教师角色"表演和维持情境定义的手段；而在外在规则的限定下，"工具"容易异化为"面具"。在幼儿园教师在人际互动中直接体验的愉悦情绪和经由反思产生的积极自我意识情绪，特别是后者，是促进其对身份承诺的动力。情绪还是幼儿园教师身份转化的诱因，个案显示在社会互动中的消极自我意识情绪使得幼儿园教师向保姆等异化身份转变。

（2）幼儿园教师在身份构建过程中产生情绪并嵌入其互动的工作情境中。师幼互动中积极情绪要远远高于消极情绪，师幼互动中的情绪地理主要包括物理地理、专业地理和政治地理，其中物理地理引发教师积极情绪最多，而教师消极情绪的最主要来源为专业地理；相对师幼互动来说，教师在亲师互动中体验的情绪程度更为强烈。教师报告的消极情绪事件绝大多数都是在与家长的互动中产生的，专业地理亦是引发消极情绪的主要诱因。幼儿园教师在小组教学中体验到的积极情绪大部分源自专业地理；消极情绪的主要来源是道德地理、政治地理、专业地理以及文化地理；教师报告的与园长互动的积极和消极情绪事件是最少的，教师在与园长互动中经历积极情绪的主因是专业地理，与园长互动中的政治地理引发教师最多的消极情绪。

（3）幼儿园教师情绪规则包括善于控制情绪，积极运用情绪，坚持微笑服务。幼儿园教师需要根据以上情绪表达规则，来调整和管理自己的情绪感受和情绪表达，并付出情绪劳动。幼儿园教师从事的情绪劳动特点为：时间长、多样性和强度大。其情绪劳动的四大策略为伪装、抑制、自我劝服和释放。

第二节　研究的理论贡献与实践意义

本研究立足学前教育改革的背景，探讨幼儿园教师如何在互动之中建构身份并尝试揭示其情绪及其对身份过程的作用，具有重要的理论贡献、政策意义和实践启示。本节就上述主要发现对现有理论和研究文献进行响应，并结合学前教育的政策与实践，提出相应的政策建议。

一　研究的理论贡献

在教师专业发展背景下，对于教师身份的研究方兴未艾，学者在诸多议题上持续深入探讨。然而从学段上看，已有教师身份研究主要以中小学教师为研究对象，较少数研究关注幼儿园教师。现有研究揭示出不同学段教师在身份及建构上存在较大的差异，例如，小学教师的个人身份和专业身份密不可分，而中学教师的学科以及学科地位对其身份建构影响更大。[①] 学前阶段教育对象的身心特征、教学课程设置、教学方式等与中小学大相径庭，因此，幼儿园教师的专业性应有独特内涵及其身份建构必然也有其特殊性。本研究对幼儿园教师身份构建的探讨，弥补了国内外已有教师身份研究中对幼儿园教师这一群体的忽略。同时，本研究发现对教师身份已有的实证研究亦有如下几点响应。

（一）宏观结构因素与幼儿园教师身份构建

宏观结构因素中的教育政策对教师身份构建的影响是不容置疑的，不同理念的教育政策形塑出不同的教师身份。萨克斯（Sachs）指出，在教育政策和实践中管理主义和民主主义两种话语塑造了两种截然不同的教师身份，管理主义的话语引发了企业家身份（entrepreneurial identity）；而民主主义的话语引发了行动主义者身份（activist identity）。[②] 近年来，各国研究者关注当前自由主义引导下的教育改革，政府权力下放、市场理念渗透教育引发的表现性问责文化对教师身份建构的影响。现时学前教育政策也显示出强化问责、效率和表现主义等特征，与澳大利亚、英国等相似，

---

① Christopher Day, Alison Kington, Gordon Stobart and Pam Sammons, "The Personal and Professional Selves of Teachers: Stable and Unstable Identities", *British Educational Research Journal*, Vol. 32, No. 4, 2006, pp. 601–616.

② Judyth Sachs, "Teacher Professional Identity: Competing Discourses, Competing Outcomes", *Journal of Education Policy*, Vol. 16, No. 2, 2001, pp. 149–161.

遭受着"恐怖的表现主义"。① 本研究发现在工具理性主导的学前教育政策之下幼儿园教师身份受到挤压,已变得不像老师,其专业化过程以外在的规定为导向,这印证了诸多学者的研究。以权力下放和表现主义为导向的教育改革给教师专业身份和教师专业发展带来一系列的矛盾和困境。教师遭受着以国家课程、国家考试评定学校质量的标准等形式的教育变革压力,它们侵蚀了教师的自主性,② 给她们带来专业的脆弱性体验,③ 造成了教师身份的多重性,甚至教师身份变成了精细操作的"技术工人"。④

已有教师身份研究成果主要关注教育政策制度因素,⑤ 教育政策的变革带来教师原有生活方式和教学方式的改变。而在国家政策对教师个体干预较强的国家(如中国、日本),教师也作为个体生活在制度中,影响教师身份构建的政策制度因素远不止存在于教育系统内部,也包括人事制度改革等教育系统外部制度。特别影响幼儿园教师身份认同的教育系统以外的制度因素是编制制度、户籍制度等。编制确定了幼儿园教师嵌入社会结构的位置,决定了他们的社会地位,为他们的身份构建提供最为根本的制度资源。编制的缺失则导致他们成为制度化的边缘、不被教委承认的群体,再加上户籍制度的共同作用,这些幼儿园老师觉得自己是城市中的匆匆过客,而幼儿园教师职业则成为临时选择。

本研究发现宏观结构中的市场因素对教师身份的影响十分明显。家长消费者身份的重视与凸显造就了幼教市场中家长式的管治,传统教育中教师与家长的关系朝向市场体系下的关系转变,教师构建起"又是服务员,

① Stephen J. Ball, *Class Strategies and the Eucation Market*: *The Middle Classes and Social Advantage*, London: Routledge, 2003.

② Christopher Day, Alison Kington, Gordon Stobart and Pam Sammons, "The Personal and Professional Selves of Teachers: Stable and Unstable Identities", *British Educational Research Journal*, Vol. 32, No. 4, 2006, pp. 601 – 616.

③ Geert Kelchtermans, "Teachers Emotions in Educational Reforms: Self – understanding, Vulnerable Commitment and Micropolitical Literacy", *Teaching and Teacher Education*, Vol. 21, No. 8, 2005, pp. 995 – 1006.

④ Peter Woods, *Researching the Art of Teaching*: *Ethnography for Educational Use*, London: Routledge, 1996.

⑤ Brian D. Barrett, "No Child Left Behind and the Assault on Teachers' Professional Practices and Identities", *Teaching and Teacher Education*: *An International Journal of Research and Studies*, Vol. 25, No. 8, 2009, pp. 1018 – 1025.

又是老师"的复杂身份及"打工的""服务的"等异化身份。这印证了一些学者的研究结论，在市场化及消费主义的影响下，家长对学校的参与越来越多，[①] 教育中出现了"家长管治"的意识形态。[②] 面对日益增大的家长问责的压力，许多教师对自己的专业身份也产生怀疑，甚至将自己看作是服务者。[③④] 此外，本研究还发现完全的市场结构因素对幼儿园教师身份的影响路径。功利性的价值渗入，使得幼儿园教师在追求利润的价值背景下开展工作，服从企业化绩效考核，教师的专业性被绩效责任制取代，师幼关系也被效益监督所代替，这些经济理性的市场方式重新塑造了教师的身份。

　　此外在强大的性别文化宰制之下，幼儿园教师这一职业牢牢地被性别化，被视为女性的工作，多数受访教师表示其职业选择就是因为周围人对性别的刻板印象。这印证了已有学者对教职女性化的研究结论。[⑤⑥] 而且本研究发现幼儿园教师的工作被视为是家庭劳动在公共领域的延伸，因此与母职（mothering）的保育照料紧密连接，[⑦] 是哄小孩和看孩子的工作，因此许多受访教师形成了"保姆"和"阿姨"的身份。这与大部分学者的研究结果一致，教师尤其是年龄较小的孩子的教师，更会被人当作"照顾者"，因而她们自己也就认同了保姆、母亲的身份。[⑧]

---

①　Rosa María Torres, "From Agents of Reform to Subjects of Change: The Teaching Crossroads in Latin America", *Prospects*, Vol. 30, No. 2, 2000, pp. 255 – 273.

②　Phillip Brown, "The 'Third Wave': Education and the Ideology of Parentocracy", *British Journal of Sociology of Education*, Vol. 11, No. 1, 1990, pp. 65 – 86.

③　June A. Gordon, "The Crumbling Pedestal Changing Images of Japanese Teachers", *Journal of Teacher Education*, Vol. 56, No. 5, 2005, pp. 459 – 470.

④　Xuesong Gao, "Teachers' Professional Vulnerability and Cultural Tradition: A Chinese Paradox", *Teaching and Teacher Education*, Vol. 24, No. 1, 2008, pp. 154 – 165.

⑤　Kathleen Casey, "Teacher as Mother: Curriculum Theorizing in the Life Histories of Contemporary Women Teachers", *Cambridge Journal of Education*, Vol. 20, No. 3, 1990, pp. 301 – 320.

⑥　Esther T. Canrinus, Michelle Helms – Lorenz, Douwe Beijaard, Jaap Buitink and Adriaan Hofman, "Profiling Teachers' Sense of Professional Identity", *Educational Studies*, Vol. , No. 37, 5, 2011, pp. 593 – 608.

⑦　Miai Kim and Stuart Reifel, "Child Care Teaching as Women's Work: Reflections on Experiences", *Journal of Research in Childhood Education*, Vol. 24, No. 3, 2010, pp. 229 – 247.

⑧　Trotman, J. , *The Making of the Teacher: Professionalism and Gender A Historical Analysis of Western Australian Women Teachers* 1911 – 1940, New York: Cambria Press, 2008.

此外，本研究发现幼儿园教师的身份承诺特点是志在教学而非行政，并且在生育之后，身为人母的经历让她们对职业本身有了更深层次的理解，把工作看作良心活并增添更多关怀和情感的实践，对其身份更有承诺感。这与伊维茨（Evetts）[①] 及潘慧玲[②]的观点一致，批判了男权社会对女教师身份承诺的论述，即认为女性的主要职责在于照料家庭和孩子而对工作（教职）的承诺太低。[③]

大多数女性主义职业研究的努力主要在于呈现男权社会的状况，如揭示和批判性别不平等的职业，以帮助女性获得传统的男性职业，而不在于去保护一个历来被认为是女性的工作。[④] 这样一来，从女性主义立场致力于学前教育和幼儿园教师的研究较为鲜见。本研究分析幼儿园教师职业所遭受的性别文化之枷锁，揭示职业的性别刻板印象以及"玻璃电梯"等性别不平等现象，并为推进此领域研究作出努力。

（二）幼儿园教师身份构建机制：社会互动

教师身份构建或发展机制是教师身份研究中的关键，也是大部分研究者的兴趣所在。[⑤] 文献回顾部分总结出已有身份构建机制研究主要分为由内而外、由外而内以及叙事取向的三种机制。对于由外而内的身份构建，研究者强调外在的结构或情境在身份构建中起着决定作用，如教育变革、课程政策等。[⑥] 由内而外的身份构建，则强调个体（自我）是身份构建的

---

① Julia Evetts, *Women in Primary Teaching: Career Contexts and Strategies*, London: Unwin Hyman, 1990.

② 潘慧玲：《性别视域的教师生涯——教育议题与性别视野》，潘慧玲主编《教育议题的性别视野》，"国立"台湾师范大学2000年版，第223—249页。

③ Gaby Weiner and Daniel Kallos, "Positively Women: Professionalism and Practice in Teaching and Teacher Education", Paper Delivered to the Annual Meeting of the American Educational Research Association, New Orleans, 2000.

④ Jesse Goodman, "University Culture and the Problem of Reforming Field Experiences in Teacher Education", *Journal of Teacher Education*, Vol. 39, No. 5, 1988, pp. 45 – 53.

⑤ Martin Jephcote and Jane Salisbury, "Further Education Teachers' Accounts of Their Professional Identities", *Teaching and Teacher Education: An International Journal of Research and Studies*, Vol. 25, No. 7, 2009, pp. 966 – 972.

⑥ Brian D. Barrett, "No Child Left Behind and the Assault on Teachers' Professional Practices and Identities", *Teaching and Teacher Education: An International Journal of Research and Studies*, Vol. 25, No. 8, 2009, pp. 1018 – 1025.

主体。教师自我是身份的创造者，[①②] 自我反思是教师身份形成的重要方式。[③] 第三种身份构建机制则模糊外部与内部的二元化界限，最典型的代表是叙事身份。[④⑤] 本研究以互动论为视角，把握"互动"这一核心机制，以此探究教师身份构建的第四条道路，即"内外兼具"的教师身份建构机制。互动论认为互动包含两条路径：一是"由外而内"路径，即个人与外部世界中的他人互动与确认，强调身份发展是个体与外部结构意义关联的过程；二是"由内而外"的路径，即个人与自我的互动，强调个体内部，关注个体如何围绕某一角色展开动态的自我确认。[⑥] 幼儿园教师是在与自我互动和他人互动过程中构建出不同类型的教师身份（与他人的互动包括确认身份、寻求支持、修正行动等过程，与自我互动包括期望及对过去我、现在我和将来我的反思），具体的路径包括三类机制：第一种是外部互动主导型，幼儿园教师身份构建过程中的"情境定义"和"行动方向"主要受他人互动的影响，其建构出的身份主要是保姆、清洁工、廉价劳动力等；第二种是内部互动主导型，即身份构建过程的"情境定义"和"行动方向"主要受自我互动影响，建构出有特色的专业幼教工作者；第三种是内外互动兼顾型，幼儿园教师身份构建的"情境定义"和"行动方向"同时受到外部互动和内部互动两种路径的影响，建构出多种类型特点的教师身份。这些研究发现说明了互动路径与教师身份

---

① Douwe Beijaard, Paulien C. Meijer and Nico Verloop, "Reconsidering Research on Teachers' Professional Identity", *Teaching and Teacher Education: An International Journal of Research and Studies*, Vol. 20, No. 2, 2004, pp. 107 – 128.

② Sanne F. Akkerman and Paulien C. Meijer, "A Dialogical Approach to Conceptualizing Teacher Identity", *Teaching and Teacher Education: An International Journal of Research and Studies*, Vol. 27, No. 2, 2011, pp. 308 – 319.

③ Catherine Beauchamp and Lynn Thomas, "Understanding Teacher Identity: An Overview of Issues in the Literature and Implications for Teacher Education", *Cambridge Journal of Education*, Vol. 39, No. 2, 2009, pp. 175 – 189.

④ D Jean Clandinin F. Michael Connelly, *Narrative Inquiry: Experience and Story in Qualitative Research*. San Francisco: Jossey – Bass Publishers, 2000.

⑤ Paul Ricoeur, "Narrative Identity", in David Wood, eds. *On Paul Ricoeur: Narrative and Interpretation*, London: Routledge, 1991, pp. 188 – 199.

⑥ Joel M. Charon, *Symbolic Interactionism: An Introduction, An Interpretation, An Integration* (10th ed.). New Jersey: Pearson, 2010.

建构的密切关系。

互动论认为互动是一个暂定性的过程，一个不断地验证某人对他人角色看法的过程。本研究从互动论视角理解教师身份内涵，回到"身份"最原初的内涵，身份是对"我是谁"的存在性追问：我如何看待自己及他人如何看待我。本研究发现幼儿园教师身份构建是一个社会互动的过程，由一轮轮与他人进行外部互动和与自我进行内部互动组成，是一个长期、动态变化的"身份确认"过程。幼儿园教师在构建身份的互动过程中，有着不同的身份确认路径，采取不同的策略和防御机制，从而构建出多种多样的身份类型。本研究丰富了现有教师身份建构或发展的研究，[1][2][3] 印证了现有文献对教师身份构建的主要认识即教师身份形成是一种关系性的、动态的社会建构过程，[4] 是教师在工作的人际情境中，[5] 持续不断地建构和协商的过程，[6] 而且不同的教师个体体现出不同的建构轨迹。[7]

此外，已有幼儿园教师身份研究发现，影响教师身份因素包括重要他人和关键事件，其中重要他人如父母、学生时代的教师、入职后指导教

---

① Catherine Beauchamp and Lynn Thomas, "Understanding Teacher Identity: An Overview of Issues in the Literature and Implications for Teacher Education", *Cambridge Journal of Education*, Vol. 39, No. 2, 2009, pp. 175 – 189.

② Christopher Day, Bob Elliot and Alison Kington, "Standards and Teacher Identity: Challenges of Sustaining Commitment", *Teaching and Teacher Education: An International Journal of Research and Studies*, Vol. 21, No. 5, 2005, pp. 563 – 577.

③ Martin Jephcote and Jane Salisbury, "Further Education Teachers' Accounts of Their Professional Identities", *Teaching and Teacher Education: An International Journal of Research and Studies*, Vol. 25, No. 7, 2009, pp. 966 – 972.

④ Sue Lasky, "A Sociocultural Approach to Understanding Teacher Identity, Agency and Professional Vulnerability in A Context of Secondary School Reform", *Teaching and Teacher Education*, Vol. 21, No. 8, 2005, pp. 899 – 916.

⑤ Dawn Joseph and Marina Heading, "Putting Theory into Practice: Moving from Student Identity to Teacher Identity", *Australian Journal of Teacher Education*, Vol. 35, No. 3, 2010, pp. 75 – 87.

⑥ Seyyed, Ali, Ostovar Namaghi, "A Data – Driven Conceptualization of Language Teacher Identity in the Context of Public High Schools in Iran", *Teacher Education Quarterly*, Vol. 36, No. 2, 2009, pp. 111 – 124.

⑦ John Trent and Xuesong Gao, "'At Least I'm the Type of Teacher I Want to Be': Second – Career English Language Teachers' Identity Formation in Hong Kong Secondary Schools", *Asia – Pacific Journal of Teacher Education*, Vol. 37, No. 3, 2009, pp. 253 – 270.

师/师父、幼儿园园长，其中包括职前或者入职后出现的楷模教师（榜样）。①②③④ 因此，已有研究发现对幼儿园教师身份构建产生影响的他人，在幼儿园工作的人际情境中主要是园长、师父（即同事）。而本研究发现在幼儿园教师身份构建过程中，有影响的互动他人不仅包括园长和同事，还有幼儿和家长。这二者是幼儿园教师进行身份确认和寻求角色支持的主要对象。尤其是家长在这个身份构建过程中产生了巨大影响。例如，外部互动主导型的洪老师和高老师，在遭受家长对其不尊重的行为以及"廉价劳动力"的称呼之后，逐渐确认了"保姆"身份。内外互动兼顾型的孟老师等也都必须面临强大的家长管治，身份构建过程中与家长的协商与确认十分重要，只有少数的内部互动主导型教师较少受到波及。因此，研究不仅印证了已有研究揭示的指导教师、园长等重要他人的影响，也弥补了对与幼儿、家长的互动关系关注的不足。

（三）教师身份构建中的情绪及作用

随着对情绪的关注，对于情绪与教师身份关系的探讨是学者研究的热点问题。本研究发现情绪在幼儿园教师身份构建过程中发挥着重要作用。这些发现响应了现有文献对教师情绪与教师身份的相关研究，肯定了教师情绪与教师身份及其构建过程的密切关系；⑤ 情绪是直接或者间接影响教师身份建构的关键因素，可以促使教师身份发生转变；⑥⑦ 情绪是教育改

---

① 倪鸣香：《童年的蜕变：以生命史观看幼师角色的形成》，《教育研究集刊》2004年第4期，第17—44页。

② 张纯子：《两位公私立幼儿园教师专业发展之传记史探究》，《幼儿保育学刊》2010年第8期，第1—16页。

③ Birgitte Malm, "Constructing Professional Identities: Montessori Teachers' Voices and Visions", *Scandinavian Journal of Educational Research*, Vol. 48, No. 4, 2004, pp. 397 – 412.

④ Deborah Court, Liat Merav and Etty Ornan, "Preschool Teachers' Narratives: A Window on Personal – professional History, Values and Beliefs", *International Journal of Early Years Education*, Vol. 17, No. 3, 2010, pp. 207 – 217.

⑤ Michalinos Zembylas, "Interrogating 'Teacher Identity': Emotion, Resistance, and Self – Formation", *Educational Theory*, Vol. 53, No. 1, 2003, pp. 107 – 127.

⑥ Thomas G. Reio, "Emotions as a Lens to Explore Teacher Identity and Change: A Commentary", *Teaching and Teacher Education: An International Journal of Research and Studies*, Vol. 21, No. 8, 2005, pp. 985 – 993.

⑦ Klaas van Veen and Sue Lasky, "Emotions as A Lens to Explore Teacher Identity and Change: Different Theoretical Approaches", *Teaching and Teacher Education*, Vol. 21, No. 8, 2005, pp. 895 – 898.

革因素作用于教师身份的产物。① 本研究在肯定二者关系的基础上，从互动论视角进一步围绕情绪对教师身份构建的具体作用展开探讨。情绪是身份的晴雨表，能够显示出幼儿园教师身份确认成功与否以及身份的层级；情绪是幼儿园教师身份呈现的工具，即幼儿园教师运用情绪作为完成"教师角色"表演和维持情境定义的手段；幼儿园教师在人际互动中直接体验的愉悦情绪和经由反思产生的积极自我意识情绪，特别是后者，是促进其对身份承诺的动力。情绪还是幼儿园教师身份转化的诱因，消极自我意识情绪使得幼儿园教师身份向保姆等异化身份转变。由此，本研究克服已有幼儿园教师身份量化研究的去情境化特点，揭示幼儿园教师身份构建中的情绪及作用，丰富了情绪与教师身份关系的研究，更是弥补了幼儿园教师身份及情绪研究不够深入的不足。

关注教师情绪的已有成果最有代表性的是哈格里夫斯（Hargreaves）提出的情绪地理这一概念，并对教师与学生、家长、同事等的积极情绪事件和消极情绪事件进行了分析。许多学者运用该分析框架分析了中小学日常教学情境中教师人际互动的状况，②③ 但在幼儿园情境下还未见相关分析。本研究充分分析和展现了幼儿园教师身份构建过程中的情绪地理。幼儿园教师的情绪地理因不同的互动对象而有所不同。幼儿园教师师幼互动中的情绪地理主要包括物理地理、专业地理和政治地理，这与哈格里夫斯（Hargreaves）2000 年对中小学教师师生情绪互动的研究发现一致。④ 幼儿园教师在亲师互动中体验的消极情绪最多，主要源于专业地理，包括家长对教师专业能力的质疑以及提出的各种非专业的要求（Kim & Reifel，2010）。⑤

---

① Hongbiao Yin and John Chi – Kin Lee，"Emotions Matter：Teachers' Feelings about Their Interactions with Teacher Trainers During Curriculum Reform"，*Chinese Education and Society*，Vol. 44，No. 4，2011，pp. 82 – 97.

② Andy Hargreaves，"The Emotional Geographies of Teachers' Relations with Colleagues"，*International Journal of Educational Research*，Vol. 35，No. 5，2001，pp. 503 – 527.

③ Hsin – Jen Chen and Ya – Hsuan Wang，"Emotional Geographies of Teacher – parent Relations：Three Teachers' Perceptions in Taiwan"，*Asia Pacific Education Review*，Vol. 12，No. 2，2011，pp. 185 – 195.

④ Andy Hargreaves，"Mixed Emotions：Teachers Perceptions of Their Interactions with Students"，*Teaching and Teacher Education*，Vol. 16，No. 8，2000，pp. 811 – 826.

⑤ Miai Kim and Stuart Reifel，"Child Care Teaching as Women's Work：Reflections on Experiences"，*Journal of Research in Childhood Education*，Vol. 24，No. 3，2010，pp. 229 – 247.

幼儿园教师在小组教学中体验到的积极情绪大部分源自专业地理；消极情绪的主要来源是道德地理、政治地理、专业地理以及文化地理；教师报告的与园长互动的积极和消极情绪事件是最少的，与园长互动中的政治地理引发教师最多的消极情绪。这与幼儿园园长负责制等行政管理体制有关。本研究以上对幼儿园教师身份构建过程中的情绪分析再次验证了哈格里夫斯（Hargreaves）情绪地理学的解释力。

　　该职业对幼儿园教师的情绪要求是非常高的（Osgood，2006，2010；Elfer，2012）。[1][2][3] 本研究发现幼儿园教师是高情绪劳动者，他们要依据情绪表达规则付出情绪劳动。与其他教师群体相比，其情绪劳动的自主性较弱，外部规则的规限性更强，例如，除了要善于控制情绪、积极运用情绪（尹弘飚，2006），[4] 还需要遵照园所要求的坚持微笑服务等。本研究发现幼儿园教师从事的情绪劳动特点与其他学者的发现较为符合。第一，情绪劳动时间长，中小学老师的情绪劳动是"课程表式"的，而幼儿园老师则是"全日式"。第二，与其他学段教师相比，幼儿园教师的互动对象更为多元，包含幼儿、家长、协同教师、同事等，[5] 这就导致幼儿园教师的人际互动工作体现出华尔敦（Wharton）提出的"情绪劳动多样性"。[6] 第三，幼儿园老师互动频繁，工作中与幼儿、家长、协同教师、同事的接触和互动交流的频度很高，[7][8] 导致其情绪劳动强度增大。

---

[1]　Jayne Osgood，"Professionalism and Performativity：the Feminist Challenge Facing Early Years Practitioners"，*Early Years*，Vol. 26，No. 2，2006，pp. 187 – 199.

[2]　Jayne Osgood，"Reconstructing Professionalism in ECEC：the Case for the 'Critically Reflective Emotional Professional'"，*Early Years*，Vol. 30，No. 2，2010，pp. 119 – 133.

[3]　Peter Elfera，"Emotion in Nursery Work：Work Discussion as A Model of Critical Professional Reflection"，*Early Years：An International Research Journal*，Vol. 32，No. 2，2012，pp. 129 – 141.

[4]　尹弘飚：《课程实施中的教师情绪：中国大陆高中课程改革个案研究》，香港中文大学博士学位论文，2006 年。

[5]　Jayne Osgood，"Reconstructing Professionalism in ECEC：the Case for the 'Critically Reflective Emotional Professional'"，*Early Years*，Vol. 30，No. 2，2010，pp. 119 – 133.

[6]　Amy S. Wharton，"The Affective Consequences of Service Work Managing Emotions on the Job"，*Work and Occupations*，Vol. 20，No. 2，1993，pp. 205 – 232.

[7]　Sheila B. Kamerman，"Parental Leave Policies：An Essential Ingredient in Early Childhood Education and Care Policies"，*Social Policy Report*，Vol. 14，No. 2，2000，pp. 3 – 15.

[8]　Pamela Oberhuemer and Michaela Ulich，*Working with Young Children in Europe：Provision and Staff Training*，London：Sage，1997.

基于以上响应，本研究对幼儿园教师身份构建分析框架有如下修订（见图）：

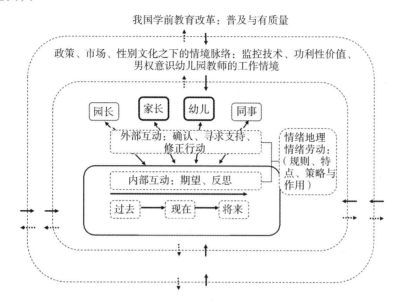

图 7-1 互动论视角下幼儿园教师身份构建的分析修订框架

修订框架图中向内的实线箭头表示外部因素对幼儿园教师身份的构建，而向外的虚线，表明本研究致力于从幼儿园教师的立场出发，寻求向外的、与宏观社会结构和文化相扣连的一种批判性的诠释。

（四）幼儿园教师专业性

教师的专业性即教师及相关人员如何看待教师专业的内涵，以及如何通过互动的话语及行动，关注及讨论教师工作的处境。[1][2] 教师及教师教育研究领域对教师专业性议题的讨论主要以中小学教师为对象，而幼儿园教师由于职业主体及职业本身的特质，其专业性必然显现出独有的特征，不能照搬中小学教师专业性的相关论断。近年来，学前教育研究者也关注并以各自国家为背景探讨幼儿园教师的专业化问题，并对其专业性含义有

---

① Linda Evans, "Professionalism, Professionality and the Development of Education Professionals", *British Journal of Educational Studies*, Vol. 56, No. 1, 2008, pp. 20 – 38.

② Gerard Hanlon, "Professionalism as Enterprise: Service Class Politics and the Redefinition of Professionalism", *Sociology*, Vol. 32, No. 1, 1998, pp. 43 – 63.

初步认识，①②③ 但未达成一致。

　　教师专业性是一个社会建构的概念，其含义不是一成不变的，而是受特定的时空背景所影响。④⑤ 本研究在我国学前教育改革的情境下，通过"好教师"⑥ 这一概念来考察幼儿园教师对专业性的理解与认识，即与教师日常专业实践紧密相连的实践专业性（enacted professionalism）而非要求或规定的专业性（Evans，2011）。⑦ 本研究所见，幼儿园教师对专业性的理解有其独有的特征，幼儿园"好教师"的最重要构成并非专业知识、专业能力、专业自主等，而更多是情绪情感方面的特质，在 8 种特质中有 4 种涉及情绪情感领域（affective domain），其中"关怀/爱"（caring/love）排在首位。同时，结合第六章对幼儿园教师人际互动中的情绪分析可知，关怀的特质以及大量的情绪投入正是学前教育专业的独特之处，也是幼儿园教师的价值和专业性所在。以上实证研究发现，幼儿园教师专业性中的情绪情感维度丰富了幼儿园教师专业性的学术讨论，并进一步响应了奥斯古德（Osgood）2010 年提出的幼儿园教师情绪性的专业性（emotional professionalism） 及成为批判反思性的情

---

①　Jayne Osgood，"Reconstructing Professionalism in ECEC：the Case for the 'Critically Reflective Emotional Professional'"，*Early Years*，Vol. 30，No. 2，2010，pp. 119 – 133.

②　Donald Simpson，"Becoming Professional？Exploring Early Years Professional Status and Its Implications for Workforce Reform in England"，*Journal of Early Childhood Research*，Vol. 8，No. 3，2010，pp. 269 – 281.

③　Christine Woodrow，"Discourses of Professional Identity in Early Childhood：Movements in Australia"，*European Early Childhood Education Research Journal*，Vol. 16，No. 2，2008，pp. 269 – 280.

④　Gill Helsby，"Defining and Developing Professionalism in English Secondary Schools"，*Journal of Education for Teaching：International Research and Pedagogy*，Vol. 22，No. 2，1996，pp. 135 – 148.

⑤　Chris Wilkins，"Professionalism and the Post – performative Teacher：New Teachers Reflect on Autonomy and Accountability in the English School System"，*Professional Development in Education*，Vol. 37，No. 3，2011，pp. 389 – 409.

⑥　我国的教师并不常用"专业"或"专业的"等形容词语，而更习惯于"好教师"这一概念（王夫艳，2010）。

⑦　Linda Evans，"The 'Shape' of Teacher Professionalism in England：Professional Standards，Performance Management，Professional Development and the Changes Proposed in the 2010 White Paper"，*British Educational Research Journal*，Vol. 37，No. 5，2011，pp. 851 – 870.

绪专业人（critically reflective emotional professional）的可能前提。①

（五）对互动论的回应

在本研究中，符号互动论和诠释性互动论更多体现为理论视角而非结构性的理论框架，目的在于说明研究者秉持以发现的逻辑去探索和理解处于互动关系中的幼儿园教师的日常处境和工作意义。因此，研究发现自然难以在理论建构与创新的层面对互动论这个庞大的理论体系作出贡献或本土化的解释。然而本研究对互动论的响应，体现在以下三点：

首先，互动论中关于互动、情绪与身份等要义在幼儿园教师身份研究中得到印证。例如，幼儿园教师身份建构是由一轮轮互动组成的，是一个长期、动态变化的确认过程。幼儿园教师在身份确认的互动中会产生大量的情绪，无论是自我感受还是应对外部规则的情绪劳动，这些情绪都会影响新一轮的身份确认，虽然在一段时间内身份会维持基本的一致性，但在一轮又一轮的夹杂着情绪的互动中，逐渐微妙地改变了互动的方向、形塑了幼儿园教师的身份。

其次，本研究抓住"互动"这一核心，互动包含两条路径②：一是"由外而内"路径，即个人与外部世界中的他人互动与确认，强调身份发展即个体与外部结构意义关联的过程；二是"由内而外"的路径，即个人与自我的互动，强调个体内部，关注个体如何围绕某一角色展开动态的自我确认。本研究中的个案教师身份互动过程分析生动地展示了外部互动与内部互动两条路径共同作用情境定义与行动方向，进而影响身份构建的过程。而且虽然互动过程都包含外部互动与内部互动两条路径，但是这两条路径对身份的影响并非是均等的，而是有不同程度的影响力和有不同的互动类型，如外部互动主导型、内部互动主导型和内外互动兼顾型。这拓展了对互动过程的理解。

最后，本研究的理论视角将符号互动论与诠释互动论相结合，一方面揭示出微观的互动机制及情绪的产生与作用过程；另一方面也能扣连到宏观结构因素，诠释性分析幼儿园教师身份构建的情境，呈现出较为完整的

---

① Jayne Osgood, "Reconstructing Professionalism in ECEC: the Case for the 'Critically Reflective Emotional Professional'", *Early Years*, Vol. 30, No. 2, 2010, pp. 119 - 133.

② Joel M. Charon, *Symbolic Interactionism: An Introduction, An Interpretation, An Integration* (10th ed.). New Jersey: Pearson, 2010.

图景，避免已有学者对符号互动论陷于微观的批判。

二　研究的政策建议与实践启示

本研究在选题上就持有明确的现实关切，以现实的改革实践和政策为出发点，关注的是幼儿园教师的生存状态与身份困境。通过质性取向的研究，研究者倾听和呈现了来自于一线教师的声音，从中也提出了一些可供参考的政策建议和实践启示。

（一）政策建议

本研究探讨学前教育改革实施之后，政府与市场力量下的幼儿园教师身份，期望能在以下四点对改善学前教育及教师政策有一定的参考和借鉴意义。

第一，政府对幼儿园教师这一群体的"政策制度资源"先天弱势应有更多的关注和行动。目前由于法律身份的不明确以及编制的缩减，幼儿园教师尤其是无编制的幼儿园教师身份定位模糊，待遇无法保障，始终处于不稳定状态，像是无根的浮萍，导致频繁的离职与流动。政策制度层面的统一规范能为幼儿园教师身份认同提供赖以依靠的资源。因而，政府应在《教师法》等相关法律中，明确幼儿园教师的法律地位，界定幼教工作专业范畴。同时，在我国人事制度特色的编制的配备中，也应重新增补幼儿园教师编制，为这一弱势群体保障基本的工资和福利，更重要的是为其提供身份的确定感。

第二，当前以提高质量为主要任务的学前教育改革政策，政府及行政管理人员对衡量质量的各种数字指标近乎急功近利的追求，导致提高学前教育质量成为一场自上而下的运动和各种条块的强制任务。在这个过程中，幼儿园教师真正的教学时间和空间被大量压缩，疲于应付各种要求。因此，教师质量政策的核心关注不是幼儿园教师能够完成的指标任务，应是体现幼儿园教师真正质量的教育教学经验。同时，幼儿园教师是教育改革实施的主体力量，因而在自上而下的改革推动过程中，应让一线幼儿园教师发出自下而上的声音，避免政策实施中的形式化导致改革失真甚至失败。

第三，幼教市场是政府退出公共领域而形成的并非天然的市场，因而缺少成熟的市场运作规则，市场秩序不规范。完全自我调节的市场缺少权力的约束，容易走向无序扩张，市场原则成了主宰原则，市场逻辑取代教育逻辑。市场的功利性价值蚕食教育价值和专业价值，导致身处其中的幼儿园教师走向工具化和专业危机。因而，从自由调节的市场到规范有序的市场需要政府的介入与干预，政府应尽快制定规范幼教市场运作的制度，为幼教市场确立竞争规则，以发挥市场应有的优势。

第四，当前的幼儿园教师专业化更像是一次政策学习或者一场运动，专业培训与发展项目具有很强的实用主义目的，带有更多的操作性和技术性要求。然而推行幼儿园教师专业化应重视长期系统和有效的幼儿园教师职前培养和职后专业发展的体系和支持政策。改变专业培训项目"补足"取向，通过提高教师行为的效果而达致教师理念的转变，则不失为增强职后教师专业发展实效的一条可选路径。值得强调的是，在为幼儿园教师的专业化培养和培训的课程、资源等政策设计与制定中应尤其关注情绪、情感议题。

（二）实践启示

本研究关注幼儿园教师身份构建过程中的人际互动与情绪议题，对实践有如下启示。

首先，为幼儿园教师创造身份构建的积极环境。在幼儿园教师的人际环境方面，幼儿园园长的领导地位容易造成与教师互动中的消极情绪，幼儿园管理者本着尊重、理解的人际原则，更为人性化地进行管理，尤其重视情绪关怀，以提高与教师们的互动质量，有助于促进教师对自身身份的认同和对园所的组织承诺。研究发现自我意识情绪对幼儿园教师身份承诺有积极作用，园长在园内外提供专业发展机会，有利于教师的自尊等自我意识情绪产生，可以提升专业自信。同时，同事的支持性互动对教师身份认同有重要作用，因此，园所可以组织教师成长团体或合作小组等学习共同体，建立专业研讨的文化，提供教师针对教育教学专业问题进行讨论与对话的机会，营造集体合作与反思氛围。此外，家长对幼儿园教师身份的否定和质疑给教师的身份构建带来不利影响。本研究建议幼儿园及相关教育部门可以采取措施如讲座、分享会、图片展览等使学生家长和社会理解和认可幼儿园教师的教师身份，对教师的专业成长给予支持，并创建正面的教育环境促使幼儿园教师不断提升自我的专业性。

其次，培养幼儿园教师自我互动的意识和能力。幼儿园教师在向外界他人寻求角色支持和认同的同时，应注重自我认同、自我反思和自我角色确认。幼儿园教师师资培养单位和幼儿园在鼓励幼儿园教师积极与幼儿、家长、同事和园长等利益相关体互动的同时，可以举行相关讲座和报告使幼儿园教师认识到自我互动的意义和原理。幼儿园也可以邀请优秀的幼儿园教师来分享他们是如何处理社会互动和自我互动关系的。

最后，提高幼儿园教师对情绪的认识和观照能力。幼儿园教师是高情绪劳动者，应该对他们在工作中与幼儿、家长、同事和园长互动中产生的情绪以及应对情绪的方法予以重视。幼儿园师资的培养培训过程中可以开展针对幼儿园教师情绪的专题报告和研讨，幼儿园也可以举办有关幼儿园教师情绪的讲座和报告。这些举措可以帮助幼儿园教师提升对情绪在其身份构建中作用的意识，了解情绪的来源和影响，也可以帮助幼儿园教师反思自身的情绪作用，更好地疏导和处理工作中产生的情绪，合理地运用情绪的积极提升教师的专业性。

第三节　研究局限与未来研究展望

一　研究局限

本研究的研究对象是真实情境中的人，研究对象的复杂性、研究者的局限性导致研究不可避免地存在一些不足，主要体现如下。

第一，研究的理论视角方面。本研究选取以符号互动论为理论视角，呈现出幼儿园教师在社会互动中的身份建构过程。但我亦考虑到符号互动理论本身存在的局限性，如过于关注微观层面，忽略社会结构方面的因素，因此，本研究的理论框架尝试结合诠释互动论，以探讨幼儿园教师身份构建的宏观社会情境。然而，这些努力对克服互动论的局限性还是有限的，本研究对影响幼儿园教师身份构建的社会结构因素的探讨仍然不足。最主要体现在对中观结构因素的讨论不够充分和系统，例如幼儿园组织层面因素对幼儿园教师身份构建的影响。

第二，研究者的价值立场。我选择这一研究主题，是缘于对自身教育经历的反思、对虐童社会现象的关注及对幼儿园教师群体弱势地位和失语现实的关切。因此，我是站在幼儿园教师的价值立场上，试图为这沉默群体发声，对影响幼儿园教师身份构建的宏观情境进行批判式的分析。然而批判的价值立场亦带来一些不足：过于关注消极和限制的影响，而忽略了积极和促进的作用，例如，对市场力量的分析，虽然市场带来的功利性价值导致教育商业化，教育价值受到侵蚀，然而与国家力量相比，市场还带来了平等与自由的原则，对教师身份构建亦有积极影响；又如在性别文化的讨论中，主要着眼于对女性教师限制和男性教师有利一面，局限了对女性教师有利而对男性教师限制一面的探讨。

第三，在资料的分析方面，本研究为保证资料的丰富性，取样时需要考虑到各类个体因素（教龄/职称/学历）。例如，教龄反映出教师不同的职业生涯阶段，访谈中亦可感受到新手教师和有经验教师身份构建过程存在不同轨迹。由于前期对该问题没有很好的预计，在后期分析时，对这些个体特征的作用仅有描述，未有深入的分析。此外，在资料分析过程中发现，幼儿园教师的个人文本，本应能够反映受访教师的内心世界，但在外界压力之下，很多反思文本只是应付的材料，多为简单描述问题与解决办法，少有内心活动。因此，这些材料的运用受到限制，以验证访谈为主。

第四，研究的可靠性。笔者通过数据和方法的三角验证、编码者信度以及反思自身研究角色等途径尽量保证该研究的可靠性（详见第三章第五节）。经过研究反思，在保证研究的可靠性上，本研究还可以采用访谈对象检核（member checking）以提升研究质量，即将访谈转录的文本寄给访谈对象，请访谈对象再次确认文本内容是否与当初访谈内容一致。

第五，虽然笔者经过了两次实地研究，但是仍感到访谈经验和技术的缺乏，导致错失了一些数据。受制于对个案和园所背景的了解程度、对问题的敏感度和访谈技巧，笔者在录音转录和资料分析中，发现自己在访谈中错过了一些追问的机会，例如兰老师谈到园所里老师被称为教养员，当时可以进一步追问关于教养员名称的看法等。虽然与访谈对象的沟通较好，大部分教师都留下了联系电话以便二次访谈，但现实中二次访谈并不理想。一是一部分教师会以各种借口推辞或拖延，如 G 幼儿园某教师三番五次推脱，最后只好放弃。二是同意参加二次访谈的教师，由于太忙碌，都希望通过电话访谈，但是电话访谈时她们很难进入状态，往往简短回答问题，真正可用于分析的数据不多。此外，由于访谈对象的选择方式导致某些数据获得不充分。在第一次实地研究中，笔者主要通过熟悉的人，并由他来安排受访教师及时间，某区教研员借助区级教师培训的机会帮我联系，这虽然为我节省了很多时间，而且受访对象挺配合，但是也存在她们不敢说的问题，刻意回避或有意美化某些问题，尤其是关于情境脉络的一些政策问题，例如幼儿园的政策学习、教研等问题。而在第二次实地研究中，虽然增加了扩展个案，即管理层人员，但联系这些人员比较困难，访谈数量较少。因此，整体来说，关于情境的资料不够丰富，分析深度受限。

二 未来研究展望

在后续研究中，研究者将围绕以下几个议题继续探索：

第一，幼儿园组织层面的因素对幼儿园教师身份构建的影响，值得深入探讨。园所组织作为中观因素（如学校、社群等），是宏观结构与微观个体的中介与桥梁，对教师身份构建有重要作用。本研究虽然从公办、民办的角度关注了幼儿园组织层面的特征，但这在分析中更多地对应国家与市场两大宏观结构的分析。研究过程中，研究者能够初步感知到同为公办园（或民办园）的园所亦是千差万别，身处其中的教师的工作状态也迥然不同。因而后续研究可以选取园所为个案，剖析幼儿园组织层面的因素，如园所理念与文化（保守文化、效率文化、特色文化）、园所管理制度（如集体备课、教研制度）、组织沟通机制等是如何影响幼儿园教师身份构建的。

第二，后续研究可探讨与呈现不同个体特征的幼儿园教师身份构建过程。例如，不同职业生涯阶段教师的身份构建过程，又如，幼儿园教师的个体知识虽无学科分野，以综合为主要特征，但在我国学前教育强调特色教育情境里，不同的教师也有自己的特长，如美术、科学和体育方面。未来研究可以关注生涯阶段、教师实践性知识等个体因素，以进一步丰富有关幼儿园教师身份的讨论。

第三，教师身份构建中的内部机制有待进一步探索。本研究由于受时间和精力的限制，只能收集现有的教师反思文本，而且在教育监控之下的反思变成了任务，反思内容停留在表面上，无法体现教师真正深层的自我互动。在今后研究中，可以通过较长时间追踪个案教师，并以过程性的日记记录和及时访谈，来展现其内心对话，探讨反思如何影响身份构建。

第四，男性幼儿园教师的身份构建可以作为未来研究的方向之一。已有男幼儿园教师的研究大多围绕男性是传统性别偏见的挑战者，关注他们如何克服性别刻板印象带来的阻力，达致性别身份与教师身份之间的平衡。而研究者发现处于转型社会的中国，竞争意识凸显，社会对男教师更多的是推崇和助力。那么，究竟当前社会情境下，预设的文化脚本是否形塑男教师身份，男幼师如何赋予自身工作以价值和意义，还有待进一步的揭示。

第五，研究方法上可以尝试采用叙事研究。幼儿园教师所讲述的故事，呈现出实施行动的"谁"，阐释得出的"谁"的身份，即叙事性的身份。叙事探究中，情节化的故事叙述则能够呈现一致整合的个体形象，因为幼儿园教师叙述自己的经历并为其赋予意义，在这个过程中他们也会纳入特定时空脉络下的政策、人际群体间的论述及实践场域的考虑。未来可以选取少数个案教师并深入的叙事探究，以呈现更加统整的幼儿园教师身份轨迹。

参考文献

1. 中文参考文献

Gibson：《结构主义与教育》，石伟平等译，五南图书出版公司 1995 年版。

Maxwell：《质化研究设计：一种互动取向的方法》，高熏芳、林盈助、王向葵译，心理出版社 2001 年版。

步社民：《论幼儿园教师的专业技能》，《学前教育研究》2005 年第 5 期，第 45—47 页。

蔡迎旗、冯晓霞：《论我国幼儿教育政策的公平取向及其实现》，《教育与经济》2004 年第 2 期，第 33—36 页。

曾荣光：《从教育质量到质量教育的议论》，《北京大学教育评论》2006 年第 1 期，第 129—144 页。

陈丹、蔡樟清：《幼儿园教师情绪困境与求解》，《中国教育学刊》2013 年第 7 期，第 3—9 页。

陈帼眉、冯晓霞、庞丽娟：《学前儿童发展心理学》，北京师范大学出版社 2013 年版。

陈丽华、彭兵：《欧美学前教育质量评价研究述评》，《外国中小学教育》2013 年第 11 期，第 50—53 页。

陈美玉：《教师专业实践理论与应用》，师大书苑 1996 年版。

陈向明：《质的研究方法与社会科学研究》，教育科学出版社 2000 版。

达尔伯格·冈尼拉：《超越早期教育保育质量》，朱家雄等译校，华东师范大学出版社 2006 年版。

戴文青：《从深层结构论台湾幼儿园教师专业认同转化的可能性》，《"国立"台南大学学报》2005 年第 2 期，第 19—42 页。

单文鼎、袁爱玲：《国际视野下的学前教育质量评价研究——兼谈对我国学前教育质量评价的思考》，《福建教育》2014 年第 12 期，第 28—32 页。

邓丽：《我国学前教育办学体制政策回顾》，《教育导刊：下半月》2010 年第 3 期，第 11—14 页。

范勇、蒲永明：《成都市幼儿园男教师生存状态调查研究》，《教育与教学研究》2012 年第 4 期，第 12—15 页。

福柯：《规训与惩罚：监狱的诞生》，刘北成、杨远婴译，生活·读书·新知三联书店 2003 年版。

高杉自子：《与孩子们共同生活——幼儿教育的原点》，王小英译，华东师范大学出版社 2009 年版。

高晓敏、刘岗：《山西运城地区幼儿教师职业认同现状及影响因素》，《学前教育研究》2011 年第 12 期，第 28—33 页。

高晓敏：《幼儿教师职业认同、社会支持与离职倾向的关系》，《教育导刊》2011 年第 10 期，第 8—12 页。

郭良菁：《超越"质量话语"应是我们的政策抉择吗——我们的质量评价可以从〈超越早期教育保育质量〉中吸取什么》，《学前教育研究》2009 年第 2 期，第页。

郭良菁：《上海市幼儿园教师专业发展自我评价体系研制简介——构建幼儿园教师专业标准的尝试》，《学前教育研究》2007 年第 7 期，第 32—35 页。

洪秀敏：《确保专业性：国家幼儿教师专业标准应强调的核心》，《中国教师》2011 年第 11 期，第 27—29 页。

胡恒波、陈时见：《英国学前教师专业化改革的策略与基本经验》，《外国中小学教育》2013 年第 7 期，第 26—31 页。

胡美智：《从女性主义观点探究幼教工作者之生命经验》，《慈济大学教育研究学刊》2011 年第 7 期，第 287—316 页。

黄晓婷、宋映泉：《学前教育的质量与表现性评价——以幼儿园过程性质量评价为例》，《北京大学教育评论》2013 年第 1 期，第 2—10 页。

黄意舒：《幼儿园教师教学角色认同及践行研究》，"国立"政治大学博士学位论文，1994 年。

姜勇：《论教师的个人知识：教师专业发展的新转向》，《教育理论与实践》2004 年第 6 期，第 56—60 页。

孔美琪：《幼儿教育新文化——浅析香港的幼儿教育政策》，《基础教育学报》2001 年第 2 期，第 117—127 页。

李季湄、夏如波：《幼儿园教师专业标准》，《学前教育研究》2012 年第 8 期，第 3—6 页。

李克建、胡碧颖：《国际视野中的托幼机构教育质量评价——兼论我国托幼机构教育质量评价观的重构》，《比较教育研究》2012 年第 7 期，第 15—20 页。

李莉娜：《幼儿教师职业认同研究》，广州大学硕士学位论文，2011 年。

李茂森：《新课程改革背景下教师的身份认同危机：表现与实质》，《当代教育科学》2012 年第 24 期，第 16—19 页。

李强、刘海洋：《变迁中的职业声望——2009 年北京职业声望调查浅析》，《学术研究》2009 年第 12 期，第 34—42 页。

李强：《转型时期冲突性的职业声望评价》，《中国社会科学》2000 年第 4 期，第 100—111 页。

李新民、陈密桃：《实用智慧，缘分信念与心理健康，工作表现之相关：以幼儿教师为例》，《中华心理学刊》2006 年第 2 期，第 183—202 页。

梁慧娟、冯晓霞：《北京市幼儿教师职业倦怠的状况及成因研究》，《学前教育研究》2004 年第 5 期，第 81—84 页。

梁玉华、苏静：《幼儿教师职业认同的实证研究》，《教育学术月刊》2011 年第 3 期，第页。

林崇德：《发展心理学》，人民教育出版社 2009 年版。

林美慧、蔡春美：《谈幼儿园教师分级制度之借镜与愿景》，《国民教育》2002 年第 5 期，第 5—17 页。

刘昊、王芳、冯晓霞：《美国学前教育质量评级与促进系统评介》，《比较教育研究》2010 年第 4 期，第 72—75 页。

刘晓红、高建凤：《幼儿教师身份认同调查研究》，《教育导刊：下半月》2011 年第 6 期，第 5—9 页。

刘焱、潘月娟：《〈幼儿园教育环境质量评价量表〉的特点，结构和信效度检验》，《学前教育研究》2008 年第 6 期，第 60—64 页。

刘占兰：《幼儿园的保教质量是入园率的意义前提》，《学前教育研究》2010 年第 5 期，第 9—10 页。

卢晖临、李雪：《如何走出个案——从个案研究到扩展个案研究》，《中国社会科学》2007 年第 1 期，第 118—130 页。

卢乃桂、钟亚妮：《教师专业发展理论基础的探讨》，《教育研究》2007 年第 3 期，第 17—22 页。

卢长娥、王勇：《幼儿教师离职倾向及成因探析》，《早期教育：教师版》2006 年第 7 期，第 12—13 页。

栾学东：《教师评价理应有个实际的支点——〈教师评价〉一书简评》，《中国教师》2013 年第 23 期，第 79—80 页。

吕翠夏、颜辰嘉：《查甫教幼儿园？男性幼教教师的性别角色建构与定位》，《儿童与教育研究》2005 年第 1 期，第 1—21 页。

倪鸣香：《童年的蜕变：以生命史观看幼师角色的形成》，《教育研究集刊》2004 年第 4 期，第 17—44 页。

倪鸣香：《我就是这工作，在工作中蜕变：以生命史观诠释一位幼师职业角色之自我创化》，《"国立"政治大学教育与心理研究》2009 年第 4 期，第 23—52 页。

诺曼·邓金：《解释性交往行动主义》，周勇译，重庆大学出版社 2004 年版。

潘慧玲：《性别视域的教师生涯——教育议题与性别视野》，潘慧玲主编《教育议题的性别视野》，"国立"台湾师范大学 2000 年版，第 223—249 页。

潘月娟：《国外学前教育质量评价与监测进展及启示》，《中国教育学刊》2014 年第 3 期，第 13—17 页。

庞丽娟、胡娟、洪秀敏：《论学前教育的价值》，《学前教育研究》2003 年第 7 期，第 7—10 页。

庞丽娟、孙美红、张芬、夏靖：《世界主要国家学前教育普及行动计划及其特点》，《教育发展研究》2012 年第 20 期，第 1—5 页。

庞丽娟、张丽敏、肖英娥：《促进我国城乡幼儿园教师均衡配置的政策建议》，《教师教育研究》2013 年第 3 期，第 31—36 页。

　　彭泽平、姚琳：《香港学前教育质量保障体系的构架及其特征分析》，《学前教育研究》2010 年第 11 期，第 56—60 页。

　　钱雨：《澳大利亚学前教育质量评估研究的发展与启示》，《外国教育研究》2012 年第 9 期，第 3—8 页。

　　秦金亮：《幼儿园教师专业标准》，《学前教育研究》2012 年第 8 期，第 7—10 页。

　　秦奕、刘剑眉：《幼儿园教师专业认同的基本结构与理论模型》，《学前教育研究》2011 年第 2 期，第 19—24 页。

　　秦奕：《幼儿园教师职业认同结构要素与关键主题研究》，南京师范大学博士学位论文，2008 年。

　　邱忆惠、高忠增：《成为一位幼教教师：教师认同之叙说探究》，《台南科技大学学报》2009 年第 28 期，第 155—176 页。

　　邱忆惠：《教师认同之叙说探究：以一位幼教教师为例》，《屏东教育大学学报》2007 年第 29 期，第 1—34 页。

　　邱忆惠：《幼教教师认同之建构：以一位幼保系与一位美术系的职前教师为例》，第三届幼保论坛学术研讨会 2010 年。

　　史晓波：《男幼儿教师专业认同的个案叙事研究》，西南大学硕士学位论文，2008 年。

　　孙阳：《幼儿教师情绪劳动发展特点及与情绪耗竭的关系》，东北师范大学博士学位论文，2013 年。

　　中国陶行知研究会：《陶行知教育思想理论和实践》，安徽教育出版社 1986 年版。

　　王彩凤：《幼儿教师人格类型与其职业认同的关系研究》，首都师范大学硕士学位论文，2009 年。

　　王春燕、靳岑：《从幼儿园课程标准的演变看建国 60 年来我国幼儿园课程的发展》，《幼儿教育·教育科学》2009 年第 9 期，第页。

　　王夫艳：《中国大陆素质教育改革中的教师专业身份及其建构》，香港中文大学博士学位论文，2010 年。

　　王海英：《常识的颠覆——学前教育市场化改革的社会学研究》，广西师范大学出版社 2010 年版。

王海英：《解读幼儿园中的教师社会——基于社会学的分析视角》，《学前教育研究》2009 年第 3 期，第 6—10 页。

王静：《兰州市幼儿教师职业认同与专业发展研究》，西北师范大学硕士学位论文，2007 年。

王声平、杨晓萍：《幼儿教师专业身份认同的困惑及其重塑》，《教育与教学研究》2011 年第 1 期，第 1—4 页。

魏淑华：《教师职业认同研究》，西南大学博士学位论文，2008 年。

魏淑华：《教师职业认同与教师专业发展》，曲阜师范大学硕士学位论文，2005 年。

吴凡：《芬兰幼儿园质量评价简介及启示》，《山东教育》2010 年第 6 期，第 11—13 页。

吴毛孜、袁爱玲：《幼儿园教师专业标准（试行）（征求意见稿）下的幼儿教师》，《教育导刊：下半月》2012 年第 5 期，第 59—62 页。

夏婧、张丽敏：《当前中国学前教育事业发展的基本状况、特点与政策建议》，载庞丽娟、洪秀敏（主编）《中国学前教育发展报告》，北京师范大学出版社 2012 年版。

肖丽君：《幼儿教师情绪劳动、情绪智力与工作绩效的关系研究》，湖南师范大学硕士学位论文，2012 年。

雅斯贝尔斯：《什么是教育》，邹进译，生活·读书·新知三联书店 1991 年版。

杨晓萍、翟艳：《专业认同对幼儿园教师专业发展影响的个案研究》，《幼儿教育（教育科学版）》2006 年第 2 期，第 32—35 页。

尹弘飚、操太圣：《课程改革中教师的身份认同——制度变迁与自我重构》，《教育发展研究》2008 年第 2 期，第 35—40 页。

尹弘飚：《教师情绪：课程改革中亟待正视的一个议题》，《教育发展研究》2007 年第 3B 期，第 44—48 页。

尹弘飚：《教师专业实践中的情绪劳动》，《教育发展研究》2009 年第 10 期，第 18—22 页。

尹弘飚：《课程实施中的教师情绪：中国大陆高中课程改革个案研究》，香港中文大学博士学位论文，2006 年。

虞永平：《幼儿园教师专业标准》，《学前教育研究》2012 年第 7 期，第7—11页。

翟艳：《天津市幼儿教师专业认同现状的调查与分析》，《教育探索》2013年第2期，第142—144页。

翟艳：《幼儿教师专业认同对教师专业发展影响的个案研究》，西南师范大学硕士学位论文，2005年。

张纯子、洪志成：《幼儿教师之情绪劳务——劳心劳力的脉络情境分析》，《教育研究学报》2008年第2期，第1—16页。

张纯子：《两位公私立幼儿园教师专业发展之传记史探究》，《幼儿保育学刊》2010年第8期，第1—16页。

张纯子：《教师专业认同之叙说探究：一位男性幼儿教师"找寻"与"转化"的故事》，《国民教育研究学报》2009年第23期，第81—111页。

张华军、叶菊艳：《论西方教师教育研究的人文主义取向——第16届ISATT年会会议评述》，《教师教育研究》2014年第1期，第103—108页。

张丽敏：《教师使命的内涵及特征探讨》，《教师教育研究》2012年第6期，第7—12页。

张丽敏：《幼儿园教师的组织支持感与离职倾向及其关系研究》，《幼儿教育：教育科学》2012年第11期，第22—27页。

张利洪：《对当前我国学前教育质量观的反思》，《教育导刊：下半月》2014年第3期，第3—6页。

张联兴：《台湾私立资深幼教师之角色认同观念》，《幼儿保育学刊》2004年第2期，第117—137页。

张永英：《从管理角度反思教师虐童问题》，《幼儿教育：教育教学》2013年第1期，第27—29页。

赵微：《我国学前教育质量现状的原因分析》，《学前教育研究》2012年第1期，第11—14页。

郑进丁：《幼托园所教保人员人格特质，专业认同与职业倦怠关系之研究——以高雄市为例》，《正修通识教育学报》2013年第10期，第245—283页。

中国学前教育史编写组编：《中国学前教育史资料选》，人民教育出版社1989年版。

中华人民共和国教育部：《3—6 岁儿童学习与发展指南》，中华人民共和国教育部 2012 年。

中华人民共和国教育部：《学前教育督导评估暂行办法》，中华人民共和国教育部 2012 年。

中华人民共和国教育部：《学前教育三年行动计划（2011—2013年)》，中华人民共和国教育部 2011 年。

中华人民共和国教育部：《幼儿园工作规程》，中华人民共和国教育部 1996 年。

中华人民共和国教育部：《幼儿园工作规程》，中华人民共和国教育部 2013 年。

中华人民共和国教育部：《幼儿园教师专业标准（试行)》，中华人民共和国教育部 2012 年。

中华人民共和国教育部：《幼儿园教育指导纲要（试行)》，中华人民共和国教育部 2001 年。

中华人民共和国教育部基础教育司：《防止和纠正"小学化"现象的通知（教基二〔2011〕8 号)》，中华人民共和国教育部基础教育司 2011 年。

中华人民共和国教育部与中央编办、财政部、人力资源社会保障部：《关于加强幼儿园教师队伍建设的意见（教师〔2012〕1 号)》，中华人民共和国教育部与中央编办、财政部、人力资源社会保障部 2012。

周淑卿：《我是课程发展的专业人员？—教师专业身份认同的分析》，《教育资料与研究》2004 年第 57 卷，第 329—337 页。

周欣：《托幼机构教育质量的内涵及其对儿童发展的影响》，《学前教育研究》2003 年第 12 期，第 34—38 页。

朱家雄：《从幼儿园评估的角度谈理论与实践的脱节》，《幼儿教育：教育教学》2009 年第 5 期，第 4—6 页。

朱家雄：《对学前教育质量的重新思考》，《教育导刊：下半月》2006年第 1 期，第 4—6 页。

朱劲荣：《北京市民办幼儿园教师职业认同的社会学研究》，首都师范大学硕士学位论文，2011 年。

2. 英文参考文献

Alison Warren, " 'I wondered does this make me any less of a teacher …?' Early childhood teachers in Aotearoa New Zealand claimed by and claiming authority within a dominant discourse", *Journal of Early Childhood Research*, Vol. 12, No. 2, 2013, pp. 185 – 194.

Amira Proweller and Carole P. Mitchener, "Building Teacher Identity with Urban Youth: Voices of Beginning Middle School Science Teachers in an Alternative Certification Program", *Journal of Research in Science Teaching*, Vol. 41, No. 10, 2004, pp. 1044 – 1062.

Amy S. Wharton, "The affective consequences of service work managing emotions on the job", *Work and occupations*, Vol. 20, No. 2, 1993, pp. 205 – 232.

Andy Hargreaves and Sue Lasky, "The parent gap: The emotional geographies of teacher – parent relationships", in Fernando Hernández and Ivor F. Goodson, eds. *Social geographies of educational change*, Boston: Kluwer Academic, 2005, pp. 103 – 122

Andy Hargreaves, "Beyond anxiety and nostalgia: Building a social movement for educational change", *Phi Delta Kappan*, Vol. 82, No. 5, 2001, pp. 373 – 377.

Andy Hargreaves, "Emotional geographies of teaching", *Teachers College Record*, Vol. 103, No. 6, 2001, pp. 1056 – 1080.

Andy Hargreaves, "Mixed emotions: Teachers perceptions of their interactions with students", *Teaching and Teacher Education*, Vol. 16, No. 8, 2000, pp. 811 – 826.

Andy Hargreaves, "The emotion of teaching and educational change", in Andy Hargreaves, Ann Lieberman, Michael Fullan and David Hopkins, eds. *International handbook of educational change*, Dordrecht, Boston, London: Kluwer Academic Publishers, 1998, pp. 558 – 575.

Andy Hargreaves, "The emotional geographies of teachers' relations with colleagues", *International Journal of Educational Research*, Vol. 35, No. 5,

2001, pp. 503 - 527.

Andy Hargreaves, "The emotional politics of teaching and teacher development: With implications for educational leadership", *International Journal of Leadership in Education: Theory & Practice*, Vol. 1, No. 4, 1998, pp. 315 - 336.

Andy Hargreaves, "The emotional practice of teaching", *Teaching and Teacher Education*, Vol. 14, No. 8, 1998, pp. 835 - 854.

Anita Devos, "New Teachers, Mentoring and the Discursive Formation of Professional Identity", *Teaching and Teacher Education: An International Journal of Research and Studies*, Vol. 26, No. 5, 2010, pp. 1219 - 1223.

Anne C. Richards and Arthur W. Combs, "Education and the humanistic challenge", *The Humanistic Psychologist*, Vol. 20, No. 2 - 3, 1992, pp. 372 - 388.

Annemie Schepens, Antonia Aelterman and Peter Vlerick, "Student Teachers' Professional Identity Formation: Between Being Born as a Teacher and Becoming One", *Educational Studies*, Vol. 35, No. 4, 2009, pp. 361 - 378.

Arja Puurula and Erika Lofstrom, "Development of Professional Identity in SMEs", paper delivered to the 84th Annual Meeting of the American Educational Research Association, Chicago, 2003.

Arlie Russell Hochschild, *The managed heart: Commercialization of human feeling*, Berkley: University of California Press, 1983.

Arman Abednia, "Teachers' Professional Identity: Contributions of a Critical EFL Teacher Education Course in Iran", *Teaching and Teacher Education : An International Journal of Research and Studies* , Vol. 28, No. 5, 2012, pp. 706 - 717.

Benjamin H. Dotger and Melissa J. Smith, " 'Where's the Line?' - Negotiating Simulated Experiences to Define Teacher Identity", *New Educator*, Vol. 5, No. 2, 2009, pp. 161 - 180.

Bernard N. Meltzer, John W. Petras and Larry T. Reynolds, *Symbolic interactionism: Genesis, varieties and criticism*, London: Routledge & Kegan Paul,

1976.

Birgitte Malm, "Constructing Professional Identities: Montessori Teachers' Voices and Visions", *Scandinavian Journal of Educational Research*, Vol. 48, No. 4, 2004, pp. 397 – 412.

Bob Jeffrey and Peter Woods, "Feeling de – professionalised: The social construction of emotions during an OFSTED inspection", *Cambridge Journal of Education*, Vol. 26, No. 3, 1996, pp. 325 – 343.

Brad Olsen, "How reasons for entry into the profession illuminate teacher identity development", *Teacher education quarterly*, Vol. 35, No. 3, 2008, pp. 23 – 40.

Brian D. Barrett, "No Child Left Behind and the Assault on Teachers' Professional Practices and Identities", *Teaching and Teacher Education: An International Journal of Research and Studies*, Vol. 25, No. 8, 2009, pp. 1018 – 1025.

Brian Irwin and Alison Hramiak, "A Discourse Analysis of Trainee Teacher Identity in Online Discussion Forums", *Technology, Pedagogy and Education*, Vol. 19, No. 3, 2010, pp. 361 – 377.

Bridget A. Egan, "Learning conversations and listening pedagogy: the relationship in student teachers' developing professional identities", *European Early Childhood Education Research Journal*, Vol. 17, No. 1, 2009, pp. 43 – 56.

Carl Lamote and Nadine Engels, "The Development of Student Teachers' Professional Identity", *European Journal of Teacher Education*, Vol. 33, No. 1, 2010, pp. 3 – 18.

Carmen Dalli, "Being an early childhood teacher: Images of professional practice and professional identity during the experience of starting childcare", *New Zealand Journal of Educational Studies*, Vol. 37, No. 1, 2002, pp. 73 – 86.

Carol R. Rodgers and Katherine H. Scott, "The development of the personal self and professional identity in learning to teach", in Marilyn Cochran – Smith, Sharon Feiman – Nemser, D. John McIntyre and Kelly E. Demers, eds. *Handbook of research on teacher education*, New York: Routledge, 2008, p. *732 – 755.*

Cate Watson, " 'Teachers Are Meant to Be Orthodox': Narrative and Counter Narrative in the Discursive Construction of 'Identity' in Teaching", *International Journal of Qualitative Studies in Education* (*QSE*), Vol. 22, No. 4, 2009, pp. 469 – 483.

Catherine Beauchamp and Lynn Thomas, "New Teachers' Identity Shifts at the Boundary of Teacher Education and Initial Practice", *International Journal of Educational Research*, Vol. 50, No. 1, 2011, pp. 6 – 13.

Catherine Beauchamp and Lynn Thomas, "Understanding teacher identity: An overview of issues in the literature and implications for teacher education", *Cambridge Journal of Education*, Vol. 39, No. 2, 2009, pp. 175 – 189.

Catherine Marshall and Gretchen Rossman, *Designing qualitative research*, Los Angeles: Sage, 2011.

Charles Horton Cooley, *Human nature and the social order*. New York: Scribner, 1902.

Chris Wilkins, "Professionalism and the post – performative teacher: new teachers reflect on autonomy and accountability in the English school system", *Professional Development in Education*, Vol. 37, No. 3, 2011, pp. 389 – 409.

Christine Woodrow, "Discourses of professional identity in early childhood: movements in Australia", *European Early Childhood Education Research Journal*, Vol. 16, No. 2, 2008, pp. 269 – 280.

Christine Woodrow, "W (H) ether the Early Childhood Teacher: Tensions for early childhood professional identity between the policy landscape and the politics of teacher regulation", *Contemporary Issues in Early Childhood*, Vol. 8, No. 3, 2007, pp. 233 – 243.

Christopher Day and Alison Kington, "Identity, well – being and effectiveness: The emotional contexts of teaching", *Pedagogy, culture & society*, Vol. 16, No. 1, 2008, pp. 7 – 23.

Christopher Day and Gu Qing, "Teacher emotions: Well – being and effectiveness", in Paul A Schutz and Michalinos Zembylas, eds. *Advances in teacher emotion research*, New York: Springer, 2009, pp. 15 – 31.

Christopher Day, Alison Kington, Gordon Stobart and Pam Sammons,

"The personal and professional selves of teachers: stable and unstable identities", *British Educational Research Journal*, Vol. 32, No. 4, 2006, pp. 601 – 616.

Christopher Day, Bob Elliot and Alison Kington, "Standards and Teacher Identity: Challenges of Sustaining Commitment", *Teaching and Teacher Education: An International Journal of Research and Studies*, Vol. 21, No. 5, 2005, pp. 563 – 577.

Christopher Day, Ruth Leitch, "Teachers' and teacher educators' lives: The role of emotion", *Teaching and Teacher Education*, Vol. 17, No. 4, 2001, pp. 403 – 415.

Clifford Geertz, *Local knowledge: Further essays in interpretive anthropology*, Boston: Basic books, 1983.

Cripps John Clark and Susie Groves, "Teaching primary science: emotions, identity and the use of practical activities", *The Australian Educational Researcher*, Vol. 39, No. 4, 2012, pp. 463 – 475.

D Jean ClandininF. Michael Connelly, *Narrative inquiry: Experience and story in qualitative research*. San Francisco: Jossey – Bass Publishers, 2000.

D. Jean Clandinin, C. Aiden Downey and Janice Huber, "Attending to Changing Landscapes: Shaping the Interwoven Identities of Teachers and Teacher Educators", *Asia – Pacific Journal of Teacher Education*, Vol. 37, No. 2, 2009, pp. 141 – 154.

Dawn Joseph and Marina Heading, "Putting Theory into Practice: Moving from Student Identity to Teacher Identity", *Australian Journal of Teacher Education*, Vol. 35, No. 3, 2010, pp. 75 – 87.

Deborah Court, Liat Merav and Etty Ornan, "Preschool teachers' narratives: a window on personal – professional history, values and beliefs", *International Journal of Early Years Education*, Vol. 17, No. 3, 2010, pp. 207 – 217.

Deborah P. Britzman, "The terrible problem of knowing thyself: Toward a poststructural account of teacher identity", *Journal of Curriculum Theorizing*, Vol. 9, No. 3, 1992, pp. 23 – 46.

Denise Carlyle and Peter Woods, *Emotions of teacher stress*. London:

Trentham Books Limited, 2002.

Department of Education and Skills (DFES), *Early years foundation stage* (*Direction of travel paper*), London: The Stationery Office, 2005.

Dionne Cross and Ji Hong, "An ecological examination of teachers' emotions in the school context", *Teaching and Teacher Education*, Vol. 28, No. 7, 2012, pp. 957 – 967.

Donald A. Schön, *The reflective practitioner: How professionals think in action*, London: Temple Smith, 1983.

Donald Simpson, "Becoming professional? Exploring Early Years Professional Status and its implications for workforce reform in England", *Journal of Early Childhood Research*, Vol. 8, No. 3, 2010, pp. 269 – 281.

Donald Simpson, "Being professional? Conceptualising early years professionalism in England", *European Early Childhood Education Research Journal*, Vol. 18, No. 1, 2010, pp. 5 – 14.

Doug David Hamman, Kevin Patrick Gosselin, Jacqueline Romano and Rommel Bunuan, "Using Possible – Selves Theory to Understand the Identity Development of New Teachers", *Teaching and Teacher Education: An International Journal of Research and Studies*, Vol. 26, No. 7, 2010, pp. 1349 – 1361.

Douwe Beijaard, "Teachers' prior experiences and actual perceptions of professional identity", *Teachers and Teaching: Theory and Practice*, Vol. 1, No. 2, 1995, pp. 281 – 294.

Douwe Beijaard, Nico Verloop and Jan D. Vermunt, "Teachers' Perceptions of Professional Identity: An Exploratory Study from a Personal Knowledge Perspective", *Teaching and Teacher Education*, Vol. 16, No. 7, 2000, pp. 749 – 764.

Douwe Beijaard, Paulien C. Meijer and Nico Verloop, "Reconsidering Research on Teachers' Professional Identity", *Teaching and Teacher Education: An International Journal of Research and Studies*, Vol. 20, No. 2, 2004, pp. 107 – 128.

eds. *Case study method*, Thousand Oaks: Sage, 2000, pp. 27 – 44.

Eduardo Henrique Diniz de Figueiredo, "Nonnative English – Speaking Teachers in the United States: Issues of Identity", *Language and Education*, Vol. 25, No. 5, 2011, pp. 419 – 432.

Elena Jurasaite – Harbison and Lesley A. Rex, "Taking on a Researcher's Identity: Teacher Learning in and through Research Participation", *Linguistics and Education: An International Research Journal*, Vol. 16, No. 4, 2005, pp. 425 – 454.

Ellen S. Peisner – Feinberg, Margaret R. Burchinal, Richard M. Clifford, Mary L. Culkin, Carollee Howes, Sharon Lynn Kagan and Noreen Yazejian, "The relation of preschool child – care quality to children's cognitive and social developmental trajectories through second grade", *Child development*, Vol. 72, No. 5, 2001, pp. 1534 – 1553.

Erika Löfström, Katrin Poom - Valickis, Markku S. Hannula and Samuel R. Mathews, "Supporting Emerging Teacher Identities: Can We Identify Teacher Potential among Students?", *European Journal of Teacher Education*, Vol. 33, No. 2, 2010, pp. 167 – 184.

Esther T. Canrinus, Michelle Helms – Lorenz, Douwe Beijaard, Jaap Buitinkand Adriaan Hofman, "Profiling Teachers' Sense of Professional Identity", *Educational Studies*, Vol. , No. 37, 5, 2011, pp. 593 – 608.

Etienne Wenger, *Communities of Practice: Learning, Meaning, and Identity*, Cambridge, U. K; New York: Cambridge University Press, 1998.

Federico R. WaitollerandElizabeth B. Kozleski, "Working in boundary practices: Identity development and learning in partnerships for inclusive education". *Teaching and Teacher Education*, Vol. 31, No. 3, 2013, pp. 35 – 45.

Franziska Vogt, "A Caring Teacher: Explorations into primary school teachers' professional identity and ethic of care", *Gender and Education*, Vol. 14, No. 3, 2002, pp. 251 – 264.

Fred A. J. Korthagen andAngelo Vasalos, "Levels in reflection: Core reflection as a means to enhance professional growth", *Teachers and Teaching*, Vol. 11, No. 1, 2005, pp. 47 – 71.

Fred A. J. Korthagen, "In search of the essence of a good teacher: Towards a more holistic approach in teacher education", *Teaching and Teacher Education*, *Vol.* 20, No. 1, 2004, pp. 77 – 97.

Gaby Weiner and Daniel Kallos, "Positively Women: Professionalism and Practice in Teaching and Teacher Education", paper delivered to the Annual Meeting of the American Educational Research Association, New Orleans, 2000.

Gail Richmond, Mary M. Juzwik and Michael D Steele, "Trajectories of Teacher Identity Development across Institutional Contexts: Constructing a Narrative Approach", *Teachers College Record*, Vol. 113, No. 9, 2011, pp. 1863 – 1905.

Gary Alan Fine, "The sad demise, mysterious disappearance, and glorious triumph of symbolic interactionism", *Annual Review of Sociology*, No. 19, 1993, pp. 61 – 87.

Gary J. Knowles, "Models for understanding pre – service and beginning teachers' biographies: Illustrations from case studies", in Ivor F. Goodson, ed. *Studying teachers' lives*, London: Routledge, 1992, pp. 99 – 152.

Geert Kelchtermans and Mary Lynn Hamilton, "The Dialectics of Passion and Theory: Exploring The Relation Between Self – Study and Emotion", in John J. Loughran, Mary Lynn Hamilton, Vicki Kubler LaBoskey and Tom Russell, eds. *International handbook of self – study of teaching and teacher education practices*, London: Kluwer Academic, 2004, pp. 785 – 810.

Geert Kelchtermans, "Getting the story, understanding the lives: From career stories to teachers' professional development", *Teaching and Teacher Education*, Vol. 9, No. 5, 1993, pp. 443 – 456.

Geert Kelchtermans, "Teacher vulnerability: Understanding its moral and political roots", *Cambridge Journal of Education*, Vol. 26, No. 3, 1996, pp. 307 – 323.

Geert Kelchtermans, "Teachers emotions in educational reforms: Self – understanding, vulnerable commitment and micropolitical literacy", *Teaching and Teacher Education*, Vol. 21, No. 8, 2005, pp. 995 – 1006.

George J. McCall and John L. Simmons, "A new measure of attitudinal opposition", *Public Opinion Quarterly*, Vol. 30, No. 2, 1966, pp. 271 – 278.

Gerard Hanlon, "Professionalism as enterprise: service class politics and the redefinition of professionalism", *Sociology*, Vol. 32, No. 1, 1998, pp. 43 – 63.

Gerry Czerniawski, "Emerging Teachers – Emerging Identities: Trust and Accountability in the Construction of Newly Qualified Teachers in Norway, Germany, and England", *European Journal of Teacher Education*, Vol. 34, No. 4, 2011, pp. 431 – 447.

Gill Helsby, "Defining and developing professionalism in English secondary schools", *Journal of Education for Teaching: International Research and Pedagogy*, Vol. 22, No. 2, 1996, pp. 135 – 148.

Gill McGillivray, "Nannies, nursery nurses and early years professionals: constructions of professional identity in the early years workforce in England", *European Early Childhood Education Research Journal*, Vol. 16, No. 2, 2008, pp. 242 – 254.

GoffmanErving, *The presentation of self in everyday life*, London: Allen Lane, 1969.

Graham Rogers, "Learning – to – Learn and Learning – to – Teach: The Impact of Disciplinary Subject Study on Student – Teachers' Professional Identity", *Journal of Curriculum Studies*, Vol. 43, No. 2, 2011, pp. 249 – 268.

Gunn Elisabeth Søreide, "The public face of teacher identity – narrative construction of teacher identity in public policy documents", *Journal of Education Policy*, Vol. 22, No. 2, 2007, pp. 129 – 146.

Hanne Mawhinney and Fengying Xu, "Restructuring the Professional Identity of Foreign – Trained Teachers in Ontario Schools", *TESOL Quarterly*, Vol. 31, No. 3, 1997, pp. 632 – 639.

Herbert Blumer, "What is wrong with social theory?", *American sociological review*, Vol. 19, No. 1, 1954, pp. 3 – 10.

Herbert Blumer, *Symbolic interactionism: Perspective and method*, New Jersey: Prentice Hall, 1969.

Hoi Yan Cheung, "Measuring the professional identity of Hong Kong in –

service teachers", *Journal of In - service Education*, Vol. 34, No. 3, 2008, pp. 375 - 390.

Hongbiao Yin and John Chi - Kin Lee, "Be passionate, but be rational as well: Emotional rules for Chinese teachers' work", *Teaching and Teacher Education*, Vol. 28, No. 1, 2012, pp. 56 - 65.

Hongbiao Yin and John Chi - Kin Lee, "Emotions matter: Teachers' feelings about their interactions with teacher trainers during curriculum reform", *Chinese Education and Society*, Vol. 44, No. 4, 2011, pp. 82 - 97.

Hsin - Jen Chen and Ya - Hsuan Wang, "Emotional geographies of teacher - parent relations: three teachers' perceptions in Taiwan", *Asia Pacific Education Review*, Vol. 12, No. 2, 2011, pp. 185 - 195.

Inge Timoštšuk and Aino Ugaste, "The Role of Emotions in Student Teachers' Professional Identity", *European Journal of Teacher Education*, Vol. 35, No. 4, 2012, pp. 421 - 433.

Ivor F. Goodson and Ardra L. Cole, "Exploring the Teacher's Professional Knowledge: Constructing Identity and Community", *Teacher Education Quarterly*, Vol. 21, No. 1, 1994, pp. 85 - 105.

Ivor F. Goodson and Numan, Ulf, "Teacher's life worlds, agency and policy contexts", *Teachers and Teaching: theory and practice*, Vol. 8, No. 3, 2002, pp. 269 - 277.

Ivor F. Goodson and Rob Walker, *Biography, identity, and schooling: Episodes in educational research*, London: Falmer Press, 1991.

Ivor F. Goodson, "Times of educational change: Towards an understanding of patterns of historical and cultural refraction", *Journal of Education Policy*, Vol. 25, No. 6, 2010, pp. 767 - 775.

Ivor F. Goodson, *Studying teachers' lives*, London: Routledge, 1992.

James Hiebert and Anne K. Morris, "Teaching, rather than teachers, as a path toward improving classroom instruction", *Journal of Teacher Education*, Vol. 63, No. 2, 2012, pp. 92 - 102.

James J. Heckman, *Giving kids a fair chance: A strategy that works*, Cambridge, MA and London: MIT Press, 2013.

James J. Heckman, *Invest in the very young*. Chicago: Ounce of Prevention Fund and the University of Chicago, Harris School of Public Policy Studies, 2000.

Jan E. Stets and Peter J. Burke, "New directions in identity control theory", *Advances in Group Processes*, Vol. 22, No. 1, 2005, pp. 43 – 64.

Jay Paredes Scribner, "Professional development: Untangling the influence of work context on teacher learning", *Educational Administration Quarterly*, Vol. 35, No. 2, 1999, pp. 238 – 266.

Jayne Osgood, "Professionalism and performativity: the feminist challenge facing early years practitioners", *Early years*, Vol. 26, No. 2, 2006, pp. 187 – 199.

Jayne Osgood, "Reconstructing professionalism in ECEC: the case for the 'critically reflective emotional professional'", *Early Years*, Vol. 30, No. 2, 2010, pp. 119 – 133.

Jeanne M. Grier and Carol C. Johnston, "An Inquiry into the Development of Teacher Identities in STEM Career Changers", *Journal of Science Teacher Education*, Vol. 20, No. 1, 2009, pp. 57 – 75.

Jenifer V. Helms, "Science and Me: Subject Matter and Identity in Secondary School Science Teachers", *Journal of Research in Science Teaching*, Vol. 35, No. 7, 1998, pp. 811 – 834.

Jennifer L. Cohen, "'That's Not Treating You as a Professional': Teachers Constructing Complex Professional Identities through Talk", *Teachers and Teaching: Theory and Practice*, Vol. 14, No. 2, 2008, pp. 79 – 93.

Jennifer L. Cohen, "Getting Recognised: Teachers Negotiating Professional Identities as Learners through Talk", *Teaching and Teacher Education: An International Journal of Research and Studies*, Vol. 26, No. 3, 2010, pp. 473 – 481.

Jennifer Nias, *Primary Teachers Talking : A Study of Teaching as Work*, London: Routledge, 1989.

Jennifer Sumsion, "Critical reflections on the experiences of a male early childhood worker", *Gender and Language*, Vol. 11, No. 4, 1999, pp.

455 – 468.

Jenny McDougall, "A Crisis of Professional Identity: How Primary Teachers Are Coming to Terms with Changing Views of Literacy", *Teaching and Teacher Education: An International Journal of Research and Studies*, Vol. 26, No. 3, 2010, pp. 679 – 687.

Jeroen Jansz, *Person, self, and moral demands: Individualism contested by collectivism*, Leiden: DSWO Press, Leiden University, 1991.

Jesse Goodman, "University culture and the problem of reforming field experiences in teacher education", *Journal of Teacher Education*, Vol. 39, No. 5, 1988, pp. 45 – 53.

Jessica Mantei and Lisa Kervin, "Turning into Teachers before Our Eyes: The Development of Professional Identity through Professional Dialogue", *Australian Journal of Teacher Education*, Vol. 36, No. 1, 2011, pp. 1 – 17.

Ji Y. Hong, "Pre – service and beginning teachers' professional identity and its relation to dropping out of the profession", *Teaching and teacher Education*, Vol. 26, No. 8, 2010, pp. 1530 – 1543.

Jim Mcnally, Allan Blake, Brian Corbin and Peter Gray, "Finding an identity and meeting a standard: connecting the conflicting in teacher induction", *Journal of Education Policy*, Vol. 23, No. 3, 2008, pp. 287 – 298.

Jo – Anne Dillabough, "Gender Politics and Conceptions of the Modern Teacher: Women, Identity and Professionalism", *British Journal of Sociology of Education*, Vol. 20, No. 1, 1999, pp. 373 – 394.

Joanne Lieberman, "Reinventing Teacher Professional Norms and Identities: The Role of Lesson Study and Learning Communities", *Professional Development in Education*, Vol. 35, No. 1, 2009, pp. 83 – 99.

Jocelyn L. N. Wong, "How does the new emphasis on managerialism in education redefine teacher professionalism? A case study in Guangdong Province of China", *Educational Review*, Vol. 60, No. 3, 2008, pp. 267 – 282.

Jocelyn Wong Lai ngok, "School autonomy in China: A comparison between government and private schools within the context of decentralization", *International Studies in Educational Administration*, Vol. 32, No. 3, 2004,

pp. 58 – 73.

Joel M. Charon, *Symbolic interactionism: An introduction, an interpretation, an integration* (6th ed.). New Jersey: Prentice Hall, 1998.

Joel M. Charon, *Symbolic interactionism: An introduction, an interpretation, an integration* (10th ed.). New Jersey: Pearson, 2010.

John Bennett and Collette P. Tayler, *Starting strong II: Early childhood education and care*, Paris: OECD, 2006.

John C. Turner and Rina S. Onorato, "Social identity, *personality, and the self – concept : A self – categorization perspective* ", in Tom R. Tyler, Roderick M. Kramerand Oliver P. John, eds. *The psychology of the social self*, Mawhah: Lawrence Erlbaum Associates, 1999, pp. 11 – 46.

John Chi – Kin Lee and Hongbiao Yin, "Teachers' emotions and professional identity in curriculum reform: A Chinese perspective", *Journal of Educational Change*, Vol. 12, No. 1, 2011, pp. 25 – 46.

John Chi – Kin Lee, Yvonne Xian – Han Huang, Edmond Hau – Fai Law and Mu – Hua Wang, "Professional identities and emotions of teachers in the context of curriculum reform: a Chinese perspective", *Asia – Pacific Journal of Teacher*, Vol. 41, No. 3, 2013, pp. 271 – 287.

John Coldronand Robin Smith, "Active location in teachers' construction of their professional identities", *Journal of Curriculum Studies*, Vol. 31, No. 6, 1999, pp. 711 – 726.

John Nimmo and Soyeon Park, "Engaging Early Childhood Teachers in the Thinking and Practice of Inquiry: Collaborative Research Mentorship as a Tool for Shifting Teacher Identity", *Journal of Early Childhood Teacher Education*, Vol. 30, No. 2, 2009, pp. 93 – 104.

John Trent and Jenny Lim, "Teacher Identity Construction in School – University Partnerships: Discourse and Practice", *Teaching and Teacher Education: An International Journal of Research and Studies*, Vol. 26, No. 8, 2010, pp. 1609 – 1618.

John Trent and Xuesong Gao, " ' At Least I'm the Type of Teacher I Want to Be ' : Second – Career English Language Teachers ' Identity Formation in

Hong Kong Secondary Schools", *Asia – Pacific Journal of Teacher Education*, Vol. 37, No. 3, 2009, pp. 253 – 270.

John Trent, " 'Four Years on, I'm Ready to Teach': Teacher Education and the Construction of Teacher Identities", *Teachers and Teaching: Theory and Practice*, Vol. 17, No. 5, 2011, pp. 529 – 543.

John Trent, "Learning, Teaching, and Constructing Identities: ESL Pre – Service Teacher Experiences during a Short – Term International Experience Programme", *Asia Pacific Journal of Education*, Vol. 31, No. 2, 2011, pp. 177 – 194.

John W. Creswell, *Research design: Qualitative, quantitative, and mixed methods approaches* (4th ed.), Thousand Oaks: Sage, 2013.

Jonathan H. Turner and Jan E. Stets, "The sociology of emotions", in-Michael Lewis, Jeanette M. Haviland – Jones and Lisa Feldman Barrett, eds. *Handbook of emotions*, New York, London: The Guilford Press, 2008, pp. 32 – 46.

Jonathan H. Turner and Jan E. Stets, *The sociology of emotions*, Cambridge: Cambridge University Press, 2005.

Jonathan H. Turner, *Contemporary sociological theory*, Thousand Oaks: Sage, 2013.

Jonathan H. Turner, *The structure of sociological theory* (7th ed.), Belmont: Wadsworth, 2003.

Jonathan H. Turner, *Human emotions: A sociological theory*, London: Taylor & Francis, 2007.

JudythSachs, "Teacher Professional Identity: Competing Discourses, Competing Outcomes", *Journal of Education Policy*, Vol. 16, No. 2, 2001, pp. 149 – 161.

JudythSachs, Pam Denicolo and Michael Kompf, "Teacher education and the development of professional identity: Learning to be a teacher", in Pam Denicolo and Michael Kompf, eds. *Connecting policy and practice: Challenges for teaching and learning in schools and universities*, Oxford: Routledge, 2005, pp. 5 – 21.

Julia Evetts, *Women in primary teaching: Career contexts and strategies*, London: Unwin Hyman, 1990.

Julie Ballantyne and Peter Grootenboer, "Exploring relationships between teacher identities and disciplinarity", *International Journal of Music Education*, Vol. 30, No. 4, 2012, pp. 368 – 381.

June A. Gordon, "The crumbling pedestal changing images of Japanese teachers", *Journal of Teacher Education*, Vol. 56, No. 5, 2005, pp. 459 – 470.

June Beynon, Roumiana Ilieva and Marela Dichupa, "Teachers of Chinese Ancestry: Interaction of identities and professional roles", *Teaching Education*, Vol. 12, No. 2, 2001, pp. 133 – 151.

Jurgen Habermas, *Knowledge and human interests*, Cambridge: Polity Press, 1978.

Karen Goodnough and Dennis Mulcahy, "Developing Teacher Candidate Identity in the Context of a Rural Internship", *Teaching Education*, Vol. 22, No. 2, 2011, pp. 199 – 216.

Karen Goodnough, "Examining the long – term impact of collaborative action research on teacher identity and practice: the perceptions of K – 12 teachers", *Educational Action Research*, Vol. 19, No. 1, 2011, pp. 73 – 86.

Karen Moore Hammerness, Linda Darling – Hammond, John Bransford, David Charles Berliner, Marilyn Cochran – Smith, M. McDonald and Kenneth M. Zeichner, *Preparing teachers for a changing world: What teachers should learn and be able to do*, San Francisco: Jossey – Bass, 2005.

Kate Adams, "What's in a name? Seeking professional status through degree studies within the Scottish early years context", *European Early Childhood Education Research Journal*, Vol. 16, No. 2, 2008, pp. 196 – 209.

Kate Eliza O' Connor, "'You choose to care': teachers, emotions and professional identity", *Teaching and Teacher Education*, Vol. 24, No. 1, 2008, pp. 117 – 126.

Kathleen Casey, "Teacher as mother: Curriculum theorizing in the life histories of contemporary women teachers", *Cambridge Journal of Education*,

Vol. 20, No. 3, 1990, pp. 301 – 320.

Kathleen Weiler, "Reflections on writing a history of women teachers", *Harvard Educational Review*, Vol. 67, No. 4, 1997, pp. 635 – 658.

Katja Vähäsantanen, Päivi Kristiina Hökkä, Anneli Eteläpelto, Helena Rasku – Puttonen and Karen Littleton, "Teachers' professional identity negotiations in two different work organizations", *Vocations and Learning*, Vol. 1, No. 2, 2008, pp. 131 – 148.

Keith F. Punch, *Introduction to research methods in education*, London: Sage, 2009.

Kelley White, "Associations between teacher – child relationships and children's writing in kindergarten and first grade", *Early Childhood Research Quarterly*, Vol. 28, No. 1, 2013, pp. 166 – 176.

Kemal Sinan Özmen, "Fostering Nonverbal Immediacy and Teacher Identity through an Acting Course in English Teacher Education", *Australian Journal of Teacher Education*, Vol. 35, No. 6, 2010, pp. 1 – 23.

Ken Winograd, "The functions of teacher emotions: The good, the bad, and the ugly", *Teachers College Record*, Vol. 105, No. 9, 2003, pp. 1641 – 1673.

Ken Zeichner, "The turn once again toward practice – based teacher education", *Journal of teacher education*, Vol. 63, No. 5, 2012, pp. 376 – 382.

Kerri J. Wenger, Jan Dinsmore and Amanda Villagomez, "Teacher Identity in a Multicultural Rural School: Lessons Learned at Vista Charter", *Journal of Research in Rural Education*, Vol. 27, No. 5, 2012, pp. 1 – 17.

Klaas van Veen and Sue Lasky, "Emotions as a lens to explore teacher identity and change: Different theoretical approaches", *Teaching and Teacher Education*, Vol. 21, No. 8, 2005, pp. 895 – 898.

Klaas van Veen and Sue Lasky, "How does it feel? Teachers' emotions in a context of change", *Journal of Curriculum studies*, Vol. 38, No. 1, 2006, pp. 85 – 111.

Klaas van Veen, Peter Sleegers and Piet – Hein van de Ven, "One teacher's identity, emotions, and commitment to change: A case study into the

cognitive – affective processes of a secondary school teacher in the context of re-
forms", *Teaching and Teacher Education* , Vol. 21, No. 8, 2005, pp.
917 – 934.

Lasisi Ajayi, "How ESL Teachers' Sociocultural Identities Mediate Their
Teacher Role Identities in a Diverse Urban School Setting", *Urban Review：Is-
sues and Ideas in Public Education*, Vol. 43, No. 5, 2011, pp. 654 – 680.

Leon H. Warshay and Diana W. Warshay, "The individualizing and sub-
jectivizing of George Herbert Mead：A sociology of knowledge interpretation",
Sociological Focus, Vol. 19, No. 2, 1986, pp. 177 – 188.

Les Tickle, *Teacher induction：The way ahead*, Buckingham：Open Uni-
versity Press, 2000.

Leslie C. Phillipsen, Margaret R. Burchinal, Carollee Howes and Debby
Cryer, "The prediction of process quality from structural features of child
care", *Early childhood research quarterly*, Vol. 12, No. 3, 1997, pp.
281 – 303.

Lilian Katz, *Talks with teachers of young children：A collection*, Norwood：
Ablex, 1995.

Linda Evans, "Professionalism, professionality and the development of ed-
ucation professionals", *British Journal of Educational Studies*, Vol. 56, No. 1,
2008, pp. 20 – 38.

Linda Evans, "The 'shape' of teacher professionalism in England：profes-
sional standards, performance management, professional development and the
changes proposed in the 2010 White Paper", *British Educational Research Jour-
nal*, Vol. 37, No. 5, 2011, pp. 851 – 870.

Lisa Carrington, Lisa Kervin and Brian Ferry, "Enhancing the Develop-
ment of Pre – Service Teacher Professional Identity via an Online Classroom Sim-
ulation", *Journal of Technology and Teacher Education*, Vol. 19, No. 3,
2011, pp. 351 – 368.

Lorna C. Hamilton, "Teachers, Narrative Identity and Ability Constructs：
Exploring Dissonance and Consensus in Contrasting School Systems", *Research
Papers in Education*, Vol. 25, No. 4, 2010, pp. 409 – 431.

Louise Sutherland and Lina Markauskaite, "Examining the Role of Authenticity in Supporting the Development of Professional Identity: An Example from Teacher Education", *Higher Education: The International Journal of Higher Education and Educational Planning*, Vol. 64, No. 6, 2012, pp. 747 – 766.

Louise Sutherland, Sarah K. Howard and Lina Markauskaite, "Professional Identity Creation: Examining the Development of Beginning Preservice Teachers' Understanding of Their Work as Teachers", *Teaching and Teacher Education: An International Journal of Research and Studies*, Vol. 26, No. 3, 2010, pp. 455 – 465.

Louise Thomas, "New possibilities in thinking, speaking and doing: Early childhood teachers' professional identity constructions and ethics", *Australasian Journal of Early Childhood*, Vol. 37, No. 3, 2012, pp. 87 – 95.

Lynn Isenbarger and Michalinos Zembylas, "The emotional labour of caring in teaching", *Teaching and Teacher Education* , Vol. 22, No. 1, 2006, pp. 120 – 134.

Lynn Thomas and Catherine Beauchamp, "Understanding New Teachers' Professional Identities through Metaphor", *Teaching and Teacher Education: An International Journal of Research and Studies*, Vol. 27, No. 4, 2011, pp. 762 – 769.

Margaret Burchinal, Carollee Howes and Susan Kontos, "Structural predictors of child care quality in child care homes", *Early Childhood Research Quarterly* , Vol. 17, No. 1, 2002, pp. 87 – 105.

MargaretSimms, "Professionalism in the early years", *Early Years: An International Research Journal*, Vol. 30, No. 2, 2010, pp. 196 – 198.

Maria Assunção Flores and Christopher Day, "Contexts Which Shape and Reshape New Teachers' Identities: A Multi – Perspective Study", *Teaching & Teacher Education: An International Journal of Research and Studies*, Vol. 22, No. 2, 2006, pp. 219 – 232.

Maria Ruohotie – Lyhty, "Struggling for a professional identity: Two newly qualified language teachers' identity narratives during the first years at work", *Teaching and Teacher Education*, Vol. 30, No. 1, 2013, pp. *30* (0),

120 – 129.

Marie Nordberg, "Constructing masculinity in women's worlds: Men working as pre – school teachers and hairdressers", *Nordic Journal of Women's Studies*, Vol. 10, No. 1, 2002, pp. 26 – 37.

Marilyn Lichtman, *Understanding and evaluating qualitative educational research*, London: Sage Publications, 2011.

Marilyn Osborn, "Teacher professional identity under conditions of constraint", in David Johnson and Rupert Maclean, eds. *Teaching: Professionalization, development and leadership*, Dordrecht: Springer, 2008, pp. 67 – 81.

Marta Cabral, "Curriculum Models and Identity: Three Stories of Early Childhood Teachers", *Literacy Information and Computer Education Journal*, Vol. 3, No. 3, 2, 2012, pp. 544 – 554.

Martin Jephcote and Jane Salisbury, "Further Education Teachers' Accounts of Their Professional Identities", *Teaching and Teacher Education: An International Journal of Research and Studies*, Vol. 25, No. 7, 2009, pp. 966 – 972.

Mary Moloney, "Professional identity in early childhood care and education: perspectives of pre – school and infant teachers", *Irish Educational Studies*, Vol. 29, No. 2, 2010, pp. 167 – 187.

Miai Kim and Stuart Reifel, "Child Care Teaching as Women's Work: Reflections on Experiences", *Journal of Research in Childhood Education*, Vol. 24, No. 3, 2010, pp. 229 – 247.

Michael Burawoy, *Ethnography unbound: Power and resistance in the modern metropolis*, Berkeley: University of California Press, 1991.

Michael E. Lamb, "Nonparental child care: Context, quality, correlates, and consequences", in William Damon, Irving E. Sigel and Anne K. Renninger, eds. *Handbook of child psychology: Child psychology in practice*, New York: John Wiley & Sons, 1998, pp. 73 – 133.

Michael Quinn Patton, *Qualitative research and evaluation methods* (3rd ed.), Thousand Oaks: Sage Publications, 2002.

MichaelSamuel and David Stephens, "Critical dialogues with self: Developing teacher identities and roles – a case study of South African student teach-ers", *International Journal of Educational Research*, Vol. 33, No. 5, 2000, pp. 475 – 491.

Michalinos Zembylas, " 'Structures of feeling' in curriculum and teach-ing: Theorizing the emotional rules", *Educational Theory*, Vol. 52, No. 2, 2002, pp. 187 – 208.

Michalinos Zembylas, "Constructing genealogies of teachers' emotions in science teaching", *Journal of Research in Science Teaching*, Vol. 39, No. 1, 2002, pp. 79 – 103.

Michalinos Zembylas, "Discursive practices, genealogies, and emotional rules: A poststructuralist view on emotion and identity in teaching", *Teaching and Teacher Education*, Vol. 21, No. 8, 2005, pp. 935 – 948.

Michalinos Zembylas, "Emotions and teacher identity: A poststructural perspective", *Teachers and Teaching: Theory and Practice*, Vol. 9, No. 3, 2003, pp. 213 – 238.

Michalinos Zembylas, "Interrogating 'Teacher Identity': Emotion, Resist-ance, and Self – Formation", *Educational Theory*, Vol. 53, No. 1, 2003, pp. 107 – 127.

MichalinosZembylas, "Teaching and Teacher Emotions: A Post – structural Perspective", inChristopher Day and John Chi – Kin Lee, eds. *New understand-ings of teacher' s work: Emotions and educational change*, Dordrecht: Spring-er, 2011, pp. 31 – 43.

Michalinos Zembylas, "The emotional characteristics of teaching: An eth-nographic study of one teacher", *Teaching and Teacher Education*, Vol. 20, No. 2, 2004, pp. 185 – 201.

Michèle J. Schmidt and Amanda Datnow, "Teachers' sense – making a-bout comprehensive school reform: The influence of emotions", *Teaching and Teacher Education*, Vol. 21, No. 8, 2005, pp. 949 – 965.

Nel Noddings, "The caring professional", in Suzanne Gordon, Patricia Ann Benner, Nel Noddings, *Caregiving; Readings in knowledge, practice, eth-ics and politics*, eds. Philadelphia: University of Pennsylvania Press, 1996,

pp. 160 – 172.

Nel Noddings, *Caring : a feminine approach to ethic and normal education* , Berkely: University of California Press, 1984.

Nias Jennifer, "Thinking about feeling: The emotions in teaching", *Cambridge Journal of Education*, Vol. 26, No. 3, 1996, pp. 293 – 306.

NICHD Early Child Care Research Network, "Child outcomes when child care center classes meet recommended standards for quality", *American Journal of Public Health*, Vol. 89, No. 7, 1999, pp. 1072 – 1077.

Nicole Mockler, "Beyond 'What Works': Understanding Teacher Identity as a Practical and Political Tool", *Teachers and Teaching: Theory and Practice*, Vol. 17, No. 5, 2011, pp. 517 – 528.

Noel Enyedy, Jennifer Goldberg and Kate Muir Welsh, "Complex dilemmas of identity and practice", *Science Education*, Vol. 90, No. 1, 2006, pp. 68 – 93.

Norman Denzin and Yvonna S. Lincoln, eds. , *The SAGE handbook of qualitative research* (4th ed.), Thousand Oaks: Sage, 2011.

Norman Denzin and Yvonna S. Lincoln, *Handbook of qualitative research* (2nd ed.), Thousand Oaks: Sage, 2000.

Norman Denzin, *On understanding emotion*, San Francisco: Jossey – Bass Publishers, 1984.

Norman Denzin, *Interpretive interactionism* (2nd ed.), Thousand Oaks: Sage, 2001.

OECD, *Starting strong III – A quality toolbox for early childhood education and care.* Paris: OECD, 2012.

Pam Sammons, Christopher Day, Alison Kington, Qing Gu, Gordon Stobart and Rebecca Smees, "Exploring variations in teachers' work, lives and their effects on pupils: key findings and implications from a longitudinal mixed – method study", *British Educational Research Journal*, Vol. 33, No. 5, 2007, pp. 681 – 701.

Pamela K. Adelmann and Robert B. Zajonc, "Facial efference and the experience of emotion", *Annual review of Psychology*, Vol. 40, No. 1, 1989,

pp. 249 – 280.

Pamela Oberhuemer and Michaela Ulich, *Working with young children in Europe: Provision and staff training*, London: Sage, 1997.

Parker J. Palmer, *The courage to teach: Exploring the inner landscape of a teacher life*, San Francisco: Jossey – Bass, 1998.

Paul Ricoeur, "Narrative identity", inDavid Wood, eds. *On Paul Ricoeur: Narrative and interpretation*, London: Routledge, 1991, pp. 188 – 199.

Peter Elfera, "Emotion in nursery work: Work Discussion as a model of critical professional reflection", *Early Years: An International Research Journal*, Vol. 32, No. 2, 2012, pp. 129 – 141.

Peter J. Burke and Jan E. Stets, *Identity theory*, Oxford: Oxford University Press, 2009.

Peter Woods and Denise Carlyle, "Teacher identities under stress: The emotions of separation and renewal", *International Studies in Sociology of Education*, Vol. 12, No. 2, 2002, pp. 169 – 190.

Peter Woods, *Researching the art of teaching: Ethnography for educational use*, London: Routledge, 1996.

Phillip Brown, "The 'Third Wave': education and the ideology of parentocracy", *British Journal of Sociology of Education*, Vol. 11, No. 1, 1990, pp. 65 – 86.

Phyllis Katz, Randy J. McGinnis, Emily Hestness, Kelly Riedinger, Gili Marbach – Ad, Amy Dai and Rebecca Pease, "Professional Identity Development of Teacher Candidates Participating in an Informal Science Education Internship: A Focus on Drawings as Evidence", *International Journal of Science Education*, Vol. 33, No. 9, 2011, pp. 1169 – 1197.

Rebecca Saunders, "The role of teacher emotions in change: Experiences, patterns and implications for professional development", *Journal of Educational Change*, Vol. 14, No. 3, 2013, pp. 303 – 333.

Richard S. Lazarus, *Emotion and adaptation*, Oxford: Oxford University Press, 1991.

Rita A. Moore and Scott Ritter, " 'Oh Yeah, I' m Mexican. What Type

Are You?' Changing the Way Preservice Teachers Interpret and Respond to the Literate Identities of Children", *Early Childhood Education Journal*, Vol. 35, No. 6, 2008, pp. 505 – 514.

Robert E. Stake, "Qualitative Case studies", in Norman Denzin and Yvonna Lincoln, eds. *Handbook of qualitative research* (3rd ed). Thousand Oaks: Sage, 2005, pp. 443 – 466.

Robert E. Stake, *The art of case study research*, London: Sage, 1995.

Robert K. Yin, *Case study research: Design and methods*, Thousand Oaks: Sage, 2014.

Ronald Barnett, *A will to learn: Being a student in an age of uncertainty*. Maidenhead: Open University Press, 2007.

Rosa María Torres, "From agents of reform to subjects of change: The teaching crossroads in Latin America", *Prospects*, Vol. 30, No. 2, 2000, pp. 255 – 273.

Rosemary E. Sutton and Karl F. Wheatley, "Teachers' emotions and teaching: A review of the literature and directions for future research", *Educational Psychology Review*, Vol. 15, No. 4, 2003, pp. 327 – 358.

Sandra I. Musanti and Lucretia Pence, "Collaboration and Teacher Development: Unpacking Resistance, Constructing Knowledge, and Navigating Identities", *Teacher Education Quarterly*, Vol. 37, No. 1, 2010, pp. 73 – 89.

Sanne F. Akkerman and Paulien C. Meijer, "A Dialogical Approach to Conceptualizing Teacher Identity", *Teaching and Teacher Education: An International Journal of Research and Studies*, Vol. 27, No. 2, 2011, pp. 308 – 319.

Sara M. Sage, Sondra Smith – Adcock and Andrea L. Dixon, "Why Humanistic Teacher Education Still Matters", *Action in Teacher Education*, Vol. 34, No. 3, 2012, pp. 204 – 220.

Sari Knopp Biklen, *School work: Gender and the cultural construction of teaching*, New York: Teachers College Press, 1995.

Seth J. Schwartz, Koen Luyckx and Vivian L. Vignoles, eds., *Handbook of identity theory and research*, New York: Springer, 2011.

Seyyed, Ali, OstovarNamaghi, "A Data – Driven Conceptualization of Language Teacher Identity in the Context of Public High Schools in Iran", *Teacher Education Quarterly*, Vol. 36, No. 2, 2009, pp. 111 – 124.

Shawna Shapiro, "Revisiting the Teachers' Lounge: Reflections on Emotional Experience and Teacher Identity", *Teaching and Teacher Education: An International Journal of Research and Studies*, Vol. 26, No. 3, 2010, pp. 616 – 621.

Sheila B. Kamerman, "Parental leave policies: An essential ingredient in early childhood education and care policies", *Social Policy Report*, Vol. 14, No. 2, 2000, pp. 3 – 15.

Sheldon Stryker, "Identity salience and role performance: The relevance of symbolic interaction theory for family research", *Journal of Marriage and the Family*, Vol. 30, No. 1, 1968, pp. 558 – 564.

Sherry B. Ortner, *Making gender: The politics and erotics of culture*, Boston: Beacon Press, 1997.

Stephen J. Ball and Ivor F. Goodson, "Understanding teachers: Concepts and contexts", in Stephen J. Ball and Ivor F. Goodson, eds. *Teachers' lives and careers*, London: Routledge, 1985, pp. 1 – 26.

Stephen J. Ball, *Class strategies and the education market: The middle classes and social advantage*, London: Routledge, 2003.

Stephen J. Ball, "Labour, learning and the economy: a 'policy sociology' perspective", *Cambridge Journal of Education*, Vol. 29, No. 2, 1999, pp. 195 – 206.

Stephen Van Evera, "Primed for Peace: Europe after the Cold War", *International Security*, Vol. 15, No. 3, 1990, pp. 15 – 34.

Sue Lasky, "A sociocultural approach to understanding teacher identity, agency and professional vulnerability in a context of secondary school reform", *Teaching and Teacher Education*, Vol. 21, No. 8, 2005, pp. 899 – 916.

Sue Lasky, "The cultural and emotional politics of teacher – parent interactions", *Teaching and Teacher Education*, Vol. 16, No. 1, 2000, pp. 843 – 860.

Susan B. Murray, "Getting paid in smiles: The gendering of child care work", *Symbolic Interaction*, Vol. 23, No. 2, 2000, pp. 135 – 160.

Sylvia Chong and Ee – Ling Low, "Why I Want to Teach and How I Feel about Teaching – Formation of Teacher Identity from Pre – Service to the Beginning Teacher Phase", *Educational Research for Policy and Practice*, Vol. 8, No. 1, 2009, pp. 59 – 72.

Sylvia Chong, Ee Ling Low and Kim Chuan Goh, "Emerging Professional Teacher Identity of Pre – Service Teachers", *Australian Journal of Teacher Education*, Vol. 36, No. 8, 2011, pp. 50 – 64.

Theodore D. Kemper, "Sociological models in the explanation of emotions", in Michael Lewis and Jeannette M. Haviland, eds. *Handbook of emotions*, New York, London: The Guilford Press, 1993, pp. 41 – 51.

Thomas E. Hodges and Jo Ann Cady, "Negotiating Contexts to Construct an Identity as a Mathematics Teacher", *Journal of Educational Research*, Vol. 105, No. 2, 2012, pp. 112 – 122.

Thomas G. Reio, "Emotions as a Lens to Explore Teacher Identity and Change: A Commentary", *Teaching and Teacher Education: An International Journal of Research and Studies*, Vol. 21, No. 8, 2005, pp. 985 – 993.

Tiina Anspal, Eve Eisenschmidt and Erika Löfström, "Finding Myself as a Teacher: Exploring the Shaping of Teacher Identities through Student Teachers' Narratives", *Teachers and Teaching: Theory and Practice*, Vol. 18, No. 2, 2012, pp. 197 – 216.

Trotman, J., *The Making of the teacher: Professionalism and gender a historical analysis of western Australian women teachers 1911 – 1940*, New York: Cambria Press, 2008.

UNESCO, *EFA global monitoring report* 2009: *Overcoming inequality: Why governance matters*, Oxford: Oxford University Press, 2009.

Weber, S. & Mitchell, C. (1996). " Using Drawings to Interrogate Professional Identity and the Popular Culture of Teaching", in Ivor Goodson and Andy Hargreaves, eds. *Teachers ' Professional Lives* , London: Falmer Press, 1996, pp. 109 – 126.

Wright C. Mills, *The sociological imagination*, New York: Oxford University Press, 1959.

Xuesong Gao, "Teachers' professional vulnerability and cultural tradition: A Chinese paradox", *Teaching and Teacher Education*, Vol. 24, No. 1, 2008, pp. 154 – 165.

Yen Liu and Xiaoxia Feng, "Kindergarten educational reform during the past two decades in mainland China: Achievements and problems", *International Journal of Early Years Education*, Vol. 13, No. 2, 2005, pp. 93 – 99.

YiaseminaKaragiorgi, "Development of Greek – Cypriot Teachers' Professional Identities: Is There a 'Sense' of Growth?", *Professional Development in Education*, Vol. 38, No. 1, 2012, pp. 79 – 93.

Yvonna S. Lincoln and Egon G. Guba, "The only generalization is: There is no generalization", in Roger Gomm, Martyn Hammersley and Peter Foster,

附录

附录一　研究知情同意书

研究目的： 本研究探讨在教育改革背景下幼儿园教师身份认同的状况及影响因素。研究重点关注幼儿园教师在日常工作中，如何与周围人互动，以获得身份认同，促进教师专业发展。

研究方法： 本研究将选取若干幼儿园教师作为研究对象，主要使用访谈、文件收集作为主要的数据收集方式。

隐私保护： 访谈数据及转录内容将得到妥善保存。您的名字或者任何可以直接辨别您身份的信息不会被泄露，亦不会在任何发表或教学的材料中出现，除非得到您的允许。

自由退出： 作为被访者，您可随时了解与本研究有关的信息资料和研究进展，自愿决定（继续）参加还是不（继续）参加。您的参与完全基于自愿的原则，您可以在调研过程中的任何时段要求退出。若您中途退出，所有关于您的调研资料将立即销毁。

查询： 如果您对本次调研有任何疑问，请联系香港中文大学教育行政与政策学系张丽敏女士（地址：香港新界沙田香港中文大学陈国本楼606；电话：56＊＊＊＊＊/147＊＊＊＊＊＊＊2；电邮：zhanglimin333@126.com）。

研究者签名： 日期：

＊＊＊＊＊＊＊＊＊＊＊＊＊＊＊＊＊＊＊＊＊＊＊＊＊＊＊＊＊

知情同意回执

我（姓名）明白以上研究的程序，并且同意参加本研究。

签名：日期：

附录二 受访者基本信息调查

本问卷旨在调查您的幼儿园教学背景，所得资料仅用于学术研究，绝对保密，请如实填写，谢谢合作。

1. 您的年龄：

2. 您的教龄：

3. 您的第一学历：A. 初中及以下　　B. 高中/中专　　C. 大专

　　　　　　　　　D. 本科　　E. 本科以上

4. 您的最高学历：A. 高中或中专　　B. 大专　　C. 本科　　D. 本科以上

5. 您的第一学历所学专业：＿＿＿＿＿＿；最高学历所学专业：＿＿＿＿＿＿。

6. 您是否具有幼儿园教师资格证书：A. 是　　　　B. 否

7. 您属于：A. 有编制教师　　　　B. 无编制教师

8. 您的职称：A. 未评职称　　　B. 小教三级　　　C. 小教二级

　　　　　　　D. 小教一级　　　　E. 小教高级　　　F. 中教高级

9. 您担任职务：A. 助理老师　　　　B. 主班老师

　　　　　　　　C. 年级（教研）组长　　　D. 其他

10. 您是否兼任行政职务：A. 是　　　B. 否

11. 如兼任行政职务，则您的职务为：＿＿＿＿＿＿

12. 您所在的幼儿园属＿＿＿＿级＿＿＿＿类园

13. 您目前的月薪大约：＿＿＿＿＿＿（可选填）

附录三 访谈提纲

1. 你如何看待幼儿园教师工作？

（1）你觉得幼儿园教师是一份什么样的工作？（工作性质、地位）

（2）那你觉得其他人会怎么看呢？

（3）你是如何看待自己作为幼儿园教师的？

2. 你为什么选择当幼儿园教师？如何当上幼儿园教师的？

有哪些重要因素影响你的选择〔回顾你的童年、（幼儿园、中小学、大学等）教育经历、家庭因素或者其他〕

3. 作为一名幼儿园教师，你对自己的期望或者目标是什么？

4. 你觉得一名好的幼儿园教师应该是怎样的？要什么条件才能达到？为什么？（专业性）

5. 在现实工作中，你觉得实现自己的目标（理想）了吗？为什么？

（1）你说说你现在的工作（教学、公开课、文案、研究、发表文章、园本课程、反思）。

（2）你觉得与过去相比，现在做幼儿园教师工作有变化吗？变化在哪里？为什么？（专业化）

（3）对于工作中的改变，你是什么感觉？

6. 在工作中，你和孩子的关系怎么样？如何互动？

（1）在孩子面前，你觉得是你什么样的角色？为什么？（孩子觉得呢？）（教学活动/常规）

（2）你和孩子的相处中，有哪些积极情绪？哪些消极情绪？

（3）孩子让你觉得特别积极（高兴、有成就感）的时候，对你有什么影响？你是如何应对的？请举个例子。

（4）孩子让你觉得消极（伤心和难过）的时候，对你有什么影响？

你是如何应对的？请举个例子。

7. 在工作中，你如何与家长互动？

（1）具体有哪些家园合作的工作？

（2）你觉得现在的家长，对你们有什么期待和要求？（包括开设的课程、评价等）

（3）你和家长的相处中，有哪些积极情绪？哪些消极情绪？

（4）家长让你觉得特别积极（高兴、有成就感）的时候，对你有什么影响？你是如何应对的？请举个例子。

（5）家长让你觉得消极（伤心和难过）的时候，对你有什么影响？你是如何应对的？请举个例子。

8. 在日常工作中，你与幼儿园的同事如何互动？（同班老师和其他老师；指导老师和教研主任）

（1）同事对你的看法；和同事日常交往（或竞争）关系（教研、职称）

（2）你和同事的相处中，有哪些积极情绪？哪些消极情绪？

（3）同事让你觉得特别积极（高兴、有成就感）的时候，对你有什么影响？你是如何应对的？请举个例子。

（3）同事让你觉得消极（伤心和难过）的时候，对你有什么影响？你是如何应对的？请举个例子。

9. 在日常工作中，你和幼儿园的园长如何互动？（总园长和业务副园长）

（1）园长对你有什么要求和期待？

（2）你和园长的相处中，有哪些积极情绪？哪些消极情绪？

（3）园长让你觉得特别积极（高兴、有成就感）的时候，对你有什么影响？你是如何应对的？请举个例子。

（4）园长让你觉得消极（伤心和难过）的时候，对你有什么影响？你是如何应对的？请举个例子。

10. 对你当前幼儿园的工作影响最大的政策是什么？有什么影响？

（1）幼儿园教师专业化（学习和培训）；幼儿园开展园本教研、园本课程；幼儿园级类评定

（2）你觉得对你的工作有什么影响？什么感受？如何应对？

11. 在你整个教学生涯中，你觉得对你影响最大的他人和事件是什么？

12. 现在你觉得你作为幼儿园教师，生活和工作感觉如何？为什么？你工作上获得的支持和动力来自哪里？

13. 对于将来，你有什么期待和进一步的计划吗？

14. 对于以上的访谈，你是否还有补充？或者你有什么问题问我？

备注：以上为访谈问题大纲仅作为参考；在访谈中根据情境和对象教师反应，具体、灵活地调整问题的顺序和追问的内容。

附录四　受访者的化名对照表

受访者编号	化名	受访者编号	化名
I – Pu – YF – D1	戴老师	I – Pu – YF – B2	白老师
I – Pr – NF – L13	赖老师	I – Pu – YF – H12	何老师
I – Pr – NF – L14	罗老师	受访者编号	化名
I – Pu – NF – S3	孙老师	I – Pr – NF – L3	李老师
I – Pu – NF – D5	段老师	I – Pu – YF – W1	王老师
I – Pr – NF – J4	金老师	I – Pr – NF – G7	高老师
I – Pu – YM – M8	孟老师	I – Pr – NF – G4	郭老师
I – Pr – NM – M1	马老师	I – Pu – YF – F2	范老师
I – Pu – YF – Z4	张老师	I – Pu – YF – L6	兰老师
I – Pr – YF – L24	梁老师	I – Pu – YF – S24	盛老师
I – Pr – NF – G2	官老师	I – Pr – YF – C24	曹老师
I – Pr – NF – H22	洪老师	I – Pu – YF – S21	史老师
I – Pu – YM – Z7	钟老师	I – Pr – NF – Y22	余老师
I – Pu – YM – R9	饶老师	I – Pu – YM – W5	魏老师
I – Pr – NF – H4	韩老师	I – Pu – YF – L2	林老师
I – Pu – YF – Y11	杨老师	I – Pu – YF – W8	吴老师
Ia – Pr – N – F – Z5	赵老师	I – Pu – YM – S3	苏老师
Ia – Pr – NF – Z9	郑老师	Ia – Pr – NF – C27	蔡老师